Frank Sieren
Angst vor China

Frank Sieren

Angst vor China

Wie die neue Weltmacht
unsere Krise nutzt

Econ

2. Auflage 2011

Econ ist ein Verlag der Ullstein Buchverlage GmbH

ISBN 978-3-430-30041-4

Lektorat: Heike Gronemeier, München
Gesetzt aus der Bembo bei LVD GmbH, Berlin
Druck und Bindung: Bercker, Kevelaer
Printed in Germany

Für Anke

»Oh China, bitte gehe langsamer
Bremse Dein fliegendes Tempo
Warte auf Dein Volk, seine Seele, seine Moral
und sein Gewissen
Lass die Züge nicht entgleisen
Die Brücken nicht zusammenbrechen
Die Straßen nicht zu Fallen werden
Geh langsam, damit jede unserer Seelen ihre Würde
und Freiheit entfalten kann.«

Tong Dahuan, chinesischer Blogger (China Youth Daily)

Inhalt

Vorwort

Aus der Ferne wird manches offensichtlicher. Deshalb fühle ich mich in China auch gut aufgehoben, wenn ich etwas über Deutschland lernen will. Die Art, wie die Deutschen auf China reagieren, sagt viel aus über die aufsteigende Weltmacht, mit der wir uns immer öfter beschäftigen müssen. Sie verrät aber auch mehr über uns selbst, als manchem lieb sein dürfte: Die Deutschen neigen zu Übertreibungen. In globalen Krisenzeiten mehr denn je. Das ist nicht ungefährlich. Denn Deutschland lebt vom Export wie keine andere Industrienation. Deshalb ist es entscheidend, die globalen Veränderungen, die der chinesische Aufstieg mit sich bringt, realistisch einzuschätzen. Davon sind wir indes weit entfernt. China sei »furchterregend mächtig«, konstatierte beispielsweise ein deutscher Zeitungskommentator im Frühjahr 2011.[1] In keinem anderen europäischen Land sehen die Menschen China so negativ wie in Deutschland. Das fand ein amerikanisches Forschungsinstitut im Juli 2011 bei einer Umfrage heraus.[2] In Frankreich, England und Spanien dagegen hat die Mehrheit der Befragten sogar ein positives Bild von China – selbst in den USA, die unter Chinas Aufstieg am meisten leiden. Weltweit haben nur noch die Türken und die Japaner ein schlechteres Bild von den Chinesen.

In den 17 Jahren, in denen ich in China lebe, hat die Sichtweise der Deutschen auf das Reich der Mitte eine erstaunliche Entwicklung durchgemacht. Erst wurde es für seine Rückständigkeit und sein politisches System belächelt und bemitleidet. Dann wurde es für sein Wirtschaftswachstum bewundert und für seine Menschenrechtsverletzungen kritisiert. Inzwischen wird es vor allem gefürchtet. Die Reaktionen auf China werden harscher. Beschäftigte in Deutschland sorgen sich um ihre Arbeitsplätze, die nach China verlagert werden könnten. Autofahrer fürchten den Rohstoffhunger der Chinesen, wenn an der Tankstelle die Benzinpreise klettern. Studenten und Azubis spüren die Konkurrenz aus Asien beim Einstieg ins Berufsleben. Mittelständler fürchten die preiswertere chinesische Konkurrenz. Deutschen Vorständen sind die mächtigen chinesischen Staatsbetriebe zuwider, die mit harten Bandagen spielen. Deutsche Politiker starren wie gelähmt auf die wachsenden Geldreserven der Chinesen, während sie selbst immer mehr Schulden anhäufen. Mit Unbehagen bemerken sie, dass die neue Weltmacht des 21. Jahrhunderts noch immer eine Diktatur ist. Produktpiraten, Cyber-Angreifer, Menschenrechtsverletzer, Rohstoffvergeuder, Neokolonialisten und Umweltverschmutzer. Das sind alles Attribute, die in Deutschland gerne verwendet werden, wenn es um China geht. Positive gibt es sehr viel weniger. Die meisten Chinesen hingegen bewundern Deutschland. Als ich neulich mit Madame Fu Ying, der für Europa zuständigen Vizeaußenministerin, einen Tee trank, erzählte sie mir, dass sie die große Ausstellung in Peking über die Zeit der deutschen Aufklärung besucht habe. Als sie an den Exponaten vorbeiging, sei ihr noch einmal deutlich geworden, durch welche »Höhen und Tiefen Deutschland gehen musste, und was dies an Unruhen, Kriegen und Kolonisierung für andere Teile der Welt bedeutet« habe. Aber »mit Gewissenhaftigkeit, Klugheit und Fleiß hat Deutschland diese schwierigen Zeiten hinter sich gelassen und dieses hohe Niveau an Demokratie und Wohlstand erreicht«. Madame Fu wunderte sich darüber, warum sich die Deutschen so schwer tun, »China, dem Spätentwickler unter den Nationen« ähnliche Entwicklungsspielräume zuzugestehen. »Wir rauschen in wenigen Jahrzehnten durch Entwicklungen, für die andere Länder sich Jahrhunderte Zeit lassen konnten«, sagte sie nachdenklich. Chinas Führung versuche, das Tempo ohne große Einbrüche zu halten und dabei internationale Konflikte und inländische Turbulenzen zu vermeiden.

»Nach dreißig Jahren erfolgreicher Reformen und der Öffnung des Landes sind Stabilität und Wohlstand endlich nach China zurückgekehrt«, fuhr sie fort. »Darauf bin ich stolz, denn das war nicht einfach.« Dass noch viel zu tun ist, bestreitet sie nicht. »Wir sind noch nicht am Ziel«, sagte Madame Fu, die vorzüglich Englisch spricht. »Wir haben unsere Reformen erst zur Hälfte umgesetzt. Ein langer Weg liegt noch vor uns.«

Viele Deutsche jedoch neiden den Chinesen ihren Erfolg. Die Alten erinnern sich an ihre Schulzeit, als man noch von der »Gelben Gefahr« sprach. Sie fühlen sich nun bestätigt. Die *Bild*-Zeitung fürchtete im Sommer 2011 gar eine »China-Invasion«. In einer großen Serie berichtete das Blatt, »wie die größte Wirtschaftsmacht der Welt Europa aufrollt«. Bei *Bild* schert man sich schon nicht mehr um die Kleinigkeit, dass die amerikanische Wirtschaft noch drei Mal so groß ist wie die chinesische. Das zeigt nur umso mehr: Die »Angst vor China« hat den deutschen Alltag erreicht. Diese Angst kann lähmen. Und schlimmer noch, zu Kurzschlussreaktionen führen.

Deshalb ist es besonders wichtig, eines zu betonen: China ist kein Feind, der immer mächtiger wird und uns schließlich überrollt. Das Reich der Mitte ist allenfalls ein Wettbewerber, dem wir uns stellen müssen, wenngleich er zuweilen unerbittlich ist. Vor allem aber ist das Land ein

13

Partner. Wir müssen versuchen, diese Partnerschaft auszubauen. Dabei sollten wir uns nicht ins Bockshorn jagen lassen: Wir müssen weiterhin von den Werten überzeugt bleiben, die wir geschaffen haben, und auch nach diesen Werten leben. Dennoch sollten wir der Versuchung widerstehen, den Chinesen unsere Überzeugungen aufzuzwingen. Vielmehr sollten wir uns den neuen Gegebenheiten stellen – auch selbstkritisch – und uns auf das Wesentliche konzentrieren. Nur dann wird es uns gelingen, das Neue und Überraschende dieses globalen Wandels so umfassend und nüchtern wie möglich zu erfassen. Darum dreht sich dieses Buch. Ich will versuchen, die üblichen Sichtweisen aufzubrechen, starre Denkgewohnheiten zu hinterfragen und die Welt möglichst schon heute aus der Perspektive künftiger Generationen zu erfassen.

Chinas Weg zur Weltmacht hat tiefgreifendere Folgen für die Weltordnung als der Aufstieg Amerikas vor über hundert Jahren. Spätestens seit Mitte der neunziger Jahre ist das Land die Fabrik der Welt und der attraktivste Wachstumsmarkt für westliche Hightech-Produkte, aber auch für Luxusgüter. Deshalb wächst die chinesische Wirtschaft mit einer Geschwindigkeit, die bisher niemand für möglich gehalten hat und die den einstigen Boom der USA um ein Vielfaches übersteigt. Um die Wirtschaftskraft zu erlangen, die China von 1970 bis heute aufgebaut hat, brauchte Amerika 160 Jahre. Auch kulturell unterscheidet sich Chinas Aufstieg. Als die USA 1890 England als Wirtschaftsweltmacht ablösten, war die kulturelle Schnittmenge zwischen dem Aufsteiger und dem Absteiger sehr groß, auch wenn Amerikaner und Engländer heute gern das Gegenteil betonen. China hingegen hat andere Vorstellungen vom Zusammenleben der Menschen als der Westen. Und, ob wir wollen oder nicht, ein Teil dieser chinesischen Werte wird sich auf kurz oder lang global durchsetzen. Auch wir werden also Kompromisse machen müssen. Umfassende Kompromisse. Die Wahrscheinlichkeit ist hoch, dass wir uns in Zukunft bei unserer Selbstverwirklichung zugunsten der Interessen der globalen Gemeinschaft einschränken müssen.

Das liegt in erster Linie an der globalen Ressourcenlage. Im Gegensatz zu den Zeiten des amerikanischen Aufstiegs am Anfang des vergangenen Jahrhunderts sind Ressourcen und Bodenschätze weltweit viel knapper geworden. Inzwischen ist offensichtlich: Wenn wir so weitermachen, wird es nicht für alle reichen. Und weil es nicht für alle reicht, werden auch wir in Deutschland unseren Lebenswandel ändern müssen, damit sich der Lebensstandard der Chinesen dem unsrigen angleichen kann. Denn darum geht es schließlich allen aufstrebenden Ländern.

Es macht unsere Lage nicht einfacher, dass wir uns im Westen immer höher verschulden, Krise an Krise reihen und dabei immer neue Fehler machen, die unseren Spielraum am Ende verkleinern. Immerhin ist Deutschland unter den westlichen Industrienationen noch der Musterschüler. Die Arbeitslosigkeit sinkt, das Wachstum unserer Wirtschaft ist vergleichsweise hoch, ebenso die Lebensqualität. Der deutsche Sozialstaat gehört zu den fürsorglichsten der Welt. Das deutsche Modell der Kurzarbeit hat sich in der vergangenen Krise bewährt, den Unternehmen geht es gut. Doch auch wir leben auf Kosten unserer Kinder und Enkel. Die finanziellen Belastungen des Staates steigen schneller als die Steuereinnahmen. Viele deutsche Kommunen stehen vor der Zahlungsunfähigkeit. Selbst im Boomjahr 2010 machte Deutschland bei einem ungewöhnlich hohen Wachstum von 3,6 Prozent noch knapp 90 Milliarden Euro neue Schulden. Wie hoch werden die Schulden erst in »normalen« Jahren sein, zumal wenn dann noch die Lasten der EU-Krise obendrauf kommen?

Immer mehr Menschen müssen, obwohl sie einer Arbeit nachgehen, staatliche Unterstützung beantragen, weil sie sonst nicht über die Runden kommen. 2010 sank die Zahl der Arbeitslosen auf unter drei Millionen, während die der sogenannten Aufstocker auf fast 1,4 Millionen stieg.[3] Das sind über vier Prozent mehr als 2009 und sogar 13 Prozent mehr als 2007. Über 1,3 Millionen Menschen werden auf Staatskosten weitergebildet. Sie gelten nicht als arbeitslos und tauchen deshalb in den Statistiken nicht auf. Über acht Millionen Menschen würden gerne mehr arbeiten, doch sie finden keinen passenden Job. Die größten Zeitarbeitsfirmen beschäftigen inzwischen so viele Menschen wie BASF: rund 50 000.[4] Mehr Stellen werden ins Ausland verlagert, als neue in Deutschland geschaffen werden. All das führt dazu, dass die Kaufkraft der Deutschen unablässig sinkt, wenngleich von einem hohen Niveau. Die Kaufkraft der Chinesen steigt, von einem deutlich niedrigeren Niveau. Diese gegenläufigen Entwicklungen stehen für einen allgemeinen Trend in den Schwellenländern einerseits und den Industrienationen andererseits.

Da kann man es schon mit der Angst zu tun bekommen. Zumal alle anderen westlichen Industrienationen noch schlechter dastehen als Deutschland, und in einem Land wie England im August 2011 zahlreiche Städte von gewalttätigen Unruhen erschüttert wurden. Die Wut der Demonstranten richtete sich gegen einen Staat, der dem wirtschaftlichen Abschwung und dem Auseinanderklaffen der sozialen Schichten kaum etwas entgegenzusetzen hat. Es kann durchaus sein, dass wir uns im Westen an solche Bilder werden gewöhnen müssen.

Der Aufstieg Chinas und unsere eigenen Probleme im Westen stellen die Welt auf den Kopf. Doch wir dürfen den Untergangspessimisten nicht auf den Leim gehen. Ebensowenig dürfen wir uns von den allzu sorglosen Verfechtern der westlichen Überlegenheit blenden lassen.

Bleiben Sie also skeptisch, wenn Ihnen jemand vom weltweiten Siegeszug des westlichen Kapitalismus erzählt, der für alle genug bereithält. Der Aufstieg Chinas zeigt, dass die Marktwirtschaft so wie wir sie in den vergangenen Jahrzehnten betrieben haben, nicht mehr lange funktionieren kann. Auch wenn der globale Wettbewerb uns dazu ermuntert: Wir haben nicht genug Ressourcen, kurzlebige Konsumgüter zu produzieren und alsbald wieder wegzuwerfen, nur um sie dann in noch größerer Vielfalt wieder herzustellen. Das ist eine Spirale, die sich immer enger dreht und uns schneller, als wir denken, aus der Bahn werfen wird. Von den Folgen für nachfolgende Generationen gar nicht zu reden.

Seien Sie ebenfalls skeptisch, wenn Ihnen jemand sagt, dass alle kommunistischen Systeme früher oder später zusammenbrechen. Zwar kann man eine solche Entwicklung für China nicht ausschließen – zumal auch in China Krisensymptome wie die wachsende Schere zwischen arm und reich alarmierend sind –, aber sie ist sehr unwahrscheinlich. Das Land hat bereits bewiesen, dass es sehr große Belastungen aushalten kann. Allein in den letzten Jahren musste China reale Prüfungen überstehen: Das Erdbeben von Sichuan im Mai 2008 forderte rund 68 000 Todesopfer. In Tibet und Xinjiang brachen große Aufstände aus, die seitdem immer wieder aufflammen. Gleich mehrere Jahrhundertfluten und eine noch nie dagewesene Trockenheit plagten das Land. Vom Wasser hingen in China schon immer der Wohlstand und die Stabilität des Landes ab. Wassermangel bleibt die größte Gefahr für China. Kapitel 6 »Die zynischen Kunden« zeigt, wieso auch wir mit dazu beitragen, dass sich das Problem weiter verschlimmert.

China hat die Olympischen Spiele, das größte Massenereignis der Welt, organisiert und trotz starker westlicher Kritik zum Erfolg geführt. Die schlimmste Finanz- und

Wirtschaftskrise seit den dreißiger Jahren des vergangenen Jahrhunderts rollte über China einfach hinweg, ohne bedeutende Schäden zu hinterlassen, während der Westen sich nicht davon zu erholen scheint. Hinzu kommen, noch angeheizt durch die Freiheitsbewegungen in Nordafrika, die Machtkämpfe im Zuge eines Führungswechsels, der 2012 ansteht. Es ist eine Zäsur, dass künftige Spitzenpolitiker zum ersten Mal seit dreißig Jahren nicht von einem Altvorderen lange im Voraus gekürt werden. Der Reformer Deng Xiaoping, der Ende der 1970er Jahre die Öffnungspolitik Chinas einleitete, hat die auf ihn folgenden Regierungsspitzen allesamt noch persönlich ausgesucht. Selbst den 2011 amtierenden Staatspräsidenten Hu Jintao und seinen Premierminister Wen Jiabao, die erst Jahre nach Dengs Tod die Macht übernahmen, waren seine Wunschkandidaten. Deng hat auch festgelegt, dass keiner länger als zehn Jahre an der Macht bleiben dürfe. Er wollte Entwicklungen wie unter Mao verhindern. Zwar stehen die Nachfolger für Präsident und Premierminister auch diesmal schon fest, doch ihre Teams sind noch nicht endgültig besetzt. Eine Belastungsprobe für die Pekinger Führung, der es bis auf ein paar Wochen im Frühjahr 1989 immer gelungen ist, die Auseinandersetzungen zwischen Tauben und Falken hinter verschlossenen Türen stattfinden zu lassen. Diese Zeit ist wohl nun vorbei, wie man in Kapitel 9 mit dem Titel »Die prinzipientreuen Pragmatiker« sehen wird.

Das ist einerseits ein großer Vorteil für das Land, da Probleme und Konfliktlinien endlich transparenter werden. Aber es ist auch ein großer Nachteil. Denn es wird nun aus drei Gründen komplizierter, das Land zu steuern. Wie im Westen suchen die Politiker mehr und mehr die Öffentlichkeit, um ihre Machtkämpfe auszutragen. Das Gute daran: Immer öfter lassen sie es zu, dass Missstände, Skandale und gescheiterte Regierungsprojekte in der

Presse kritisiert werden. Und auch das Internet ist in China ein Massenphänomen geworden. Das chinesische Pendant zu Twitter heißt Weibo und hat hunderte Millionen Nutzer. Kurze Blogs, die sich durch Zensur nur schwer eindämmen lassen, können ganze soziale Bewegungen auslösen. So geschehen nach dem Unfall eines Hochgeschwindigkeitszuges im Sommer 2011, der über vierzig Menschen das Leben kostete. Zunächst wurde offen wie nie über den Vorfall berichtet, dann wurde die Presse jedoch an die Leine gelegt. Die Bevölkerung reagierte mit Unverständnis und Unmut, den vor allem junge Leute im Netz artikulierten. Solche Pendelbewegungen werden die chinesische Politik in den nächsten Jahren charakterisieren. Der wachsende Druck der Öffentlichkeit schränkt den Spielraum der Führung ein.

Zweitens wird das Regieren auch schwieriger, weil die Interessen der ärmeren West-, Nord- und Zentralprovinzen und die der reichen östlichen und südlichen Provinzen weiter auseinanderdriften. Während die entwickelten Regionen schon auf mehr Lebensqualität setzen statt auf hemmungsloses Wachstum, wollen die ärmeren Provinzen um jeden Preis den Anschluss schaffen und auch so reich werden wie die Küstenregionen.

Und der dritte Faktor: China ist immer stärker international eingebunden. Chinesische Firmen verschiffen ihre Güter in alle Länder der Erde und kaufen Bodenschätze von Kanada über Australien bis Südafrika. Auch die politische Kooperation wird enger. Globale Fragen, wie sie in der Klima- oder der Weltfinanzpolitik aufgeworfen werden, lassen sich ohne Peking nicht mehr beantworten. Das stellt die außenpolitisch noch kaum erfahrenen chinesischen Politiker vor große Herausforderungen.

Trotz dieser Belastungen, die China in den letzten Jahren aushalten musste, und trotz des bevorstehenden grundlegenden Personalwechsels steht kein anderes einflussreiches Land derzeit besser da. Das ist gut für uns. Denn China ist inzwischen unser wichtigster Wachstumsmarkt und wird Frankreich als unseren größten Handelspartner bald ablösen. Für die Entwicklung des Wohlstands in Deutschland ist China dann wichtiger als unser größter unmittelbarer Nachbar. Schon heute geht es Deutschland vor allem deshalb so gut, weil China boomt. Deutschland bezog 2010 Waren für gut 76 Milliarden Euro aus China – rund ein Drittel mehr als im Vorjahr. Die deutschen Ausfuhren wuchsen 2010 sogar um über 40 Prozent. Umso wichtiger ist es für uns Deutsche, uns mit Blick auf China keinen diffusen Ängsten hinzugeben, sondern mitzuhelfen, dass dieser radikale Umbruch der Weltordnung friedlich verläuft.

Ab 2012 werden voraussichtlich Xi Jinping als neuer Staats- und Parteichef und Li Keqiang als neuer Premierminister die Geschicke des Landes lenken. Sie verfügen über ein größeres Verständnis für den Westen als ihre Vorgänger. Li, der aus einfachen Verhältnissen stammt, ist Jurist und hat in Ökonomie promoviert. Er hat sich sehr intensiv mit westlichen Wirtschaftssystemen beschäftigt. Xi, dessen Vater an der Seite von Deng in den 1980er Jahren die Sonderwirtschaftszonen entwickelte, hat Chemie und Jura studiert. Er war Bürgermeister von Shanghai, der weltoffensten Stadt Chinas, und ist mit einer berühmten chinesischen Schlagersängerin verheiratet. Beide, Li und Xi, sprechen im Unterschied zu allen ihren Vorgängern Englisch und sind mit westlichem Gedankengut vertraut.

Wenn sie die Regierungsgeschäfte übernommen haben, kann man die politische Führung Chinas nicht länger über den kommunistischen Kamm scheren. Wir müssen uns ausführlicher und differenzierter mit den konkurrierenden Denkrichtungen beschäftigen und uns drei Mal überlegen, wie wir Ereignisse in China einschätzen. Die Gefahr, dass wir mit unüberlegten Kommentaren die Falschen treffen und uns damit selbst schaden, ist viel größer als noch vor zehn Jahren. Das gilt für Politiker, wie für Journalisten, denen das innenpolitische Hemd näher ist als die außenpolitische Jacke, wie im Schlusskapitel dieses Buches nachzulesen ist. Eine machtpolitische Binsenweisheit tritt hier der politischen Vernunft entgegen: Je schwieriger die wirtschaftliche Lage im Westen ist, desto eher brauchen die Politiker einen Sündenbock. Am besten einen der weit weg ist und den man nicht anderntags im Berliner »Café Einstein« trifft. Doch wenn wir China nur kritisieren und seine Erfolge nicht anerkennen, dann schwächt das die Reformer im Reich der Mitte. Widersprechen Sie deshalb denjenigen, die unreflektiert behaupten, die Unterdrückung in China werde immer schlimmer. Den Hardlinern in Peking wird über kurz oder lang die Puste ausgehen. Immer wieder versuchen sie, ihr Volk zu gängeln und an die kurze Leine zu nehmen. Gegen die große Entwicklungsrichtung, die durch die Zwänge der Globalisierung vorgegeben ist, sind sie indes machtlos. Und diese Entwicklungsrichtung lautet: mehr Freiheit.

Finanziell und wirtschaftlich steht China im Sommer 2011 besser da als je zuvor. Darauf zumindest kann die Partei, die in diesem Jahr ihren neunzigsten Geburtstag feiert, stolz sein. Ein günstiger Zeitpunkt aber auch für Überlegungen, wie die Partei der Mehrheit des chinesischen Volkes noch besser dienen kann. Das ist übrigens eine Forderung, die nicht nur aus dem Westen an Peking herangetragen, sondern von Spitzenpolitikern innerhalb der Partei selbst vorgebracht wird.

Dennoch: Kein anderes Industrieland, aber auch kein anderes Schwellenland prosperiert mehr und ist gleichzeitig so stabil. Darum geht es in Kapitel 8 »Die boomenden Blasen«. Der Wohlstand der Menschen steigt, die wirtschaftlichen Probleme erscheinen im Unterschied zum Westen lösbar. Der Immobilienmarkt ist zwar überhitzt, doch die Blase ist viel kleiner, als viele fürchten. Es ist sehr unwahrscheinlich, dass sie platzt. Die Banken sind belastbarer als im Westen, der Staat ist solvent. Chinas Politiker handeln besonnen und vorausschauend. Die Inflation, ein globales Phänomen in Folge der Finanzkrise, ist mit 6,5 Prozent hoch, aber beherrschbar. Sie ist deutlich niedriger, als in Russland, Indien oder Brasilien. Vor allem aber haben die Wirtschaftskrisen der letzten Jahre China im Verhältnis zu den USA noch mächtiger werden lassen. Das Kapitel zeigt, wie sehr China mit seinen Dollar-Reserven Washington heute schon unter Druck setzen kann. Und warum Deutschland und Europa aufpassen sollten, dass sie nicht in eine ähnliche Abhängigkeit geraten. Natürlich gibt es auch Verlierer – wie die Familie von Kris Kender aus Ohio, von der ich im Kapitel 2 erzähle. Während der deutsche Mittelstand und die deutsche Autoindustrie in China Rekordgewinne einfahren, sind in den USA ganze Industrielandstriche verödet. Die Produktion ist nach China gewandert, jetzt ziehen die Menschen hinterher. Weil sie in den USA keine Zukunft für sich sehen, suchen die Ersten ihr Glück in der Fremde. Deutschland sollte Acht geben, angesichts der Herausforderung aus Asien nicht die Fehler der USA zu wiederholen.

Widersprechen Sie, wenn Ihnen jemand sagt, die Chinesen werden unseren technischen Fortschritt noch lange nicht einholen. Dass dem nicht so ist, lesen Sie in Kapitel 1 »Die wandernden Kugelhaufen«. Der größte Gewinner des deutschen Atomausstiegs ist nämlich China. Die Ingenieure des Landes übernahmen eine besonders fortschrittliche Atomtechnologie von den Deutschen und entwickelten sie erfolgreich weiter. Aber auch die »unbekannten Flugobjekte« in Kapitel 4 zeigen, wie schnell die Chinesen technologisch aufholen. Sie bauen bereits eigene Großraumflugzeuge – und wir helfen ihnen dabei. Das bedeutet zwar nicht, dass wir unseren technologischen Vorsprung ganz verlieren werden. Aber wir werden uns in Zukunft genauer überlegen müssen, welche neuen Produkte wir entwickeln. Und wir müssen unsere Kinder besser ausbilden, damit wir innovativ bleiben. Die Zeit, in der wir uns auf unseren Lorbeeren ausruhen konnten, ist vorbei.

Lassen Sie sich auch nicht auf die Behauptung ein, der Westen sei fair, China unfair. Dass dies ein Trugschluss ist, lässt sich in Kapitel 3 nachlesen. In Ländern wie Afghanistan, Pakistan, dem Iran und dem Irak kämpfen China und der Westen hart um den Zugang zum Öl. Beide Seiten nehmen sich nicht viel, was Doppelmoral und Zynismus betrifft – auch wenn die westliche Öffentlichkeit dies anders bewerten mag. Ein ähnliches Phänomen lässt sich im Umgang mit Tibet feststellen, das im Zentrum von Kapitel 5 steht. Hier wird deutlich, wie nicht nur China, sondern auch Deutschland und die USA mit zweierlei Maß messen. Alle Großmächte tun dies, wenn es in ihrem Interesse ist und sie es sich leisten können. China kann es immer mehr. Amerika immer weniger.

Ein Trend zeichnet sich klar ab: China wird, mit seinen 1,34 Milliarden Menschen noch weiter an Bedeutung gewinnen. Der Westen, Europa und Deutschland werden an Bedeutung verlieren. Darauf müssen wir uns einstellen. Dazu tragen die taktischen Stärken Chinas ebenso bei wie die Fehler, die der Westen unter großem Schuldendruck gegenwärtig begeht. Die wirtschaftliche Macht ist dabei, sich in die Schwellenländer zu verlagern, vor allem nach China. Und zwar viel dramatischer, als wir glauben wollen:[5] Der Anteil der sieben größten Industrienationen an der weltweiten Wirtschaftsleistung ist in den vergangenen zwanzig Jahren von knapp 65 auf gut 50 Prozent gesunken.

Noch nie zuvor war die Angst vor China so groß und das Selbstbewusstsein der Chinesen so stark. In China ist aus Sicht der Deutschen, die im Kalten Krieg aufgewachsen sind, etwas Ungeheuerliches passiert. Etwas, das alle gewohnten Denkschemata sprengt. Die Linken in Deutschland sind verstimmt, weil ein kommunistisches Land rabiat kapitalistisch geworden ist und nun auch noch frech behauptet, dies sei »Sozialismus chinesischer Prägung«. Die Wertkonservativen und Marktliberalen stört es, dass eine kommunistische Diktatur seit Jahrzehnten wirtschaftlich so erfolgreich ist. Gleichzeitig geht die schleichende Angst um, der Westen könne die Deutungshoheit über die Frage verlieren, was gut und was schlecht, was richtig und was falsch ist für die Welt.

Am deutlichsten äußert sich die diese Angst vor China angesichts chinesischer Investitionen. Rund 80 Prozent der Deutschen wollen nicht, dass China mehr in Deutschland investiert. »Der Ausverkauf beginnt!«, kommentierte ein User namens Bayuvare auf der Internetseite der »Tagesschau« die Entwicklung: »Nachdem die falschen Propheten der neoliberalen globalen Marktwirtschaft die realen wie die Finanzmärkte ruiniert, Währungen demontiert und Länder an den Rand des Ruins gebracht haben, beginnt jetzt wohl der Ausverkauf. Es wird nicht lange dauern, dann wird Europa nach der chinesisch-kommunistischen Pfeife tanzen.«

Das ist nicht nur übertrieben, sondern falsch. Denn die weltweite Expansion chinesischer Konzerne ist auch eine Chance für Deutschland. Je mehr sich die Unternehmen Chinas und Europas miteinander verzahnen, desto besser lernen sie sich kennen. Je mehr Chinesen mit Deutschen zusammenarbeiten müssen, desto mehr sind sie gezwungen, Kompromisse zu finden. Grundsätzlicher Streit wird unwahrscheinlicher, weil mehr auf dem Spiel steht. Insofern ist die Übernahme des deutschen Computerherstellers und Aldi-Lieferanten Medion durch den chinesischen Lenovo-Konzern im Sommer 2011 gut für uns und für China. Es ist mit 629 Millionen Euro bisher die mit Abstand größte Investition eines chinesischen Unternehmens in Deutschland. Der Kauf wird rückblickend wohl als Auftakt für eine Reihe spektakulärer Übernahmen in Deutschland stehen. Vor einigen Jahren schon hatte Lenovo die Computersparte von IBM übernommen. Der Kauf von Medion mag kurzfristig einige deutsche Arbeitsplätze kosten. Doch es werden neue entstehen, weil das Unternehmen in Deutschland expandieren wird. Alleine wäre es für Lenovo nicht möglich gewesen, zu einer Weltmarke zu werden. Gleichzeitig wäre es für Medion auf Dauer schwierig geworden zu überleben. Deutschland und China geht es also besser, wenn ihre jeweiligen Unternehmen sich zusammentun.

Nicht ganz so unproblematisch sind die chinesischen Investitionen, wenn es um Euro-Staatsanleihen geht. Als ich neulich mit einem chinesischen Zentralbanker Mittagessen war, wollte er sich eigentlich über die neusten Aufs und Abs der Eurokrise informieren. Doch dann kamen wir auf die Rolle Chinas zu sprechen. »Macht euch nicht so viele Sorgen«, sagte der Mann mit ruhiger, freundlicher Stimme. »Wir Chinesen brauchen den Euro als Gegengewicht zum US-Dollar, deshalb wird der Euro nicht in ernsthafte Schwierigkeiten kommen.« Und tatsächlich: Während der neuen Krisenwelle im August 2011 kritisierten chinesische Politiker fast ausschließlich die USA, während sie Europa Unterstützung zusagten, obwohl Brüssel, aber auch die egoistischen Einzelstaaten allen Grund zur Kritik geliefert haben. Europa sollte zwar dankbar sein, dass die Chinesen an einem stabilen Euro interessiert sind und auch sonst in Währungsfragen nicht zu hastigen Reaktionen neigen. Aber natürlich nimmt die politische Abhängigkeit Europas zu, wenn die Chinesen viel Geld in den Euro investieren. Das haben die Amerikaner Mitte der 1990er Jahre auch schon unterschätzt. Es sei doch ein gutes Zeichen, wenn die Chinesen uns Geld leihen, befanden sie damals. Schließlich konnte das nichts anderes bedeuten, als dass die Chinesen an die Zukunft Amerikas glaubten. Inzwischen ist China der größte Gläubiger der Amerikaner, das Land ist sozusagen zur »Bank of Amerika« geworden. Und damit kann Peking Washington unter Druck setzen. US-Außenministerin Hillary Clinton fragte angesichts des Machtkampfes zwischen der aufsteigenden und absteigenden Weltmacht bereits: »Wie reden Sie mit Ihrem Banker Tacheles?« Wenn wir die Wahl haben, sollten wir China also eher ermutigen, europäische Unternehmen zu kaufen als Staatsanleihen. Das balanciert die Machtverhältnisse zu unseren Gunsten aus. Und das ist nötig.

Die europäische Schuldenkrise hat die Staatsschulden in der gesamten Euro-Zone innerhalb von drei Jahren um gut 1,8 Billionen Euro in die Höhe katapultiert. Daran ist nicht China schuld, daran sind wir selbst schuld. Wir können nicht weiter über unsere Verhältnisse leben, sondern müssen uns auf ein Wohlstandsniveau einstellen, das realistisch ist. Die Finanzkrise hat nur eine Entwicklung beschleunigt, die uns früher oder später ohnehin eingeholt hätte und die mit der Globalisierung der Wirtschaft zu tun hat: Wir können immer weniger allein entscheiden. Wir werden uns unsere nationale Unabhängigkeit immer weniger leisten können. Das gilt auch für eine Demokratieform, die nur in nationalen Kategorien denkt. Wir haben die Wahl. Wir können uns aus der globalen Arbeitsteilung ausklinken. Dann werden wir die gegenwärtigen Krisen allerdings auf keinen Fall erfolgreich meistern. Oder wir können unser nationales Denken aufgeben und die Demokratie globalisieren. Das bedeutet, wir brauchen stärkere weltweit agierende Institutionen. Die Gipfeltreffen der G20-Länder ist ein richtiger Schritt. Die UN muss mehr Einfluss bekommen und besser funktionieren. Die

Kompetenzen des Internationalen Währungsfonds müssen ausgebaut werden. Niemand – die Amerikaner nicht, die Europäer nicht und auch die Chinesen nicht – darf in der Lage sein, in wichtigen Fragen allein zu entscheiden. Als Voraussetzung dafür muss Europa lernen, enger zusammenzuarbeiten. Und zwar so schnell wie möglich. Auch wenn wir Deutschen dann eine unbedeutendere Rolle spielen, ist das der aussichtsreichere Weg.

In globalen Institutionen, die nicht allein der Rücksichtslosigkeit von Weltmächten gehorchen, sondern auf der Überzeugungskraft von guten Argumenten, Koalitionen und Kompromissen beruhen, haben auch kleinere Länder eine Chance, ihre Position durchzubringen. Je früher wir also diesen Weg einschlagen, desto besser. Das hilft gegen die Angst. Auch gegen die Angst vor China.

Peking, August 2011

KAPITEL I

Die wandernden Kugelhaufen

Über deutsche Atomtechnik,
auf die China nicht verzichten will

*Gasthof »Hüttwirt« in Leogang, südlich von Salzburg,
September 2010.*

Auf der Eckbank in der Stube des »Hüttwirt« sitzt eine
Gruppe älterer Herren. Auf ihren leer gegessenen Tellern
sieht man noch die Spuren von Hirschragout in Wachol-
der-Gin-Sauce mit Preiselbeeren und Semmelknödeln.
Es ist warm in der vollen Stube. Die Männer haben Durst.
Sie sind gerade erst von ihrer Tour auf die Wilde Henne
zurückgekommen, einem 2000-Meter-Berg in der Nähe.
Ein Männer-Wanderverein? Ja, aber ein ganz besonderer.
»Atom bleibt, Öko kommt vielleicht!«, lautet ihr Trink-
spruch an diesem Abend. Sie stoßen mit frisch gezapftem
Bier an. Die gutgelaunten Pensionäre gehören zur Elite
der deutschsprachigen Atomindustrie. Seit 1971 treffen
sie sich jährlich zum »Nuklearbergsteigen«. »Das ist noch
nicht verboten«, hatte es in der Einladung geheißen.

Damals, vor einigen Monaten, war die Welt für sie in
Ordnung. Wieder in Ordnung und noch in Ordnung.
Wieder, weil die schwarz-gelbe Regierung gerade die
Laufzeitverlängerung beschlossen hatte. Noch, weil die
zum Bersten gespannten Erdplatten vor der japanischen
Küste sich noch nicht verschoben hatten. Niemand sprach
von Erdbeben und Tsunamis in Japan. Niemand interes-
sierte sich für die technisch veralteten Atomkraftwerke an

der Ostküste des Inselstaates. Im Gegenteil. Die Physiker und Ingenieure schauten wieder in die Zukunft. Sie sprachen von einer Renaissance, manche sogar schmunzelnd von einer »Wiederauferstehung«. Es ist eine kurze Zeit des Übermutes der alten Männer des deutschen Atomzeitalters. Sie hofften nun, dass ihr Lebenswerk doch wieder aufblüht. Auch wenn sie selbst als Forscher und Manager bereits ausgemustert wurden.

In Deutschland wird ihr Fachwissen nicht mehr gebraucht. In der ersten Phase des deutschen Atomausstiegs, Ende der 1980er Jahre, wurde beschlossen, keine neuen Kernkraftwerke mehr zu bauen. Daraufhin gab die deutsche Atomindustrie ihr Know-how an die Chinesen weiter. Es war das Know-how einer neuen Generation von Atomkraftwerken, die in Deutschland nicht mehr im industriellen Maßstab zum Einsatz kam. Diese sogenannte Kugelhaufentechnologie gilt als besonders sicher. Durch die spezielle Bauweise sei eine Kernschmelze trotz Erdbeben und Tsunami technisch ausgeschlossen, sagen die meisten Physiker und Ingenieure. Der Kern des Reaktors kühle sich bei Problemen von allein ab. Deutschland hat auf diese Technik verzichtet, China setzt sie nun ein. Neben unzähligen Windrädern, Solarfeldern und vor allem Kohlekraftwerken sollen bis 2030 über 200 Kernkraftwerke errichtet werden – 25 sind bereits im Bau.[1] Noch nie zuvor wurden so viele neue Atomkraftwerke in so kurzer Zeit errichtet. Bald schon wird China das Land mit den meisten Kernkraftwerken weltweit sein und die USA ablösen.

Der Weg der Kugelhaufen nach China könnte zum folgenreichsten Wissenstransfer der Technologiegeschichte werden. Sensibles Spitzen-Know-how wandert vom Westen in den Osten, von einem Industrieland in ein Schwellenland, von der alten in die neue Welt. In den Wochen vor dem Treffen der Nuklearbergsteiger haben sich die

Chinesen bei einigen der deutschen Atompensionäre gemeldet. Die Deutschen sollen junge, chinesische Physiker ausbilden. »In der Nähe von Shanghai wird für 175 Milliarden US-Dollar ein industrieller Nuklearpark auf 130 km² Fläche gebaut«, erzählt der Österreicher Michael Schneeberger. Der promovierte Physiker hat als Kernenergiespezialist bei Siemens gearbeitet, in Wien und Paris studiert, in Frankreich und Deutschland geforscht und Kernkraftwerke in Deutschland, Argentinien und Finnland gebaut. Seit 2002 ist der sonnengebräunte Hobbysegelflieger pensioniert. »In China sollen Atomkraftwerke in Serie produziert werden, man will forschen und einheimische Ingenieure ausbilden«, sagt er. Sein Kollege Wolfgang Heni war bis vor kurzem kaufmännischer Geschäftsführer der EnBW Kernkraft GmbH, der Kernkraftsparte des nach E.ON und RWE drittgrößten Energieversorgungsunternehmens Deutschlands. »Ich hätte nie gedacht, dass ich eine derartige Renaissance noch erleben würde«, staunt er angesichts des chinesischen Ausbaus der Atomkraft.

Den Grund für den Atomboom kennen die Physiker: China muss von der Kohle weg. Die Kohle verpestet die Luft. Kohle ist endlich. Zudem verstopfen die Kohlelastwagen und Eisenbahnwaggons die Verkehrswege des aufstrebenden Landes. Die Chinesen sehen Atomkraft als Umwelttechnologie. Sie wird mit gleicher Intensität wie Wind- und Solarenergie vorangetrieben.

Die deutschen Ingenieure stehen nicht zum ersten Mal mit den Chinesen in Kontakt. Manche kennen ihre Partner in chinesischen Firmen und Behörden schon fast so lange, wie sie mit den deutschen Kollegen wandern. Als Anfang der 1990er Jahre klar wurde, dass ihr Kerntechnik-Know-how in Deutschland nichts mehr wert ist, haben sie den Chinesen das Beste und Neuste ihrer Entwicklungen vermacht – unbemerkt von der Öffentlichkeit.

Lange diskutieren die Rentner an diesem Abend über die

mutigen Chinesen und die zögerlichen Deutschen. Irgendwann stellt Michael Schneeberger eine Frage, an die er sich
wenige Monate später erinnern wird. »Wie lange wird die
Laufzeitverlängerung halten? Die Deutschen sind noch immer verunsichert, und irgendwann wird wieder gewählt.«

Mondsee, Österreich, Freitag, 11. März 2011.
Michael Schneeberger ist früh auf an diesem Tag. Das
Wetter ist schön, er will Langlaufen gehen. Um kurz nach
halb acht schaltet er das Radio an. Und erschrickt. In Japan
hat es ein schweres Erdbeben gegeben, ein Tsunami rollt
auf die Hauptinsel Honshu zu. Schneeberger schaltet den
Fernseher ein. Er weiß, wie alt die japanischen Atomkraftwerke sind. Viele davon wurden noch in den Sechzigern
entwickelt, in den Siebzigern gebaut. Er weiß auch, dass
die Sicherheitsstandards in Japan nicht so hoch sind wie in
Deutschland und dass die japanischen Behörden auf die
Betreiber wenig Druck ausgeübt haben. Er glaubt dennoch, dass die Kraftwerke das Beben aushalten müssten.
Die Erdbebensensoren schlagen an, die Abschaltstäbe fahren ein, der Reaktor herunter. Damit ist die Kernspaltung
unterbrochen. Das ist das Wichtigste. Sofort reduziert sich
die Leistung des Reaktors um mehr als 90 Prozent. Wenn
die Brennstäbe dann weiter gekühlt werden, ist auch das
Restrisiko gering. Bei einem Stromausfall übernehmen
die Dieselgeneratoren die Kühlung. Eine Explosion des
Reaktorkerns, wodurch die Brennstäbe freigelegt werden
können, wie 1986 in Tschernobyl, könne in Japan jedenfalls nicht passieren, glaubt Schneeberger. Der Kern ist
von einem dicken Metallmantel umgeben, der noch dazu
in einer Stahlbetonhülle steckt, die über einen Meter dick
ist. Das war in Tschernobyl nicht so.
    Doch Schneeberger ist weit weg, mit letzter Sicherheit
kann er die Entwicklungen in Japan nicht beurteilen. Außerdem war ein Atomkraftwerk noch nie solchen Ur-

gewalten ausgesetzt wie nun der Reaktor von Fukushima.
Kurz nach acht erfährt Schneeberger, dass die Riesenwelle
auch die Uferregion überschwemmt hat, auf der sich die
einzelnen Blöcke des Kraftwerks befinden. Die Welle hat
Schiffe, Häuser, Autos und Menschen mit sich gerissen.
Wenig später sieht er die Bilder im Fernsehen. Eine aus
dem Hubschrauber gefilmte apokalyptische Schlamm-
walze rollt über das Land. Schneeberger sieht aber auch,
dass massive Gebäude stehen bleiben. Kurz nach neun Uhr
erklärt der japanische Ministerpräsident Naoto Kan, die
Lage in den Atomkraftwerken sei normal. Die Anlagen
seien automatisch heruntergefahren worden. Schneeberger ist erleichtert.
Nur neunzig Minuten später geht eine neue Meldung um
die Welt: Im Atomkraftwerk Fukushima I ist die Kühlung
ausgefallen. Im Atomkraftwerk Onagawa bricht ein Feuer
aus. Schneeberger erfasst die Tragweite dieser Ereignisse
sofort.

Rheinisch-Westfälische Technische Hochschule (RWTH)
Aachen, Freitag, 11. März 2011.
Einige Hundert Kilometer nördlich verfolgt Professor
Kurt Kugeler die Nachrichten. Er sitzt in seinem Büro an
der RWTH Aachen, wo er bis vor einigen Jahren den
Lehrstuhl für Reaktorsicherheit innehatte. Die blaugrü-
nen Jalousien sind heruntergelassen. Eigentlich könnte
der über Siebzigjährige jetzt in seinem Garten sitzen oder
Kreuzfahrten machen. Er ist seit Jahren emeritiert. Doch
auch Kugeler hat sein Leben der Kernenergie gewidmet.
Als Lehrstuhlinhaber und Direktor des Jülicher Instituts
für Reaktortechnik wollte er Reaktoren bauen, bei denen
es keine Kernschmelze mehr geben kann. Bei denen für
die Sicherheit auch keine Kühlsysteme mehr gebraucht
werden und auch sonst keine Sicherheitssysteme, die aus-
fallen könnten. Es sollte ein Reaktor sein, bei dem die

Physik die Kernschmelze verhindert, weil der Kern gar nicht heiß genug werden kann, um zu schmelzen. »Katastrophenfrei« nannte er das.[2] 1994 wollte er dies als Mitglied der Reaktorsicherheitskommission noch in das deutsche Atomgesetz schreiben lassen. »Katastrophenfrei« als Bedingung für alle deutschen Reaktoren. Er hatte gehofft, dadurch die weltweit höchsten Standards durchzusetzen. Doch am Ende war der politische Widerstand schon zu groß. Deutschland wollte keine Atomkraftwerke, auch keine sicheren. Deutschland wollte aussteigen. Der Zug war abgefahren.

Das alles ist inzwischen Geschichte. Kugeler schiebt seinen Kaffee beiseite, zieht ein kleines Notebook aus seiner schwarzen Ledertasche und beginnt, die Geschehnisse über das Internet zu verfolgen. Er trägt ein weißes offenes Hemd zum dunklen Jackett und beigefarbene Hosen. Seine goldene Brille sitzt tief auf der Nase. Auch er ist sich sicher: Der Reaktor wird halten. Doch während des Wochenendes überschlagen sich die Ereignisse. Die Japaner bekommen die Lage nicht in den Griff, alles deutet auf eine Kernschmelze hin. Am Samstagnachmittag kommt es zu einer ersten Wasserstoffexplosion, die das Gebäude von Reaktor 1 zum Teil zerstört. Weitere Explosionen in den anderen Blöcken folgen. Explosionen, mit denen niemand gerechnet hat. »Das Ende des Atomzeitalters?«, wird der *Spiegel* am Montag fragen.[3]

Kernforschungszentrum Jülich, 1977. Der Siemens-Manager Johann Waldmann, zuständig für die Erschließung neuer Märkte, kommt gerade aus Venezuela zurück. Über ein schwimmendes Atomkraftwerk für große Raffinerien auf dem Orinoko hat Waldmann dort verhandelt. Er ist Mitte vierzig, hat Maschinenbau studiert und arbeitet seit 1975 bei Siemens. Es sind die goldenen Jahre der Atombranche. Im Traum hätte Waldmann sich damals nicht ausgemalt, dass er eines Tages den Ausstiegsbeschluss einer deutschen Bundesregierung erleben müsste.

Im Sommer 1977 geht es in großen Schritten voran. Nur einen Tag ist er in seinem Büro in der Werner-von-Siemens-Straße in Erlangen, wo seine Hauptabteilung angesiedelt ist. Er bereitet sich auf die nächste Reise nach Indonesien vor. Dort soll er Anlagen zur Kohlevergasung verkaufen. Und Kernkraftwerke, die den Dampf dafür liefern. Das Geschäft läuft gut für Siemens. Im Iran wurde gerade mit dem Bau des Kernkraftwerks Busher begonnen. Ein Siemens-Reaktor in Brasilien ist bereits im Bau. Mit Spanien und Argentinien verhandelt er noch. Siemens bewegt sich an die Spitze der internationalen Kerntechnik. Waldmann, verantwortlich für internationale Kooperationen, kommt kaum nach, die vielen Projekte anzustoßen.

Während die deutschen Hersteller und Verkäufer wie Waldmann in Erlangen bei Nürnberg sitzen, arbeiten die deutschen Forscher wie Professor Kugeler in Jülich, einer Stadt mit 30 000 Einwohnern, 40 Kilometer von Köln entfernt. Dort steht ein Versuchsreaktor, ein unscheinbarer grauer Bau, nicht größer als ein Getreidesilo, umgeben von einem Laubwäldchen. Hier hat auch Kugelers Doktorvater, Professor Rudolf Schulten, seinen Arbeitsplatz. Er gilt als der Vordenker der deutschen Atomforschung. Als Schulten in den fünfziger Jahren nach der Promotion bei Werner Heisenberg mit seiner Arbeit begann, unterschieden sich die deutschen Kernreaktoren kaum von den französischen und amerikanischen. Ihre gemeinsamen Vorgänger waren kleine, wassergekühlte U-Boot-Reaktoren, die das amerikanische Militär nach dem Zweiten Weltkrieg entwickeln ließ. Die U-Boot-Reaktoren sollten möglichst kleine Ausmaße haben, Sicherheit kam erst an zweiter Stelle. Als der Kalte Krieg immer realer wurde, versuchten die Amerikaner, durch Präsident Eisenhowers »Atoms For Peace«-Programm Verbündete gegen die Sowjetunion zu finden. Schnell verfügbare Kerntechnik sollte als Anreiz dienen.[4] Zeit für Experimente blieb kaum. Die U-Boot-Reaktoren wurden mit allen Schwächen zu großen Kraftwerken hochgerechnet. Die große Mehrzahl der heute betriebenen Kernkraftwerke basiert immer noch auf der Technik dieser ersten U-Boot-Reaktoren. Dabei hätte es damals schon technische Alternativen gegeben. Der amerikanische Chemiker Farrington Daniels hatte schon 1944 ein Reaktorkonzept entwickelt, das statt wassergekühlter Brennstäbe gasgekühlte, apfelsinengroße Graphitkugeln verwendete.[5] Ein solcher Reaktor wäre zwar in seinen Ausmaßen größer – aber auch sicherer gewesen. Doch in den Wirren der Nachkriegszeit kam Daniels nicht zum Zug. Deutsche Physiker und Ingenieure bekamen erst ab 1955 von den westlichen Alliierten die Erlaubnis, sich wieder mit Atomtechnik beschäftigen zu dürfen.[6] Sie sahen in der verpassten Chance der Amerikaner die Möglichkeit, im internationalen Wettbewerb aufzuholen. Im Unterschied zu den wassergekühlten U-Boot-Reaktoren wollten sie nun mit gasgekühlten und eigens für die Stromerzeugung ausgelegten Kraftwerken neue Wege beschreiten. Ganz vorn mit dabei war Rudolf Schulten. Jahrelang hatte er an neuen Materialien und Konstruktionen geforscht. Bereits in den späten 1950er Jahren entwickelte er einen Meiler, der wie bei Daniels statt Metallbrennstäben Graphitkugeln enthielt: den Kugelhaufenreaktor oder, wie man später sagen würde, den Hochtemperaturreaktor. Schulten holte den Kugelhaufenreaktor wieder aus der Mottenkiste hervor. Er hat mit großer Weitsicht einen Versuchsreaktor in Jülich konzipiert und später den Bau geleitet. Sein einflussreicher Mentor dabei war Hermann Josef Wehrhahn, der Schwiegersohn Konrad Adenauers, der sich bis heute für den Kugelhaufenreaktor einsetzt.

Schultens Reaktor erreichte mit bis zu 1000 Grad sehr viel höhere Betriebstemperaturen als die verbreiteten wassergekühlten Reaktoren und wurde dadurch auch als Lieferant von Prozesswärme für die chemische Industrie interessant. Das Land Nordrhein-Westfalen förderte die Hochtemperaturreaktor-Forschung großzügig. Die Politiker erhofften sich dadurch eine Möglichkeit zur »Veredelung« der heimischen Kohle. Mit Prozesswärme, also Dampf, aus Kugelhaufenreaktoren sollte Ruhrgebietkohle verflüssigt und vergast werden.

Im Jahr 1969 war der Kugelhaufentestreaktor in Jülich in Betrieb gegangen. Es war der erste der Welt, eine der fortschrittlichsten Nuklearanlagen überhaupt. Nach einigen Jahren Testbetrieb sah sich Schulten in seiner Entwicklung bestätigt. Das Prinzip funktionierte so, wie es die Formeln vorhergesagt hatten. Der 15-Megawatt-Versuchsreaktor schien effektiver, vielseitiger und sicherer als herkömmliche Reaktormodelle zu sein. Schulten begann, neue Pläne zu schmieden. Er träumte von Massenproduktion und Export. Mit seinen Visionen von sicherer und günstiger Energieversorgung zog er Politiker und Manager in seinen Bann. Doch bis die Visionen Wirklichkeit würden, müssten noch Milliarden in Forschung und Entwicklung fließen. Der Staat musste helfen.

Die Ölkrise von 1973 kam den Argumenten von Schulten und seinen Forschern entgegen. Der Ölpreis stieg in kurzer Zeit um 70 Prozent auf fünf US-Dollar und im Verlauf des folgenden Jahres sogar auf zwölf US-Dollar. Für Bundeskanzler Helmut Schmidt (SPD) war nun klar: »Die Welt braucht Kernenergie.« Ende der Siebziger forderte Schmidt, bis zum Jahr 2000 fünfzig neue Kraftwerke zu bauen.[7] Nun musste die Atomindustrie sogar die Politik bremsen. »Um Gottes willen, das geht nicht. Wir sind noch nicht so weit«, erinnert sich Johann Waldmann an seine Reaktion. Gleichzeitig wuchs in der Bevölkerung die Skepsis. Vielen Menschen waren die Atomingenieure zu fortschrittsgläubig, sie unterschätzten ihrer Ansicht nach die Risiken der Technologie. Worte wie »katastrophenfrei« befeuerten ihre Skepsis noch.

Freiburg, Frühjahr 1981.
Ein junger, relativ großer, aber unscheinbarer Chinese sitzt mit seinen Kommilitonen in einer Freiburger Kneipe. Das deutsche Bier schmeckt ihm, die deutsche Atomdebatte interessiert ihn sehr. Dass viele seiner Mitstudenten in Freiburg gegen Atomkraft sind, hat er schon mitbekommen. Sie gehen eigenartig emotional mit dem Thema um, findet er. Für längere Gespräche mit ihnen ist sein Deutsch noch nicht gut genug. Wang Dazhong ist erst vor einigen Wochen nach Deutschland gekommen. Jetzt lernt er Vokabeln und Grammatik am Goethe-Institut.

Den größten Teil seines Arbeitslebens hat der damals Anfang vierzigjährige Physiker in den Wirren der Kulturrevolution verbracht. Nun ist Mao tot, die Viererbande verhaftet und der Reformer Deng Xiaoping hat die Zügel in der Hand. Eine friedliche, hoffnungsvolle Zeit hat begonnen. Doch niemand kann sagen, wie lange sie anhält. Wang hat Glück. Er hat ein Humboldt-Stipendium bekommen und durfte nach Deutschland. Er gehört zur ersten Generation von Studenten, die China wieder verlassen dürfen. Wang gefällt es in Freiburg. »Das ganze Land ist wie ein Park«, sagt er, »und alles funktioniert gut.« Erst hier wird ihm klar, wie rückständig das Land ist, aus dem er kommt. Auch wenn er auf seine deutschen Kommilitonen noch schüchtern und still wirkt, freut er sich auf die »Klassenfeste«. Ein Wort, das ihm noch heute auf Deutsch einfällt. Es war schwierig, diese Sprache mit den vielen Zeitformen zu lernen. Und die Deutschen kamen ihm sehr ernst vor. Wang hatte großen Respekt vor ihnen. Trotzdem ist er in seinem ganzen Leben selten so unbeschwert gewesen wie in diesem Frühling 1981 in Freiburg.

Nach drei Monaten Deutschkurs fährt er mit dem Zug den Rhein entlang nach Jülich. Professor Rudolf Schulten hat ihn als Doktoranden an der Kernforschungsanstalt akzeptiert. Wang ist fasziniert von den großen Lochkartencomputern, die sie in China noch nicht haben. Und von der Kugelhaufentechnologie. Er gilt als gescheit und sehr wissbegierig, aber bescheiden, »fast devot«, so der spätere Professor Kugeler, sein damaliger Kollege. Kugeler, der Anfang der 1980er Jahre zur gleichen Zeit wie Wang ans Institut gekommen war, freundet sich mit dem neuen Laborkollegen an. Sie verstehen sich so gut, dass Wang hin und wieder zu ihm zum Abendessen nach Hause kommt.

Wang promoviert über die Kugelhaufentechnologie. Er verbringt fast jeden Tag am Forschungsinstitut in Jülich, fährt aber auch alle zwei Wochen zum Siemens-Tochterunternehmen Interatom. Dort diskutiert er mit Experten von Siemens seine Ergebnisse und mögliche Weiterentwicklungen des Kugelhaufenreaktors. Zwei Jahre bleibt er in Deutschland. Professor Schulten empfängt die chinesischen Studenten mit offenen Armen. Sein Motto lautet: Das Beste für den Erfolg einer Technologie ist, wenn viele daran arbeiten. Er hofft, dass China eines Tages deutsche Kugelhaufenkraftwerke kaufen wird. Dann wird es sich bis nach China herumgesprochen haben, dass die von ihm entwickelte Technologie Weltspitze ist. Und tatsächlich. Ein Gedanke lässt Wang Dazhong nach seiner Rückkehr nach Peking nicht mehr los: »Die Kugelhaufentechnologie ist die Technologie der

Zukunft. Die müssen wir auch in China haben.« Wang hat einen verwegenen Traum: Er möchte China an die Weltspitze der internationalen Atomforschung führen. Das finden selbst die deutschen Forscher etwas hochgegriffen. Doch Wang lässt sich von der Idee nicht abbringen, er möchte unbedingt zusammen mit der deutschen Industrie einen Testreaktor in China bauen. Allerdings hat die deutsche Industrie in den frühen Achtzigern daran noch kein Interesse. Sie will den Chinesen zunächst einmal die alte, konventionelle Brennstäbetechnologie verkaufen. Danach würde man weitersehen.

Peking, Herbst 1978.
Bereits gut zwei Jahre bevor Wang Dazhong in Freiburg ankommt, reisen die ersten deutschen Atomverkäufer nach China. Die dreißigköpfige Delegation wird angeführt von dem 58-jährigen hessischen Wirtschaftsminister Heinz-Herbert Karry (FDP). Der Schuhfabrikant gilt in Deutschland als rechter Liberaler, der sich ebenso für die Atomkraft wie für die damals sehr umstrittene Startbahn West starkmachte, ohne die der Frankfurter Flughafen heute nicht zu denken wäre. Er war der erste Wirtschaftsminister, der aktiv internationale Handelspolitik betrieb, was heute ebenfalls üblich ist. Er war allerdings auch immer wieder in Wirtschaftsskandale verwickelt.

Siemens ist in der Delegation durch den international erfahrenen Verkäufer Johann Waldmann vertreten. Doch Waldmann gerät zwischen die Fronten eines Wirtschaftsstreits zwischen Deutschland und Frankreich. Die Stallorder aus Bonn lautet schließlich, keine Atomkraftwerke anzubieten, um der französischen Industrie nicht in die Parade zu fahren.

Um trotzdem nicht ganz unverrichteter Dinge abzureisen, wendet Waldmann sich vertrauensvoll an den jungen Physiker Wang Dazhong, der später in Jülich promovie-

40

ren sollte. Der aufstrebende Wang ist damals für die Betreuung der Gäste zuständig. Auch Wang will Fortschritte in der Zusammenarbeit mit den Deutschen. Waldmann ist jedoch vorsichtig. »Ihr müsst mir heilige Eide schwören, dass ich hier über Nukleartechnologie nicht gesprochen habe und auch nicht sprechen kann«, fordert der Siemens-Manager von Wang. Der nickt und freut sich, dass Waldmann unauffällig einige Werbemappen auf dem Verhandlungstisch liegen lässt.

Wang versteht die Schwierigkeiten der Deutschen sofort. In China ist alles politisch. Hinter den Kulissen knüpft Wang für Waldmann Kontakte, während Wirtschaftsminister Karry mit seinen drei Dutzend Begleitern ein Bankett nach dem anderen absolvieren muss. An einem Abend drängen die Gastgeber Karry 13 Becher Mao-Tai auf, einen 53-prozentigen Hirseschnaps. Karry trinkt sie alle. Einzig die »hohe Qualität« des Getränks, lässt er seine Gastgeber am nächsten Tag höflich wissen, habe dazu beigetragen, dass er trotzdem mit einem klaren Kopf aufgestanden sei.

Karry und seine Delegation werden von Chinas damaligem Energieminister Li Peng empfangen, der später Ministerpräsident werden sollte. Und sie treffen Gu Mu, den vierten Mann im Staat. Seit 1973 sitzt der ehemalige Vizepremier im Zentralkomitee der Partei. Er empfängt die Deutschen in der Großen Halle des Volkes, direkt am Platz des Himmlischen Friedens. Auch Johann Waldmann ist bei dem Treffen dabei. Ihm fällt auf, dass die Sekretärin von Gu Mu als Einzige ihr lockig gewelltes Haar schon offen trägt, während die anderen Frauen noch Zöpfe haben. »Jetzt geht es los hier«, denkt er damals.

Nach seiner Abreise studieren die chinesischen Atomfunktionäre die Unterlagen, die er zurückgelassen hat. Die Angebote klingen vielversprechend, sie wollen verhandeln. Waldmann stellt eine Delegation von 25 Spezialisten zusammen, die nur wenige Monate später im März 1979 erneut nach China aufbricht. Die Verhandlungen übernimmt sein Kollege Oskar Beer, heute ebenfalls Nuklearbergsteiger, damals höchster Siemens-Repräsentant für Kerntechnik in China. Wochenlang verhandeln er und seine Delegation in kalten Räumen. Sie essen Hühnerfüße, schlafen in zugigen Hotels. Selbst die Topmanager der Delegation übernachten zu zweit in einem Zimmer in Eisengestellbetten. »Es war sehr anstrengend und sehr fremd«, sagt Beer.

Das Engagement zahlt sich nicht aus. Denn am Ende bekommen doch die Franzosen den Zuschlag. Deren politische Unterstützung war größer. Ein Staatsbesuch des französischen Präsidenten François Mitterrand hatte schließlich den Ausschlag gegeben.[8] Doch Siemens will sich nicht so einfach geschlagen geben.

Three Mile Island, Pennsylvania, USA, März 1979. Im Kontrollraum des Atomkraftwerks »Three Mile Island« im amerikanischen Harrisburg ertönt eine Sirene. Anzeigen signalisieren, dass Kühlwasser aus dem Reaktorkern austritt. Die Temperaturen der Brennstäbe steigen immer weiter an und überschreiten schließlich die Grenzwerte. Es kommt zu einer partiellen Kernschmelze. Nur um Haaresbreite kann das Reaktorgebäude intakt gehalten und ein GAU vermieden werden. Nicht nur die amerikanische Öffentlichkeit ist alarmiert. Die neue Skepsis gegenüber der Kernspaltung schwappt auch nach Deutschland über. Immer mehr Deutsche werden Kernkraftgegner.

Günter Lohnert und Herbert Reutler, beide Hauptabteilungsleiter bei Siemens, beginnen ebenfalls an den wassergekühlten Meilern zu zweifeln. Aber auch an den bisher auf Größe getrimmten Kugelhaufenreaktoren. Seit Ende der 1960er Jahre wurden große Kugelhaufenreaktoren auch bei Siemens entwickelt. Reutler und Lohnert waren damals extra dafür eingestellt worden. Doch inzwischen haben sie mehr Erfahrung mit dem Verhalten der Reaktoren bei unterschiedlichen Ausmaßen und Anordnungen. Die Ingenieure wissen, dass sie bei geschickter Auslegung einen natürlichen Abschaltmechanismus nutzen können: Wird der Reaktorkern auf unkonventionelle Art entworfen, finden bei steigenden Temperaturen immer weniger Kernspaltungen statt und die Temperatur im Reaktor pendelt sich unter einer Obergrenze ein.[9] Liegt diese unterhalb der Temperaturen, für die die Materialien im Reaktorkern ausgelegt sind, ist eine Kernschmelze nicht mehr möglich. Damit kann bei Kühlmittelverlust auch keine Radioaktivität in die Umwelt gelangen. Oder wie der Physiker Lohnert es formuliert: »Ein Freisetzen von radioaktiven Spaltprodukten kann physikalisch nicht stattfinden.« Gemeinsam mit seinem Kollegen Reutler entwickelt er eine Variante des Kugelhaufenreaktors, das sogenannte HTR-Modul, der auf diesem Prinzip basiert und inhärente Sicherheit verspricht. Der einzige Nachteil: Der Reaktor ist in Bezug auf elektrische Leistung deutlich kleiner als die zuvor verfolgte Version des Kugelhaufenreaktors.

Bestärkt durch zahlreiche Simulationsrechnungen können die Siemens-Manager 1979 Patente für die neue Reaktorvariante anmelden. Doch Lohnert und Reutler werden von Siemens zurückgepfiffen. Sie müssen über ihre Erfindung Stillschweigen bewahren, dürfen zu diesem Thema weder Vorträge halten noch Publikationen veröffentlichen. »Man wollte auf keinen Fall verschiedene Reaktoren mit unterschiedlichen Sicherheitsstufen haben«, erinnert sich Lohnert. Kugeler kommentiert aus Jülich: »Sobald man eine Technologie sicherer macht, bekommt die Bevölkerung sofort Angst, dass die bisherige Technologie nicht sicher gewesen ist.« Die Kaufleute bei Siemens wollen erst noch ihre konventionellen Reaktoren verkaufen. Sie können damit mehr Geld verdienen, weil die Entwicklungskosten für diese Reaktoren längst abgeschrieben sind. »So konnte der Fortschritt in der Kerntechnik nicht stattfinden«, kritisiert Kugler im Nachhinein. In den Siebzigern baute Siemens in Deutschland die Reaktoren Obrigheim, Stade, Biblis A, Brunsbüttel, Philippsburg 1, Unterweser, Neckar 1, Isar 1 und Krümmel. Die Atomkraft boomt.

Auch Kugler war von dem neuen Konzept überzeugt. Er hatte ursprünglich an den großen Kugelhaufenreaktoren geforscht. Seine Auslegungen von Komponenten für besonders hohe Temperaturen, die in der chemischen Industrie gebraucht werden, galten als Weltspitze. Nun aber setzt auch er sich für den Einsatz der kleinen modularen Kugelhaufenreaktoren ein.

Zwei Jahre nach der Patentanmeldung des kleinen Kugelhaufenreaktors, des sogenannten HTR-Moduls, wird das Stillschweigen durch eine Indiskretion gebrochen. Siemens-Kraftwerksunion-Vorstand Hans Frewer erfährt von der Erfindung. Angesichts der wachsenden Sorge in der Bevölkerung um die Sicherheit der Kernkraft ist Frewer von der neue Variante des Kugelhaufenreaktors begeistert. Also lädt er Ende 1981 für vier Nachmittage zu »Factfinding«-Sitzungen nach Erlangen ein. Die Teilnahme aller Siemens-Kraftwerksunion-Abteilungs- und -Bereichsleiter ist Pflicht.

In der vierten Sitzung muss schließlich die Entscheidung fallen, ob Siemens bei den großen Kugelhaufenreaktoren bleiben oder zu den neuen kleinen wechseln soll. Jeder Bereichsleiter wird namentlich gefragt. Alle sind gegen das neue Reaktorkonzept. Sie fürchten vor allem die hohen Entwicklungskosten – und sie wollen kein Zweiklassensystem bei der Sicherheit. Dennoch setzt sich Frewer nach Rücksprache mit seinem Vorstandskollegen

Keller durch: »Ab morgen wird Siemens nur noch das HTR-Modul weiterverfolgen, die großen Kugelhaufenreaktoren sind für Siemens nun passé.« Der Kerntechniker Wolfgang Steinwarz, der heute das Krefelder Unternehmen Siempelkamp Nukleartechnik, den Hersteller der CASTOR-Transportbehälter, leitet, wird beauftragt die Kommerzialisierung voranzutreiben. Nach sechs Jahren Entwicklung können die Siemens-Manager 1987 die Genehmigung für den neuen Reaktortyp beantragen, 1989 wird sie erfolgreich erteilt. Zu spät, wie sich herausstellen würde. Der politische Widerstand war bereits zu groß geworden.

Brokdorf, Februar 1981. In der Wilstermarsch nordwestlich von Hamburg demonstrieren über 100 000 Menschen gegen den Bau des Kernkraftwerks Brokdorf. Es ist der bisher größte Massenprotest von Atomkraftgegnern in Deutschland. Den Demonstranten stehen über 10 000 Polizisten und Einheiten des Bundesgrenzschutzes gegenüber.[10] Es kommt zu schweren Zusammenstößen, wobei es auf beiden Seiten mehr als hundert Verletzte gibt. In Deutschland wächst der Widerstand gegen die Atomtechnik. Die strahlende Sonne mit dem Slogan »Atomkraft Nein Danke« wird zum bekanntesten Aufkleber des Landes, sogar in den Nachbarstaaten kennt man ihn. Die Proteste entstehen aus der 68er-Bewegung. Die Menschen, die sich ihr anschließen, stellen Technologiegläubigkeit und ungezügeltes Wirtschaftswachstum in Frage. Einer ihrer Vordenker ist der Journalist Robert Jungk. »In Angst um den drohenden Verlust von Freiheit und Menschlichkeit«, schreibt er in seinem Buch *Der Atomstaat*, »in Zorn gegen jene, die bereit sind, diese höchsten Güter für Gewinn und Konsum aufzugeben.«[11] Das Buch wird zur Bibel der Atomkraftgegner. Hunderttausende Menschen aus allen Schichten kommen zu Protesten zusammen. Die meisten demonstrieren friedlich. Einige wenige in der Bewegung radikalisieren sich gegen den »faschistischen Staat«. Im Mai 1981 wird Minister Karry von Terroristen der sogenannten »Roten Zellen« ermordet. Ermittelt wird auch gegen Joschka Fischer, den späteren Außenminister. Ihm wird vorgeworfen, dass die Tatwaffe in seinem Auto transportiert worden sei; er hatte den Wagen einem Freund geliehen, der ihm einen neuen Motor einbauen sollte.[12]

Die Regierung Schmidt hält trotz des Widerstandes auf den Straßen an der Atomkraft fest. Der Kugelhaufenreaktor kann bei der Energieversorgung in Zukunft »eine Rolle spielen«. Welche genau, »hängt entscheidend vom Engagement der beteiligten Wirtschaftszweige ab«, lässt Schmidt einen seiner Staatssekretäre erklären.[13] Der Staat will nicht allein ins Risiko gehen.

Während es in Deutschland brodelt, sind Waldmanns Augen noch immer auf China gerichtet. Er will nicht aufgeben, er hat den riesigen Markt im Blick, den Energiehunger des Landes. Die Chinesen sollen mit Kooperationsangeboten und Wissenstransfers für den Kauf der deutschen Technologie erwärmt werden. Die Verhandlungen ziehen sich hin.

Bonn, Oktober 1982.
Bundeskanzler Helmut Schmidt kämpft bis zuletzt für die Kernenergie und gegen die Anti-Atomkraft-Bewegung der außerparlamentarischen Opposition. »Wir haben die ins Werk gesetzte Energiepolitik fortgesetzt«, sagt Helmut Schmidt heute, »einerseits Kohle, anderseits Braunkohle und drittens Kernkraftwerke in der Vorstellung, dass man erst später wissen und entscheiden muss, ob die eine oder andere Art der Energieerzeugung Vorrang haben sollte.«[14] Schmidt versucht sich damals in der gleichen

Politik wie die Chinesen heute, mit dem Unterschied, dass dies in China im Gleichklang mit der Mehrheit der Bevölkerung geschieht. Schmidt hingegen muss sich gegen den Mainstream stemmen. Aber auch in der eigenen Partei wächst der Widerstand. Schmidts wichtigster Gegenspieler ist Erhard Eppler. Er ist damals Landesvorsitzender der württembergischen SPD. »Deutschland ist nicht geholfen, wenn Herr Eppler und ich mit dem Fahrrad ins Büro fahren«, provoziert ihn Schmidt. Eppler hält dagegen. Er ist überzeugt, nicht nur die Mehrheit der Partei, sondern die Mehrheit der Wähler auf seiner Seite zu haben. Schmidts Politik des Entweder-Oder sei »völlig irre«. Damit werde Schmidt »in der Partei Schiffbruch erleiden«, schreibt der *Spiegel*.

Die Stimmung ist aufgeheizt, der politische Wind weht allmählich ruppiger. Immer mehr Mitglieder seiner Partei stellen sich gegen ihn. Der Streit mit dem Koalitionspartner FDP wird heftiger. Im Oktober 1982 kommt es zum konstruktiven Misstrauensvotum gegen Schmidt. Der Bundeskanzler hat bei Themen wie Nato-Nachrüstung und Atomenergie seine Partei entzweit. Sein Koalitionspartner, Außenminister Hans-Dietrich Genscher, hat die Koalition aufgekündigt. Schmidt verliert das Misstrauensvotum, Helmut Kohl übernimmt die Macht. Die Industrie hofft, dass Kohl seine Partei besser im Griff hat.

Derweil soll in Hamm-Uentrop der erste Kugelhaufenreaktor in industriellem Maßstab ans Netz gehen. Statt 15 Megawatt wie der Versuchsmeiler in Jülich soll das Kraftwerk in Hamm satte 300 Megawatt Strom liefern. Der Meiler trägt die Abkürzung THTR für Thorium-Hochtemperaturreaktor, da den Brennstoffkugeln auch das Metall Thorium beigemischt wurde. Die Schweizer Firma BBC (später heißt sie ABB) hat ihn gemeinsam mit Krupp gebaut. Bei Siemens hat man sich zurückgehalten.

Die Manager hatten noch mehr Zeit in die Entwicklung stecken wollen. BBC und Krupp wählten für ihr Kraftwerk die große Variante des Kugelhaufenreaktors, statt die inzwischen von Siemens favorisierte kleine modulare. Doch was einfacher sein sollte, wurde indes immer komplizierter. Unerwartete Probleme tauchten auf, die Kosten explodierten. Der Kugelhaufenreaktor wird erst mit deutlicher Verspätung eingeweiht – am 13. September 1983 nimmt Forschungsminister Heinz Riesenhuber die Anlage in Betrieb.

Es dauert weitere zwei Jahre, bis der Kugelhaufenreaktor im November 1985 den ersten Strom ins Netz speist. An der Anlage selbst hat es zunächst nicht gelegen, alles funktionierte wie geplant. Viele Menschen aber fürchteten sich vor der Technologie. Und die Genehmigungsbehörde machte den Betreibern immer neue Auflagen. Trotzdem war mit der Inbetriebnahme ein wichtiger Schritt vollzogen: Deutschland hatte damit bewiesen, dass die Kugelhaufentechnologie alltagstauglich ist.

Die Chinesen werden hellhörig und suchen das Gespräch. Nach langen Verhandlungen werden sich die Siemens-Vorstände mit einer chinesischen Delegation unter der Führung von Wang schließlich im Frühjahr 1984 in einem Chinarestaurant in Jülich einig. »Es gab einen Handschlag, und dann war klar: ›Okay, wir machen das mit dem Kugelhaufenreaktor!‹«, erinnert sich Waldmann. Wang ist begeistert. Seine Pläne werden nun vielleicht doch Wirklichkeit. Auch das Bundesforschungsministerium stimmt dem vorgeschlagenen Deal zu, man einigt sich auf ein Abkommen über die Zusammenarbeit auf »dem Gebiet der friedlichen Nutzung der Kernenergie« zwischen der Bundesrepublik und der Volksrepublik. »Nuklearenergie ist sicher, sauber und eine fortschrittliche Energiequelle«, sagt Vizepremier Li Peng damals.[15]

Im Sommer 1985, beim Besuch des Premierministers

Zhao Ziyang bei Bundeskanzler Helmut Kohl, wird endlich verkündet, dass die Deutschen insgesamt vier Atommeiler liefern sollen, darunter einen Kugelhaufenreaktor. Die Anlagen kosten sechs Milliarden D-Mark. Die Hälfte sollen die Chinesen mit der Lieferung von Metallen begleichen. Die Deutschen wollen den Chinesen überdies Getreide, Erdöl und Steinkohle sowie 6000 Tonnen Natururan abnehmen. Zudem wollen die Chinesen 150 Tonnen abgebrannter Brennelemente in China endlagern. Mehrere Delegationen, manche bis zu vierzig Mann stark, besprechen Ende 1985 in Peking und in Wuxi, in der Nähe des geplanten Standorts, die Einzelheiten für den Bau. Das Projekt der Siemenstochter Kraftwerksunion (KWU) umfasst am Ende 48 Aktenordner. Zehn Millionen D-Mark haben die Kraftwerksbauer bereits investiert.[16]

Doch die Deutschen haben nicht mit der chinesischen Politik gerechnet. Im März 1986 erhalten die Atompartner Waldmann und Wang die Hiobsbotschaft: Deutschland wird in China nicht zum Zug kommen. Die Chinesen haben sich erneut entschieden, weiter mit den Franzosen zusammenzuarbeiten. Außerdem wolle man ohnehin erst einmal weniger Atomkraftwerke bauen als zwischenzeitlich angedacht und fürs Erste auf die bewährte – und preiswertere – Technik setzen. Peking wollte sich im Ausland nicht zu sehr verschulden.[17] Bei Siemens kursiert eine andere Geschichte. Premier Li Pengs frankophile Tochter soll den Ausschlag gegeben haben.

Wang Dazhongs Versuch, durch die Hintertür an die Kugelhaufentechnologie zu kommen, ist vorerst gescheitert. Doch die Siemensianer wollen nicht aufgeben. Sie fordern mehr Unterstützung aus der Politik, werden noch großzügiger mit ihren Kooperationsangeboten. Dass es für ihr Projekt allerdings noch schlimmer kommen würde, konnten sich Wang und Waldmann Anfang 1986 nicht vorstellen. Das geht auch anderen Verantwortlichen bei Siemens so. Professor Günter Lohnert ist inzwischen Abteilungsleiter für HTR-Sicherheitsanalysen der Siemens-Kraftwerksunion. Er will endlich den von ihm und seinem Kollegen Reutler entwickelten HTR-Modul-Reaktor, der inhärente Sicherheit verspricht, bauen und demonstrieren. Angesichts der öffentlichen Widerstände gegen die Atomkraft hat er die Idee, einen Minimeiler auf dem Gelände des Chemieunternehmens Hoechst zu bauen – ohne die komplexen politischen Umstände, die es bei den Chinesen gibt. Der Entwurf wird von den Behörden genehmigt und zum Bau freigegeben. Der Vertrag ist unterschrieben, und selbst der Termin für den Spatenstich steht fest: der 29. April 1986.

Tschernobyl, Sowjetunion. 26. April 1986, 0.26 Uhr. Der stellvertretende Chefingenieur Anatoli Stapanowitsch Djatlow, ein ruhiger Mittfünfziger mit Halbglatze, lässt im ukrainischen Tschernobyl einen Sicherheitstest durchführen, der einen vollständigen Stromausfall am Kernreaktor simulieren soll. Dabei machen seine Mitarbeiter so viele Fehler, dass es zu einer vollständigen Kernschmelze kommt. Nun rächt sich, dass der Reaktor von den Physikern schlampig ausgelegt worden war, weil gespart werden musste und der Reaktor sowohl Strom als auch Waffenplutonium erzeugen sollte. »Den russischen Physikern war die Gefährlichkeit eines solchen Reaktors voll bewusst, sie mussten ihn aber aus Staatsräson so planen und bauen«, erläutert Lohnert.

Um 1.24 Uhr explodiert Block IV des Kraftwerkes. Ein Brand wirbelt radioaktive Partikel hoch in die Luft. Fünfzig Menschen sterben sofort. Tausende Menschen werden hohen Strahlendosen ausgesetzt. Die radioaktive Wolke zieht über halb Europa. Die Menschen sind beunruhigt, vor allem in Deutschland. In den folgenden Tagen und Wochen demonstrieren Hunderttausende. Die deutsche Anti-Atomkraft-Bewegung wird die größte der Welt. Im Nachbarland Frankreich wird jedoch kaum protestiert, obwohl Frankreich schon damals zwei Drittel seines Stroms aus Atomkraftwerken bezieht. Die badischen Bauern fahren ihr Gemüse ins Elsass, nachdem die Deutschen aus Angst vor Strahlung keinen Freilandsalat mehr kaufen.

Nur wenige Tage nach Tschernobyl kommt es für Wang und Waldmann noch dicker. Am 4. Mai 1986 ereignet sich ein eigentlich unbedeutender Störfall im THTR-Kugelhaufenreaktor in Hamm. Einige der Graphitkugeln haben sich in der Transportschleuse verkeilt. Beim Lösen des Staus tritt eine geringe Menge Radioaktivität aus. Die Betreiber begehen daraufhin einen folgenschweren Fehler. Sie hoffen, »ihre« Radioaktivität werde in der großen Wolke von Tschernobyl nicht auffallen. Sie versuchen, den Störfall zu vertuschen. Umweltaktivisten kommen ihnen dennoch auf die Spur. Ein Kommunikations-GAU für die Betreiber des Kraftwerks in Hamm.[18]

Auch Professor Lohnert ist klar, dass Hoechst nun reagieren muss. Als deren Fax bei Siemens-KWU-Vorstand Frewer eintrifft, weiß er sofort, was das zu bedeuten hat. Hoechst teilt mit knappen Worten mit, man wolle »aus Rücksicht auf die öffentliche Meinung« auf den Bau verzichten. Die Politik muss sich der Stimmung der Wähler beugen. Und zwar unverzüglich. Ähnlich wie 25 Jahre später im Frühjahr 2011. Die Deutschen sind verängstigt, und wenige Monate darauf, im Januar 1987, finden Bundestagswahlen statt.

Zunächst setzen sich die Atomkraftgegner in der SPD durch. Im Ausstiegsbeschluss des Bundesvorstandes vom 26. Mai 1986 heißt es: »Der Anteil der Kernenergie an der Stromerzeugung wird schrittweise verringert.« Johannes Rau, der Kanzlerkandidat der SPD, hält noch kurz dagegen. Rau ist Ministerpräsident von Nordrhein-West-falen, wo der THTR Hamm steht. Er halte den Hoch-temperaturreaktor nach wie vor für die »sicherste Reak-torlinie«, davon sei er »überzeugt«, erklärt Rau.[19] Aber die Unterstützung für eine neue Atomtechnik lässt sich im Tschernobyl-Jahr nicht halten. Die Bundespolitik geht vor. Immer mehr Menschen haben Angst. Kohl ist, wie sein Vorgänger Schmidt, ein Befürworter der Atomkraft. Dennoch muss auch er einlenken. Nach der Katastrophe von Tschernobyl kann man mit der Atomkraft keine Wahlen mehr gewinnen. Kohl erklärt die Atomenergie zur »Übergangsenergie« und beschließt im Sommer 1986 ein Umweltministerium zu gründen, das auch für Reak-torsicherheit zuständig ist. Das Ministerium wurde ein mächtiger Widerpart der Atomindustrie.

Der THTR wäre wohl auch ohne diese Entscheidung der Bundesregierung in politische Schwierigkeiten ge-raten. 1987 wurde er an die Betreiber übergeben. Er lieferte drei Monate Strom und wurde vier Monate re-pariert. Im nächsten Jahr folgten sieben Monate Betrieb fünf Monate Reparatur. »Da hat sich gerächt, dass die Konstrukteure sich für ein Großkraftwerk und nicht für ein kleines HTR-Modul entschieden hatten«, sagt Atom-forscher Lohnert heute.

Tsinghua-Universität Peking, Mai 1986. Wang Dazhong ist sprachlos. So viel Gegenwind kann man sich nicht einmal im Traum ausdenken: Rückzug der eigenen chinesischen Politiker, Tschernobyl, ein Störfall im Kugelhaufenreaktor in Hamm – und das alles kurz vor der Bundestagswahl. »Wir hatten großes Mitleid mit unseren deutschen Kollegen«, erinnert sich Wang. Die Logik der deutschen Politik versteht er allerdings nicht. »Wie kann man veraltete Technologie weiterbe-nutzen und sich gleichzeitig weigern, neue, sichere Technologie zu entwickeln?«, fragte er. Das bedeutet ja, unsichere Technologie zu dulden, aber Verbesserungen zu verbieten. Für Wang macht das keinen Sinn. Auch seine Kollegen können den Rückschlag nicht fassen. Sie fühlen sich fast ein wenig alleingelassen von den Deutschen. »Die haben ein ungläubiges Lächeln auf den Lippen gehabt«, erinnert sich Siemens-Manager und Nuklearbergsteiger Beer. »Sie haben nicht versucht, darüber zu diskutieren. Für sie waren die technischen Argumente genauso schlüssig wie für uns.« Und sie wussten, gegen Irrungen und Wirrungen der Politik kommt man mit wissenschaftlichem Sachverstand nicht an.

In China jedoch gelang es den Wissenschaftlern, die Politik davon zu überzeugen, dass der modulare Kugelhaufenreaktor mehr denn je eine Zukunftstechnologie ist. Im sechsten Fünfjahresplan, der ab 1987 galt, wurde der modulare HTR als der fortschrittlichste Reaktor für das 21. Jahrhundert eingestuft und entsprechend gefördert.[20] Deshalb sind die Chinesen zunächst aufgeschlossen, als Siemens einen dritten Versuch wagt, um mit China ins Geschäft zu kommen. Wieder verlassen sich die Siemensianer auf ihr kombiniertes Angebot von Kugelhaufentechnologie und herkömmlicher Reaktortechnik, und wieder können die Chinesen Franzosen und Deutsche gegeneinander ausspielen. Bei den herkömmlichen Kraftwerken wollte Siemens einen Reaktor verkaufen, der baugleich mit Neckarwestheim, Isar 2 und Emsland war. Die Anlagen galten Ende der 1980er Jahre als die modernsten und sichersten der Welt.

Frankreich hingegen bot ein Auslaufmodell an, das in etwa dem Reaktor im elsässischen Fessenheim entsprach. Diesen Reaktor konnten sie 40 Prozent unter den Kosten eines neueren Siemensreaktors anbieten. Um die Chancen zu verbessern, initiierte der Siemens-Vorstand einen Kooperationsvertrag mit China auf dem Gebiet der Kugelhaufen-Technologie. Offiziell wollte man »gemeinsam« einen Versuchsreaktor nach dem Modulprinzip bauen, der als Prototyp für die dann folgenden Serienanlagen dienen sollte, den sogenannten HTR-10. Das vorgeschlagene Projekt wurde großzügig zu je 50 Prozent von Siemens und von der Bundesrepublik getragen. China sollte dann später die Betriebskosten und die Kosten für experimentelle Versuche übernehmen. Der neue Kooperationsvertrag wurde am 23. Dezember 1988 in Jülich besiegelt. Die Chinesen hatten sich allerdings erfolgreich geweigert, in den Vertrag einarbeiten zu lassen, was die Deutschen im Gegenzug erwarteten. Sie wollten statt der Franzosen den Großauftrag bei der konventionellen Technik zugesprochen bekommen. Die Siemens-Manager machten sich keine Illusionen, dass dies angesichts der politischen Lage in Deutschland der letzte Versuch sein würde, ihre Atomtechnologie zu verkaufen. Deshalb waren sie sehr großzügig.

Anfang 1989 wurden knapp 25 chinesische Ingenieure und Physiker für ein Jahr hauptsächlich zu Siemenstochterfirmen nach Erlangen und Jülich geschickt. Sie konnten sich mit allen Details der HTR-Modul-Technologie vertraut machen, die ja gerade im Genehmigungsverfahren war. Gemeinsam planten Chinesen und Deutsche den HTR-10 bis zur Baureife. 1990 waren sie fertig. Doch die Deutschen gingen leer aus, die Chinesen entschieden sich wieder für die Franzosen. Ein Auftrag im Wert von mehreren Milliarden Mark. Siemens und die deutsche Regierung wollten unter diesen Umständen den Forschungsreaktor nicht mehr bauen.

Die Chinesen hätten zwar liebend gerne mit den Deutschen gemeinsam den Testreaktor gebaut. Aber es würde auch so gehen. Denn sie hatten inzwischen gemerkt, dass die Deutschen mit dem Rücken zur Wand standen. Ihnen war klar geworden, dass die Technologie für die deutschen Wissenschaftler mittlerweile wertlos geworden war. Den Konkurrenten, den Franzosen oder den Amerikanern, mochten die Deutschen nicht helfen, auch das lag auf der Hand. Sie hatten sich zu sehr über sie geärgert. Also erklärten sie den Chinesen alles, was sie nun noch wissen wollten. »Die Chinesen haben dann alles absorbiert, was hier war. Bei uns gab es ja keinen geschlossenen Schrank mehr. Die chinesischen Wissenschaftler konnten alles mitnehmen, was sie wollten. Sie haben es natürlich genossen, überall Zugang zu haben«, erzählt der Siemensianer Waldmann. China übernahm die gesamte Technologie und kaufte einige gebrauchte Maschinen. Das meiste bekamen sie jedoch geschenkt: »Wenn man für diese Technik, die man in Deutschland nicht mehr machen kann«, erklärt Waldmanns Kollege Beer, »noch einen kleinen Betrag rausholen kann, wunderbar. Und unsere Technologie lebt weiter.« Mit Koffern voller Aktenordner reisten die Chinesen nach Hause. »Die Deutschen sind sehr klug und verlässlich. Aber manchmal verlieren sie die Orientierung«, fasst Wang Dazhong seinen damaligen Eindruck zusammen.

Die Stimmung sollte sich auch nach der Bundestagswahl nicht mehr drehen. Im Frühjahr 1989 beendet CDU-Forschungsminister Heinz Riesenhuber das THTR-Projekt. Es gibt kein Geld mehr vom Bund. »Das Todesurteil trägt die Unterschrift eines Atomfans«, schreibt der *Spiegel.* Das inzwischen 4,5 Milliarden Mark teure Demonstrationsprojekt ist nach 16 500 Betriebsstunden am Ende. Es wurde zu 80 Prozent aus Steuern finanziert. Nach 21 Jahren wird auch der Kugelhaufenforschungsreaktor in Jülich bei Aachen abgestellt. Er wird nicht abgerissen, sondern »sicher eingeschlossen«.[21]

Daraufhin musste Siemens-Manager Beer auch die konventionelle Atomtechnologie an die Chinesen verkaufen. Er hat 15 Jahre in China gelebt. Das Geschäft: Wir geben euch Atom-Know-how, dafür kauft ihr unsere Kohle-kraftwerke und Schnellzüge. Würden die rückständigen Chinesen überhaupt etwas mit der komplexen Technologie anfangen können? Das glaubten Anfang der Neunziger selbst die optimistischen der deutschen Forscher nicht.

Bonn, Umweltministerium, 1994.
1994 schreibt Umweltminister Klaus Töpfer die strengsten Sicherheitsstandards der Welt in Deutschland gesetzlich fest. Genehmigt werden nur noch solche Anlagen, bei denen selbst ein GAU keine Folgen für die unmittelbare Umgebung des Reaktors hat.[22] Diesen Anspruch erfüllen eigentlich nur Kugelhaufenreaktoren, weil eine Kernschmelze physikalisch ausgeschlossen ist. Von dieser Technologie hatte sich Deutschland zu jenem Zeitpunkt bereits seit acht Jahren verabschiedet. Professor Kugeler an der Kernforschungsanstalt Jülich unternimmt einen letzten Rettungsversuch. Er beantragt Gelder in Brüssel für die Kugelhaufentechnologie. Dort gibt es einen Geldtopf zur Forschung an der Verhinderung von schweren Störfällen. Der Antrag aus Jülich wird abgelehnt. »Bei der Kugelhaufentechnologie kann es doch gar keine schweren Störfälle geben, warum sollen wir euch fördern?«, hieß es aus Brüssel. »Das war schon verrückt«, sagt Kugeler. »Nun wurde auch dem Letzten klar: Der Kugelhaufenreaktor wird in unserem Arbeitsleben nicht mehr gebaut.« Die einzige deutsche Anlage wird in den Neunzigern aufwendig zurückgebaut. 1991 wird der Trockenkühlturm gesprengt. Ab 1993 werden die Kugeln auf dem Meiler geborgen. Im April 1995 dann reisen die letzten Brennstoffkugeln im Castortransport ins Zwischenlager Ahaus. Im Februar 1997 melden die Ingenieure, die Anlage sei nun sicher eingeschlossen. Zwei Ingenieure führen seither im Jahr über 150 Sicherheitsprüfungen

durch. Rund drei Millionen Euro kostet die stillgelegte Anlage pro Jahr.

Während in Deutschland der einzige Kugelhaufenreaktor und die Kernforschungsanstalt Jülich abgewickelt werden, wird Wang Dazhong in China zum Präsidenten der Pekinger Tsinghua-Universität ernannt. Sie gilt als das Harvard Chinas. Über 20 000 Studenten studieren damals dort. Wang ist weltweit der erste Kernphysiker, der Präsident einer allgemeinen Universität wird. Er trägt maßgeblich dazu bei, dass die Uni inzwischen zu den fünfzig besten der Welt gezählt wird.[23]

Am 30. April 1996 stirbt der Erfinder des deutschen Kugelhaufenreaktors, Rudolf Schulten, in Aachen. Sein ehemaliger Schüler und Kollege von Wang Dazhong, Professor Kurt Kugeler, hatte 1998 den Lehrstuhl an der Hochschule Aachen und die Direktion des Jülicher Instituts für Reaktortechnik übernommen. Der neue Institutsleiter hat kein Glück: Von sechs Lehrstühlen in Aachen werden fünf abgeschafft. Forschungsgelder für die Kerntechnik werden gestrichen, Name und Logo des Instituts geändert. Die Kernforschungsanstalt Jülich heißt nun schlicht Forschungszentrum Jülich. »Nichts sollte mehr an Jülichs Vergangenheit erinnern«, sagt Kugeler. Nur die Kugel des Kugelhaufenreaktors blieb im kreisrunden neuen Logo enthalten. Heute zeugen noch einige Vitrinen in den Fluren vor Kugelers Büro von den goldenen Zeiten, als der Lehrstuhl und das Institut noch im Rampenlicht der weltweiten Forschungsgemeinde standen. 2012 wird das Gebäude abgerissen.

Wang Dazhong steht derweil bei Staatsbesuchen mit US-Präsident George W. Bush und Staats- und Parteichef Hu Jintao auf einer Bühne. Er hat nun die politischen Kontakte, um sicherzustellen, dass der Kugelhaufenreaktor in China weiterentwickelt werden kann. Der erste Spatenstich erfolgte am 15. Juni 1995. Fünf Jahre lang arbeiten die Wissenschaftler hart an dem Forschungsreaktor. Die Chinesen halten sich weitgehend an das von den Deutschen entwickelte Konzept. Sie wollen so wenig Neuland betreten wie möglich und das technische Risiko minimieren. Jahrelang ist es still um die chinesischen Forscher. Keine großen Ankündigungen, weder auf wissenschaftlicher noch auf politischer Ebene. Regelmäßig jedoch lassen sie Spezialisten wie Günter Lohnert einfliegen. Er ist inzwischen Professor für Kerntechnik an der Universität Stuttgart und Herausgeber der renommierten Fachzeitschrift *Nuclear Engineering and Design*. Lohnert kennt Wang schon aus den Zeiten seiner Promotion in Deutschland. Regelmäßig schaute damals Wang bei Lohnert vorbei, um mit dem Siemens-Wissenschaftler seine Forschung zu diskutieren. Daraus entstand eine Freundschaft, die ein Leben lang halten sollte. Am 21. Dezember 2000 wird der Reaktor zum ersten Mal hochgefahren. Er wird »kritisch«, wie die Fachleute sagen. Die Öffentlichkeit erfährt davon nichts. Die chinesischen Forscher wollen erst sicher sein, dass sie sich nicht blamieren.

Kugelhaufenforschungsreaktor in Huyu nahe Peking,
Herbst 2004.
Im Herbst 2004 ist es dann so weit. China überrascht die Welt. Wang Dazhong und seine Forscherkollegen laden sechzig Topwissenschaftler aus aller Welt zu einer Vorführung in ein schlichtes fünfstöckiges Gebäude ein, das im Pekinger Changping nahe dem Dorf Huyu steht. Auch deutsche Wissenschaftler reisen an. Zahlreiche Vertreter der internationalen Atomkontrollbehörde sind anwesend. Wang Dazhong leitet die Demonstration. Der Wissenschaftler, der einst in Freiburg Deutsch gebüffelt hat, ist inzwischen einer der höchsten Berater der Regierung in Fragen zur Energiepolitik und Atomkraft. Das

Schwellenland hat Hunderte Millionen investiert, um den Kugelhaufenforschungsreaktor zu bauen.

Wangs Forscher waren gründlich. Sie haben selbst mit den größten Kritikern der Technologie gesprochen und ihre Einwände berücksichtigt. Sie jedenfalls halten nun die Probleme für lösbar, die Risiken für kalkulierbar. Sie haben an den Schwachstellen des deutschen Systems gearbeitet. Luft- und Wassereinbrüche oder sich verkeilende Kugeln wie beim Störfall von 1986 im THTR Hamm-Uentrop sind durch die Wahl anderer Werkstoffe und Konstruktionen unwahrscheinlicher geworden.[24] Die Chinesen sind nun bereit, sich den kritischen Augen der Welt zu stellen.

Die internationalen Wissenschaftler haben sich im Schaltraum des Reaktors vor der schwarzen Kontrollwand versammelt. Alle tragen weiße, runde Laborkappen und Kittel. Wang öffnet eine kleine Abdeckung und drückt auf den darunter liegenden roten Knopf. Er hat soeben die Kühlung des Reaktors abgeschaltet und daraufhin die Sicherungssysteme – und das am Stadtrand von Peking. In jedem anderen Atomkraftwerk der Welt hätte das eine Kernschmelze und damit einen GAU bedeutet. Doch die Physik der Kugeln im Reaktor macht eine Kernschmelze unmöglich. Das wissen die Fachleute natürlich und staunen dennoch. Der chinesische Reaktor zählt nun zu den modernsten der Welt.

Einer der Deutschen, die das miterleben, ist Günter Lohnert, der ehemalige Abteilungsleiter bei der Siemens-Kraftwerksunion, der mit seinem Kollegen Reutler zusammen das HTR-Modul entwickelt hatte. »Die Leistung im Reaktorkern stieg um das Doppelte. Es wurde heiß im Reaktorkern. Doch dann ging der Neutronenfluss rasch zurück.« Nach zehn Minuten hatte sich die Anlage abgestellt, ohne dass ein Mitarbeiter irgendetwas unternehmen musste. »Es macht mich stolz zu sehen, was die Chinesen vollbracht haben. Aber ich bin auch traurig, dass die Anlage nicht irgendwo in Deutschland steht«, sagt Lohnert.[25] Geduldig erklärt er, wie das Prinzip der Zehn-Megawatt-Anlage funktioniert: Normale Atomkraftwerke sind mit Brennstäben ausgestattet, die immer heißer werden. »Ohne Kühlungen würden sie schmelzen.« Beim Hochtemperaturreaktor hingegen kommt die Energie nicht aus Stäben, sondern aus Kugeln, die aus Graphit bestehen, das sehr heiß werden kann, ohne zu schmelzen. Gefüllt sind die Kugeln mit Uranpartikeln, die nicht größer als Mohnkörnchen sind. Die Uranpartikel sind von einer Schutzschicht aus Silikonkarbid überzogen, das an die Härte von Diamanten heranreicht. Die Kugeln liegen lose aufeinander »wie Orangen in einer Kiste«. Durch ihre Zwischenräume strömt ein Gas, das die Hitze zu einer Turbine befördert. Wenn die Kühlung ausfällt, erhitzen sich die Kugeln auf maximal 1600 Grad. Dann passiert etwas, was die Wissenschaftler der vorangegangenen Generationen von Atomkraftwerken noch nicht in der Form genutzt haben: Die Uranatome werden bei der Hitze so unruhig, dass die herumschwirrenden Neutronen keine spaltbaren Atomkerne treffen können. Das ist die Voraussetzung für die Kernspaltung. Also kann sie nicht mehr stattfinden. Wird kein Uran mehr gespalten, geht der Neutronenfluss zurück. »Der Reaktor beruhigt sich mit der gleichen Sicherheit, wie Wasser nach unten fließt.« Es sei also nicht mehr möglich, dass durch eine Kernschmelze Radioaktivität in hohen Dosen austritt. »Auch nicht bei Erdbeben, Tsunamis und Flugzeugabstürzen.«

Seit Jahren schon berät auch Lohnert die Chinesen. »Eine Meisterleistung – trotz aller Vorarbeit aus Deutschland!«, sagt er. Die Überraschung in der Fachwelt ist groß, dass ausgerechnet die Chinesen vollenden konnten, was die Amerikaner begonnen und die Deutschen weiterentwickelt hatten. Wang Dazhong und sein Forscherteam haben ein Stück chinesischer Industriegeschichte geschrieben: Seit Jahrhunderten hatten chinesische Erfinder die Welt nicht mehr mit technologischen Durchbrüchen beeindruckt. Nun war es wieder so weit. Bisher können die Chinesen ohne fremde Hilfe nicht einmal ein international wettbewerbsfähiges Auto bauen. Doch werden sie es schaffen, die Technik zu kommerzialisieren?

Wenn China von dem technologischen Durchbruch profitieren soll, muss der Reaktor serientauglich werden. Diese Mammutaufgabe fällt auf zwei Atomwissenschaftler aus dem Team von Wang Dazhong. Zhang Zuoyi, der neuer Direktor des Kerntechnik-Instituts der Tsinghua-Universität wird, und sein stellvertretender Direktor Sun sollen in China ein Kugelhaufenkraftwerk im Industriemaßstab entwickeln und bauen. Auch Zhang und Sun haben bei Professor Rudolf Schulten in Jülich gelernt. Sun, ein besonnener Mann mit einem verschmitzten Gesicht und einer hohen Stirn, spricht noch immer gut Deutsch. Zhang, ein zurückhaltender, ebenso klug wirkender Mann mit einer Goldrandbrille, spricht inzwischen lieber Englisch. Zhang und Sun kamen rund zehn Jahre nach Wang in die deutsche Atomforschung. Zhang, der Schüler von Wang Dazhong, hat zwei Jahre in Jülich als Post-Doc bei Schulten verbracht. Dort beschäftigte er sich hauptsächlich mit den Sicherheitseigenschaften des HTR-Moduls von Siemens. Nach seiner Rückkehr aus Jülich wurde er sehr schnell stellvertretender Direktor des Instituts, das noch von Wang geleitet wurde. 2001 trat er dessen Nachfolge als Direktor an. Sein Stellvertreter Sun hatte sogar fünf Jahre in Jülich verbracht und Ende 1992 dort promoviert. Er ist nun als stellvertretender Direktor verantwortlich für die Studentenausbildung und für die Beziehungen zur Internationalen Atomenergiebehörde (IAEA) in Wien. Vor allem aber ist er die rechte Hand von Direktor Zhang.

Die beiden sitzen in braunen Ledersesseln im Empfangsraum ihrer Fakultät. Der alte Pionier Wang Dazhong ist auch dabei. Er spricht Englisch und Chinesisch, und immer wieder fallen ihm deutsche Worte ein. Wang hat sein charmantes Lächeln über all die Jahre behalten. Nur wenn er sich Sorgen macht, wird sein Mund ganz klein. Die Haare sind grau, aber noch voll. Er färbt seine Haare nicht, im Gegensatz zu den meisten chinesischen Männern. Ruhig und bescheiden haben die drei die Spitze der technologischen Entwicklung erklommen. Bisher haben sie nur Geld ausgegeben. Nun können sie sich damit beschäftigen, auch Geld zu verdienen.

Schon zu Beginn der kommenden Dekade will China die weltweit führende Atomenergiemacht sein mit Kraftwerken, die produktiver und billiger sein werden als die westlichen, hoffentlich mit höheren Sicherheitsstandards als sonst auf der Welt. Trotz der technischen Erfolge ist Wang überzeugt, dass es die nächste Generation noch schwerer hat als er: »Ich bestehe nur aus einer Person«, sagt er zu Zhang Zuoyi, seinem jüngeren Kollegen. »Du bestehst aber eigentlich aus zwei Personen: Die eine ist Forscher, die andere ein Geschäftsmann.«

Er sei mehr Forscher als Geschäftsmann, kontert Zhang. »Geschäftsleute machen Geld. Aber Forscher haben Träume. Und mein Traum ist es, dass der Kugelhaufenreaktor nicht nur China, sondern die Menschheit insgesamt voranbringt.« Er ist auf bescheidene Weise stolz. »Dieses Projekt wird nicht nur den Traum von chinesischen Experten, sondern auch den Traum der deutschen Experten erfüllen«, sagt Zhang. »Und es wird der Menschheit helfen, ihre CO_2- und Energieprobleme zu lösen, wenn wir es der Welt vorstellen.«

Wang und sein Team haben sich entschlossen, den Kugelhaufenreaktor nicht gemeinsam mit einem westlichen Partner zu vermarkten. Eine große Herausforderung für die Neulinge im internationalen Atommarkt. Das Know-how für die Kommerzialisierung zu bekommen ist fast schwieriger, als an die Technologie selbst zu gelangen. »Wir haben dann angefangen, viele Bücher aus den USA und Europa zu studieren«, erzählt Zhang. Inzwischen wissen sie, welche Richtung sie einschlagen wollen. Gegen erhebliche Widerstände auch aus den eigenen Reihen, setzte sich Zhang 2007 mit seinem Vorschlag durch, keinen großen Kugelhaufenreaktor wie den gescheiterten THTR in Deutschland zu bauen, sondern kleine modulare Reaktoren. Reaktoren, wie sie ursprünglich als HTR-Modul von Günter Lohnert bei Siemens entwickelt, aber nicht umgesetzt wurden. Obwohl die kleinen Reaktoren mitunter nur ein Zehntel der Leistung großer Reaktoren besitzen, lassen sie sich je nach Bedarf zu größeren Kraftwerken zusammenbauen. So können wachsende chinesische Städte zunächst nur ein einziges 100-Megawatt-Modul bestellen und später die steigende Stromnachfrage befriedigen, indem sie weitere Module nachrüsten. Auch für Entwicklungsländer sollen diese Minikraftwerke attraktiv sein. Zhang denkt eben doch kommerzieller, als er das gegenüber seinem Mentor Wang zugeben mag. Er träumt davon, preiswerte Minimeiler in Serie zu produzieren, so wie einst Henry Ford Autos am Fließband fertigte. Durch die niedrigeren Baukosten und die kürzeren Bauzeiten sind die modularen Reaktoren viel einfacher zu finanzieren als große konventionelle 1000-Megawatt-Kraftwerke. Viele der Einzelteile sollen günstig in Zulieferfabriken hergestellt werden.[26]

Die Minimeiler-Idee ist auf einem guten Weg, Wirklichkeit zu werden. Nun brauchen Wang und sein Team vor allem Personal. In Deutschland lässt sich kaum noch jemand zum Atomingenieur ausbilden. Die Tsinghua-Universität bildet heute fünfmal so viele Studenten aus wie noch vor zehn Jahren. Ingenieure, die für die Atomindustrie qualifiziert sind. »Wir wollen eine Massenproduktion von mehreren Hundert modularen Reaktoren aufbauen«, formuliert Zhang das Ziel für sein Arbeitsleben. Werden sie dafür viele Komponenten im Ausland einkaufen? »In China herrscht jetzt die totale Marktwirtschaft«, antwortet Zhang diplomatisch. Was sie lokal herstellen und was sie einkaufen, hänge nur von den Preisen und der Qualität ab. »Wenn die Ausländer billig genug anbieten, kaufen wir bei ihnen.« Das gelte auch für die Deutschen. Natürlich würden sich die Chinesen sehr freuen, wenn die Deutschen eines Tages ihren Reaktor kaufen. »Freunde bekommen bei uns Rabatt.« Es ist nicht völlig abwegig, dass Deutschland zukünftig einmal Strom aus einem chinesischen Atomkraftwerk nutzen könnte. Es ist durchaus denkbar, dass Polen oder Tschechien bei den Chinesen gewissermaßen den Skoda unter den Kernkraftwerken bestellen und deutsche Engpässe ausgleichen.

Insgesamt sollen bis 2030 rund 200 neue Atomkraftwerke gebaut werden. Die meisten als Leichtwasserreaktoren in der herkömmlichen Technik mit Brennstäben. Das geht schneller, weil die Technologie schon sehr ausgereift und sofort verfügbar ist. Der weltweite Marktführer hilft ihnen dabei. Das amerikanisch-japanische Unternehmen Toshiba-Westinghouse baut noch vier Atomkraftwerke dieser Generation. Dann bekommen die Chinesen die Technologie übertragen. Nach dem vierten Projekt werden sie diese Leichtwasserreaktoren selbst bauen.[27] Nach und nach sollen immer mehr Kugelhaufenreaktoren dazukommen.

Inzwischen werden auch die Amerikaner auf die chinesischen Innovationen aufmerksam: »Während China aggressiv seine Leichtwasserreaktoren baut und seine Kugelhaufenreaktoren entwickelt, warten wir in den USA immer noch auf die Renaissance der Kernenergie«, warnt Andrew Kadak, Professor für Atomtechnik an der amerikanischen Ingenieurschmiede MIT. »Es ist denkbar, dass wir in Zukunft Kernkraftwerke ›Made in China‹ kaufen werden.«[28] Im Frühjahr 2010 besucht Bill Gates den Atomforscher Zhang Zuoyi in seinem Institut in Peking. Er interessiert sich als Investor sehr für die neue Technologie, denn er glaubt, ohne Atomkraft könne die Welt den Ausstoß von Treibhausgasen nicht senken. Aus den chinesischen Austauschlehrlingen sind inzwischen selbstbewusste Industrieforschungskapazitäten geworden. »Man braucht Geduld, das braucht seine Zeit«, muss sich der Computermilliardär Gates von dem schmunzelnden Zhang anhören, »das kann man nicht einfach in der Garage zusammenbasteln.«

China will der kommerzielle Welttechnologieführer beim Bau von Kernkraftwerken werden. »Unsere Arbeit baut auf all den Anstrengungen und Errungenschaften der Generation von chinesischen Pionieren wie Wang auf«, sagt Zhang Zuoyi. »Und denen der deutschen Freunde natürlich.« Zu diesem Zeitpunkt waren in Deutschland noch zwanzig Kraftwerke in Betrieb, die alle von der Siemens-Tochter KWU gebaut worden waren. Sie brauchten weiterhin Ersatzteile und neue Sicherheitstechnologie. Andererseits machte es für Siemens keinen Sinn mehr, neue Kraftwerke zu entwickeln. Deshalb gründeten die Münchner im Dezember 2000 mit ihrem französischen Kooperationspartner Framatome unter dem Namen AREVA ein Gemeinschaftsunternehmen für das gesamte Nukleargeschäft. Die Franzosen hielten mit 66 Prozent die Mehrheit. Siemens, einst weltführend in der Technologie, wurde nun der Juniorpartner der Franzosen.

Bergmassiv Wilde Henne, Herbst 2010. Die Atomwanderer ziehen auf einem schmalen, steinigen Pfad den Berg hinauf. Es ist wolkig, doch immer wieder bricht die Sonne durch. Es ist nur wenige Wochen her, dass die schwarz-gelbe Bundesregierung eine Laufzeitverlängerung beschlossen hat. Ihre Kollegen bei Siemens wollen das Geschäft mit dem Export der Atomtechnologie wieder aufleben lassen, erzählt Michael Schneeberger. Er ist der heimliche Vorsitzende der Atomwanderer. Siemens, der Juniorpartner von AREVA, will nun mit den Russen zusammenarbeiten, die für die Zukunft auch auf Atomkraft setzen. »Erst einmal trickst der Westen wieder sich selbst aus«, sagt Schneeberger. Dazu will Siemens die Anteile an AREVA komplett an die Franzosen verkaufen, um die Zusammenarbeit mit den Russen einzuleiten. Die Franzosen wollen allerdings nur wenig zahlen. Damit ist Siemens nicht einverstanden. Die Deutschen stecken in einer Zwickmühle. Solange sie Anteile an AREVA haben, können sie mit den Russen keine Kooperation eingehen, da sie mit AREVA einen Konkurrenzausschlussvertrag haben. Deswegen strengen die Münchner in Brüssel ein Kartellverfahren gegen sich selbst an. Sie wollen den Kooperationsvertrag mit AREVA von der EU-Kommission kippen lassen.[29]

Für den Bau des kommerziellen Kugelhaufenreaktors haben die chinesischen Professoren zwei Firmen aus der Universität ausgegründet. Die eine Firma wird Betreiber und Besitzer der Kraftwerke. Die andere ist das Bauunternehmen. Die chinesischen Forscher haben nicht nur die Arbeit der deutschen Kugelhaufen-Ingenieure studiert, sie haben auch die Argumente ihrer größten Kritiker untersucht. Dazu gehört Rainer Moormann, ein Wissenschaftler des Forschungszentrums in Jülich. Seine Kritikliste ist lang: Der Graphitstaub der Kugeln sei radioaktiv verseucht und könne austreten, wenn bei einem Störfall Druck aus dem Reaktorbehälter gelassen werden müsse. Die Temperaturen im Inneren des Meilers seien außerdem viel höher als angenommen. Dadurch könne der Kühlkreislauf unzureichend kontrolliert werden. Kontaminierte Partikel könnten sich im Kern des Reaktors ausbreiten und in den Beschichtungen der Kugeln festsetzen. »Alle bisherigen Sicherheitsstudien zum Kugelhaufenreaktor waren unzureichend und in ihren Schlussfolgerungen viel zu optimistisch«, sagt Moormann.[30] »Wir haben Ihre Überlegungen in unser Sicherheitskonzept integriert«, antwortet ihm Wang Dazhong, der ein deutsch-chinesisches Expertenteam bilden ließ, zu dem auch Lohnert gehörte, um die Einwände genau zu untersuchen. Nach monatelanger Beschäftigung mit den Risiken wurden die Ergebnisse der Untersuchungskommission einem Gremium von 24 Experten der Chinesischen Akademie der Wissenschaften vorgestellt. Es wird sehr kontrovers diskutiert. Die meisten Kritikpunkte trafen auf die neue chinesische Konstruktion nicht mehr zu oder konnten behoben werden. In der Abstimmung votierten schließlich 23 Wissenschaftler für die Genehmigung des HTR bei einer Enthaltung. »Von den Deutschen haben wir gelernt, dass man nicht das kleinste Detail vernachlässigen darf«, erläutert Wang. »Weil das in der Öffentlichkeit ganz groß aufgeblasen werden kann.«

Auch in China gibt es Kritiker dieser Technologie, die sich ebenfalls öffentlich zu Wort melden können. Einer von ihnen ist Li Nang, der Direktor des Instituts für Energieforschung in der südostchinesischen Hafenstadt Xiamen. Natürlich könne auch die Kugelhaufentechnologie »nicht zu 100 Prozent garantieren, dass nie Strahlung in die Umwelt gelangt.«[31] Von der Konstruktion her könne der Kern nicht schmelzen. »Aber im Alltagsbetrieb kann es allerlei unerwartete Risiken geben.« In Fukushima habe die einsetzende Kernschmelze eine unerwartete Wasserstoffexplosion ausgelöst. »So etwas kann man nicht vorhersehen, wenn man einen solchen Reaktor entwickelt.« Und er fügt hinzu: »Kein Atomkraftwerk ist 100 Prozent sicher.« Besser wäre es allerdings noch, wenn es in China eine wirklich offene und kontroverse Diskussion über die Kernkraft gäbe. Sie hatte ja auch in Deutschland den positiven Effekt, dass die Anlagen immer sicherer werden. Dieses Korrektiv fehlt in China. Die Wissenschaftler und die Politik bleiben unter sich. Sie werden nicht kontrolliert.

Sicher sind sich die Forscher darin einig, dass es unmöglich ist, sich in China nur auf alternative Energien zu stützen: »Die Träume der Grünen Partei sind faszinierend, aber nicht realistisch«, sagt Wang. In Deutschland sieht dies so mancher anders. Nur wenige Tage nach der Katastrophe von Fukushima findet eine wichtige Landtagswahl in Baden-Württemberg statt. Weil die Wähler sehr schockiert über das Unglück sind und die deutschen Medien sich mit Katastrophenmeldungen gegenseitig übertrumpfen, reißt Bundeskanzlerin Merkel das Steuer herum. Die deutschen Atomkraftwerke sollen schnellstmöglich abgestellt werden. Für die Landtagswahl allerdings nützt ihr die Kehrtwende politisch nichts mehr. Die Grünen sind der große Gewinner der Wahl und stellen nun erstmals einen Ministerpräsidenten. Die CDU verliert nach 58 Jahren die Mehrheit in Stuttgart. Das ist auch ein Denkzettel für die Bundespolitik. Die Wähler haben Merkel die Atomwende in letzter Minute nicht abgenommen. Umso mehr fühlt sie sich offenbar danach unter Zugzwang. Um ihre Glaubwürdigkeit zu retten, will sie nun beweisen, dass sie unverzüglich im Interesse der Wähler handeln kann. Bis Ende Juni verabschiedete der Bundestag die Abschaltung aller Atomkraftwerke bis 2022 und den Aufbau der Wind- und Solarenergie. Acht Kernkraftwerke sollen als Konsequenz aus der Reaktorkatastrophe im japanischen Fukushima sofort stillgelegt werden. Die anderen neun Anlagen sollen schrittweise vom Netz genommen werden. »Wir können als erstes Industrieland der Welt die Wende zum Zukunftsstrom schaffen«, sagt Bundeskanzlerin Angela Merkel.[32]

Für die Chinesen hingegen bleibt die Kernkraft der Zukunftsstrom. Das Unglück in Japan trifft sie überraschend, aber nicht unvorbereitet. Die Wissenschaftler wie die Bevölkerung reagieren gelassener als in Deutschland, obwohl umfassend und offen über das Unglück berichtet wird. Ein Chaos wie in Japan wäre mit dem Kugelhaufenreaktor nicht möglich gewesen. Wang Dazhong erklärt die neue Sicherheitstechnik: Er nimmt einen Bleistift aus der Tasche und hält ihn senkrecht vor sein Gesicht. »Die alten Reaktorkerne sind klein und dick, dadurch staut sich im Inneren viel Wärme und der Kern kann schmelzen«, erklärt er. »Unsere Reaktorkerne sind lang und schmal wie ein Bleistift. Wird der Kern zu heiß, entweicht die Wärme einfach in die Umgebung.« Der Meiler brauche im Notfall auch keine Kontrollstäbe zum Abschalten. »Wenn der Reaktor zu heiß wird, dann hört die Kettenreaktion von selbst auf. Das ist Physik«, sagt Wang. Er hat sich den Begriff seines ehemaligen Kollegen Kugeler auf Deutsch gemerkt: »katastrophenfreier Reaktor«, auch wenn es ihm nicht leicht fällt, die beiden Wörter auszusprechen.

Nach dem Unglück in Japan treffen sich Politiker und Wissenschaftler in Peking zu einer Krisensitzung. Sie kommen zu dem Ergebnis, ihre Strategie nicht grundsätzlich ändern zu müssen. Der chinesische Vizeminister für Umweltschutz, Zhang Lijun, lädt daraufhin zu einer Pressekonferenz ein. »China wird seine Entschlossenheit und seine Pläne für die Entwicklung der Kernenergie nicht ändern«, verkündet er am 12. März in der staatlichen chinesischen Nachrichtenagentur Xinhua. Die Sicherheit aller Kraftwerke werde allerdings noch einmal gründlich überprüft. Die Genehmigung neuer Reaktoren sei zurückgestellt worden. Dennoch ist der Kurs klar: »Wir bauen die Kernenergie weiter aus«, sagt auch Xu Yuming im Mai 2011 gegenüber der *FAZ*.[33] Er ist der stellvertretende Generalsekretär des chinesischen Verbands für Nuklearenergie (CNEA). Weil der Strom knapp und die Umwelt durch Kohlekraftwerke stark belastet ist, könne man auf die Kernkraft nicht verzichten. Heute verbrauchen die Chinesen sechsmal mehr Strom als 1978. Der Stromverbrauch steigt um 15 Prozent im Jahr. Gegenwärtig ist die chinesische Stadtbevölkerung schon doppelt so groß wie die gesamte Bevölkerung der USA.

Sein Kollege Liu Changxin, der stellvertretende Generalsekretär der China Nuclear Society (CNS), ist überzeugt, dass die »hastige« Entscheidung der Deutschen »mehr mit Wählerstimmen zu tun hat als mit den tatsächlichen Vor- und Nachteilen der Kernenergie.«[34] Die Deutschen sehen das inzwischen genauso. Nach einer ARD-Umfrage von Juni 2011 glauben nur 27 Prozent der Befragten, der Grund für den schnellen Ausstieg seien Zweifel an der Sicherheit der Atomenergie gewesen. Mehr als doppelt so viele Menschen gehen hingegen davon aus, dass der Hauptgrund ein anderer war: Die Koalition befürchtete eine Wahlniederlage. Für China jedenfalls ist die Entscheidung nützlich. »Die deutschen Kraftwerke sind Weltklasse, die Ingenieure und Forscher genießen einen guten Ruf«, sagt Xu Yuming. »Wir laden die Experten ein, bei uns zu forschen und zu arbeiten.«

China wird jedes Jahr rund neun Milliarden Euro in die Kernkraft investieren. 13 Reaktoren produzieren bereits Strom. 28 Atomkraftwerke werden derzeit gebaut. Knapp die Hälfte aller Projekte weltweit. Bis 2015 will China seine Kapazität von jetzt zehn Gigawatt vervierfachen und in den folgenden fünf Jahren dann auf 80 Gigawatt noch einmal verdoppeln.[35] Wang ist überzeugt, ein Unfall wie am vier Jahrzehnte alten japanischen Reaktor könne mit der weiterentwickelten deutschen Technologie nicht passieren. Die Chinesen sind von den deutschen Standards nicht mehr weit entfernt, dies bestätigen inzwischen selbst die Amerikaner. »Inspektionen zeigen, dass die chinesischen Reaktoren internationalen Sicherheitsstandards entsprechen«, sagt MIT-Professor Andrew Kadak, von dem sich die Chinesen beraten lassen. Aber er fügt auch hinzu: »Bei dieser ungeheuren Expansion bleibt allerdings die Frage offen, ob die derzeit hohe Sicherheitskultur auch von der nächsten Generation von Betreibern und Ingenieuren gehalten werden kann.«

Reaktorbaustelle Shidaowan in der Nähe der Stadt Weihai in der Provinz Shandong, Sommer 2011.
Eine Riesenbaustelle auf der großen Halbinsel, die 200 Kilometer weit in das chinesische Meer in Richtung Südkorea verläuft.

Wie Spinnenbeine ragen die Schläuche der Betonpumpen in die kreisrunde Konstruktion tief im Boden. Chinas erster kommerzieller Kugelhaufenreaktor ist seit Monaten im Bau. Das Fundament ist bereits fertig. Auch der Druckbehälter und der Dampferzeuger, die zu den wichtigsten Teilen eines Atomkraftwerks gehören, sind schon vorgefertigt worden. Am 1. März 2011 gab der Staatsrat in Peking grünes Licht für den Einbau in den Reaktorkern. Alle erforderlichen Pläne und Genehmigungen sind vorhanden. Sechs Jahre haben Planung und Genehmigungsverfahren gedauert. Nach dem Unglück jedoch stoppte die Regierung den Bau, um mit den Erfahrungen von Fukushima die Sicherheitsstandards noch einmal zu überprüfen. Die Frage lautete: »Was wäre passiert, wenn in Fukushima Kugelhaufenreaktoren gestanden hätten?« Professor Lohnert und Zhang Zuoyi wurden beauftragt, eine Studie über die Auswirkungen eines extremen Störfalls zu erstellen. Die Sicherheit ist der chinesischen Regierung so wichtig, dass nur Premierminister Wen Jiabao diesen Bau wieder freigeben kann.

Der Reaktor der vierten Generation liegt auf einer

künstlichen Landzunge direkt am Meer. Bisher ist geplant, dass er bereits Anfang 2015 ans Netz gehen soll. 530 Millionen Euro wird das Projekt kosten. Die Pekinger Tsinghua-Universität ist mit 20 Prozent daran beteiligt. Das Kraftwerk wird eine Dampfturbine mit 210 Megawatt elektrischer Leistung antreiben.[36] Funktioniert die Anlage gut, sollen 18 weitere Hochtemperaturmodule auf Basis der deutschen Technik dort gebaut werden. Alle Reaktoren zusammen würden dann 3,8 Gigawatt Strom produzieren. Auch die Endlagerfrage haben die Chinesen schon in Angriff genommen. In Beishan in der Provinz Gansu am westlichen Rand der Wüste Gobi haben die Behörden kilometerdicke, unbewegliche und harte Granitformationen gefunden. Tief in diesem Fels will die chinesische Regierung nach finnischem Vorbild ein Endlager bauen.[37] Die kilometerlangen Schächte in den Berg zu treiben wird lange dauern. Erst 2050 soll das Endlager eröffnet werden. Auch bei diesem Vorhaben lassen sich die Chinesen von deutschen Spezialisten beraten, der »Deutschen Gesellschaft zum Bau und Betrieb von Endlagern für Abfallstoffe mbH (DBE)« mit Sitz in Peine, Niedersachsen. An einer Wiederaufbereitungsanlage arbeiten die Chinesen ebenfalls. Zurzeit liegen die abgebrannten Brennelemente wie in den USA in Zwischenlagern auf den Grundstücken der Kernkraftwerke.

Die Chinesen sind besonders stolz auf ihre neuen Atomkraftwerke, weil sie die Ersten sind, die einen kommerziellen Reaktor der vierten Generation bauen. Kein anderes Land der Welt hat dies bisher hinbekommen. »China übernimmt nun die Führung bei der Technologie der nächsten Generation«, meldet denn auch die *International Herald Tribune* Ende März 2011. Die meisten Atomkraftwerke gehören zur zweiten Generation, so auch Fukushima, oder zur aufgerüsteten zweiten Generation, wie die meisten in Deutschland. Selbst die neusten japanischamerikanischen von Westinghouse entwickelten gehören erst zur dritten Generation.

Die deutschen Pläne zum Atomausstieg haben weder China noch die aufstrebenden BRICS-Staaten insgesamt inspiriert. Ende Mai 2011, nicht einmal zwei Monate nach dem Unglück von Fukushima, bekannte sich auch der letzte der BRICS-Staaten zu einem Ausbau der Kernenergie: Südafrika. Jahrelang haben die Südafrikaner versucht, in Konkurrenz zu China einen eigenen Kugelhaufenreaktor zu entwickeln, ebenfalls auf Basis der deutschen Technologie. Auch sie ließen sich von deutschen Kernkraftingenieuren helfen. Zum Schluss haben sie sogar noch versucht, mit China zusammenzuarbeiten. Doch sie mussten das Vorhaben 2010 aufgeben, nachdem sie nach riskanten Konstruktionen und vielen Änderungen eine Milliarde US-Dollar versenkt hatten, ohne entsprechend voranzukommen. Dennoch verkündete die Regierung einige Wochen nach dem Unglück in Japan, dass sie weiter auf Atomkraft setzen werde. Nunmehr müssen die Südafrikaner, wie die meisten Länder, die Technologie teuer einkaufen. Jetzt jedoch nicht mehr in Deutschland, sondern in China oder Frankreich. Auch die übrigen BRICS-Staaten Brasilien, Russland, Indien und natürlich China geben sich bei der Kernkraft nicht mit dem Status quo zufrieden. Sie alle wollen ausbauen. Das ist nachvollziehbar, da sie ihren Aufschwung nicht durch Energiemangel gefährden wollen. Quantitatives Wachstum ist für diese Länder derzeit wichtiger als qualitatives um jeden Preis. Siemens meldet derweil für das zweite Quartal 2011 einen Gewinneinbruch von 65 Prozent. Größter Verlustposten: eine Strafe von über 860 Millionen Euro, weil sie die Partnerschaft mit ihrem Atompartner AREVA früher als geplant beendet haben, um mit den Russen zusammenarbeiten zu können.

Steigen also die aufstrebenden Entwicklungsländer in

die Atomkraft ein, während die Industrienationen allmählich dem deutschen Beispiel folgen und aussteigen? Zwar denken in den reifen Industriegesellschaften immer mehr Menschen über Grenzen des Wachstums nach. Erstaunlicherweise führt das aber nicht zu einer Kehrtwende in der Energiepolitik. Dass die USA oder Frankreich sich entschließen, ihre Kernkraftwerke ebenfalls schrittweise abzustellen, ist sehr unwahrscheinlich. Die Franzosen hängen zu fast 80 Prozent am Atomstrom und werden zumindest in der Übergangsphase sogar die Deutschen mit Atomstrom beliefern. Sie werden eher ausbauen als herunterfahren. Der EPR, eines der größten und neusten konventionellen Atomkraftwerke der Welt, soll 2016 im Norden Frankreichs ans Netz gehen. Bei seinem Besuch in China Anfang April, also wenige Wochen nach dem Unglück in Japan, spricht der französische Staatspräsident Nicolas Sarkozy über den Verkauf dieses neuen Reaktortyps nach China. Peking ist sehr interessiert. Die Amerikaner haben kein Geld, um den Umbau zu finanzieren, und derzeit andere, wichtigere Probleme. Sie produzieren schon jetzt zehnmal so viel Strom aus Kernenergie wie China und planen in den nächsten Jahren noch einmal um knapp zehn Prozent zuzulegen. Nicht einmal die Länder, die Opfer von Atomkatastrophen geworden sind, wie Russland und Japan, haben die Absicht, aus der Kernenergie auszusteigen. Im Gegenteil: Der japanische Ministerpräsident Naoto Kan hat im Juli 2011 kurz öffentlich über einen Ausstieg nachgedacht. Er wurde von seinem Kabinett und der Opposition zurückgepfiffen und musste diese Äußerung im Nachhinein als »private Ansicht« deklarieren. Die Russen wollen bis 2020 genau die Kernkraftkapazitäten zusätzlich aufbauen, die Deutschland abbaut. Das Erdgas, das sie dabei einsparen, wollen sie nach Deutschland verkaufen. Und sie wollen ihre Technologie auch weiter exportieren. Nach Fukushima haben sie einen Vertrag mit Weißrussland über die Lieferung eines Kernkraftwerks abgeschlossen. Sie verhandeln mit der Türkei und Bangladesch. Selbst der einst von Tschernobyl betroffene Nachbar, die Ukraine, setzt weiter auf Atomstrom. Ebenso Südkorea, das Nachbarland von Japan. Die Südkoreaner wollen ihre Kapazität bis 2020 um 50 Prozent steigern.[38] Nur die kleine Schweiz steigt aus, und Österreich wollte nie Atomkraftwerke bauen. Italien steigt womöglich auch aus, wobei man nicht weiß, ob die Italiener das nur aus Opposition gegen ihren Präsidenten Silvio Berlusconi tun. Er hat die Atomkraft eng mit seiner Person verbunden.

Von welcher Seite man die Sache auch betrachtet: Die absolute Mehrheit der Welt, egal ob Demokratien oder Diktaturen, ob Entwicklungsländer oder Industrienationen, ist für die Atomkraft, die Mehrheit Europas ebenso. Während wir bis 2020 zehn Gigawatt abbauen, baut die Welt knapp hundert Gigawatt auf. Man kann sogar von einer Renaissance der Atomenergie sprechen. Für das Jahr 2012 kann man jedenfalls feststellen, dass die Chinesen, und nicht die Deutschen, einen globalen Trend anführen. Aber vielleicht ist es noch zu früh, die Wirkung dieses deutschen Sonderwegs zu bewerten. Dennoch kann man sich auch kurz nach dem Ausstiegsbeschluss die Frage stellen: Ist der deutsche Alleingang sinnvoll? Ist er verantwortungsvoll? Die Mehrheit der Deutschen würde diese Frage wohl mit Ja beantworten.

Deutschlands europäische Nachbarn sind skeptisch, die Welt ist zögerlich. »Im EU-Ausland wird die deutsche Ausstiegsdebatte zuweilen als recht verlogen wahrgenommen«, räumt selbst Daniel Cohn-Bendit ein, der Vizefraktionschef der Grünen im Europaparlament und Befürworter des Ausstiegs.[39] Auch die großen Schwellenländer sehen dies so. Selbst in Indien stieß Bundeskanzlerin Merkel mit ihrer Ausstiegspolitik Mitte Juni 2011 auf so wenig Verständnis, dass sie vorsichtig wurde: »Jedes Land soll seinen Energiemix selbst bestimmen«, sagte sie Indiens Premierminister Manmohan Singh, der sich sehr darüber wunderte, dass Merkel diese Selbstverständlichkeit so betonte. Und selbst beim G8-Gipfel Ende Mai 2011 blieb Bundeskanzlerin Merkel allein, als sie für die deutsche Energiewende warb. US-Präsident Obama, sein russischer Amtskollege Medwedjew, Frankreichs Staatsoberhaupt Sarkozy und der britische Premier Cameron konnten nur wenig mit ihren Argumenten anfangen. Das plötzliche und nicht abgesprochene Aus für sieben deutsche Meiler sei ein »unfreundlicher Akt« gewesen, kritisierte auch EU-Energiekommissar Günter Oettinger, der ehemalige Ministerpräsident von Baden-Württemberg. Sarkozy hatte davon aus den Medien erfahren. Manchmal vergessen die Deutschen: Für das Ausland ist Deutschland nicht schon dann verantwortungsvoll, wenn es anderen erlaubt, selbständig zu entscheiden. Verantwortungsvoll ist Deutschland, wenn es nicht nur an sich denkt. Ein Deutschland, das sich nicht einigelt oder Haken schlägt, sondern den Dialog sucht, sich abstimmt und zwar nicht nur mit den Nachbarn, sondern vor allem auch mit den Neuen am Entscheidungstisch der Weltgemeinschaft. So denkt man auch in Asien. Ein Standardsatz der deutschen Politiker wiederum lautet, aufsteigende Nationen wie China, Indien und Brasilien sollten mehr Verantwortung für die Weltgemeinschaft übernehmen. Diese Forderung ist richtig. Wir müssen weltweit enger zusammenarbeiten. Wäre es also von den Deutschen nicht zukunftsorientierter gewesen, zu sagen: Wir haben mit der Kugelhaufentechnologie die derzeit sichersten Atomkraftwerke der Welt entwickelt. Wir haben die derzeit fortschrittlichsten Meiler. Pardon, liebe Franzosen, wir lieben euren Champagner und euren Käse, aber unsere Atomkraftwerke sind sicherer. Und da nun mal die Mehrheit der Welt für

Atomkraft ist, stellen wir uns der Verantwortung. Wir mögen die Atomkraft nicht. Wir werden auch nicht aufhören, vor ihren Risiken und versteckten Kosten zu warnen. Aber wir respektieren die Entscheidung vor allem der aufstrebenden Schwellenländer, an deren Aufstieg wir seit Jahren gut verdienen. Deshalb bauen und exportieren wir doch noch Atomkraftwerke. Das ist der einfachste Weg, unsere hohen Sicherheitsstandards weltweit zu etablieren. Wir würden selbst neueste Kraftwerke zu attraktiven Preisen anbieten, bei denen niemand mehr eine Ausrede hätte, moderne Technologie zu verwenden. Wir würden eng mit den Chinesen zusammenarbeiten, von denen wir inzwischen schon etwas lernen können. Denn die Welt wird dadurch ja sicherer. Wir würden unsere alten Kernkraftwerke abstellen und dafür wenige neue, hochmoderne bauen. Und jeder könnte die Musterkraftwerke bei uns besichtigen. Gleichzeitig würden wir mit mindestens gleicher Kraft auf alternative Energien setzen. Ein deutscher Aufbruch, der global verantwortungsbewusst ist. Selbstverständlich geben wir den ärmeren Ländern wie schon in den siebziger und achtziger Jahren Rabatte und Subventionen mit billigen Exportkrediten und liefern bessere Sicherheitstechnologie für bestehende Kraftwerke in Entwicklungsländern. Darin sind wir unter dem Druck der Grünen Weltspitze geworden und geben unser Wissen gerne weiter. Die Welt wäre stolz auf Deutschland. Und es ist nicht einmal eine neue Idee. Prof. Schulten hatte ein ähnliches Vorgehen schon in den achtziger Jahren für den Ostblock vorgeschlagen: »Das ist Friedenspolitik, wie man sie billiger und günstiger nicht machen kann. Den HTR in die Sowjetunion einzuführen und großzügig mit dem Know-how umzugehen, bedeutet für uns auch eine Art Selbstschutz.«

Das ist keine so abwegige Vorstellung, wie man auf den ersten Blick annehmen mag. Es geht um die Frage, wie man mit etwas sehr Riskantem umgeht. Geht man in die Opposition dazu und sucht eine Alternative? Oder arrangiert man sich mit dem Risiko und versucht, es von innen heraus zu kontrollieren?

Dahinter wird eine sehr alte philosophische Frage sichtbar, über die es seit jeher einen Streit zwischen Fundis und Realos gibt, der bis heute nicht lösbar ist. Prinzip oder Pragmatismus? Der Soziologe Max Weber unterschied Anfang des vergangenen Jahrhunderts zwischen »gesinnungsethisch« und »verantwortungsethisch«.[40] Die Prinzipientreuen sind überzeugt, man muss die Atomkraft meiden, solange auch nur die geringste Gefahr besteht, dass Menschen, Tiere und Pflanzen hoher Radioaktivität ausgesetzt werden. Ihr Gewissen verbietet es ihnen, anders zu handeln. Die Frage, was nach der Atomkraft kommt, stellen sie sich erst einmal nicht. Die Pragmatiker hingegen zwingt ihr Gewissen zu einem realistischen Kompromiss. Sie wollen alles Wissen der Welt zusammentragen, um eine Technik, die man nicht verhindern kann, weil die Mehrheit sie will, so sicher wie möglich zu machen. Die Fundis überwiegen in Deutschland, die Realos in den meisten Teilen der Welt, vor allem aber in China.

Alles ethische Handeln kann man von diesen beiden unversöhnlich gegensätzlichen Positionen aus betrachten: Der Prinzipientreue hält den Pragmatiker für skrupellos. Der wiederum kritisiert, der Prinzipientreue handele vom Hochsitz der Moral aus und mache sich die Hände nicht schmutzig. Den Prinzipientreuen ärgert, dass dem Pragmatiker fast jedes Mittel recht ist, um sein Ziel zu erreichen. Der eine gilt in den Augen des anderen als zu distanziert — oder eben als zu distanzlos. Der eine sagt: »Wo gehobelt wird, da fallen Späne.« Der andere sagt: »Wehret den Anfängen.«

Bei den Prinzipientreuen steht ein unumstößliches Gebot im Vordergrund, bei den Pragmatikern die günstige

Situation. Dies ist nicht mit Theorie und Praxis zu verwechseln, auch wenn das oft passiert. Der Prinzipientreue ist nicht immer ein Prediger und der Pragmatiker nicht immer ein Macher. Beide Haltungen sind selbstverständlich alltagstauglich. Pragmatiker und Prinzipientreue können Entscheider sein, sie können sehr entschlossen agieren – und beide können an den Umständen scheitern. Der Pragmatiker an zu hoher Komplexität, in die er sich verwickelt. Der Prinzipientreue an den Kompromissen der anderen.

Die Prinzipientreuen glauben, der deutsche Atomausstieg sei gut für die Welt: Manchmal lohnt es sich, erst einmal allein vorzupreschen, trotz aller Risiken, lauten ihre Argumente. Denn wenn man es nicht ausprobiert, wird man nie wissen, ob die grüne Energiewende funktioniert. Diese Vorstellung hat etwas Befreiendes in diesem erstarrenden Deutschland. Sie ist ein Ventil für den Wutbürger. Vorwärts denken, große Ziele stecken, das ist es, was uns voranbringt. Es lebe die Vision! Auch wenn Helmut Schmidt sagt, wer Visionen habe, solle zum Arzt gehen. Am Atomausstieg wird sich zeigen, wie kreativ und unermüdlich die Deutschen sind. Wo gibt es denn in Deutschland sonst noch Aufbruchstimmung? Dieses neuerwachte Selbstbewusstsein in Politik und Gesellschaft wird sich positiv auf Deutschland auswirken. Wenn wir den Atomausstieg und den Umstieg auf alternative Energien einigermaßen geschafft haben, werden uns auch andere Reformen gelingen. So lauten die Argumente der Prinzipientreuen – und sie sind sehr attraktiv.

Nicht minder attraktiv ist die Einstellung der Gegenseite. Ihr wichtigstes Argument lautet: Wir Deutschen sind nicht mächtig genug, um die Kernkraft zu verhindern, aber wir können sie so sicher wie möglich machen. Auch damit schaffen wir eine bessere Welt. Die Pragmatiker halten die Prinzipientreuen für weltfremd. Das stimmt beim Umgang mit der Atomkraft jedoch nur bedingt. Denn selbst die kühl rechnende Versicherungswirtschaft teilt die Sorge der Prinzipientreuen vor den unkontrollierbaren Kosten. Ein Haftpflichtpaket, sogar mit hoher Selbstbeteiligung, lässt sich mathematisch nicht so darstellen, dass es für die Versicherung attraktiv ist. Die meisten der Atomkraftgegner halten es für eine Farce, dass die Kraftwerksbetreiber mit ihren Atomkraftwerken hohe Gewinne machen, bei einer Havarie jedoch der Staat für die Kosten aufkommen muss. Im Fall Fukushima musste die japanische Regierung den Kraftwerksbetreiber Tepco bereits mit Milliardenzahlungen stützen. Experten schätzen, dass der Konzern über 80 Milliarden Euro an die Bewohner der evakuierten Gebiete zahlen muss. Doch in diesem Punkt verweisen die Realos die Fundis dann auf andere öffentliche Güter wie das Finanzsystem, das auch nicht versichert werden und ebenfalls großen Schaden anrichten könne, wenn es zusammenbricht. Ihre Kontrahenten halten den Vergleich für Unsinn, weil die Atomkraft ja per se kein öffentliches Gut sei, vor allem nicht in Deutschland, wo die Atomkraftwerke privaten Unternehmen gehören. Die Realos verweisen dann auf die Beispiele in China und Frankreich. In diesen beiden Ländern ist die Atomindustrie verstaatlicht, Gewinn und Risiko bleiben in öffentlicher Hand. Die Pragmatiker halten sogar eine übernationale Lösung für den Krisenfall denkbar, eine Art IWF der Atomindustrie, der dann auch dafür sorgt, dass die Sicherheitsstandards weltweit eingehalten werden.

Beide Seiten werfen sich gern gegenseitig vor, verantwortungslos zu handeln. Bei den Prinzipientreuen sind es diejenigen, denen zuverlässige Energieversorgung und eine stabile Wirtschaft egal sind, auch wenn die sozialen Folgen dramatisch sein können. Bei den Pragmatikern die, denen es egal ist, ob ganze Landstriche unbewohnbar werden. Beide werden gerne als Kronzeugen der Gegenpartei benutzt, um die jeweils andere Position zu diskreditieren. Ethische Haltungen lassen sich jedoch nicht gegeneinander aufrechnen. Aber man kann die Chancen bewerten, dass sich die jeweilige Position durchsetzt. In Deutschland ist es unwahrscheinlich, dass die Pragmatiker in naher Zukunft die gängige Haltung repräsentieren. Weltweit dagegen ist erst einmal nicht zu erwarten, dass die deutsche Sicht sich etabliert, auch wenn viele Menschen in Deutschland heute selbstverständlich davon ausgehen. Deutschland neigt zuweilen dazu, nicht nur seine europäische Wettbewerbsposition zu überschätzen, sondern auch seine globale. Ein Land, das einen Ausstieg von was auch immer beschließt, kann dadurch innovativ werden oder im Abseits enden. Es wird jedoch nicht automatisch innovativ, wenn es aussteigt. Auch Deutschland nicht. Innovativ ist jemand, der etwas Neues macht. Das ist für Deutschland im Bereich der regenerativen Energien heute, anders als vor zehn Jahren, nur noch bedingt möglich. Denn die Vorstellung, Deutschland sei grün, China hingegen nichts als ein ökologischer Schmutzfink und ein fanatischer Anhänger veralteter Energieformen, ist inzwischen überholt. Kein anderes Land der Welt investiert mehr Geld in erneuerbare Energien als China. 54 Milliarden US-Dollar waren es 2010, ein Anstieg von fast 40 Prozent.[41] Damit stellt China fast ein Drittel aller grünen Investitionen der G20-Länder. Deutschland liegt immerhin noch bei gut vierzig Milliarden US-Dollar. Trotz des beschlossenen Atomausstiegs wird Deutschland China aber auch in diesem Bereich wohl nie mehr einholen. 2008 waren die Amerikaner noch an der Spitze. Inzwischen sind sie mit Investitionen von nur gut dreißig Milliarden auf Platz drei zurückgefallen. Noch stärker eingebrochen sind Länder wie England: Für die Briten ging es von Platz fünf auf Platz 13 hinunter, in nur einem Jahr. »Von China sehen wir nur noch die Staubfahne«, lautet das Ergebnis einer UN-Studie zu dem Thema.[42] Peking – und nicht etwa Berlin – ist heute die Welthauptstadt der Elektromotorräder.

Allerdings sind die chinesischen Investitionen gemessen an der Einwohnerzahl im Vergleich zu Deutschland noch relativ klein. Das bedeutet jedoch, sie werden noch sehr viel höher. Erstaunlich ist, dass chinesische Solarhersteller inzwischen nicht nur billiger, sondern auch innovativer als deutsche und amerikanische sind. Einem chinesischen Hersteller ist es 2011 erstmals gelungen, die Vorteile zweier bisher getrennter Verfahren miteinander zu verbinden. Seine Zellen kombinieren multi- und monokristallines Silizium. Gleichzeitig gelang es einem anderen Unternehmen erstmals, die Produktionskosten von Solarzellen auf einen US-Dollar pro Watt zu drücken. Dieses Ziel hatten eigentlich amerikanische Hersteller zuerst erreichen wollen. Und der taiwanesische Hersteller Sunrise Global Solar Energy erzielte 2011 einen Weltrekord beim Wirkungsgrad von serienproduzierten Silizium-Solarzellen.[43] Schon seit 2008 sind die Chinesen der größte Photovoltaikhersteller der Welt. Sie erzielen mit Abstand die beste Mischung aus Wirkungsgrad und Produktionskosten. Die Deutschen, mit Unternehmen wie Solarworld und Q-Cells einst führend, wurden innerhalb weniger Jahre abgehängt. Im Sommer 2011 verkauften die Investoren europäische Solaraktien, um sich mit chinesischen einzudecken. Oder sie wetteten sogar darauf, dass sie fallen. Das Geld fehlt nun der deutschen Solarindustrie für Forschung und Entwicklung. Der hochverschuldete deutsche Staat kann diese Lücke nicht mehr schließen.

Auch in der Windenergie ist China inzwischen führend. Erstmals sind 2010 die meisten neuen Windräder nicht in Europa und Nordamerika, sondern im Reich der Mitte aufgestellt worden. Fast die Hälfte aller weltweit pro Jahr errichteten neuen Windmühlen stehen in China. Anfang Juli 2011 gelang es dem chinesischen Unternehmen Sinovel außerdem, einen großen Auftrag in Europa zu akquirieren. In Irland werden die Chinesen Windräder im Wert von 1,5 Milliarden Euro aufstellen.[44] Innerhalb der nächsten fünf Jahre sollen sie errichtet sein und dann insgesamt 1000 Megawatt Strom produzieren. Dieses Geschäft gilt als der Durchbruch chinesischer Technologie in Europa. Zuvor hatten die irischen Windparkbetreiber schon mit dem chinesischen Hersteller Goldwind ein Projekt in den USA gewonnen. Die Anlagen sind bis zu einem Drittel billiger.

Aber auch in der Forschung und Entwicklung liegen die Chinesen vorne. Der chinesische Windturbinenhersteller Sinovel stellte Mitte 2011 der Öffentlichkeit den Prototyp eines riesigen Sechs-Megawatt-Windrades vor, das komplett in China entwickelt wurde. Damit hat China zumindest bei der Größe den Anschluss an deutsche Hersteller wie Enercon geschafft.[45] Amerikanische, europäische und chinesische Firmen wetteifern inzwischen um die erste Zehn-Megawatt-Turbine. Und auch hier werden den Chinesen gute Chancen eingeräumt. Bis 2020 erwarten staatliche chinesische Stromnetzunternehmen eine Gesamtwindkapazität von mindestens 200 Gigawatt. Im Vergleich dazu strebt Deutschland bis 2020 eine Windenergieleistung von 50 Gigawatt an. Das Unternehmen Sinovel verfügt allein über eine Leistungskapazität aus Windkraft von über zehn Gigawatt. Das entspricht einem Drittel der gesamten deutschen Windkraftleistung.

Innerhalb von nur sechs Jahren hat sich die chinesische Windanlagenindustrie vom Ausland unabhängig gemacht. 2004 wurden noch 90 Prozent von Chinas Windanlagen von Ausländern geliefert. Im Jahr 2010 stammten 90 Prozent der Anlagen aus chinesischer Produktion. Und auch hier strebt das Riesenland nach Superlativen. Allein im

Jahr 2009 wurden in China mehr als sieben Mal so viele Windräder installiert wie in Deutschland. Mit einer Leistung von insgesamt 14 000 Megawatt.[46]

Allerdings verstolpern sich die Chinesen bei solchen Hauruck-Aktionen auch gelegentlich. So sollen beispielsweise fast ein Drittel der Anlagen, die installiert wurden, noch gar nicht am Netz hängen. Gleichzeitig liegen in China Pläne für immer größere Windparks auf dem Tisch. Der größte entsteht derzeit im westchinesischen Xinjiang. Er soll 1000 Megawatt produzieren, so viel wie ein großes Atomkraftwerk – wenn immer Wind wäre. Immerhin: Die mechanisch extrem belasteten Lager für Windräder müssen sich die Chinesen noch aus Europa liefern lassen. Sie bestellen auch noch die ein oder andere westliche Anlage, um die technischen Details zu studieren. Die Frage ist, wie lange noch? Eines ist jedenfalls offensichtlich: Im Vergleich zum Jahr 2007 hat der Windindex, der die Aktien der zwölf größten Unternehmen der globalen Windenergiebranche abbildet, rund die Hälfte an Wert verloren. Einzig in China boomt die Windenergie. Doch europäische oder amerikanische Konzerne profitieren davon nicht. Aufträge werden in der Regel an lokale Firmen vergeben. In den kommenden zehn Jahren wollen die Chinesen zudem 100 Milliarden US-Dollar in ein intelligentes Stromnetz investieren.

Es sieht also nicht danach aus, dass sich die Chinesen den Vorsprung bei erneuerbaren Energien noch wegnehmen lassen. Selbst von den zuweilen sehr euphorischen Deutschen nicht. »Deutschland ist Weltmarktführer im Bereich der erneuerbaren Technologien«, behauptet Umweltminister Norbert Röttgen nach dem Unglück von Fukushima. Damit zeigt er weniger Realitätssinn als Gespür für das, was die Wähler hören wollen. Denn der Marktanteil der deutschen Solarenergie ist innerhalb von fünf Jahren von 50 auf 21 Prozent gesunken. Der Marktanteil der Chinesen ist allein 2010 von 36 auf 45 Prozent gestiegen. Die größten deutschen Solarunternehmen stehen 2011 auf Platz 16 und 17 der Weltrangliste. Spitzenreiter ist der chinesische Konzern Trina.[47] Die Rangfolge wird aus einer Mischung von Umsatz, Gewinn, Wachstum und der Effizienz der Firmen berechnet.

Die Chinesen gehen derweil ohne deutsches Pathos weiter ihren Weg. Die Pragmatiker setzen dabei nicht nur auf eine Technologie. Sie wollen Spitzenreiter bei fossilen Brennstoffen, bei der Atomkraft, bei den erneuerbaren Energien und bei anderen Zukunftstechnologien werden. Selbst in der Fusionsforschung drängt China an die Weltspitze. Peking plant zunächst, den Anteil von Ökostrom am chinesischen Energiemix bis 2020 auf knapp 15 Prozent anzuheben. Weitere zehn Jahre später soll ein Drittel des Stroms Chinas aus erneuerbaren Energien kommen. Deutschland strebt bis dahin einen Anteil der erneuerbaren Energien von 50 Prozent an. Allerdings ist es eine ungleich größere Herausforderung, in einem Land mit 1,3 Milliarden Menschen die 30-Prozent-Marke zu knacken, als 50 Prozent in einem Land mit nur 80 Millionen Einwohnern zu schaffen. Der Nachweis Deutschlands, wenn er denn gelingt, wird Ländern wie Indien, China oder Brasilien wenig nützen. Dafür wachsen sie zu schnell. Die deutsche »Energiewende« ist für diese Länder nicht mehr als ein Kleingartenversuch. Einzelne Pflanzen mögen interessant sein, die generelle Konzeption ist es nicht.

Insofern sollte Deutschland seine Rolle als Modell für die Welt nicht überschätzen. Das ist den Prinzipienethikern nicht so wichtig. Sie halten den Durchbruch beim Ausstieg für das Entscheidende. Im Sinne des österreichisch-amerikanischen Ökonomen Joseph Schumpeter sehen sie das Wesen des Kapitalismus in einer schöpferischen Zerstörung. Die Pragmatiker hingegen machen sich immer wieder über die Chancen und Risiken Gedanken. »No risk, no fun«, hat die *Zeit*, das Zentralorgan der Prinzipienethiker, als neues Motto für Deutschland ausgerufen, um zu erklären, warum die Abkehr von der Atomenergie so interessant ist. »Doch wann sagt man einen solchen Satz?«, fragen die Pragmatiker zurück. Wenn man Unsinn machen möchte. Wenn man die Risiken von etwas ausblenden möchte, um Spaß zu haben. Insofern ist der Slogan schon richtig gewählt. Und sie fügen hinzu, wer mehr als Fun will, sollte gute Gründe haben, wenn er in den globalen Gegenverkehr ausschert. Sie wundern sich darüber, dass Deutschland zu diesem Zeitpunkt alles auf eine Karte setzt und sich fast ausschließlich auf Wind- und Solarenergie verlässt. Für die Pragmatiker sieht der deutsche Ausstieg folgendermaßen aus: Deutschland gibt eine Technologie auf, in der es Weltspitze ist. Es stellt sich mit seiner Entscheidung gegen die Mehrheit der Welt und setzt auf wenige neue Technologien, in denen es die Führung bereits wieder verloren hat. All das in einer wirtschaftlich sehr ungewissen Zeit, in der nicht sicher ist, wie Europa und die USA ihre Schuldenkrisen bewältigen können.

Trotz dieser triftigen Einwände muss die deutsche Energiewende dennoch nicht scheitern. Es ist durchaus denkbar, dass China und Deutschland bei den alternativen Energien in den nächsten Jahrzehnten Hand in Hand arbeiten, Deutschland ohne Atomkraft, China mit. Aber es kann auch bei aller Hoffnung und Aufbruchstimmung nicht schaden, sich die Gefahren eines Scheiterns einmal vor Augen zu führen. Die beste Variante des Scheiterns lautet: Deutschland schafft es nicht, sich auf alternative Energien umzustellen, es war einfach zu aufwendig. Deutschland ist auch nicht sicherer geworden, weil die Nachbarn der Deutschen die Probleme des Ausstiegs schon kommen sehen und rechtzeitig in chinesische modulare Atomkraftwerke investiert haben, die auch relativ kurzfristig lieferbar sind. Mit denen versorgen sie nun von jenseits der Grenzen Deutschland mit Atomstrom. Das wäre ärgerlich, aber kein Unglück. Denn die Nachbarn haben so viele Atomkraftwerke gebaut, dass sie sich nun gegenseitig im Preis unterbieten. Deutschland käme mit einem blauen Auge davon.

Die schlechteste Variante ist, dass die Nachbarn ihre neuen Kraftwerke nicht früh genug bestellt haben und die Chinesen ihnen nichts mehr verkaufen, weil sie jedes Megawatt für ihren eigenen Aufschwung benötigen. Die Folge liegt auf der Hand: Der Strom wird für die Deutschen extrem teuer. Unternehmen wandern ins europäische Ausland und nach China ab. Die Wirtschaftsleistung sinkt. Deutschland wird eine Art Freizeitpark, lebt vom Tourismus. Das neue Wir-Gefühl war nicht mehr als vorübergehendes Opium fürs Volk. Ausgedacht von Politikern, die sich über die nächste Wahl retten wollten. Ein unwahrscheinlicher Fall? Mitte 2011 drohte Marijn Dekkers, der Chef des Pharma- und Chemiekonzerns Bayer AG angesichts der Energiewende mit der Verlagerung der Produktion ins Ausland. »Deutschland wird als Produktionsstandort für die energieintensive Chemieindustrie unattraktiver«, sagt er.[*] Schon heute seien die Energiepreise in Deutschland die höchsten in der EU. Daher liege der Schwerpunkt neuer Investitionen bei der Kunststoff- und Chemiesparte von Bayer bereits in China. »Deutschland verliert relativ an Bedeutung.«

Schlimmer noch als die wirtschaftlichen Folgen könnten die psychologischen sein. Die Enttäuschung könnte Deutschland lähmen, und die Angst vor China würde wachsen. Die Welt würde in fünfzig Jahren Deutschland, die einst führende Industrienation, eher als Eigenbrötler

---

[*] Wirtschaftswoche: http://www.wiwo.de/unternehmenmaerkte/bayer-droht-mit-produktionsverlagerung-476388/

denn als Trendsetter sehen. Die Geschichtsbücher erzählen dann möglicherweise, wie Deutschland den Wettbewerb um die Technologieführerschaft an China verloren hat und auch noch selbst daran schuld war. Unwahrscheinlich? Nun, es hat schon viel mächtigere Länder erwischt. Die Chinesen wissen gut, wie sich das anfühlt. Als sich die Herrscher der Ming-Dynastie Anfang des 18. Jahrhunderts selbstbewusst von globalen Entwicklungen abkoppelten, verspielten sie ihren jahrhundertealten Vorsprung bei Lebensstandard und Wirtschaftsleistung.

Womöglich wird die Lehre, welche die Welt im Jahr 2060 zieht, noch einfacher sein: Länder wie Deutschland, die geglaubt haben, sie könnten sich einen Alleingang noch leisten, sie hätten es nicht nötig, den Konsens der Globalisierung zu suchen, wurden von der Geschichte bestraft.

Wir wissen nicht, ob es so kommen wird. Aber eines jedenfalls ist offensichtlich: Dass die Deutschen trotz dieser ungünstigen Ausgangsbedingungen auf ihrem eigenen Weg bestehen, dass die Debatten darüber bei Gegnern wie Befürwortern des Ausstiegs zuweilen sehr emotional geführt werden, muss wieder einmal auch mit ihrem schwierigen Nationalgefühl zu tun haben. Die Chinesen gehen jedenfalls diesmal auf Nummer sicher. Sie fördern Forschung und Industrie in allen Energiesektoren in der Erwartung, dass es in jedem Bereich zu technologischen Durchbrüchen kommen kann, die ihnen entscheidende Vorteile bei der Entwicklung ihrer Energieversorgung verschaffen können. Sie wollen führend sein, sowohl in der Nuklearindustrie als auch bei alternativen Energietechnologien: »Die Leute wollen ein immer besseres Leben und gute Luftqualität. Das geht in China nur mit Kernenergie bei so vielen Menschen«, erläutert Wang Dazhong in seinem Ledersessel in der Pekinger Tsinghua-Universität. Mitte Juli 2011 macht Zhang Guobao, der Vorsitzende der Nationalen Energiekommission, die Position Chinas noch einmal deutlich: »Es ist nicht mehr machbar, sich nur auf fossile Energien zu verlassen. Kernenergie ist für uns ein Muss.« China werde den Bau seiner Atomkraftwerke wie geplant umsetzten: Man könne ja auch nicht aufhören zu essen, nur weil man dabei ersticken könnte.[48]

Was die chinesische Regierung bis zum Ende des laufenden Fünf-Jahres-Planes im Jahr 2015 vorhat, ist ein Kraftakt. Peking will auf zwölf Prozent erneuerbare Energien kommen. Gleichzeitig werden Wasser, Wind und Solarstrom ausgebaut, und eben auch die Atomkraft. Sie soll von jetzt zehn auf dann insgesamt 40 Gigawatt anwachsen. Das bedeutet 28 neue Atomkraftwerke. Allerdings wird die Kohle dann immer noch mit 63 Prozent auf dem Spitzenplatz als Energielieferant liegen, magere drei Prozent weniger als 2010. Während Deutschland aussteigt, plant China für seinen Atomstrom das größte Wachstum im Energiemix seines aktuellen Fünf-Jahres-Planes.

Jedenfalls zeigt der Fall Atomenergie – ähnlich wie bei den Finanzhilfen für Griechenland –, dass es gar nicht so einfach für Nationen ist, sich selbst als Teil eines größeren globalen Zusammenhangs zu sehen, für den man bereit ist, Kompromisse zu machen. So wie es heute für einen Bayern selbstverständlich ist, sich deutschen Gesamtinteressen unterzuordnen, so wird es für einen Deutschen langsam selbstverständlicher, sich auch als Europäer zu sehen und Rechte abzugeben. Eines Tages könnte es für uns so selbstverständlich sein, Griechenland zu unterstützen, wie es heute selbstverständlich ist, dass Baden-Württemberg über den Länderfinanzausgleich Bremen oder Berlin unterstützt. Und mit der Zeit wird die gegenseitige Verantwortung auch über Europa hinauswachsen. Man darf die Menschen allerdings nicht überfordern, was die Entwicklung dieses Verantwortungsgefühls betrifft.

Doch man sollte auch nicht lockerlassen, die Menschen in diese Richtung zu verpflichten.

Länder wie China, die in ihrer Selbstverliebtheit geglaubt haben, sie hätten es nicht nötig, den Konsens der Globalisierung zu suchen, wurden jedenfalls im ausgehenden 19. Jahrhundert von der Geschichte bestraft. Wenn Deutschland auch so agiert, muss es tatsächlich Angst vor China haben, aber auch nur dann. Atomforscher Wang jedenfalls kann es immer noch nicht fassen, dass die Deutschen nun endgültig ihren technologischen Vorsprung verspielt haben. »Die Deutschen waren bis in die Achtziger die besten Kerntechniker der Welt«, sinniert er. »Wenn sie heute noch arbeiten dürften, würden sie sehr viel Geld verdienen, sehr viel Geld.« Sie würden weiterhin den weltweiten Maßstab für sichere Kerntechnik setzen. »Die Deutschen wollen immer das Ideale, aber im Alltag muss man Kompromisse machen.«

KAPITEL 2

Ein amerikanischer Wanderarbeiter

Über das Auslaufmodell USA und die Sackgasse China

Robs Brille liegt auf dem Nachttisch, er hat sie lange schon nicht mehr aufgesetzt. Er spricht kaum, lebt nur noch für den nächsten flachen Atemzug, langsam verlässt ihn die Kraft. 84 Jahre sind genug. Ein Stahlarbeiterleben im Mahoning Valley geht zu Ende. Und gleichzeitig eine amerikanische Epoche.

Sie hatten große Zeiten, Rob und Amerika. Haben hart gearbeitet und gut verdient. Waren stolz und anerkannt, wurden geachtet, zuweilen sogar ein wenig gefürchtet. Bis die widrigen Winde, die aus Asien heranwehten, stärker wurden. Sich gegen sie zu stemmen, kostete viel Kraft. Aber dass es sich nicht mal mehr lohnte, das war das Schlimmste. Am Schluss zehrten beide – Rob und Amerika – nur noch vom Glanz vergangener Zeiten.

Als Präsident Obama die Worte »Yes we can!« zu seinem Wahlkampfslogan wählte, wusste Rob, dass nichts mehr so sein würde wie früher. War es denn jetzt schon nötig, den Glauben an einen Aufbruch zu betonen, der doch über viele amerikanische Generationen hinweg selbstverständlich gewesen war? »Yes we can – what?«, sagte Rob, als er noch sprach. Es war eher eine nüchterne Feststellung als eine Frage, die einiges über das gewandelte Selbstverständnis vieler Amerikaner aussagt. Ein paar Wochen später stirbt er. Sein Enkel Kristian Kender sitzt müde an dem leeren Bett im Altersheim. Sie haben

Rob schon weggebracht, Kris kam zu spät. Der 37-Jäh-rige ist blass unter dem hellbraunen Bart, der den jungen-haften Zügen seines Gesichts zu trotzen scheint.

Gerne hätte Kris noch einmal mit seinem Großvater geredet. Über die Sonntage beim Angeln am Moskito-See, über die alten Zeiten, als man sich um Jobs keine Sorgen machen musste und sich große Autos und dicke Steaks leistete. Über die Zeit, als Amerika selbst in Ohio der Mittelpunkt der Welt zu sein schien. Aber der alte Mann ist tot. Und es ist, als habe er die guten Zeiten mit-genommen. Kris hatte nicht schneller kommen können. Als es Rob immer schlechter gegangen war, hatte er so-fort den nächsten Flug nach Chicago genommen, zwölf Stunden, dann den Anschlussflug nach Cleveland, ein-einhalb Stunden. Sein Stiefvater Will hatte ihn abgeholt, danach folgten noch mal eineinhalb Stunden Fahrt mit dem Auto. Dann erst war er angekommen in Warren, Ohio, einer Kleinstadt im Mahoning Valley, der einst blühendsten Industrieregion Amerikas.

13 Stunden Zeitunterschied liegen zwischen Warren, wo Kris geboren wurde, und dem Ort, an dem er mittler-weile lebt. Der Spross der Kenderskis, polnische Emigran-ten, die vor über hundert Jahren gen Westen nach Ame-rika aufbrachen, ist weiter nach Westen gezogen, als es in seiner Heimat bergab ging. So weit nach Westen, dass er im Osten ankam. In China. Kris wohnt in Peking, der Hauptstadt eines Landes mit 1,3 Milliarden Menschen, dessen Wirtschaft allen weltweiten Krisen zum Trotz seit dreißig Jahren im Schnitt um knapp zehn Prozent im Jahr wächst. Er arbeitet als stellvertretender Geschäftsführer bei CMMI, dem führenden Medienberatungsunterneh-men Chinas, führt Verhandlungen mit amerikanischen TV-Vorständen und chinesischen Fernsehkadern, entwi-ckelt das Chinageschäft der größten Fernsehmesse der Welt in Cannes und verkauft Giant-Screen-Filme ins Reich der

Mitte. Er spricht gut Chinesisch, hat einen Firmenwagen mit Fahrer, wie viel er verdient, mag er nicht sagen. Zu seinem Grundgehalt kommt ein jährlicher Bonus, außerdem hält er Anteile an dem Unternehmen. Sollte der Laden einmal verkauft werden, habe er ausgesorgt, sagt er. Kris wohnt in einem Designer-Appartement im Grand MOMA, einer der edelsten Wohnanlagen der Stadt mit acht Türmen à dreißig Stockwerken. Hohe weiße Schiebetüren trennen die einzelnen Räume seiner Wohnung voneinander ab. Der Holzfußboden ist fast schwarz, es riecht nach gutem Leder und auf dem Sofa räkelt sich eine graue Katze namens Hippo. Die Fenster reichen bis zum Boden. Kris schaut nachts gern hinunter auf die Lichter des sechsspurigen Highways, der sich zwischen den Häusern hindurchwindet und den zweiten mit dem dritten Ring der Stadtautobahn verbindet. Früher hing Kris mit seinen Freunden im McDonald's am »Strip« ab, der Hauptstraße von Warren. Heute trifft man ihn abends im »Mesh«, einer schicken Designerbar im Pekinger Ausgeh- und Diplomatenviertel Sanlitun.

In Shanghai, wo er häufig zu tun hat, geht er abends in die Bar »Vue« am Huangpu-Fluss hoch über der Stadt, mit einem einzigartigen Blick auf Pudong, das Manhattan Shanghais, und auf die prunkvolle koloniale Kulisse der Metropole. Die runde Terrasse des Vue hat einen Whirlpool in Zentrum, direkt unter den Cocktails finden sich die Preise für Leihbadehosen und -bikinis auf der Karte. Um den Pool herum stehen asiatische Tagesbetten mit einem leichten Holzrahmen und stoffbezogenen Seitenwänden. Durch die diesige Luft blitzen die Funken der Schweißgeräte zwischen den Stahlgerüsten der Hochhäuser, die rundherum noch gebaut werden. Das sind die Orte, an denen Chinesen und Ausländer zu einer großen globalen Melange verschwimmen, wo alle auf der Welle des chinesischen Aufschwungs surfen, im Rausch des

Wachstums und seiner täglich neuen Chancen. Nur nicht innehalten. An solchen Abenden spürt Kris noch immer eine exotische Aufregung – hier ist er, der Asienboom, wie Hollywood ihn nicht besser inszenieren könnte. Nichts ist weiter weg als Warren, Ohio.

Kris liebt dieses Gefühl: Es geht aufwärts, und du bist dabei. Ein Gefühl, das sein Großvater einst in Amerika erlebte und sein Vater anfangs auch. Ein Gefühl, das untrennbar mit dem American Dream verknüpft war. Bis der chinesische Boom den American Dream verblassen ließ. Und nun arbeitet Kris ausgerechnet in dem Land, das seinen zupackenden Großvater Rob am Ende um den Wohlstand gebracht hat. Noch vor zwanzig Jahren hat es kaum jemand für möglich gehalten, dass die USA einmal derart in Schwierigkeiten geraten werden. Und womöglich sind die Amerikaner auch in dieser Hinsicht nur die Vorreiter der Europäer. 2008 waren wir über die amerikanischen Finanzprobleme sehr erschrocken. Nur drei Jahre später ist auch Europa in so großen Schwierigkeiten, dass niemand einen sicheren Ausweg weiß. Auch wenn wir hier in Deutschland noch überraschend erfolgreich sind, sinkt schon jetzt unsere Kaufkraft, die Inflation nimmt Fahrt auf. Die Geschichte von Kris und seiner Familie geht uns sehr viel mehr an, als wir denken. Denn sie ist nur noch einen Steinwurf von unserem Schicksal entfernt.

Rob war 1978 in Frühpension gegangen, mit 52 Jahren, seine Arbeit für das Copperweld-Stahlwerk konnte billiger in Mexiko erledigt werden. Sein Job war einer von rund 75 000 gewesen, die damals in der Region wegfielen. In den folgenden Jahren hatten zunächst Japaner und Koreaner Stahl billiger angeboten, und als dann auch noch die Chinesen auf den Markt drängten, war Schluss. 2001 ging das traditionsreiche Stahlwerk bankrott – und Rob verlor den Großteil seiner Pension. Am Ende bekam er noch 500 Dollar im Monat, dazu 1000 Dollar Sozialhilfe, sein Haus musste er verkaufen. Zum Glück tat die Familie einen Fonds für Vietnamveteranen auf, so reichte es wenigstens noch für ein bescheidenes Altenheim. Dass Robs Schicksal nur die erste Runde im Abstieg einer stolzen Arbeiterfamilie einläutete, war trotzdem nicht abzusehen.

Am Tag nach der Beerdigung des Großvaters sitzen Kris und sein Vater Will spätnachts in der Küche an einem großen Tisch aus dunklem Holz. Die Esstischlampe im Art-Déco-Stil taucht ihre Gesichter in warmes Licht. Frisches Obst steht auf dem Tisch. Sie essen Chips. Der Tisch ist der Mittelpunkt eines gemütlichen Holzhauses, das Will immer wieder an- und ausgebaut hat. Der Ruhepol einer großen Familie. Als Kris neun Jahre alt war, heiratete seine geschiedene Mutter wieder. Ihr neuer Mann Will brachte drei eigene Kinder mit in die Familie, sie sind nun zu siebt: die Eltern, die zwei Jungs Kris und Michael und drei Mädchen, Mary, Renee und Brenna. Die Familie wuchs zusammen, fest verankert in Warren. Damals, Anfang der Siebziger, hätte niemand vermutet, dass einer von ihnen einmal als Gastarbeiter zum Geldverdienen nach China aufbrechen würde. Und die Sippe in Amerika auf seine Unterstützung zählen muss. Denn es waren gute Zeiten in Warren, von denen Will am Küchentisch erzählt. »1972 war ein Fließbandjob das Verlockendste für jemanden ohne Abitur«, sagt er. Deshalb schmiss er seine Klempnerlehre und heuerte bei Packard Electric an, einem Tochterunternehmen des Autoherstellers General Motors. Dort baute er Kabelbäume für Lichtanlagen, er verdiente gut, zeitweise 28 Dollar die Stunde, konnte selbst bestimmen, wie viel er arbeitete, manchmal waren es sechzig Stunden die Woche, er hatte eine Sozialversicherung. 13 000 Mitarbeiter arbeiteten allein am Standort in Warren, Northriver Road. Es gab

Jahre, in denen er sechs Wochen Urlaub plus sechs Feiertage bekam. Seine Kollegen, seine Freunde, alle hatten genug Geld. In der Zeitschrift *National Geographic* sah er damals eine Grafik über den Weltkonsum: »Unglaublich, wie viel wir Amerikaner konsumiert haben.« In einem Film würde man Will wohl als Ladenbesitzer, mittleren Angestellten oder Handwerker besetzen. Wenn er erzählt, dann überlegt und reflektiert. Seine Stimme ist tief, sein Humor derb, sein Lachen wie das von Jack Nicholson. Und sein Gesichtsausdruck trotz allem zuversichtlich.

Ende der Siebziger entstanden dann die ersten Fabriken in Mexiko, erzählt Will. »Wir machten im Unterschied zur Stahlindustrie aber weiter gutes Geld.« Bis sich der riesige chinesische Markt öffnete. 1993 fragte ihn sein Chef, ob er sich vorstellen könne, mit nach China zu gehen, um dort eine Fabrik aufzubauen. Will lachte, für ihn klang das, als frage ihn jemand, ob er mit einem Moped zum Nordpol fahren wolle. Will wollte lieber bei seiner Familie bleiben, in Warren, wo die Nachbarn ihn grüßten und er am Wochenende an seinem Auto schrauben konnte. Dass die Firma sich in China engagierte, hielten er und seine Kollegen trotzdem für richtig: »Die billigen Chinesen sorgen für unsere Rente«, dieser Satz fiel immer wieder beim »cooler talk«, wie die Arbeiter ihre Schwätzchen vor bauchigen blauen Plastikflaschen mit eisgekühltem Wasser nannten.

Wochen später stand Will bei der Abschiedsparty eines Kollegen, der nach China ging, am Grill. Es war ein heißer Sommertag, die Steaks dufteten und er dachte: »Wahnsinn! Der ist doch in unserem Städtchen geboren, ein ›hometown boy‹. Und jetzt geht er nach China.« Sein Sohn Kris studierte damals gerade an der Universität Wirtschaft. Nebenfach: Chinesisch. »Da war nie ein großer Plan dahinter«, sagt Kris. In der Schule hatte er erst einen Russisch-Kurs besucht, weil er in eine Sprache hineinschnuppern wollte, die nicht alle lernen. Doch als die Russischlehrerin zu ihrem Freund in eine andere Stadt zog, gab es keinen Ersatz. Kris stieg auf Chinesisch um, die einzige exotische Sprache, die noch angeboten wurde. Immerhin waren zehn Schüler in dem Kurs. Bis dahin – und das war schon Mitte der Achtziger – wusste er kaum etwas über China. Mao-Bibeln schwingende graue Menschenmassen stellte er sich vor, die in einem Land lebten, das Amerika gegenüber inzwischen freundlich eingestellt war und sich langsam öffnete. Das war aber auch schon alles. Kris wollte mehr über die Chinesen erfahren, die immerhin zwanzig Prozent der Weltbevölkerung stellten. Als er an der Uni eine Sprache im Nebenfach belegen musste, wählte er Chinesisch. In diesem Kurs war er nur einer von 300 Chinesisch-Studenten: »An eine Karriere in China«, erinnert sich Kris »hat Anfang der Neunziger kaum jemand gedacht. Und schon gar nicht daran, länger in China zu leben.«

Doch nur knapp zwei Jahre später sollte Kris dem Kollegen seines Vaters gen Westen folgen. Er ging halb aus Neugier, halb aus Verlegenheit. Als Kris 1994 sein Universitäts-Diplom überreicht bekam, war Will sehr stolz: das erste Familienmitglied mit Uni-Abschluss. Dann kam die Enttäuschung. Kris schrieb viele Bewerbungen und bekam viele Absagen. Die amerikanische Wirtschaft steckte in einer Flaute, der Dot.com-Boom war noch nicht erfunden. Was tun? Weil sich sonst nichts auftat, entschloss sich Kris, nach Peking zu gehen und dort weiterzustudieren, nicht ahnend, dass man ihn nicht nur in Warren einmal zu den Pionieren amerikanischer Manager in China zählen würde.

Der Kulturschock war gewaltig. Die Luft in Peking roch nach Kohlenstaub, im Studentenwohnheim hingen die Glühbirnen nackt von der Decke, es hallte laut in den

Gängen, heißes Wasser gab es nur für ein paar Stunden am Tag. Die beiden ersten ausländischen Kommilitonen, die Kris kennenlernte, waren Zory aus Bulgarien und Volker aus Deutschland. Kris verstand ihr Englisch nur schlecht, anfangs dachte er, seine neuen Freunde hießen »Sorry« und »Fucker«. Was ihn bei allen Eingewöhnungsproblemen an der Fremde faszinierte, war das Gefühl, etwas Neues zu entdecken. »Es war für mich ein großes Abenteuer«, sagt er heute. So müssen sich seine Vorfahren gefühlt haben, als sie Polen den Rücken gekehrt hatten.

Nach dem Sprachstudium fasste Kris langsam Fuß in Peking. Er fand einen Job als Medienanalyst für ein Beratungsunternehmen. Dessen Büro befand sich im ersten Hochhaus des Landes, direkt am Jianguomen, der Ost-West-Achse, die über den Platz des Himmlischen Friedens führt. Kris arbeitete viel, wegen der Zeitverschiebung zu Amerika begann er morgens sehr früh. Abends wurde es oft spät. Anders als bei seinem Vater wurde sein Lohn nicht pro Stunde abgerechnet, sondern pro Jahr – plus Bonus. Ein Aufstieg. Kris hatte seine Nische gefunden, und China boomte. »Überall entstanden Hochhäuser und neue Straßen, die Restaurants waren voll«, sagt Kris, »eine euphorische Stimmung lag über der ganzen Stadt.«

In der Küche in Warren setzt sich Teresa an den großen Holztisch, Kris' Mutter, Wills zweite Frau. Sie nimmt sich ein Bier aus dem Kühlschrank. Eigentlich hatte sie sich schon ins Bett gelegt, aber nicht einschlafen können. Ihr fahles Gesicht erzählt davon, dass das Leben nicht immer einfach war. Nur die weichen, freundlichen Augen sind über die Jahre geblieben.

»Es hat mir das Herz gebrochen, als er ging«, sagt Teresa. Ihre Gefühle verbirgt sie hinter einer rauen, burschikosen Stimme. Die ersten Jahre gab es weder E-Mails noch Skype, »für eine Mutter ist das sehr hart«. Sie und

Will wussten nur wenig über das Land, in das ihr Sohn entschwunden war. 1998 beschlossen sie, das zu ändern: Sie packten ihre Koffer und flogen nach Peking.

Kris' Firma beriet damals die britische Regierung, und während ihr Sohn mit dem englischen Premier Tony Blair in einem Konferenzzimmer saß und mit dessen Delegation rechtliche Fragen klärte, liefen Will und Teresa durch Peking. Sie sahen einen Affen im Käfig, der in einem Restaurant darauf wartete, dass ihn jemand zum Mittagessen bestellte; sie sahen eine blonde Bauchtänzerin in einem Uigurenrestaurant, die Verbotene Stadt und den Trommelturm. Will wunderte sich, wie viel Zeit man hat, wenn man kein Fernsehen schaut. Er verlief sich in der Innenstadt, als er falsche Marlboro-Zigaretten kaufen wollte, landete in einem Massagesalon und kam erst drei Stunden später zurück.

Zu dritt besuchten sie die chinesische Filmpremiere von »Elizabeth« im teuersten Club Pekings, einem prunkvollen Hofhaus aus dem 17. Jahrhundert, einst für den Sohn des Kaisers Kang Xi gebaut. Und sie trafen im Paulaner Brauhaus des Kempinski Hotels zufällig alte Kollegen aus Warren, die Weißwürste aßen. Über ihre Arbeit in China erzählten die Expats wenig. »Als ob sie ein schlechtes Gewissen gehabt hätten«, sagt Will. Damals war er nicht stutzig geworden, zu eindrucksvoll waren die Bilder, die sich in seinem Kopf festgesetzt hatten: Schon auf dem Weg vom Flughafen in die Pekinger Innenstadt waren Will die vielen Toyotas und Volkswagen aufgefallen. Wo waren die amerikanischen Autos? Wahrscheinlich haben wir es gar nicht nötig, Autos nach China zu verkaufen. Amerika, die unbestrittene Führungsnation der Welt. Aber so ganz wollte es nicht klappen, sich damit zu beruhigen. Die vielen Menschen hier, allmählich wurde Will klar, was auf Amerika zukommen würde: Das sind unsere Konkurrenten – und sie sind disziplinierter,

billiger, folgsamer und genügsamer. Doch zurück in Warren waren die leisen Zweifel daran, dass alles bleiben
würde wie bisher, schnell vergessen. Sie verblassten neben
all den anderen Erinnerungen an ihre aufregende Reise
und ihren erfolgreichen Sohn. Bei Kris ließ die Faszination für China indes langsam nach. Er sehnte sich danach,
an einem ruhigen Tag am See fischen zu gehen. Aber in
Peking gab es keine ruhigen Tage, auch keine sauberen
Seen, nur schmutzige Tümpel mit mickrigen Fischen,
wenn überhaupt. 1999 flog er zurück in die USA. Er war
davon überzeugt, dort einen ähnlich guten Job wie in Peking zu finden. Wer konnte schon ahnen, dass vier Monate später die Dot.com-Blase platzen würde?

Kris ließ es locker angehen, ging Skifahren in Colo-
rado, reiste durchs Land, besuchte Freunde in Europa.
Und wartete auf Angebote. Doch keine Firma wollte
ihm auch nur annähernd so viel Gehalt zahlen wie in
China. Sein Geld wurde knapp, er zog wieder bei seinen
Eltern ein, nahm schließlich einen Job als Gartenbauge-
hilfe an, für sieben Dollar die Stunde. 5.30 Uhr aufstehen,
Rasenmähen, Heckentrimmen, 15.30 Uhr Feierabend.
Er mochte das irgendwie, er war zu Hause in Warren, an
der frischen Luft, niemand rief mehr um zehn Uhr abends
an und wollte noch schnell eine Präsentation bis zum
nächsten Tag. »Die Arbeit verfolgte mich nicht«, sagt er.
Aber nach ein paar Monaten langweilte er sich. Dann
kam ein Anruf aus Peking. Ob er nicht Lust hätte, wieder
in China zu arbeiten? Kris stieg bei CMM Intelligence
ein, einer der führenden Unternehmensberatungen für
die Medienindustrie in China, bei der er noch heute arbeitet. Schon bald hatte er vergessen, dass er letztlich
nicht aus freien Stücken nach China zurückgekehrt war:
Kris war gegen die Zeitläufe der Globalisierung einfach
nicht angekommen. Es sollte ein längerer Aufenthalt
werden.

Immer wieder hatten ihn seine Bekannten und seine Familie während der Monate in den USA gefragt, ob er denn auch gute Freunde in Peking gefunden habe. Kris ärgerte sich jedes Mal. »Warum denn nicht?«, antwortete er dann, »das ist hier nicht anders als in New York oder London.« Er lebte sich schnell wieder ein, seine Freunde arbeiteten vor allem in der Medien- und Internetindustrie, von den Chinesen hatten viele im Ausland studiert. Er traf Carol, eine Chinesin, die den Filmverkauf bei der chinesischen Vertretung von Warner leitete. Eine selbstbewusste und ehrgeizige Frau. Er verliebte sich in sie und sie sich in ihn. Nur die Freunde, die erst seit kurzem in China waren, stellten ihm so eigenartige Fragen, wie was er gedacht habe, als er merkte: Ich verliebe mich gerade in eine Chinesin? »Nichts«, sagt Kris knapp, »ich war verliebt.«

Während für Kris in China beruflich und privat alles gut lief, arbeitete sich China nach Warren, Ohio, vor. Immer mehr Zulieferteile für amerikanische Autos kamen aus dem boomenden Land. 1999 stieg General Motors bei Packard Electric aus. Wills Firma gehörte nun dem Autozulieferer Delphi. Als 2002 dann die ersten kompletten Automotoren aus China importiert wurden, verstand Will langsam, wie die Welt sich nun drehte: »Den Mexikanern haben wir 50 Cent die Stunde gezahlt, dazu freies Essen und ärztliche Versorgung für die ganze Familie. Die Chinesen arbeiteten für 20 Cent die Stunde und bezahlten auch noch ihr Essen selbst.« Es half nicht einmal, dass die chinesischen Motoren schlechter waren als die amerikanischen. Sie wurden weiter eingebaut, und es kamen immer mehr chinesische Delegationen nach Warren. »Man hätte aus Stein sein müssen, um nicht zu merken, was da passiert«, sagt Teresa. »Doch wir haben uns unangreifbar gefühlt.«

Im Oktober 2005 meldete Delphi – einst der größte Autozulieferer der USA – Konkurs an. Will merkte zum ersten Mal in seinem Leben, wie ihm die Kontrolle über seine Biographie entglitt: »Wir wurden zu Strandgut in einem großen Sturm.« In einem Sturm, der sich nicht legte. Am 31. Dezember 2006 verlor Will seinen Job. Der wurde nun in China erledigt. 55 Jahre war er alt, 35 davon hatte er bei Packard Electric gearbeitet. Er bekam eine Abfindung von 30 000 Dollar, eine Summe, die er sonst in gut sechs Monaten verdient hätte, dazu eine kleine Rente. Von 9000 Kollegen behielten nur 1000 ihren Job.

Doch Will ist keiner, der aufgibt. Er lernte, Kühlschränke zu reparieren, machte Gelegenheitsarbeiten, renovierte das ein oder andere Haus. Aber das konnten die anderen Arbeitslosen auch. Nachmittags war er oft zu unruhig zum Arbeiten. Und abends nicht müde genug zum Einschlafen. Inzwischen putzt Will in einer Schule, von drei Uhr nachmittags bis elf Uhr abends, nebenbei reinigt er Swimmingpools. Er hofft auf einen Teilzeitjob, vielleicht als Hausmeister im Fitnesscenter der jüdischen Gemeinde. Noch ist er nicht ganz unten angekommen: Sollte die Sanierung von GM allerdings scheitern, könnte er seine ganze Pension verlieren. Früher hätte er gesagt, dass das sehr unwahrscheinlich sei. Inzwischen traut er sich das nicht mehr. Wenigstens hat Teresa noch einen Job. Sie arbeitet seit Jahren bei einer Behörde, die Förderkredite an Mittelständler vergibt, um die Region über Wasser zu halten. In Konjunkturfragen kennt sie sich aus. »Warum fahren die Amerikaner Kia und Toyota, wenn sie genau wissen, dass ihre Jobs von GM kommen?«, fragt sie und wundert sich, dass die Amerikaner bei Wal-Mart immer die billigsten Produkte aus China kaufen, statt amerikanische in den kleinen Geschäften der Stadt. »Die Menschen sind nicht mehr loyal. Und in der Krise wird es noch schlimmer.« Denn wenn das Geld knapper wird, spielt der Preis eine größere Rolle.

»Wir haben viele Freunde, die ihr Haus der Bank geben mussten«, erzählt sie. Will und Teresa kennen junge Leute mit MBA, die gerade einmal 20 000 Dollar im Jahr verdienen. »Einem Zwanzigjährigen würde ich raten: Geh! Es wird nicht besser hier.« Kris will wissen, ob die Menschen in der Region wütend sind auf boomende Länder wie China.

»Die Menschen sind nicht wütend auf die Chinesen«, antwortet Teresa, »sie sind wütend auf die Politiker, die all das zugelassen haben und jetzt mit dem Finger auf die Chinesen zeigen.« Niemand könne den Asiaten vorwerfen, dass auch sie nach Wohlstand streben wollen. »Und was tut Amerika?«, ereifert sie sich. »Wir haben kein Geld und kaufen Zeugs. Wir kaufen Zeugs. Wir kaufen Zeugs«, röhrt sie wütend wie einst Ella Fitzgerald, »die Krise ist noch nicht vorbei und schon geht es wieder los.« Kris und Will schweigen. Sie wissen, dass es in diesem Augenblick nicht gut gewesen wäre, Teresa zu widersprechen. Und eigentlich hat sie ja recht. »Wie kommen wir da wieder raus?«, fragte sie müde.

Es ist spät geworden in der Küche. Teresa geht ins Bett, Kris checkt noch seine E-Mails, seine Kollegen in China arbeiten längst wieder. Will setzt sich vor den Fernseher. Er denkt an seine Geschwister, denen es finanziell noch schlechter geht als ihm. Und an seine Kinder, die es wohl nie so gut haben werden, wie er es einmal hatte. Dann schläft er ein.

Am nächsten Morgen steht Kris früh auf. Er will mit China telefonieren, bevor seine Kollegen Feierabend machen. Anschließend verlässt er das Haus, um seine Geschwister zu besuchen. In Wills GM Pickup-Truck fährt er durch seine Heimatstadt. Warren ist eingebettet in eine satte grüne Landschaft, ein Fluss schlängelt sich mitten durch den Ort, im Zentrum umrahmen gepflegte Gründerzeithäuser einen großen Platz und die Kirche. Die prunkvollen Villen gehörten früher den Stahl- und Eisenbahnbaronen, später den Managern der Autoindustrie. Im größten Haus am Ort wohnen jetzt die Cavellis, Besitzer einer Kette von Fast-Food-Restaurants in der Region. Warren ist menschenleer an diesem Morgen, es gibt ja auch kaum noch Geschäfte und Restaurants. Kris fährt durch die alten Viertel, in denen er sich als Junge herumgetrieben hat. Viele Häuser stehen leer. Ganze Straßenzüge verfallen langsam. Wo früher seine Schule war, ist jetzt eine Wiese. Das Schulgebäude wurde abgerissen. Es hatten sich nicht mehr genug Schüler angemeldet.

Kris biegt nach rechts ab auf die 422, er fährt am Mahoney-Fluss, den Gleisen und den Industrieruinen entlang nach Youngstown, dem nächstgrößeren Ort in der einstigen Stahlregion, deren Arbeitern Bruce Springsteen eine Hymne schrieb. Die Fensterfronten der alten Hochhäuser vom Anfang des letzten Jahrhunderts sind mit Spanplatten verrammelt. Die Stadtverwaltung Youngstown hat sie mit riesigen Schwarzweißfotos bekleben lassen. Die Motive zeigen die alten Zeiten. Ein wenig wie New York sah Youngstown in den goldenen Zwanzigern aus, mit seinen Theatern und Varietés, den Cafés, den eleganten Menschen, den vielen Autos und der schicken Straßenbahn, die damals Hightech war. Mit seinen 132 000 Einwohnern war die Stadt 1920 eine Stahlmetropole auf halbem Weg zwischen New York und Chicago. 1960 lebten hier 166 000 Menschen, heute sind es nur noch 70 000. Als die Mexikaner und später die Asiaten begannen, die Metallerjobs Ohios viel billiger zu erledigen, hatte die Stadt keine Chance mehr. Zwei Drittel der Geschäfte stehen heute leer. Die Kriminalität ist hoch. Das einst glamouröse Liberty Theatre ist baufällig. Immerhin, das alte Warner-Kino aus den Dreißigern mit über 2000 Plätzen ist noch in Betrieb. Die vier Warner Brothers stammten aus Youngstown und begründeten hier ihr Filmgeschäft, lange bevor sie nach Hollywood gingen. Zwei amerikanische Präsidenten sind aus der Gegend. Doch das Letzte, was die Welt über Youngstown gehört hat, stammt aus den Neunzigern. »Here in Youngstown … I'm sinkin' down«, heißt es im Song von Bruce Springsteen.

Das soll sich ändern. Trotz Asien. Trotz John Boehner, dem republikanischen Gegenspieler von Barack Obama, der zwar aus kleinen Verhältnissen in Ohio stammt, aber für einen radikalen Freihandel steht. Survival of the Fittest. Und wenn es die Chinesen sind. In Youngstown gibt es einen, der sich vehement gegen diese Entwicklung stemmt. James Cossler. »Chief Evangelist« steht auf seiner Visitenkarte. Er ist eine Art regionaler Hightech-Prediger und Chef der Youngstown Business Incubators, der YBIs. Sein Büro hat er auf der Federal West Street. Cossler macht etwas eigentlich Unmögliches. Er versucht, Hightech-Firmen in Youngstown anzusiedeln. Ganz ohne staatliche Hilfe, wie Boehner glaubt, gehe das allerdings nicht. Der Purist mit Glatze und einem zarten Brillengestell, der zum Rauchen vor die Tür geht, macht sich keine Illusionen. »Manche sagen: Unsere Stadt wird wieder wachsen«, meint Cossler, »Wir sagen, das wird sie nicht. Aber sie wird vielfältiger, lebenswerter und interessanter.« Einen kleinen Cluster haben er und sein Team schon entwickelt. 200 Menschen arbeiten hier für neun B2B-Software-Firmen. Cossler bietet kostenlose Büros, Spitzen-IT und Informationsnetzwerke. Und er weiß, wo die Gründer Top-Entwickler zu niedrigen Löhnen finden. Eines der Unternehmen, denen er auf die Beine geholfen hat, ist BizVeo. 2008 gab es nicht mehr als einen Businessplan und zwei Gründer. Heute zahlen die Biz-Veo-Kunden Tony DeAscentis, dem Chef des Unternehmens, schon 65 000 Dollar pro Jahr für seine Software, die Ärzte und Patienten miteinander verbindet. Er will Mitte 2012 schwarze Zahlen schreiben, vier Jahre früher als geplant. Es ist schon das zweite Unternehmen, das der Endvierziger mit Hilfe von Cosslers YBI anschiebt. Sein erstes, Turning Technologies, das die Publikumseinschätzung von Präsentationen in Echtzeit anbietet, macht inzwischen einen Umsatz von 40 Millionen Dollar und hat 200 Mitarbeiter. Es wurde vom *Inc. Magazine* vergangenes Jahr zum am schnellsten wachsenden Software-Unternehmen der USA gekürt. Mit welchen Versprechungen lockt Cossler angesichts des harten globalen Wettbewerbs Unternehmen in diese entlegene Gegend? »Wenn schon outsourcen«, fragt Cossler, »warum immer gleich nach Indien und China, warum nicht nach Youngstown?« Die Chefs könnten ja im Silicon Valley sitzen bleiben, die Programmierer arbeiten im Nordosten Ohios. »Die Entwickler sind bei uns kaum noch teurer als in China«, sagt er. Auch Cossler weiß, dass YBI nur ein Tropfen auf den heißen Stein ist. Das wird ihm jeden Abend klar, wenn er nach Hause kommt: Seine Frau hat sich entschlossen, in New York zu bleiben. Das Paar führt eine Wochenendbeziehung.

Bei Eric Planey ist es umgekehrt. Er ist auch wegen seiner Frau nach Youngstown zurückgekehrt. Er hat einige Jahre in Japan bei einer Bank gearbeitet. Der gemütliche Mittdreißiger mit einem kleinen blondgrauen Bärtchen unter dem Kinn kennt Asien und macht sich keine Illusionen. Als Vizepräsident der Handelskammer von Youngstown und Spezialist für internationale Wirtschaftsförderung macht er Sisyphusarbeit. Er weiß, wie der Fortschritt wirklich schmeckt. »Wir treten mit unserer kleinen Region inzwischen gegen die ganze Welt an«, sagt er nüchtern. »Das müssen wir akzeptieren.« Er stimmt Boehwer zu. Handelsbarrieren helfen nicht. »Es wird keinen Aufschwung geben, nur weil wir uns schützen.« Aber es helfe auch nicht, wenn man den Unternehmen hier gar keine Unterstützung gewähre.

Sein Büro ist im 18-stöckigen First National Tower untergebracht, einem der schönsten Art-déco-Hochhäuser der gebeutelten Stadt. Es sei schon hart gewesen in Youngstown, als es Amerika noch gut ging, meint er. »Früher hatten sie mit 20 Prozent Arbeitslosen einen Spitzenplatz im Land«, sagt er sarkastisch. »Jetzt sind wir eine ganz normale amerikanische Stadt.« Nun gibt es viele amerikanische Städte mit so hohen Arbeitslosenzahlen. Er und seine Mitarbeiter bekamen in den letzten Monaten immer mehr Anrufe aus anderen Teilen der USA. Gewundert hat ihn das nicht. »Wir sind schließlich Spezialisten für den wirtschaftlichen Abstieg. Die sind derzeit sehr gefragt.« Sie raten den Wirtschaftsförderern anderer Städte vor allem, realistisch zu bleiben: »Wenn wir erreichen können, dass wir nicht weiter schrumpfen, ist schon viel gewonnen«, sagt Planeys Kollege Walter Good. Dennoch werden sie nicht müde, die Vorteile der Region zu preisen. Die Löhne und Lebenshaltungskosten seien niedrig, die geographische Lage sei gut. Im Umkreis von 500 Meilen liegt ein Großteil der amerikanischen Industrie, New York und Chicago sind gleich weit weg. Diese Argumente haben kürzlich tatsächlich auch ein großes Unternehmen überzeugt, lieber nach Ohio als nach Asien zu gehen. Der französische Spezialstahlhersteller Vallourec & Mannesmann Star baut am Martin Luther King Jr. Boulevard für 650 Millionen Dollar ein neues Werk für Gasrohre. Das bringt immerhin 350 neue Arbeitsplätze. Einfach war der Deal nicht zu bekommen: Erst nachdem der Staat Zuschüsse in Höhe von 25 Millionen Dollar zusagte und günstige Steuerbedingungen versprach, schlugen die Franzosen ein. Nur die Marktkräfte, wie Boehner glaubt, hätten nicht gereicht, um sie zu überzeugen.

Auch dieser Deal wird die Stadt nicht retten, aber er ist psychologisch wichtig: »Viele Menschen waren überzeugt davon, dass die Region nie mehr eine solche Investition sehen wird«, sagt Good. Wer weiß, vielleicht geht davon eine Signalwirkung aus und andere Investoren ziehen nach. Ein »Yes we can« ist das zwar noch nicht, vor allem, wenn man die Stimmung in Ohio mit der in China vergleicht: »Die Chinesen haben einen Unternehmergeist, der in unserem Land verloren gegangen ist«, schwärmt Planey, der schon einige Male in China war. »Warum das so ist? Ich weiß es nicht, wir wollen keine Risiken mehr eingehen. Wir sind wahrscheinlich nicht mehr so optimistisch«, meint Planey etwas ratlos. Und sein Kollege Good fügt hinzu: »Wir haben zu lange geglaubt, dass wir es nicht mehr nötig haben.« Dass das falsch war, hätten die Amerikaner inzwischen eingesehen, insofern sei die Zeit günstig für einen Neuanfang.

Dafür will Planey eine Strategie der Chinesen kopieren. Deng Xiaoping schickte tausende Studenten in den 1980er Jahren durch die Welt, um sie und ihr Knowhow in den Neunzigern wieder zurückzuholen: »Viele Söhne und Töchter unserer Region sind in anderen Teilen der USA oder weltweit unterwegs.« Genau wie Kris. Auch er überlegt, ob er nicht einer derjenigen sein sollte, die zurückkehren. Doch es ist so still in Youngstown. Er würde jeden Tag die wenigen, immer gleichen Leute treffen. Bei McDonald's, wie früher, weil es kaum noch andere Lokale gibt. »Unsere besten Leute leben in der Diaspora«, fährt Planey fort. »Wir werden versuchen, sie zurückzuholen.« Und, wenn man ihn so sieht, konzentriert und mit entschlossenem Blick, weiß man, er wird es tatsächlich versuchen.

Donald French ist da schon ein wenig nüchterner. Das macht das Alter. Er ist Anfang sechzig und vergibt seit fast zwanzig Jahren Förderkredite. Er ist der Chef einer privaten, aber gemeinnützigen Gesellschaft zur Förderung der regionalen Wirtschaft. Das Büro ist in einem unscheinbaren Flachbau am Straßenrand zwischen Warren und Youngstown untergebracht. Die Wände sind so dünn, dass alle alles mitbekommen. French sitzt kerzengerade im fensterlosen Besprechungsraum und sieht aus wie ein trauriger spanischer Graf. Kris kennt ihn schon lange, French ist seit Jahrzehnten der Chef seiner Mutter. Ein Mann, der seit langem schon weiß, dass er den Kampf gegen den Abstieg der Region nicht gewinnen würde. Trotzdem hat er durchgehalten, ohne seine Würde zu verlieren. Drei Millionen Dollar hat er zur Verfügung, dreißig bis fünfzig Unternehmen bekommen Kredit. Wenn er ein Projekt absegnet, legen auch die kommerziellen Banken noch etwas drauf. Es gab Zeiten, da haben ihn die Banken rechts überholt und mit Krediten nur so um sich geworfen. French hat die Augenbrauen angehoben und ist vernünftig geblieben: »Man tut einem Antragsteller keinen Gefallen, wenn man ihm Kredit gibt, obwohl man weiß, dass er scheitern wird«, erläutert er geduldig. »Er steht hinterher schlechter da als vorher.«

Einer, dem er geholfen hat auf der Suche nach dem amerikanischen Traum, ist Andreas Förster. Der Einwanderer aus Deutschland hatte sich sein Leben als Unternehmer allerdings leichter vorgestellt. »Ich bin erst beruhigt«, sagt er inzwischen, »wenn ich nicht mehr persönlich hafte.« Vor zehn Jahren kam der zackige Berliner mit Kurzhaarschnitt als Geschäftsführer eines Werkes für nickelbeschichteten Stahl in die Nähe von Youngstown. Das Werk gehörte der britisch-niederländischen Corus Group, die inzwischen ausgerechnet an den indischen Stahlkonzern Tata verkauft wurde.

Drei Jahre später machte sich Förster im Stahlbau selbständig. Er gründete eine Stahlhandelsgesellschaft und kaufte einen kleinen Betrieb namens Starr Manufacturing für Spezialanfertigungen bis 25 Tonnen. »Unser Shop«, nennt er ihn liebevoll. Siebzig Mitarbeiter hat er inzwischen. »Er war nicht einfach«, sagt er nüchtern, »erst hat man eine große Idee, dann geht es jahrelang in den Keller.« Förster legte sich mit den Gewerkschaften an: »Wir bezahlen nach Leistung und nicht nach Länge der Betriebszugehörigkeit.« Die Gewerkschafter haben in dieser Region nichts zu fürchten: Sie legten ihm Nägel in die Auffahrt zum Haus und tote Ratten vor die Haustür. Seine Kinder wurden bedroht, erzählt Förster. Dennoch blieb er mit seinem Sohn und seiner Frau, die im Unternehmen für Personal zuständig ist. Denn die »normalen Leute sind in Ordnung hier«. Förster hat seine Nische gefunden. Eine Nische in Ohio und eine Nische in der Globalisierung. Sein Betrieb ist eine Art Back-up für das China-Risiko: »Die großen Unternehmen bestellen 70 Prozent in China und 30 Prozent bei uns, für den Fall, dass die Chinesen gar nicht oder nicht pünktlich liefern.« Das Modell funktioniere aber nur bei besonders anspruchsvollen Produkten oder Maßanfertigungen. »Sonst hat man gegenüber China keine Chance.« Er spürt den wachsenden Druck jeden Tag. Und je schwieriger es wird, desto mehr zählt nur eines: »Preis, Preis und noch einmal Preis.« An manchen Tagen fragt sich Förster schon, wie er auf Dauer mit einem chinesischen Hersteller konkurrieren soll, der seine Galvanisierungsbäder einfach in den nächsten Fluss leitet. Das Problem in Ohio liege aber an einer ganz anderen Stelle, meint Förster. Selbst Amerika sei inzwischen zu bürokratisch, wenn es darum geht, Geschäftsideen umzusetzen. »Das ist hier inzwischen wie in der ehemaligen DDR.«

All das interessiert den Republikaner John Boehner, der nun im fernen Washington Präsident Obama das Fürchten lehren soll, nur wenig. Er wischt die Bedenken der Menschen in seiner Heimat einfach weg. Selbst die derjenigen, die unternehmerfreundlich eingestellt sind: »Hört mit dem Jammern auf«, sagt er seinen Kritikern,

»wenn wir die Produkte hier herstellen würden, müsstet ihr einen Arm und ein Bein dafür bezahlen. Seid froh, dass es Länder gibt, in denen die Menschen für so wenig Geld arbeiten.«

Sein politischer Gegner, Präsident Obama, kam im Frühjahr 2010 nach Youngstown, es gab die 350 neuen Arbeitsplätze zu feiern, die bei Vallourec & Mannesmann Star entstehen sollen. »Ich weiß, es ist immer noch hart«, rief Obama den Menschen der Stadt zu, »ich weiß, oft sieht die Zukunft unsicher aus.« Und dann erinnerte er an den alten American Dream: »Die Vereinigten Staaten von Amerika spielen nicht um den zweiten Platz. Wir stehen auf. Wir blicken unseren Herausforderungen ins Auge. Wir stellen uns dem Wettbewerb. Und wir werden gewinnen.« Der Applaus war verhalten, Sieger hat es hier schon lange keine mehr gegeben.

Wenn Kris von seinen Freunden gefragt wird, ob es auch in China eine Schere zwischen Arm und Reich gibt, sind die meisten von seiner Antwort verblüfft. »Die wachsende Kluft«, sagt er, »ist ein großes Thema in China.« Während die reichen Küstengebiete boomen, bleiben die armen Westregionen zurück. Und selbst innerhalb der modernen Megastädte wird der Unterschied zwischen Arm und Reich immer größer. Auch wenn nur wenige Demonstranten im Frühjahr 2010 dem Aufruf zu einer »Jasmin-Revolution« folgten, sind die zahllosen kleinen Proteste gegen zu hohe Wohnungspreise oder die steigende Inflation ein Spiegel der wachsenden Ungleichheit bei hohem Wirtschaftswachstum. An den Reaktionen seiner Freunde spürt Kris, dass aus der Ferne betrachtet die gefühlte Ungleichheit in China sogar noch größer ist. Viel größer jedenfalls als die in den USA. Dieses Gefühl trügt jedoch. »China und die USA liegen bei der sozialen Ungleichheit inzwischen gleichauf – und zwar im unteren Mittelfeld der Weltrangliste, umgeben von den Philippinen, Costa Rica oder Guinea-Bissau«, erzählt er und muss anschließend erklären, dass es sich dabei nicht um einen Propagandatrick der chinesischen Kommunisten handelt.

Grundlage dieser Rangliste ist der Gini-Index, benannt nach dem italienischen Statistiker Carrado Gini. Dieser Index stellt die Ungleichverteilung von Einkommen und Vermögen in Gesellschaften dar und wird häufig zur Berechnung von Kreditrisiken benutzt. Deutschland liegt nach dem Gini-Index immerhin noch am unteren Ende der Top-20-Spitzengruppe der sozial ausgeglichenen Länder. China und die USA bewegen sich hingegen schon seit langem aufeinander zu, wenn auch mit unterschiedlicher Geschwindigkeit. Zwischen 1980 und 2005 wuchs die Ungleichheit in China mit rund 10 Prozent doppelt so schnell wie in den USA. Seitdem hat sich die Geschwindigkeit angeglichen, allerdings mit einem großen Unterschied: In China werden vor allem viele Menschen schnell reich, während viele Arme langsamer vom Aufstieg des Landes profitieren. In den USA dagegen versinken ganze Landstriche in Armut. Der soziale Zündstoff müsste hier also viel größer sein.

Bevor Kris in die Einfahrt zum gemütlichen Holzhaus seines Bruders einbiegt, hat er noch schnell zwei Pizzen besorgt. Durch die Garage geht er ins Wohnzimmer, das zugleich Küche und Büro ist. Beige Tapete, der riesige Fernseher läuft, Michael sitzt auf dem geblümten Sofa. Seine Freundin Rita surft im Internet, der Computertisch stößt an den Sofarücken.

Früher hat sich Kris um seinen älteren Bruder nie Sorgen gemacht. Michael ist ein durchtrainierter Typ, gutaussehend, seine schwarzen Augenbrauen zeigen wie kleine Pfeile nach oben. Fast zehn Jahre lang hat er bei der Armee gearbeitet, bis er an Diabetes erkrankte und entlassen wurde. Er fing bei Wal-Mart als Manager an, wechselte schließlich 2008 zum Zugbremsenhersteller Western Technologies. Dort stanzte er an einer Metallpresse 800 Teile pro Tag. Eine harte Arbeit, »aber ich war zufrieden«, sagt er. Als er dort anfing, arbeiteten sechzig Leute in der kleinen Fabrik, inzwischen sind es nur noch ein Dutzend. Der größte Teil der Produktion wurde 2009 ausgelagert. Nach Indien und China.

»Ich bin fast vierzig Jahre alt und habe nur 500 Dollar Erspartes auf dem Konto«, sagt Michael. Auf Youtube hat er sich angeschaut, wie die Chinesen arbeiten. »So wie die das machen, ist es sehr gefährlich.« Die chinesischen Unternehmen, glaubt er, könnten sich das leisten: Wenn einer sich an einer Maschine verletzt, warten Hunderte darauf, den Job übernehmen zu können. Und wenn es sein muss, für weniger Geld. »Das ist bitter. Aber ich habe keine Lust, meinen Job auch für 50 Cents die Stunde zu machen.« In der Armee hatte Michael sechzig Pioniere unter sich, übte Brücken zu bauen und zu sprengen. Er verwaltete Ausrüstung im Wert von mehreren Millionen Dollar. Jetzt bekommt er nicht einmal einen Job bei McDonald's. Zu viele Bewerber. Vielleicht ergibt sich wieder etwas bei Wal-Mart für 30000 Dollar im Jahr. Vielleicht.

Manchmal, gibt er zu, habe er schon eine dumpfe Wut auf China. Aber er kann die Chinesen auch verstehen, »sie wollen eben den gleichen Wohlstand wie wir«. Nicht nur in Kris' Familie, auch unter Freunden und Bekannten hält sich die Wut auf die Chinesen in Grenzen. Erstaunlich, denn sie sind die eigentlichen Leidtragenden des asiatischen Aufschwungs. Man sieht die Wut eher im Fernsehen und liest über sie in der Zeitung oder hört, wie Politiker davon reden. Aber eigenartig findet Michael es schon, dass ausgerechnet sein kleiner Bruder »bei denen« arbeitet. »Zum Glück macht er nicht meinen Job.«

Kris steckt die kleine Stichelei weg. Er macht auch der Familie keine Vorwürfe. Nie würde er sagen, dass sie sich nur mal aufraffen, sich bewegen, ihr Schicksal in die eigenen Hände nehmen müssten. Nie hört man, dass er es leid sei, ständig Geld zu verleihen. Wie selbstverständlich hat er seiner Schwester ein Haus gekauft, Kreditkartenschulden beglichen. »Sie tragen ja keine Schuld, es gibt einfach nicht mehr genug Jobs«, sagt er. Er ist davon überzeugt, dass die Familie zusammenhalten muss. Die Krise, die sich in seiner Familie nun schon über Jahrzehnte hinzieht, hat alle enger zusammenrücken lassen. Sie bilden wieder eine Art Wagenburg, wie früher die Siedler auf ihren langen Trecks durch die Prärie des Mittleren Westens.

Dass ausgerechnet er, Kris, es geschafft hat, aus dieser Spirale nach unten auszusteigen, wundert ihn manchmal selbst. Seine Bescheidenheit ist geprägt von dem tiefsitzenden Gefühl, Glück gehabt zu haben. Ein Glück, das er den anderen nicht aufdrängt. Selten zeigt er Fotos aus China, erzählt nur etwas, wenn er gefragt wird. Hier in Warren schüttelt Kris China einfach ab. Wie ein Chamäleon passt er sich an das gemächlichere Tempo in Ohio an, der stets nach Chancen suchende Blick entspannt sich. Kris sieht schon nach einem Tag so aus, als sei er nie weg gewesen. Wenn man ihn fragt, ob seine Freunde und Verwandten neidisch seien auf seinen Erfolg, dann antwortet er mit »nein, sie sind viel zu sehr mit sich selbst beschäftigt«. Tauschen wolle ohnehin niemand mit ihm: »Sie können sich nicht vorstellen, in China glücklich zu werden, selbst wenn sie viel Geld verdienen würden.«

Kris' Schwestern Renee und Mary sind mittlerweile ebenfalls im Haus des Bruders eingetroffen. Renee ist alleinerziehende Mutter, ihre zwei Kinder toben um sie herum, zehn und fünf Jahre alt, es wird laut und lustig im Wohnzimmer. Sie sitzt im Schneidersitz neben Michael. An ihren Gesichtern sieht man, dass sie Geschwister sind. Vierzehn Jahre stand sie bei Delphi am Band. Dann kam auch für sie das Aus. Inzwischen hat sie umgeschult. Als

Apothekenhelferin verdient sie nur noch die Hälfte, mit zwei Kindern reicht das hinten und vorne nicht. »So ist das«, sagt Renee, »einer zahlt immer drauf. Und jetzt sind es eben wir.«

Kris' leibliche Schwester Mary arbeitet als Krankenpflegerin in Teilzeitarbeit. Sie ist ruhiger als ihr Bruder, 32 Jahre alt, hat ein schönes Gesicht und trägt ihr Übergewicht mit einem beeindruckenden Gleichmut. »Chinas Erfolg bedeutet weniger Sicherheit für uns«, sagt sie. »Mum und Will sollten sich nach all den Jahren harter Arbeit eigentlich keine Sorgen mehr machen müssen.« Sie selbst habe jedenfalls keine Angst um ihre Pension: »Ich werde keine bekommen«, sagt sie und macht eine Pause. »Ich werde arbeiten, bis ich tot umfalle.« Von den maximal 16 Dollar Stundenlohn kann sie ihren Ausbildungskredit nur in minimalen Raten zurückzahlen. 50 Dollar spart sie im Monat. Zum Glück habe Kris ihr das kleine Haus gekauft, nur zwei Straßen von den Eltern entfernt. »Ohne das Haus«, sagt sie, »wäre es schwierig für mich zu überleben, ohne neue Schulden zu machen.«

Die dritte der Schwestern, Brenna, hat es immerhin bis nach Seattle geschafft. Sie ist Lehrerin, ihr Mann arbeitet bei Microsoft. Vor einigen Jahren verlegte das Unternehmen einige Forschungs- und Entwicklungszentren nach China. 2009 strich die Firma zum ersten Mal in ihrer Geschichte 5000 Stellen. Der Umsatz ging um sechs Prozent zurück.

Drei Monate später: Kris ist längst wieder in China, und er ist schlechtgelaunt. Er sitzt im »Blue Frog«, einem neuen Burgerrestaurant im »Village«, einem durchgestylten Komplex im Pekinger Ausgehviertel Sanlitun. Der chinesische Friseur hat ihm seinen Bart abrasiert, und Kris ist selbst schuld daran. Einen Moment nur war er unachtsam gewesen und hatte die Worte »trimmen« und »abrasieren« verwechselt, *Ti Huzi* statt *Xiu Huzi*. Dann war es zu spät. Und das nach fünfzehn Jahren Peking! Kris ärgert sich über sich selbst.

Einen Tag zuvor hat US-Wirtschaftsminister Gary Locke Tianjin besucht. Die Hafenstadt hat zehn Millionen Einwohner und liegt 130 Kilometer östlich von Peking, alle zehn Minuten pendeln vollbesetzte Hochgeschwindigkeitszüge mit 330 Stundenkilometern zwischen den beiden Metropolen. Locke besichtigte eine Batteriefabrik für Elektroautos, die der amerikanische Elektroautohersteller Coda und der chinesische Batteriehersteller Lishen Battery gemeinsam betreiben. Lishen stellt auch die Batterien für das iPhone her. Nun wollen die Partner eine baugleiche Batteriefabrik in Ohio aufbauen.

Das wäre das erste Mal, denkt Kris, dass chinesische Technologie von einem chinesischen Unternehmen mit einem amerikanischen Partner in Ohio hergestellt wird. »Die Amerikaner werden sich daran gewöhnen müssen, für Ausländer zu arbeiten«, hatte seine Mutter gesagt, als Kris ihr davon am Telefon erzählt hat. »Das war für unsere Elterngeneration undenkbar.« Jetzt geht es nur noch darum, wie viel Zuschüsse der amerikanische Staat gibt. 400 Millionen Dollar haben die Partner bereits beim Energieministerium beantragt. Über tausend neue Jobs sollen entstehen. Der Beginn einer Wende für seine Heimat? Kris hofft es.

Vor ihm steht ein Teller mit Lachssalat, ab und an gabelt er hinein, dann blickt er wieder von der Terrasse hinab auf den Platz unter ihm, in den mehrere Gassen münden. Das »Village« ist verwinkelt, die supermoderne Architektur wirkt tatsächlich organisch, ein bisschen wie eine deutsche Kleinstadt, statt Fachwerk moderne, bunt verspielte Glasfassaden. Ein seltsamer Ort, findet Kris, nicht China und nicht Westen.

Es ist ein heißer, staubiger Sommertag. Auf dem kleinen Marktplatz sprühen Fontänen aus dem Asphalt, Kin-

116

der laufen jauchzend durch den Wasserstrahl. Ein Platz wie geschaffen für die chinesische Lebenslust. Kris sagt, er kenne kein Land, in dem die Menschen so optimistisch seien wie in China. Alles ist aufregend. Dynamisch. Er liebt noch immer die Veränderung, die Bewegung, die Herausforderung. Und dass alles so neu ist. Doch es ist auch laut und schmutzig, trocken und so wenig grün. Amerika, denkt er, ist genau umgekehrt.

Kris und Carol haben sich inzwischen getrennt. Er sehnt sich nach einer Familie, sie will erst Karriere machen. Ihren Job in Peking hat sie aufgegeben, um an der Columbia University in New York einen Masterstudiengang zu besuchen. Und Kris ist mal wieder auf der Suche. Ihn interessieren die chinesischen Frauen nicht, die unbedingt einen ausländischen Mann wollen, »da wäre ich ja nur das Trittbrett für den sozialen Aufstieg«. Ihm gefallen selbständige Frauen, aber die sind auch eigensinnig und lassen sich ungern auf Kompromisse ein. Kris war schon sehr traurig, als Schluss war. Aber er ist keiner, der sich von seinen Gefühlen lange überwältigen lässt. Bald schon ärgert er sich mehr über die abfälligen Kommentare zum Thema interkulturelle Beziehungen, die aus seinem Freundeskreis zu hören sind. Nach dem Motto: »Das funktioniert eh nicht.« Denjenigen, die gleich alles auf Kulturdifferenzen schieben, wenn es in der Beziehung zwischen einem Westler und einer Chinesin klemmt, hält Kris dann entgegen: »Der Unterschied zwischen einem Amerikaner und einer Amerikanerin kann genauso groß sein wie der Unterschied zwischen einer Chinesin und einem Amerikaner.« Die andere, die chinesische Kultur, sei nicht schuld, dass ihre Beziehung nicht gehalten habe, »es waren die unterschiedlichen Lebensphasen, in denen wir uns befinden«. Carol hatte das Gefühl, dass sie etwas verpasst, wenn sie sich jetzt schon bindet oder gar Kinder kriegt. Das habe vielleicht schon auch etwas mit den unterschiedlichen Entwicklungsphasen der beiden Länder zu tun, räumt Kris ein: »Karriere passt mehr zum Boom. Familie mehr zur Krise.« Dass seine Familie, eine Patchworkfamilie zudem, in der Krise auch über die große Distanz hinweg zusammenhält, ist eine Erfahrung, die ihn fast noch mehr geprägt hat als die fremde chinesische Kultur und seine Beziehung zu Carol. Kris hält seine Geschwister und Eltern nicht für Luschen oder Versager und sie ihn nicht für einen Verräter, der sich bei denen verdingt, die den Untergang Amerikas beschleunigen. »So ist das«, sagt Kris, »manche Familien rücken unter Druck enger zusammen, andere fallen auseinander.« Kris vermisst seine Familie immer mehr. Menschen, die ihn kennen, die Gelassenheit des Vertrauten. Er spürt aber auch die Verantwortung: Die Globalisierung, die seine Familie hart trifft, hat ihm selbst ungeheure Chancen eröffnet. Manchmal fragt er sich, ob er deswegen ein schlechtes Gewissen haben sollte. Aber dann ist da noch dieses Gefühl, das langsam stärker wird: dass die mächtigen Ströme der Globalisierung ihn zu etwas gezwungen haben, das er nicht will.

Kris starrt immer noch auf den Platz unter ihm. Langsam wird ihm klar: Aus den Kenderskis, seinen polnischen Vorfahren, wurden irgendwann die Kenders. Stolze Amerikaner. Er jedoch wird nie Chinese werden, China wird nie seine Heimat sein, nie wird er das Bedürfnis verspüren, einen chinesischen Pass zu beantragen. Denn hier wird er immer ein Fremder bleiben. Nicht so sehr wegen der kulturellen Unterschiede. Sondern weil er nicht aussieht wie ein Chinese. Und in diesem Moment weiß Kris, der Osten ist eine Sackgasse. Er wird nach Amerika zurückkehren.

KAPITEL 3

Das ungleiche Quartett

Über unser Öl, das die Chinesen
noch dringender brauchen

Nirgends prallt die Außenpolitik Chinas und der USA so offensichtlich aufeinander wie bei dem ungleichen Quartett im Mittleren Osten: Iran, Irak, Afghanistan und Pakistan. Ein Gebiet in Westasien in den Mittleren Osten übergehend. Es ragt tief in die arabische Halbinsel und im Westen bis an die türkische Grenze reicht. Im Osten erstreckt es sich bis nach Indien und an Chinas Grenze zu Afghanistan. Im Norden reicht es bis in das Hindukuschgebirge Afghanistans an der Grenze zu Turkmenistan. Im Süden wird es umschlossen vom Arabischen Meer mit der Straße von Hormus. Die gut 300 Millionen Menschen, die in den vier Ländern leben, glauben an ein halbes Dutzend Religionen und gehören einem guten Dutzend ethnischer Gruppen an, deren Siedlungsgebiete sich über nationale Grenzen hinwegsetzen. Es gibt sehr junge Länder, wie Pakistan, das erst gut sechzig Jahre alt ist und noch Anfang der 1970er Jahre erleben musste, wie sich Bangladesch von seinem Territorium unabhängig erklärte. Und sehr alte, wie den Iran, der als persisches Reich schon seit Jahrhunderten existiert. Bis auf den Iran standen alle Länder dieses Quartetts einst unter britischer Kolonialherrschaft.

Doch was geht uns in Deutschland dieses Gebiet an? Der ehemalige Bundespräsident Horst Köhler gab eine Antwort auf diese Frage während seiner letzten Reise nach Afghanistan. Deutschland sei dabei, in der »Breite der Gesellschaft« zu verstehen, dass »im Notfall auch ein militärischer Einsatz notwendig ist, um unsere Interessen zu wahren, zum Beispiel freie Handelswege, zum Beispiel, um regionale Instabilitäten zu verhindern, die mit Sicherheit dann auch auf unsere Chancen zurückschlagen – negativ durch Handel, Arbeitsplätze und Einkommen«.[1] Diese Äußerung löste einen Sturm der Entrüstung unter den Prinzipientreuen und Scheinheiligen aus. Köhler wurde vorgeworfen, Wirtschaftskriege zu rechtfertigen. Für den Bundespräsidenten war vor allem die gespielte Empörung in seiner eigenen Partei Anlass, von seinem Amt zurückzutreten. Dabei hatte Köhler aus Sicht der Pragmatiker völlig recht: In diesen vier Ländern entscheidet sich, ob künftig mehr Rohstoffe, vor allem Öl, nach Osten oder nach Westen geliefert werden. Öl hat einen Anteil von einem guten Drittel am deutschen Energiemix. Selbst wenn Deutschland die Wind- und Solarenergie weiterhin stark ausbaut und Elektroautos einführt, wird die Abhängigkeit von Öl auf absehbare Zeit kaum unter 25 Prozent sinken. Wir können es uns also nicht leisten, zu ignorieren, was in dieser brisanten Region vor sich geht. Und uns kann es auch nicht egal sein, wie viel Öl Amerika und China verbrauchen. Denn wir schöpfen alle aus denselben Quellen.

Gemessen an seiner Größe verbraucht China noch relativ wenig Öl. 2010 etwa benötigten die Chinesen nur die Hälfte der amerikanischen Ölmenge – bei vierfacher Bevölkerungszahl.[2] Man kann davon ausgehen, dass der Ölverbrauch Chinas in Zukunft noch stark steigen wird. Auch auf unsere Kosten, denn China hat den Spielraum, die Preise nach oben zu treiben. Wer in diesen vier Ländern den Ton angibt, hat einen großen Einfluss auf die globale Energieversorgung. Auch über die Bedingungen für unsere Energieversorgung wird dort entschieden; aber auch darüber, ob islamistische Terroristen China und den

Westen dauerhaft beeinträchtigen können. Dort wird sich zeigen, welches Land geschickter darin ist, andere Kulturen in die Globalisierung zu integrieren. Hat der Westen oder China die bessere Strategie, mit der Bedrohung durch den Terrorismus umzugehen?

Der Westen setzt stärker auf Sanktionieren, Ausschließen, Bekämpfen. Also auf Härte und Konfrontation. China betont eher Kooperation, Verständnis und Nachsicht. China bindet ein. Wandel durch Annäherung lautet Pekings Strategie. Die Chinesen neigen also, wie bei der Atomenergie, eher zu einer pragmatischen Ethik im Umgang mit diesen Ländern. Die Amerikaner eher zu einer prinzipiellen. Sie fordern Frieden, Freiheit und Selbstbestimmung in demokratischen Verhältnissen. Die Chinesen begnügen sich mit Stabilität und Prosperität – unter welcher Regierungsform auch immer. Die Regierungen Chinas und der Vereinigten Staaten sind in ihren Entscheidungen dabei ebenso von ihren kulturellen Traditionen geprägt wie von ihren technologischen Fähigkeiten. Einfacher gesagt: Jeder tut, was er am besten kann.

Die Amerikaner haben die stärkste Armee der Welt und mit der Nato die fähigste militärische Allianz. Die Chinesen sind Weltmeister im effizienten wirtschaftlichen Aufbau eines Landes und stehen in der Tradition, die unterschiedlichsten Ethnien in ihren Heimatregionen über einen sehr langen Zeitraum in einem großen Gebiet zu integrieren. Die USA hingegen sind von Auswanderern geprägt, die es geschafft haben, sich ein fremdes Territorium untertan zu machen und dort lebenswerte Bedingungen für fast alle zu schaffen. Die Vergangenheit beider Länder klingt bis heute in ihren jeweiligen Entscheidungen nach.

Trotz dieser unterschiedlichen historischen Erfahrungen verfolgen beide das gleiche Ziel, wenn auch mit verschiedenen Mitteln: Sie wollen einen möglichst stabilen und günstigen Zugang zu den Bodenschätzen in der Region. Noch ist nicht entschieden, wer dabei den erfolgreicheren Weg eingeschlagen hat. Denkbar sind verschiedene Szenarien: China und die USA könnten sich in militärische Scharmützel verwickeln. Oder aber sie könnten sich auf eine gemeinsame Lösung einigen, weil es beide allein nicht schaffen, Frieden und Prosperität in der Region herzustellen. Nicht nur im Pazifik und im Südchinesischen Meer oder bei den globalen Finanz- und Wirtschaftsstrukturen (siehe Kapitel 9), sondern eben auch in diesem Großraum wird sich entscheiden, ob China wirklich eine Weltmacht werden und in welchem Maße die USA eine Weltmacht bleiben wird.

Im Irak und in Afghanistan führten die USA in der ersten Dekade des neuen Jahrhunderts zwei Kriege. Sie sollten die jeweils herrschenden Regime stürzen, die als diktatorisch und menschenverachtend galten. Mit den Nachfolgeregierungen sollte die Zusammenarbeit einfacher werden. Ein militärischer Erfolg und die darauf folgende Demokratisierung, so verkündeten die US-Strategen, würden prägend auf die gesamte Region wirken. Die beiden Kriegsschauplätze sollte man dennoch nicht gleichsetzen. Denn die Motive für die beiden Militäreinsätze waren sehr unterschiedlich. In Afghanistan waren Rache und nationales Selbstbewusstsein entscheidend. Im Fall des Irak ging es um die Rohstoffversorgung und darum, den Iran einzukreisen. Beide Kriege haben jedoch gemeinsam, dass es viel schwieriger und unübersichtlicher wurde als gedacht. In Afghanistan hat die neue Regierung keine wirkliche Kontrolle. Die gestürzten Taliban halten weiter die alten Hochburgen ihrer Macht. Im Irak ist die Lage ein wenig besser, doch selbst die Hauptstadt Bagdad ist weit davon entfernt, dass man sich in ihr rund um die Uhr sicher bewegen könnte.

Pakistan ist ein Verbündeter, dem Washington nicht

traut. Die iranische Regierung ist ein Feind, den man mit internationalen Sanktionen in die Knie zwingen möchte. Ein Feind indes, der die USA nicht fürchtet und macht, was er will. Inzwischen ist die Lage so verfahren, sind die Probleme zu Hause so groß, dass sich die Amerikaner schrittweise aus der Region zurückziehen wollen. Der militärische Rückzug bedeutet jedoch gleichzeitig, dass die USA auch an Einfluss verlieren, wenn es um eine wirtschaftliche Zusammenarbeit mit diesen Ländern geht. Sich also auf die Macht der USA in dieser Region zu verlassen wäre fatal. Denn die zwei gescheiterten Kriege zeugen von der schwindenden Kraft Amerikas, in das Weltgeschehen einzugreifen. Amerika hat seine Machtansprüche überdehnt.

Der Rückzug bedeutet eine große Chance für China. Der Reiz, es wirtschaftlich mit einem anderen Partner zu versuchen, ist groß in diesen Ländern. Einem Partner, der wenigstens militärisch nicht über die Stränge schlägt. Pakistan, ein direkter Nachbar Chinas, ist nicht nur der beste Freund Pekings in der Region, sondern einer der ältesten und engsten Verbündeten überhaupt, wenn man einmal von Nordkorea absieht. Iran und China, die seit Jahrhunderten in regem kulturellen Austausch stehen, rücken umso enger zusammen, je mehr der Westen den Iran unter Druck setzt. Seit über dreißig Jahren, also seit die Mullahs die Amerikaner aus dem Land geworfen haben, kooperieren Perser und Chinesen miteinander. Die Chinesen bieten Technologie und bekommen dafür Rohstoffe. Der Iran ist aber auch ein wichtiger strategischer Partner, und das, obwohl den Chinesen die iranische Melange aus Politik und Religion gar nicht liegt. Mit dem Irak arbeitet China ebenfalls eng zusammen. Seit der amerikanischen Invasion enger denn je. Und in Afghanistan versucht China gleichermaßen Kontakt zu den Taliban wie zur Regierung zu halten und langsam, aber stetig eine wirtschaftliche Kooperation aufzubauen. Das ist sehr schwierig, aber unvermeidlich: Afghanistan ist ein direkter Nachbar Chinas.

Was die amerikanische Strategie in der Region angeht, ist sich die Mehrheit der Chinesen, sofern sie sich mit internationaler Politik beschäftigt, mit der Mehrheit der Deutschen in vielen Bereichen einig. Die Kriege im Irak und in Afghanistan offenbarten die amerikanische Doppelmoral im Kampf gegen den Terrorismus, hört und liest man in China wie in Deutschland. Die USA fühlten sich zwar als Vertreter von Demokratie und Menschenrechten. Doch in diesen beiden Kriegen und in ihrem »Kampf gegen den Terrorismus« hätten sie diese Prinzipien mit Füßen getreten. Das schüre einen starken Antiamerikanismus in der muslimischen Welt. Osama bin Laden ohne Prozess zu liquidieren belege wieder einmal, dass man in Washington glaube, rechtsstaatliche Prinzipien nach Belieben ignorieren zu können. Die Regierung unterstütze eine Aktion, die das zwischenstaatliche Gewaltverbot und das humanitäre Völkerrecht verletze. In den Genfer Abkommen finde man keinen Anhaltspunkt dafür, dass getötet werden darf, um »der Gerechtigkeit Genüge zu leisten«, wie Barack Obama es nach dem bin-Laden-Einsatz ausdrückte. Eine solche Gerechtigkeitspolitik sei einer auf Menschenrechte verpflichteten Demokratie unwürdig. Die Kritiker halten Amerika vor, dass man nicht einmal den Verbündeten Pakistan vorab darüber informiert hätte, dass man mit Militärhubschraubern in pakistanisches Hoheitsgebiet eindringen wolle, um den al-Qaida-Führer zu töten.[3]

Natürlich wissen die Pragmatiker in China wie in Deutschland, dass es so einfach nicht ist. Die Wahrscheinlichkeit, dass beispielsweise jemand aus dem pakistanischen Militär oder der Regierung Osama bin Laden gewarnt hätte, war sehr hoch. Oft genug hatten die Politiker in Washington bei ihren Entscheidungen nur die Wahl zwischen Pest und Cholera. Aber darüber hinaus hat Washington viele Fehler gemacht. Darüber sind sich Chinesen und Deutsche einig.

Nicht einig sind sie sich darüber, ob Chinas Strategie die bessere Alternative ist. Für die Deutschen sind die Chinesen Machtzyniker, die sich mit jedem einlassen, um an Bodenschätze heranzukommen. Egal wie korrupt und menschenverachtend ein Regime sein mag, die Chinesen machen mit ihm Geschäfte. Die meisten Chinesen hingegen halten die Politik ihrer Regierung für pragmatisch – eine gelungene Mischung zweier Maximen: Wandel durch Handel und Nichteinmischung in die inneren Angelegenheiten eines Landes. China beteilige sich nicht an den Kriegen in Afghanistan und dem Irak, Peking isoliere weder den Iran noch verletze es die Souveränität Pakistans. Es halte sich bewusst aus den Konflikten dieser Länder heraus und stehe den gewaltbetonten Strategien der internationalen Gemeinschaft sehr distanziert gegenüber. Wirtschaftliche Zusammenarbeit sei der bessere Weg, darüber sind sich Politik und die gebildete Bevölkerung in China einig.

Das sind Argumente, die im Westen nicht akzeptiert werden. Dennoch gewinnt China mit seiner Strategie dramatisch an Einfluss im Mittleren Osten. Zu allen vier Ländern unterhält China schon heute bessere Beziehungen als die USA – und das, obwohl die Amerikaner sich schon seit Jahrzehnten um die Region bemühen. Inzwischen wächst die Verärgerung in den USA darüber: »Wir opfern unser Blut und die Chinesen bekommen die Vorteile«, titelte die *New York Times* 2010. Das ungleiche Quartett in Westasien steht inzwischen im Zentrum der globalen Bestrebungen der Chinesen – und ist strategisch noch viel wichtiger als Afrika, wo China sich schon seit Jahren intensiv engagiert. Man setzt auf Partnerschaften,

Vertrauensverhältnisse zu diesen Ländern sollen entstehen. Damit will Peking seinen Einflussbereich ausdehnen. Der ginge dann von der chinesischen Ostgrenze zu Russland, nahe dem sibirischen Wladiwostok am japanischen Meer, bis zur türkischen Grenze im Westen, die gleichzeitig die Grenze der Nato ist. Zudem will Peking über den Landweg einen stabilen Zugang zum Persischen Golf und zum Indischen Ozean im Rücken Indiens. China braucht Afghanistan, um Öl und Gas auf direktem Landweg vom Iran ins Reich der Mitte transportieren zu können. Stabilität und Frieden in Afghanistan bedeuten Ruhe in der muslimisch geprägten chinesischen Westprovinz Xinjiang. Und das Nachbarland Pakistan ist enorm wichtig als Handels-, Energie- und militärstrategischer Korridor von Westchina über den Karakorum-Highway zum Persischen Golf. Deshalb hat Peking in Gwadar, am Ausgang der Straße von Hormus, in der Nähe der iranischen Grenze, für 250 Millionen US-Dollar einen Tiefseehafen gebaut.[4] Eine schnelle Eingreiftruppe der chinesischen Marine könnte von dort aus dafür sorgen, dass die Straße von Hormus und der Golf von Oman für chinesische Schiffe freibleiben. Peking will diese Gewässer nicht mehr allein der 5. US-Flotte überlassen. Und China will nicht mehr so abhängig sein vom Seeweg um den indischen Kontinent und durch die Straße von Malakka bei Singapur. Sie gilt als gefährliches Nadelöhr.

Wenn China das hohe Wachstumspensum nicht halten kann, steigen Arbeitslosigkeit und Inflation – Hauptgefahren für die Stabilität Chinas und die Macht der Partei. Zwar braucht China noch viel mehr Rohstoffe als nur Öl, wie ich in dem Buch »Der China Schock« am Beispiel von Afrika ausführlich beschrieben habe. In diesen westasiatischen Ländern geht es jedoch hauptsächlich um Gas und Öl. Bereits 1993 wurde China zum Erdölimporteur. In den vergangenen zwanzig Jahren hat sich der Ölverbrauch vervierfacht. Inzwischen importiert China gut die Hälfte seines Öls. 2020 werden es sogar knapp siebzig Prozent sein.[5] Das bedeutet: Schon heute wird der Preis des Öls von China mitbestimmt. Wenn die Chinesen mehr Öl kaufen, wird auch in Deutschland das Benzin teurer. China verbraucht mehr als doppelt so viel wie Japan, aber immer noch erst halb so viel wie Amerika. China benötigt gut zehn Prozent des Öls der Welt. Damit rangiert das Land auf Platz zwei hinter den USA. Wenn China genauso viel Öl pro Kopf verbraucht wie heute Südkorea, würden siebzig Prozent des Ölverbrauchs der Welt von China beansprucht. Doch selbst wenn wegen des Ausbaus von alternativen Energien der Weltverbrauch nur gut zwanzig Prozent betragen würde – so viel verbrauchen die USA heute –, dann müsste die Ölproduktion in der nächsten Dekade 13 Mal so schnell steigen wie im Schnitt während der letzten 35 Jahre.

Irak

Vor diesem Hintergrund ist es kaum verwunderlich, dass sich die USA und China seit Jahren einen harten Machtkampf um die Ölvorkommen des Irak liefern. Der Irak verfügt mit 143 Milliarden Barrel Rohöl nach Saudi-Arabien und dem Iran über die drittgrößten gesicherten Reserven weltweit. Ein Machtkampf, bei dem jeder Fehler die Zukunftschancen des eigenen Landes dramatisch verringern kann. Er begann nach der Invasion des Irak im Jahr 2003 mit einem Affront der Amerikaner gegen Peking. Bereits 1996 hatte sich die China National Petroleum Corporation (CNPC) mit Saddam Hussein geeinigt, das al-Ahdab-Ölfeld zu erschließen. Doch wegen der UN-Sanktionen gegen den Irak konnten die Arbeiten nicht beginnen.[6] Als die Amerikaner 2003 schließlich im Irak einmarschierten und Saddam Hussein stürzten, ging Peking davon aus, nun endlich mit der Erschließung des Feldes beginnen zu können. Die amerikanischen Besatzer erklärten den Vertrag jedoch für nichtig, weil er »nicht mit einer rechtmäßig agierenden Regierung« abgeschlossen worden sei. Die Chinesen erfuhren dies aus einer amerikanischen Zeitung. Die Amerikaner wollten das Ölfeld sozusagen als Belohnung für ihren Einsatz haben. Schon bald nach Beendigung des Krieges hatte die Bush-Regierung mit großem Druck hinter den politischen Kulissen Bagdads versucht, ohne internationales Bieterverfahren an Verträge für irakische Ölfelder heranzukommen. Doch selbst die amerikanischen Demokraten – damals noch in der Opposition – rieten der irakischen Regierung von dem Geschäft ab. Sie sorgten sich, dies könne ein antiamerikanisches Klima noch weiter schüren und »unsere Soldaten in noch größere Gefahr bringen«, sagte beispielsweise der Außenpolitikspezialist und ehemalige demokratische Präsidentschaftskandidat John Kerry 2008.[7]

Dieser Warnung hätte es nicht bedurft. Der irakische Ministerpräsident Nuri al-Maliki machte deutlich, dass er keiner Marionettenregierung vorstehen wolle. Die Amerikaner hatten ihre Macht überschätzt. Kaum war die neue irakische Regierung im Amt, wurde Peking diplomatisch aktiv, und das kam den Irakern gerade recht. »Wenn wir uns schnell einigen, können Sie gleich anfangen«, lockte Ölminister Hussain al-Shahristani die Chinesen zunächst. Dann wollten die Iraker jedoch Zugeständnisse sehen. Sie verhandelten über einen Erlass irakischer Schulden bei China – mit Erfolg. Im Juni 2007 hatte der irakische Staatspräsident Jalal Talabani die Zusicherung, Peking werde auf sechs Milliarden US-Dollar Schulden der ehemaligen Hussein-Regierung verzichten.[8] Zudem sagten die Chinesen zu, über drei Milliarden US-Dollar in das al-Ahdab-Ölfeld zu investieren. Außerdem bot Peking den Irakern an, zu sehr günstigen Bedingungen ein Kraftwerk zu bauen, das Öl in Strom umwandelt. Allein dieser Auftrag hatte ein Volumen von 950 Millionen US-Dollar. Die Chinesen erklärten sich darüber hinaus bereit, die im alten al-Ahdab-Vertrag festgelegte Profitbeteiligung aufzugeben. Stattdessen sollten ihre Investitionen nun mit einer festgelegten Summe pro Barrel Öl vergütet werden. Bei steigenden Ölpreisen wäre eine Profitbeteiligung günstiger gewesen. Doch die irakische Regierung hatte beschlossen, mit ausländischen Investoren grundsätzlich keine Profitbeteiligungen mehr zu vereinbaren. Da Peking das Geschäft unbedingt abschließen wollte, einigte man sich mit den Irakern und bekam im November 2008 das, was die Amerikaner sich eigentlich gewünscht hatten: ein Ölfeld ohne Bieterverfahren.

Schon zwei Monate später begannen die Bauarbeiten. »Das ist ein historisches Ereignis«, sagte Ölminister al-Shahristani. »Zum ersten Mal seit dreißig Jahren unterstützt uns wieder ein ausländisches Unternehmen bei der Entwicklung von Ölfeldern.«

Die scheidende Bush-Regierung fühlte sich hintergangen. »Ich kann die internationalen Beschwerden gut verstehen«, räumt Yin Gang ein, Experte für den Mittleren Osten an der chinesischen Akademie für Sozialwissenschaften in Peking. »Die Alliierten haben viel in den Krieg investiert und die Chinesen bekommen die Friedensdividende.«[9] Im Juni 2011 liefen die Pumpen im al-Ahdab-Ölfeld an. Es ist das größte Projekt der chinesischen CNPC im Mittleren Osten. China wird nun für 23 Jahre dort Öl fördern.

Beim größten Ölfeld des Landes entschied die irakische Regierung nunmehr, Chinesen und Amerikaner direkt gegeneinander auszuspielen. Das Rumaila-Ölfeld südlich von Basra sollte meistbietend versteigert werden. 22 Unternehmen aus fünfzehn Ländern bewarben sich 2008 um die Ausbeutungsrechte. Gleich drei Unternehmen in diesem Rennen kamen aus den USA, darunter der Konzern ExxonMobil. Drei Monate nachdem die Chinesen in al-Ahdab bereits zu bauen begonnen hatten, sagte ExxonMobil-Chef Rex Tillerson nun, er befinde sich in Gesprächen mit der irakischen Regierung über die »Schaffung von Investmentbedingungen, die es Exxon ermöglichen sollen, einer der größten Ölkonzerne im Land zu werden«. Doch er rechnete offensichtlich noch immer nicht mit den Chinesen. Sie beteiligten sich sogar mit vier Unternehmen an dem Bieterverfahren, darunter auch die CNPC. Der Staatskonzern trat gleich in fünf verschiedenen Konsortien mit fünf Geboten an, zumeist mit europäischen Partnern.

Als die Auktion begann, sah es zunächst gut aus für Exxon. Doch dann legten die Chinesen gemeinsam mit ihrem britischen Partner BP ein Angebot vor, das um 50 Prozent günstiger war als das der amerikanischen Konkurrenz. Ein politischer Preis, schimpften die Amerikaner. Im Juni 2009 bekamen die Chinesen den Auftrag.[10] Prompt kündigte der irakische Ölminister Hussain al-Shahristani an, dass man die Öllieferungen nach China 2010 mehr als verdoppeln wolle. Für 2011 erwartet die irakische Regierung insgesamt einen Anstieg der Ölproduktion um 30 Prozent. Ende Mai 2011 dann legte der erste Tanker mit zwei Millionen Barrel Öl im Hafen von Basra in Richtung China ab. Die Chinesen kaufen zwar noch längst nicht so viel wie die Amerikaner. Wenn sie jedoch ihre derzeitigen Wachstumszahlen halten, haben sie die Amerikaner in einigen Jahren überholt.

Im Juli 2011 übernahm das chinesisch-britische Konsortium offiziell die Förderung des Öls. Bald schon wird es das Feld mit der zweitgrößten Ölfördermenge der Welt sein, nach dem Ghawar-Ölfeld in Saudi-Arabien.[11] Die nächsten zwanzig Jahre werden die Chinesen dort Öl fördern ohne amerikanische Beteiligung, aber immerhin mit Hilfe der Briten. Schon aus ökonomischer Sicht konnte es sich die irakische Regierung nicht erlauben, die Amerikaner zu bevorzugen. Das Land verfügt über die drittgrößten gesicherten Ölreserven der Welt, leidet aber an großer Geldnot. Die Regierung war also gezwungen, das günstigste Angebot anzunehmen, und das kam aus dem Osten. Und politisch kann die irakische Regierung die amerikanischen Freunde erst recht nicht bevorzugen. Die Stimmung in der Bevölkerung ist zu antiamerikanisch. Peking kam auch der große Zeitdruck, unter dem die irakische Regierung steht, zugute. Der Irak produzierte 2008 nur 2,4 Millionen Barrel pro Tag – deutlich weniger als zu Saddam Husseins Zeiten. Der wiedergewählte Ministerpräsident Nuri al-Maliki hatte vor den Wahlen versprochen, in sechs bis sieben Jahren den Ertrag auf 12 Millionen Barrel zu erhöhen. Nun musste er auch liefern. Doch dafür fehlte die notwendige Infrastruktur, sprich: ausländische Investoren sollten schnellstens auf die Ölfelder geholt werden und Förderanlagen und Pipelines aufbauen. Nur aus 2000 Quellen wurde 2008 im Irak Öl gefördert, allein im US-Bundesstaat Texas waren es über eine Million.[12] Ohne einen durchs Öl entfachten wirtschaftlichen Aufschwung wird der Irak nicht stabil bleiben. Darüber macht sich die Regierung Maliki gar keine Illusionen. Zumal Barack Obama Anfang 2009 – kaum im Amt – verkündete, bis Ende 2011 die amerikanischen Soldaten abzuziehen.

Die Chinesen gelten als die Schnellsten in der Branche. Wenn die Regierung in Peking auf einen strategischen Vorteil aus ist, spielen Kosten keine große Rolle. Peking ist in der Dritten Welt bekannt dafür, komplexe Infrastrukturprojekte mit Straßen, Häfen, Raffinerien und Kraftwerken zügig zu koordinieren. Auch das dritte wichtige Feld, Halfaya, ist inzwischen an die Chinesen gegangen. Ende Januar 2010 unterzeichneten sie in einem Konsortium mit dem malayischen Ölkonzern Petronas (25 Prozent Anteil) und dem französischen Konzern Total (25 Prozent) den Milliardendeal. Als das West-Qurna-Feld unter den Hammer kam, legten die Chinesen erneut das beste Angebot vor. Es wäre für die irakische Regierung jedoch zu riskant gewesen, sämtliche wichtigen Ölfelder unter die Kontrolle der Chinesen zu stellen. Sie wären zu abhängig von einem Land geworden.

Deshalb kam der US-Konzern Exxon mit seinem 50-Prozent-Partner Shell am Ende doch noch zum Zug. Allerdings nur zu dem von den Chinesen in der ersten Bieter-Runde gesetzten Niedrigpreis. Und das bei einem Feld etwa halb so groß wie das größte Feld der Chinesen. Gemessen am Fördervolumen bekamen die Amerikaner nur halb so viele Konzessionen wie die Chinesen. Die Rechnung der Hardliner in der Bush-Regierung ging nicht auf: Öl für Blut gibt es nicht. Und sicherer ist das Land auch nicht geworden. Ein US-Regierungsbericht kommt im Juli 2011 zu dem Ergebnis: »Der Irak ist unsicherer als vor einem Jahr.«[13]

Afghanistan

Auch in Afghanistan kommen die Chinesen allmählich in eine günstigere Position. Allerdings langsamer und mit größeren Schwierigkeiten als im Irak. Während die Nato sich in Afghanistan festfährt und Hamid Karzai, der schwache Präsident des Landes, bereits öffentlich auf Distanz zum Westen geht, werden die Chinesen zu immer engeren Freunden. Kein anderes Land hat bisher mehr in Afghanistan investiert als China. Vor allem Investitionen und die damit verbundene Hoffnung auf Wirtschaftswachstum halten die Freundschaft zusammen. Bereits 2007 kauften die Chinesen für 800 Millionen US-Dollar die Förderrechte an der afghanischen Mes-Aynak-Mine in der Nähe von Kabul. Sie gilt als die größte noch nicht erschlossene Kupfermine der Welt. 2,9 Milliarden US-Dollar wird China insgesamt dort investieren – die größte Auslandsinvestition, die je in Afghanistan getätigt wurde. Auch die Amerikaner waren interessiert, kamen jedoch nicht zum Zug. Französische Archäologen versuchten mit afghanischen Kollegen die Bauarbeiten zu verhindern, indem sie dort 2009 mit der Ausgrabung eines antiken Klosterkomplexes begannen. Doch trotz der spektakulären Ruinen, einer der wichtigsten buddhistischen Stätten in Afghanistan, bisher ohne Erfolg. Die Forscher arbeiten mit einem inzwischen fast 1000-köpfigen Team fieberhaft daran, in den verbleibenden Monaten möglichst viel von der alten Anlage zu retten.[14]

Peking bewirbt sich im Sommer 2011 um ein Eisenerzvorkommen von 1,8 Milliarden Tonnen im zentralafghanischen Hajigak. Und nicht etwa die Amerikaner, sondern die Chinesen wurden eingeladen, sich an einer Ausschreibung von elf Gasfeldern zu beteiligen. Chinas Einfluss ist inzwischen so groß, dass Nato-Generalsekretär Anders Fogh Rasmussen 2010 eine Nato-Partnerschaft mit China zu Afghanistan forderte, mit regelmäßigen politischen Konsultationen.[15] In Amerika hingegen wird der Vorwurf immer lauter, China sichere sich Rohstoffe, während die USA und ihre Verbündeten gegen die Taliban und al-Qaida kämpften. Die Chinesen antworten, niemand habe den Westen gezwungen, Truppen in Afghanistan zu stationieren. Peking ist zudem davon überzeugt, dass der Aufbau der Wirtschaft viel besser geeignet ist, das Land zu stabilisieren. China wolle Afghanistan helfen, seine »nationale Unabhängigkeit« auszubauen, seine »territoriale Integrität« zu behalten und den »friedlichen Wiederaufbau« voranzutreiben.

Das sind die Schlagwörter, die der chinesische Außenminister Yang Jiechi für die Politik gegenüber den Nachbarn nennt. Dies kann man durchaus als Kritik an der amerikanischen Politik verstehen. Peking ist überzeugt, die rund 100 Milliarden US-Dollar im Jahr, die die amerikanischen Truppen in Afghanistan kosten, hätten dem Land mehr Stabilität gebracht, wenn man sie in den wirtschaftlichen Aufbau gesteckt hätte. Und das sind nur die Kosten für die 100 000 amerikanischen Soldaten.

Washington kontert, die amerikanische Strategie gründe sich nicht nur auf Kampfeinsätze, sondern auch auf Diplomatie, Ausbildung und zivilen Aufbau. Peking entgegnet wiederum, dass die zivilen Investitionen nur einen Bruchteil der militärischen ausmachen. Nur 11 000 zivile Entwicklungshelfer seien im Land. Zum Vergleich: Ein pensionierter amerikanischer Brigadegeneral hat ausgerechnet, dass es allein 20 Milliarden US-Dollar im Jahr kostet, die Truppen in Afghanistan und Irak mit gekühlter Luft aus Klimaanlagen zu versorgen. Jeder Liter Benzin, der die Stromgeneratoren antreibt, müsse nach Karachi in Pakistan oder ein anderes Nachbarland eingeflogen werden und dann auf dem Landweg manchmal mehr als 1000 Kilometer zu einzelnen Camps transportiert werden.[16] Darüber schüttelt man in Peking nur den Kopf.

Aber auch Peking fürchtet, dass Afghanistan ein Ausbildungs- und Rückzugsort für Extremisten und Terroristen bleiben könnte. China wäre als direkter Nachbar Afghanistans unmittelbar davon betroffen. Die chinesische Führung glaubt jedoch, wirtschaftliche Prosperität werde auch den Terroristen den Wind aus den Segeln nehmen. Wenn Menschen keine Arbeit haben, lassen sie sich leichter für extremistische Aktivitäten rekrutieren.

Im Juli 2011 begann der Westen damit, seine Truppen schrittweise abzuziehen. 2014 sollen gut 300 000 lokale Soldaten und Polizisten die Sicherheitsaufgaben selbst übernehmen. Dann hat China die Möglichkeit zu zeigen, ob die Strategie des wirtschaftlichen Aufbaus auch in einem Land wie Afghanistan Frieden und Stabilität schafft. China engagiert sich schon jetzt. 2010 wurde der Bau eines neuen 400-Megawatt-Kohlekraftwerks und einer neuen Eisenbahnlinie quer durch das Land von der usbekischen zur pakistanischen Grenze beschlossen. Der afghanische Bergbauminister Wahidullah Shahrani hofft, allein mit den chinesischen Projekten die Einnahmen des gebeutelten Landes bis 2015 zu verdreifachen. Dies sei eine »wichtige Grundlage für wachsende Stabilität« im Land.

Auch hier, wie schon im Irak, ärgert es die USA, dass sie die militärische Kernerarbeit machen, während China wirtschaftlich profitiert. Robert D. Kaplan vom Center For a New American Security griff Peking öffentlich an: China würde sich »unter den Flügeln« der Weltmacht verstecken, um sich gleichzeitig die wirtschaftlichen Rosinen in Afghanistan herauszupicken. Die Antwort kam prompt. In der *Volkszeitung*, dem Staats- und Parteiorgan, war zu lesen, der Vorwurf sei »absurd«. Die Amerikaner kämpften »nur für ihre eigenen geopolitischen Vorteile« und nicht etwa, um »die Welt zu retten«.

Doch selbst unter den chinesischen Diplomaten haben sich, was Rolle der Amerikaner betrifft, zwei Lager gebildet. Manche Diplomaten wissen die militärische Knochenarbeit der Amerikaner zu schätzen. Sie fürchten, China könne stärker in den Fokus der Taliban rücken, wenn die Amerikaner am Hindukusch von 2014 an nicht mehr als Weltpolizei zur Verfügung stehen. Und sie sind sich nicht sicher, ob die chinesischen Investitionen in Afghanistan auch ohne die Amerikaner auf Dauer sicher sind.

Andere sind wiederum überzeugt, erst die amerikanische Präsenz in Afghanistan habe die Taliban über die chinesische Grenze getrieben. Li Qingdong, der stellvertretende Generalsekretär des »China Council for National Security Policies Studies«, fasst die Position dieser Gruppe in deutliche Worte: Der Krieg sei die Quelle »unablässiger Unruhe in der Region«, die »niemandem etwas Gutes bringe« und die »wirtschaftlichen Projekte Chinas gefährdet«. Die amerikanische Strategie in Afghanistan richte sich »nicht nur gegen Osama bin Laden, sondern auch gegen China, Russland und den Iran«. Diese Fundamentalkritik ist schnell gesagt. Peking muss jedoch erst noch beweisen, dass sein Weg der bessere ist. Und dabei wird Peking es womöglich sehr interessant finden, mit Europa zusammenzuarbeiten. Vor allem Deutschland und seine wirtschaftlichen Stärken könnten in dieser Frage eine zentrale Rolle spielen. Denn es ist unwahrscheinlich, dass es Peking allein gelingt, die Dinge zum Besseren zu wenden. Auch hier zeichnet sich am Horizont eine mögliche neue Koalition in einer mulitpolaren Weltordnung ab. Allerdings sind es die Deutschen, die dabei über den größeren Schatten springen müssen.

Pakistan

In Pakistan wetteifern die beiden Großmächte um die Gunst der Regierung unter Premierminister Yousaf Raza Gilani. Sie haben es mit einer labilen Atommacht zu tun, von der man nicht weiß, ob sie mit einer Stimme spricht, und die womöglich dazu neigt, ihre Karten zu überreizen. Dennoch gehen Amerikaner und Chinesen das Risiko ein, denn Pakistan ist wichtig: Für die Chinesen ist das Land seit Jahrzehnten der engste Verbündete in der Region. Für Amerika ist Pakistan mit Abstand der wichtigste Partner, um ihren Einfluss in dieser Weltgegend aufrechtzuerhalten und die Taliban einzudämmen. Zudem ist Pakistan ihr Fürsprecher unter den muslimischen Staaten. China und die USA wollen im Grunde das Gleiche in Pakistan, sie wollen jedoch nicht, dass der jeweils andere davon profitiert. Denn immerhin ist Pakistan weniger labil als Afghanistan. Pakistan steht nicht auf der Kippe, ein sogenannter »Failed State« zu werden, ein gescheiterter Staat, der von Warlords regiert wird.

Pakistan hat eine robuste Zivilgesellschaft, die sich sowohl gegen staatliche als auch gegen nichtstaatliche Repressionen und Zumutungen zur Wehr setzt. Die Menschen sind allerdings auch sehr skeptisch gegenüber Ausländern. Vor allem gegenüber westlichen. Die Chinesen hingegen sind sehr willkommen. Ein amerikanisches Umfrageinstitut hat herausgefunden, dass die Chinesen in keinem Land der Welt beliebter sind als in Pakistan. Und Pakistan ist, im Unterschied zu den anderen drei Ländern, eine Atommacht von Chinas Gnaden und Amerikas Duldung. Seit US-Präsident Obama 2009 seine historische Rede zur Atomwaffenabrüstung gehalten hat, stockte Pakistan die Anzahl seiner Atomwaffen von 70 auf über 100 auf. Gleichzeitig ist Pakistan arm. Von den 170 Millionen Einwohnern leben 60 Prozent von weniger als zwei US-Dollar am Tag. Nach der Flutkatastrophe 2010, von der 20 Millionen Menschen betroffen waren, hat sich die Lage noch verschlimmert. Doch wie gut oder schlecht es Pakistan auch gehen mag, es steht im Zenrum der strategischen Aufmerksamkeit der Chinesen und der Amerikaner.

Im Jahr 2011 verschob sich das Dreiecksverhältnis China–Pakistan–USA dramatisch, und das nicht nur, weil Pakistan und China das Jahr zum Jahr ihrer gemeinsamen Freundschaft erklärt haben.[17] Die Amerikaner hatten die Pakistanis nicht in ihre Pläne eingeweiht, als sie im Mai 2011 heimlich in Pakistan eindrangen, um Osama bin Laden zu liquidieren. Sie fürchteten zu Recht undichte Stellen in der dortigen Regierung und im Militär. Nach dem Einsatz war offensichtlich geworden, dass der Terrorchef schon lange unbehelligt in Pakistan gelebt hatte. Dies warf im Westen Fragen zu einer möglichen Komplizenschaft Pakistans auf. Die pakistanische Regierung wiederum war über den Vorwurf verärgert, über den Vertrauensbruch verstimmt und musste außerdem auf den wachsenden Antiamerikanismus im eigenen Land reagieren: Kurzerhand ließ sie die Hälfte der amerikanischen Special-Forces-Ausbilder nach Hause fliegen.

Mit einem Blitzbesuch wollten US-Außenministerin Hillary Clinton und ihr Generalstabschef Mike Mullen die Kollegen in Islamabad wieder besänftigen. Doch sie erreichten wenig. Daraufhin strichen die USA Militärhilfe für Pakistan im Wert von 800 Millionen US-Dollar.[18] Das sind etwa ein Drittel der jährlichen Zahlungen von über zwei Milliarden Dollar. Darunter auch rund 300 Millionen Dollar, mit denen Washington die gut 100 000 pakistanischen Soldaten an der Grenze zu Afghanistan unterstützt. Diese Ankündigung war nicht nur eine hastige Reaktion, um die pakistanische Regierung zur Vernunft zu bringen. Sie passt in einen politischen Trend, den Präsident Obama entschieden vorantreibt: Rückzug aus der Region. Das haben auch die Pakistanis verstanden und wenden sich deshalb umso intensiver ihrem zweiten, noch engeren Verbündeten zu.

Nach dem Einsatz gegen Osama bin Laden reiste Pakistans Premier Yousaf Raza Gilani unverzüglich nach Peking – zum dritten Mal in zwölf Monaten. Und die Chinesen reagierten schnell: Sie sagten ihm zu, umgehend fünfzig neue Kampfjets zu liefern. Erst im November 2010 hatte Peking zugestimmt, den Pakistanis 36 ihrer J10-Militärjets zu verkaufen. Die entsprechen zwar nicht ganz den amerikanischen F16, sind mit rund 40 Millionen US-Dollar aber auch um die Hälfte billiger. Gerüchten zufolge bekommen die Pakistanis die Jets sogar zu einem Sonderpreis von 24 Millionen US-Dollar pro Stück. Während die dritte Generation der J10-Kampfjets zumindest vergleichbar mit den amerikanischen F16 ist, war das bisherige Hauptprodukt der chinesisch-pakistanischen Militärkooperation der JF17, ein Low-Budget-Jet. Pakistan ist eines der wenigen Länder der Welt, dessen Luftwaffe gleichzeitig sowohl amerikanische F16-Jets auf ihren Militärflughäfen stehen hat als auch chinesische JF17-Jets mit dem Namen »Donner«, die jeweiligen Berater inklusive. Das ist eine der absurdesten und gefährlichsten Konstellationen der neuen multipolaren Weltordnung. Im Oktober 2010 hatte die amerikanische Regierung noch während des gemeinsamen »strategischen Dialogs« Pakistan Militärhilfe im Wert von zwei Milliarden US-Dollar in den nächsten fünf Jahren versprochen. Sie wollte weitere U-Boote und Flugzeuge liefern. Seit 2001 haben die Amerikaner 18 Milliarden US-Dollar in das pakistanische Militär investiert.[19]

Die Chinesen zogen nach und werden bis zu 250 neue Militärjets, Raketenboote, U-Boote, Hubschrauber und vier Fregatten liefern. 25 Prozent der pakistanischen Armee sollen von den Amerikanern finanziert worden sein. Der chinesische Anteil gilt als noch höher. Im August 2011 werden die Chinesen einen 200 Millionen US-Dollar teuren Satelliten für Pakistan in die Umlaufbahn bringen. Und bei seinem Besuch in Pakistan im Dezember 2010 hatte Premierminister Wen Jiabao zudem bereits wirtschaftliche Kooperationen im Wert von 35 Milliarden US-Dollar versprochen. Die beiden Länder haben einen gemeinsamen Fünfjahresplan für ihre Zusammenarbeit erstellt. China baut zwölf Dämme im Wert von einer Milliarde US-Dollar und hat sogar für 460 Millionen US-Dollar den pakistanischen Telekom-Anbieter Paktel übernommen. Derzeit arbeiten über 10 000 Chinesen am Aufbau Pakistans. Einen Flughafen haben sie bereits fertiggestellt, außerdem wird Pakistan mit chinesischer Kerntechnik versorgt. Das regt anders als im Iran niemanden mehr auf, da Pakistan bereits seit Jahrzehnten eine Atommacht ist. Die Technologie dazu kommt aus China.

Bei ihrem Pekingbesuch nach der Osama-Liquidation wollte die pakistanische Regierung mit einer besonderen Geste gleich zwei Fliegen mit einer Klappe schlagen: sich bei den Chinesen bedanken und die USA brüskieren. Deshalb bot Premierminister Yousaf Raza Gilani im Mai 2011 den pakistanischen Tiefseehafen Gwadar als Marinestützpunkt an.[20] Der Hafen, der ohnehin von Chinesen finanziert und gebaut wurde, liegt strategisch äußerst günstig am Ausgang des Persischen Golfes, nahe der Grenze zum Iran. Bis zur Straße von Hormus sind es gut 500 Kilometer. Durch dieses Nadelöhr, das bislang von den USA kontrolliert wurde, müssen 25 Prozent der weltweiten Öltransporte. Von ihrem neuen Hafen aus könnte die chinesische Marine den Spielraum der Amerikaner empfindlich einschränken.

Dies wäre die dramatischste Machtverschiebung in der Region seit der Invasion der Amerikaner im Irak. Eine Sprecherin des chinesischen Außenministeriums dementierte zwar umgehend die Absicht, in Gwadar eine chinesische Militärbasis zu errichten. Es ist jedoch durchaus möglich, dass die Militärs beider Seiten einen solchen Deal erst einmal unter sich ausgemacht haben. Der Hafen passt jedenfalls in ein schon vor längerer Zeit veröffentlichtes Militärkonzept, um die chinesische Rohstoffversorgung zu sichern. »Wenn die Welt wirklich möchte, dass China mehr Verantwortung in der Asien-Pazifik-Region übernimmt«, schrieb denn auch die chinesische Tageszeitung *Global Times*, »dann sollte sie China auch erlauben, sich an internationalen militärischen Kooperationen zu beteiligen, und die Notwendigkeit anerkennen, auch exterritorial Militärbasen zu errichten.«[21]

Für China ist Pakistan nicht nur militärstrategisch wichtig, sondern auch als Handelsweg. Und das nicht erst, seit China viel Öl braucht. Schon vor Jahrtausenden sind buddhistische Gläubige über den 4700 Meter hohen Khunjerab-Pass zu ihren Schulen nach Taxila im heutigen Pakistan gewandert. Und noch bis vor 200 Jahren war dieser südliche Teil der Seidenstraße der einzige Zugang der chinesischen Händler zu den arabischen Häfen, um ihre Waren nach Afrika und Europa zu verkaufen. Nun wollen die Chinesen die Route wiederbeleben. Denn es ist ihre einzige Möglichkeit, ans Arabische Meer zu kommen, ohne noch durch ein drittes Land reisen zu müssen. Bisher ist die Karakorum-Straße im Westen nur Rucksacktouristen bekannt, doch das dürfte sich in den nächsten Jahren ändern. Als Ressourcen-Highway soll die alte südliche Seidenstraße nun die größte Schwachstelle der chinesischen Rohstoffversorgung entschärfen. Die chinesischen Öltanker aus dem Mittleren Osten müssen nämlich bisher ganz Indien umfahren und die enge Straße von Malakka passieren. Deshalb wird der Karakorum-Highway inzwischen renoviert. Die neue Straße vom westchinesischen Kashgar an die pakistanische Grenze ist schon fertig. Auf der chinesischen Seite fährt sich die Strecke so gut wie die Straße von Freiburg zum Feldberg. Pakistanische und chinesische Bauarbeiter bauen nun in Pakistan weiter. Machbarkeitsstudien für eine Eisenbahnlinie und eine rund 2500 Kilometer lange

Gaspipeline aus dem Iran über den chinesischen Hafen in Gwadar bis nach China liegen auf dem Tisch. Bisher gab es drei große Hindernisse bei diesen Projekten: die mächtigen amerikanischen Interessen in Pakistan, die kaum kalkulierbare Sicherheitslage und die hohen Kosten. Dass man nun zumindest gegenüber den Amerikanern nicht mehr zurückhaltend sein muss, zeigt eine Äußerung des chinesischen Außenministers: Jeder Angriff auf Pakistan werde künftig wie eine Attacke auf China gewertet, soll er den Amerikanern während des strategischen Dialogs der beiden Großmächte Mitte Mai 2011 in Washington gesagt haben.[22] Das ist eine für chinesische Verhältnisse so deutliche Position, dass man zweifeln mag, ob das kolportierte Zitat wirklich so gesagt wurde. Doch bisher hat es niemand dementiert.

In den Jahren zuvor haben die Amerikaner den Chinesen immer wieder ungewollt die Möglichkeit gegeben, sich zu profilieren. Manchmal reichte eine ungeschickte Formulierung aus, die Peking die Chance gab zu kontern. Es kommt in der Region beispielsweise nicht gut an, dass die Amerikaner Afghanistan und Pakistan militärstrategisch unter dem Begriff »Afpak« in einen Topf werfen. Dies muss Peking dann nur demonstrativ ablehnen und betonen, es sei doch herablassend, zwei souveräne Nationen gegen ihren Willen in eine Abkürzung zu packen. Gleichzeitig versucht Peking, die Regierungen der beiden Länder international aufzuwerten. Pakistan und Afghanistan wurden im Oktober 2009 erstmals zum 8. Gipfeltreffen der »Shanghaier Organisation für Zusammenarbeit« (SOZ) eingeladen.[23] Die Mitglieder der SOZ – die zentralasiatischen Staaten, die Mongolei und Russland – folgten einem Vorschlag Chinas, beiden Ländern einen Beobachterstatus zu verleihen.

Während die Chinesen im Grunde erst mit der von den Amerikanern 2001 eingesetzten afghanischen Regierung normale diplomatische Beziehungen unterhalten, sind die Verbindungen zu Pakistan schon seit den 1950er Jahren sehr eng. »Keine andere Beziehung zwischen zwei souveränen Staaten ist so einzigartig und so stabil wie die zwischen China und Pakistan«, stellte der pakistanische Präsident Asif Ali Zardari in einem Interview zum neunzigsten Geburtstag der KPC am 1. Juli 2011 fest.[24] Und kein »drittes Element«, womit er die USA und Indien meinte, könne die Beziehungen stören. Präsident Hu Jintao spielte den Ball zurück: Die Beziehungen seien »höher als die höchsten Berge und tiefer als die tiefsten Ozeane«. Eine für chinesische Verhältnisse sehr weitgehende Formulierung. Allerdings dienen diese Hymnen auch dazu, wachsende Schwierigkeiten zu verdecken. Nachdem sich China in den 1960er Jahren von der Außenwelt isoliert hatte, war Pakistan zunächst sein einziges Tor zur Welt. In dem kurzen Krieg 1962, in dem China seine Gebietsansprüche an Indien durchsetzen wollte, stand Pakistan Seite an Seite mit China. Die Treue Pakistans belohnten die Chinesen mit der entscheidenden Hilfe zum Bau der Atombombe. In den Achtzigern wiederum war der gemeinsame Gegner Chinas und Pakistans die Sowjetunion, die in Afghanistan einmarschiert war.

Allerdings gibt es Risse in der vielbeschworenen Eintracht. Inzwischen ist auch Peking immer wieder über die wenig verlässlichen pakistanischen Politiker verärgert und macht dies auch öffentlich deutlich. So geschehen im Herbst 2008, als China Pakistan Wirtschaftshilfe verweigerte und mahnte, das Land müsse erst einmal den Auflagen des Internationalen Währungsfonds folgen. Hinzu kommt, dass Peking sich längst dazu entschlossen hat, seine lange gehegte Feindschaft mit Pakistans Erzfeind Indien zu begraben. Obwohl es die Chinesen sehr ärgert, dass Indien dem Dalai Lama Exil gewährt, setzt Peking auch hier auf Kooperation und Handel. Schon seit 2005 verbindet China und Indien eine strategische Partnerschaft. Die Grenzstreitigkeiten mit Indien in der Kaschmir-Region sind zwar, anders als zum Beispiel die mit Russland, noch nicht beigelegt. Aber bereits 1999 übte China Druck auf die pakistanischen Freunde aus, sich im Kaschmir-Konflikt von indischem Gebiet zurückzuziehen und Verhandlungen aufzunehmen. Seitdem bewegen sich die großen Nachbarn langsam, aber stetig aufeinander zu. Womöglich hat die enge Freundschaft der Chinesen zu Pakistan zwischenzeitlich darunter auch ein wenig gelitten. Allerdings zögerte Premier Wen Jiabao im Dezember 2010 nicht, die beiden verfeindeten Länder hintereinander zu besuchen. Chinas Position in der Region ist inzwischen so stark, dass dies nicht einmal diplomatische Verstimmungen auslöste. Peking bemüht sich aber auch, beide Länder nicht unnötig zu verärgern. Ein schwieriger Balanceakt.

Trotz des Tauwetters in den indisch-chinesischen Beziehungen wird Pakistan als Verbindungsland zur muslimischen Welt eher noch wichtiger. Nachdem die chinesische Führung Konflikte zwischen Uiguren und Han-Chinesen in seinem muslimischen Autonomiegebiet Xinjiang im Jahr 2009 blutig niedergeschlagen hatte, »spielte Pakistan eine Rolle dabei«, wie es der chinesische Botschafter Lou Zhaohui in Pakistan formulierte, dass China von der Organisation der Islamischen Konferenz nicht an den Pranger gestellt wurde.[25] Die Separatisten unter den Uiguren kämpfen für ein unabhängiges »Ost-Turkestan«. Sie wollen, dass sich die von den Chinesen mit harter Hand geführte Region von Peking abspaltet. Die pakistanische Regierung unterstützt die Chinesen bei der Bekämpfung dieser Bewegung. Sie lieferte in den letzten Jahren sogar acht potentielle Separatisten nach China aus. Aber Pakistan hat auch große Verpflichtungen in der muslimischen Welt, und es ist nicht klar, wie viel

Macht die Regierung im eigenen Land hat, um die Islamisten wirklich an die Leine zu nehmen. Ein 2009 entführter chinesischer Ingenieur kam erst nach sechs Monaten frei. Der Einfluss der Taliban in Pakistan sei noch »größer geworden«, seitdem die pakistanische Führung politisch zerstritten ist, glaubt man in Peking. Die Gruppe derjenigen in der Führung, die Pakistan skeptisch gegenüberstehen, wird eher größer. Die oberste Priorität für Peking ist deswegen nach wie vor, zu verhindern, dass Pakistan mit seiner 532 Kilometer langen Grenze und Afghanistan mit seiner 78 Kilometer langen Grenze zu China zum Rückzugsgebiet für Taliban und andere Gruppen werden, die für die Unabhängigkeit Xinjiangs kämpfen und damit die Stabilität Chinas untergraben. Peking weiß, was es will. Bei Islamabad ist das nicht so sicher.

Iran

Die Beziehungen zum Iran sind für China außenpolitisch die schwierigsten. China gehört einerseits zu den engsten Verbündeten des Iran. Andererseits ist China ein ständiges Mitglied im UN-Sicherheitsrat. Die wichtigste globale politische Institution versucht, den Iran durch Sanktionen daran zu hindern, sein Atomprogramm zu Ende zu führen. Der Iran soll nicht in der Lage sein, eine Atombombe zu bauen. Denn dadurch würde sich das Kräftegleichgewicht im Mittleren Osten dramatisch verschieben. Nachdem der Iran Anfang 2006 die Urananreicherung wieder aufgenommen hatte, versuchte der UN-Sicherheitsrat bis 2008 in mehreren Resolutionen vergeblich, die iranische Führung unter Druck zu setzen. Teheran ließ kaltlächelnd ein Ultimatum nach dem anderen verstreichen.

Peking stimmte stets für die Sanktionen, ist jedoch seit jeher neben den Russen der größte Skeptiker unter den Befürwortern. Auch nach 2008 machte China immer wieder deutlich, man halte Sanktionen eigentlich für das falsche politische Mittel. »Das Gerede über Sanktionen verschlimmert die Lage nur und macht es schwieriger, eine diplomatische Lösung zu finden«, sagte Chinas Außenminister Yang Jiechi, »alle Länder, einschließlich des Iran, haben das Recht, die Nuklearenergie friedlich zu nutzen.«[26] Erst wenn die Iraner die Gespräche abbrächen, könne man über Sanktionen reden. Da Peking bei diesem Standpunkt blieb und auch Moskau unentschlossen war, übten die Amerikaner 2009 informellen Druck auf westliche Ölfirmen wie die britische BP aus. Sie sollten »freiwillig« – also auch ohne UN-Resolution – kein Benzin mehr an den Iran liefern.

Die Aufforderung, einem der ölreichsten Länder der Welt keinen Treibstoff mehr zu liefern, klingt zunächst unsinnig. Der Iran ist schließlich der viertgrößte Ölexporteur der Welt. Das Land hat jedoch nicht genug Raffinerien, um die Autos auf seinen Straßen mit ausreichend Benzin zu versorgen. BP lenkte widerwillig ein, um ihr USA-Geschäft nicht in Schwierigkeiten zu bringen. Die Chinesen indes ließen sich nicht davon abbringen, Benzin an den Iran zu liefern und weiter zu kooperieren. Sie verstießen damit nicht einmal gegen Sanktionen. Der Westen hatte sich selbst ausgebremst. Das chinesische Handelsvolumen wurde immer größer. Das westliche immer geringer. Allein 2010 nahm der Handel mit dem Iran um über 30 Prozent zu und erreichte ein Volumen von gut 30 Milliarden US-Dollar. Damit hatte es sich in nur einer Dekade verzehnfacht. Hinzu kommen etwa sieben Milliarden US-Dollar aus indirektem Handel über die Vereinigten Arabischen Emirate. Chinas Exporte in den Iran wuchsen sogar um über 50 Prozent. China überholte damit die EU als größter Handelspartner des Iran. Insgesamt, so westliche Schätzungen, hat Peking bereits über 120 Milliarden US-Dollar investiert. Vom französischen Konzern Total übernahm China 2010 ein großes Gasprojekt: Die Erschließungsphase 11 des South-Pars-Gasfeldes. Es ist das größte der Welt. Auch Total hatte sich, auf amerikanischen Druck hin, aus dem Geschäft zurückziehen müssen. Die staatliche China National Petroleum Corporation (CNPC) investiert 4,7 Milliarden US-Dollar in das Projekt. Nur einen Monat später entschied sich ein chinesisches Konsortium zum Bau von gleich sieben Ölraffinerien und einer neuen Pipeline durch den Iran – im Wert von rund 40 Milliarden US-Dollar. Im Jahr zuvor hatte CNPC bereits Aufträge im Wert von 4,5 Milliarden unterschrieben, um zwei weitere Ölfelder zu entwickeln. Gleichzeitig hatte die ebenfalls staatliche chinesische Ölgesellschaft Sinopec sich mit der iranischen Regierung geeinigt, zwei Milliarden US-Dollar zu investieren, um das Yadavaran-Ölfeld zu entwickeln. Und im Juni 2011 schließlich unterzeichneten die Chinesen einen Vertrag zum Bau eines 5300 Kilometer langen Eisenbahnnetzes im Iran im Wert von 13 Milliarden US-Dollar.[27]

Ist China skrupellos, weil es die vernünftige Mehrheitsentscheidung der Weltgemeinschaft, den Iran zu isolieren, untergräbt? Das wäre zu einfach. Auch im UN-Sicherheitsrat treffen die Prinzipientreuen und die Pragmatiker aufeinander. Allerdings geht es wohl vielen derjenigen Staaten, die prinzipientreu für eine Ausgrenzung des Iran argumentieren, weniger um ihre Prinzipien als um den Zugang zu den Bodenschätzen des Landes. Oder wie im Fall der USA um Revanche. Ginge es tatsächlich um Prinzipien, dürften die USA vor allem Saudi-Arabien nicht länger unterstützen und die Deutschen dürften keine Panzer in dieses autoritär regierte Land verkaufen. Der Westen dürfte nicht nur China wegen seiner

Iranpolitik an den Pranger stellen, sondern müsste das auch mit Ländern wie Japan tun, das viel mehr Öl als China aus dem Iran importiert, oder Indien, das kaum weniger einkauft. Bei den Irangeschäften dieser Länder jedoch schweigt Washington höflich.

Die Chinesen, die einmal mehr eher auf der Seite der pragmatischen Ethiker stehen, wollen auch an die Bodenschätze ran. Aber sie haben – ähnlich wie Russland, Brasilien und einige wenige andere Länder – wie gesagt eigene Vorstellungen darüber, wie man den Iran dazu bringen könnte, sich den Interessen der Mehrheit der Weltgemeinschaft gegenüber kooperativer zu verhalten. Auch Peking hat eine tiefsitzende Abneigung gegen jede Mischung von Religion und Politik und zwar nicht erst seit dem Unabhängigkeitsstreben der tibetischen Mönche und der Muslime in Xinjiang. In der Geschichte Chinas waren es immer wieder politisch radikale Religionsgruppen oder Sekten, die dem jeweiligen Kaiser das Leben schwer gemacht haben. Inzwischen verbirgt die Führung nicht einmal mehr, dass ihr die aggressiven Herrscher in Gottes Auftrag nicht geheuer sind. Die Reserviertheit gegenüber dem Iran bedeutet jedoch nicht, dass Peking kurz davor wäre, einzulenken und seine wirtschaftliche Zusammenarbeit einzustellen. Selbst die größten Iran-Skeptiker in der chinesischen Führung halten nicht viel von Sanktionen. Sie können sich noch gut daran erinnern, dass in China die Hardliner ihre Macht stets festigen konnten, solange das riesige Land isoliert war. Erst als Deng Xiaoping das Land in den 1980er Jahren für westliche Investitionen öffnete, verloren die Maoisten an Einfluss. Der neue Wohlstand wurde attraktiver als die ideologischen Parolen. Und selbst als nach der blutigen Niederschlagung der Protestbewegung von 1989 die Hardliner kurzfristig wieder das Sagen hatten, gewannen die Reformer binnen zwei Jahren wieder die Oberhand.

Nicht zuletzt, weil der damalige US-Präsident George Bush sich klugerweise dafür entschied, China nicht zu isolieren, und die Welt sich seiner Linie anschloss. Allerdings ist es auch für Peking nicht einfach, die Position gegen den Westen durchzusetzen. Denn Peking hält zwar auch unter ungünstigen Bedingungen an seiner Politik von Wandel durch Handel fest. Aber das bedeutet nicht, dass sie die iranische Politik und ihre wiederholten Provokationen gutheißen.

Als der chinesische Premierminister Wen Jiabao im Herbst 2009 den iranischen Vizepräsidenten Mohammad Reza Rahimi in Peking empfing, hatte er nur wenig Leidenschaft für die Verbündeten aus Teheran übrig. Die chinesisch-iranischen Beziehungen hätten »sich schnell entwickelt«, weil die Spitzenpolitiker »sich oft getroffen haben«. Die Wirtschaftsbeziehungen wiederum hätten sich »ausgeweitet und vertieft«, erklärte er. In der verschlüsselten Sprache der Diplomaten war das eine höfliche Umschreibung für das absolute Minimalprogramm. Freundschaft, so tief wie Ozeane oder so hoch wie Berggipfel, sucht man zwischen dem Iran und China vergeblich. Dennoch ist es durchaus möglich, dass China aus diesem schwierigen Verhältnis neues außenpolitisches Kapital schlagen kann. Und das nur, weil das Verhältnis zu den anderen Großmächten noch schlechter ist. Auf China kann also noch eine wichtige Rolle als Vermittler zukommen, sollte die Lage zwischen dem Iran und dem Westen weiter eskalieren. China ist das einzige Land der Welt, das sowohl im Westen als auch im Iran als verlässlich gilt.

Inzwischen versuchten die USA, China mit Hilfe Saudi-Arabiens eine Alternative zum iranischen Öl zu bieten. Wenn die Saudis den Chinesen zusichern, im Falle von Sanktionen die Öllieferungen des Iran an China zu übernehmen, könnte dies China umstimmen, hoffte

US-Außenministerin Hillary Clinton im Februar 2010 auf einer ihrer Nahostreisen.[28] Eine unrealistische Überlegung. Die Saudis sind längst der größte Öllieferant Chinas vor Angola und dem Iran. Sie liefern bereits doppelt so viel wie der Iran. Und vor allem nimmt Peking die Schwierigkeiten mit dem Iran ja auf sich, weil es nicht nur von einem Lieferanten abhängig sein möchte. Saudi-Arabien wiederum wird nichts tun, um die Chinesen zu verärgern oder unnötig unter Druck zu setzen. Im Gegenteil, schon seit einigen Jahren versuchen sie, ihre Abhängigkeit von den USA zu verringern, indem sie sich an China annähern. König Abdullah bin Abdul Aziz setzte nach seiner Amtsübernahme bereits im Januar 2006 ein deutliches Zeichen. Obwohl allgemein erwartet wurde, ein saudischer König werde die USA als erstes nicht-arabisches Land für seine Antrittsreise auswählen, reiste der Monarch zuerst nach China. Seitdem haben sich die Beziehungen zwischen den USA und Saudi-Arabien nicht verbessert. 2011 waren die Beziehungen so kühl wie seit der US-Invasion im Irak nicht mehr. Die Saudis nehmen es Obama übel, dass er im Frühjahr den ägyptischen Präsidenten Hosni Mubarak fallenließ. Die Saudis sind für China ebenso wie für die USA ein Partner, der schwierig einzuschätzen ist.

Während die Saudis 15 Prozent mehr Öl nach China liefern, waren die Lieferungen in die USA so niedrig wie seit 21 Jahren nicht mehr. Dennoch sind die Saudis nicht nur für Amerika, sondern auch für China einer der wichtigen Gründe, ihre Beziehungen zu den Staaten in Westasien auszubauen. Saudi-Arabien ist viel labiler, als man auf den ersten Blick denken würde. Sollte das Land implodieren, würden die Bedeutung von Iran und Irak von einem Tag auf den anderen dramatisch zunehmen. Noch bevor das Königreich zusammenbricht, könnten die unter Druck geratenen Scheichs auch zum Terrorismusexporteur werden. Dann würde auch die deutsche Bundesregierung, die im Sommer 2011 der Lieferung von 200 Panzern an das Regime zugestimmt hat, in große Schwierigkeiten geraten.

Weil Deutschland, Großbritannien und die USA einen außenpolitischen Erfolg in der Iranfrage brauchten, entschlossen sie sich im Juni 2010 zu einem eigenartigen Kompromiss. Chinas Investitionen in den Energiesektor würden von den Sanktionen gegen den Iran ausgenommen. Dafür müsse China eine neue Runde von Sanktionen beim UN-Sicherheitsrat mittragen. Das Zugeständnis war insofern einfacher, weil von vornherein klar war, dass es für Sanktionen, die Öl betreffen, im UN-Sicherheitsrat auch jenseits der chinesischen Position keine Mehrheit gegeben hätte. Russland zum Beispiel hätte sich darauf nie eingelassen. Die Beschränkungen umfassen ein Reiseverbot für Mitglieder der iranischen Revolutionsgarden und Angestellte der von ihnen geführten Firmen, die nur sehr eingeschränkte Handelsgeschäfte abwickeln dürfen. Die Auslandskonten der Garden werden gesperrt. Die schwarze Liste der Unternehmen und Banken, die in Verdacht stehen, am Atom- beziehungsweise Raketenprogramm des Iran mitzuarbeiten, wurde vergrößert. Verschärft wurde auch das Waffenembargo. Künftig dürfen Panzer, Kampfhubschrauber, Kriegsschiffe und Raketensysteme nicht in den Iran exportiert werden. Alles Maßnahmen also, die die Chinesen wenig bei ihren Geschäften stören werden. Dank dieses faulen Kompromisses war China bei der Abstimmung einer der fünfzehn Mitgliedsstaaten des Gremiums, die sich nunmehr für die vierte Runde von Strafmaßnahmen gegen den Iran aussprachen. Peking hatte sich also auf den Kuhhandel eingelassen. Die Türkei und Brasilien stimmten dagegen, der Libanon enthielt sich. US-Außenministerin

Hillary Clinton nannte die neuen Strafmaßnahmen »die bedeutendsten Sanktionen, mit denen sich Iran jemals auseinandersetzen musste«. Sie gehören jedoch auch zu den groteskesten. Denn Öl darf man weiter vom Iran kaufen, und in den Energiesektor investieren ebenfalls. Es war also keine große Überraschung, dass die Sanktionen nicht den gewünschten Erfolg brachten. Sie sind im Ergebnis hauptsächlich eine Entwicklungshilfe für China. Sie zwingen die Iraner, nun noch enger mit Peking zusammenzuarbeiten. Die Resolution sei nur gut »für den Mülleimer«, sagte Präsident Mahmud Ahmadinedschad. Damit hatte er nicht ganz unrecht. Peking kann nun praktisch ohne westliche Konkurrenz im Iran agieren.

Allerdings sitzt Peking politisch noch immer zwischen den Stühlen. Einerseits will man die Bedeutung des UN-Sicherheitsrats steigern. Immer weniger Entscheidungen sollen von den Amerikanern allein getragen werden. Andererseits hat China seine eigenen politischen Vorstellungen, die nicht mit der Mehrheit im Sicherheitsrat übereinstimmen. Ein großes Dilemma, bei dem sich China erstaunlich beweglich zeigt. Nach der Wahl von Ahmadinedschad im Herbst 2005 hat sich Peking den Vorstellungen des Westens angeschlossen. Chinas Diplomaten ebneten der Internationalen Atomenergie-Organisation IAEO den Weg nach New York zu den Vereinten Nationen. Dort unterstützten Chinas Vertreter, wenn auch mit einigen Einschränkungen, alle vier Sanktionsresolutionen gegen das Land. Dass dies zustande kam, daran haben die Europäer einen entscheidenden Anteil – auch die deutschen Diplomaten. Die Europäer sind in dem Maße für China glaubwürdiger geworden, in dem sie sich in der Region von mancher amerikanischen Position emanzipiert haben. Vor allem, seit Bush 2004 beim G8-Gipfel im amerikanischen Sea Island seine Demokratiepläne für die Region präsentierte. Dem amerikanischen Wandel durch Regimesturz setzten die Europäer einen Wandel durch Reformen von unten entgegen. Ein Konzept, mit dem sich die Chinesen eher anfreunden konnten. Seitdem gab es eine Reihe von Fällen, in denen sich die Bipolarität zwischen den USA und China zu einer Tripolarität mit Europa herausbildete. Diese Konstellation ist vor allem dann für China interessant, wenn der Wirtschaftspartner Iran wieder einmal sein eigenes Spiel spielt. Im Juni 2011 kündigte der Iran, wohl auch für China überraschend, an, die Urananreicherung stark auszuweiten. Ziel sei es, die Kapazitäten zur Herstellung von angereichertem Uran auf 20 Prozent zu verdreifachen. US-Präsident Barack Obama und Bundeskanzlerin Angela Merkel drohten daraufhin bei einer gemeinsamen Pressekonferenz mit weiteren Sanktionen, falls Teheran weiterhin seine internationalen Verpflichtungen ignoriere. Aber auch China reagierte: Präsident Hu Jintao forderte den Iran auf, im Streit um sein Atomprogramm wieder mit dem Westen zu verhandeln. Die islamische Republik müsse »rasch energische Schritte zur Vertrauensbildung und zur Wiederbelebung des Dialogs« unternehmen, sagte Hu nach einem Treffen mit Irans Präsidenten Mahmud Ahmadinedschad. Für China ist das ein ungewöhnlich scharfer Ton. Darin drückt sich die Sorge aus, der Iran könne sich so ungeschickt verhalten, dass China eine neue Runde von Sanktionen nicht verhindern könnte. Diese Runde könnte dann auch die chinesischen Investitionen betreffen, die den USA ein Dorn im Auge sind. Doch können Europa und die USA sich überhaupt noch gegen China durchsetzen?

Wenn China das fast Unmögliche schaffen würde, die Region zu stabilisieren, wäre das nicht weniger als eine Sensation. In den vergangenen hundert Jahren sind schon einige Großmächte an den Herausforderungen dieser Region gescheitert. Zuerst England Anfang des Jahrhunderts, dann die Russen in den 1980er Jahren und nun die Amerikaner. Allerdings haben alle drei Großmächte die militärische Option gewählt, China wird den Weg des wirtschaftlichen Aufbaus gehen. Dabei ist entscheidend, dass China über genug Geld verfügt, im großen Stil zu investieren. Die Devisenreserven steigen um über 600 Milliarden US-Dollar im Jahr. Und die Chinesen haben große Erfahrung darin, ein Entwicklungsland von null aufzubauen. In der muslimisch geprägten Provinz Xinjiang herrschten zum Beispiel ähnlich ungünstige Bedingungen wie in Pakistan oder Afghanistan – eine tückische Mischung aus vielen Ethnien, Clans, Religion und Öl. Dennoch ist es Peking gelungen, die Provinz wirtschaftlich aufzubauen. Bis zur türkischen Grenze im Westen, zum Arabischen Meer im Süden, selbst wenn man die zentralasiatischen Staaten mit einbezieht, ist die chinesische Provinz die erfolgreichste, allerdings mit harter Hand geführt. Im Juli 2009 attackierten Uiguren Han-Chinesen in der Provinzhauptstadt Urumqi. Militär und Polizei brauchten mehrere Tage, um die Aufstände niederzuschlagen. Viele Uiguren wurden infolge dieser Aufstände verhaftet. In der Provinz war das Internet elf Monate lang abgestellt. Denen, die von Unrecht betroffen sind, ist es gleich, ob sie Opfer der Willkür eines zu starken Staates werden wie in China oder Opfer des Bombenterrors in Ländern mit einem schwachen Staat in Pakistan oder Afghanistan. Mehr als 30 000 Menschen wurden in diesen Ländern in terroristischen Attacken seit dem 11. September 2001 getötet. Darunter 3600 Polizisten und Soldaten.[29] Für die Mehrheit in diesen Ländern ist wahrscheinlich ein zu starker Staat das geringere Übel. Jedenfalls möchten die meisten Uiguren nicht mit ihren Glaubensbrüdern in Afghanistan oder Pakistan tauschen.

All das spricht im Zweifel für China. Und gleichzeitig dafür, dass der Einfluss des Westens auf das ungleiche

Quartett geringer wird. Für Deutschland wird es dadurch schwieriger, zumindest aber teurer, seine Ölversorgung zu sichern. Garantiert ist Chinas Erfolg keineswegs, doch die Ausgangslage für Peking wird dank der Engstirnigkeit und des mangelnden Pragmatismus des Westens immer besser. China beschränkt sich auf sein Grundlinienspiel und muss seinen Gegenspieler nicht einmal ans Netz locken. Da stürmen vor allem die Amerikaner schon selbst hin und geben den Chinesen die Möglichkeit, hinter ihrem Rücken zu punkten. Im Dezember 2010 hat China seinen Einfluss in dieser Region auf eine Weise getestet, die uns im Westen zynisch vorkommt. China drängte auch die Länder des ungleichen Quartetts, ihre Botschafter von der Verleihung des Friedensnobelpreises an den chinesischen Dissidenten Liu Xiaobo fernzuhalten. China kritisierte die Verleihung des Preises an den inhaftierten Aktivisten als Einmischung in seine inneren Angelegenheiten. Für Peking war die Teilnahme an der Zeremonie der Gradmesser seines Einflusses auf Schwellen- und Entwicklungsländer. Der Machtkampf ging eindeutig aus. Alle Länder des ungleichen Quartetts blieben der Veranstaltung fern.

KAPITEL 4

Die ungekannten Flugobjekte

Über neue chinesische Flugzeuge,
die bisher nur wir bauen konnten

Flugzeuge sind faszinierend. Nicht nur weil sie fliegen können, sondern weil sie zu den technisch komplexesten Produkten gehören, die der Westen bisher erfunden hat. Dennoch ist bereits absehbar: Zum ABC der Flugzeugindustrie wird schon bald nicht mehr nur A wie Airbus und B wie Boeing gehören, sondern auch C wie Comac. Unter diesem Namen firmiert Chinas staatseigener Flugzeugkonzern. Während wir im Westen uns noch fragen, wie man chinesische Plagiate eindämmen und sich gegen Technologieklau wappnen kann, und während wir noch darüber diskutieren, wann China technologisch auf Augenhöhe ist, wie gut chinesische Ingenieure sind und überhaupt werden können, rollt das neue chinesische Kurzstreckenflugzeug ARJ21 bereits an den Start. Der 100-Sitzer wurde von den chinesischen und amerikanischen Flugsicherheitsbehörden geprüft, eine internationale Zulassung gilt als sicher. Die ersten Maschinen werden Ende 2011 ausgeliefert. Auch in die USA. Sie stehen in direkter Konkurrenz zu den Flugzeugen des kanadischen Herstellers Bombardier und denen der brasilianischen Firma Embraer. Und anders als in anderen Branchen wirft diesmal niemand China vor, dieses Flugzeug kopiert oder gar geklaut zu haben.

Damit nicht genug: Parallel dazu entwickeln die Chinesen einen ausgewachsenen Mittelstreckenjet für bis zu

190 Passagiere. Die C919 der chinesischen Flugzeugschmiede Comac soll ab 2016 mit der Boeing 737 und dem Airbus A320 konkurrieren. Und dies nicht nur in China, dem am stärksten wachsenden Flugzeugmarkt der Welt, sondern auch bei uns in Europa. Schon fünf Jahre vor der geplanten Auslieferung zeigen große europäische Airlines Interesse an dem Jet. Die Maschinen von Airbus und Boeing sind ihnen zu teuer. Damit fallen sie den westlichen Herstellern in den Rücken. Während Franzosen, Deutsche und Amerikaner wegen ihrer eigenen Flugzeugunternehmen noch zögern, hat British Airways bereits im Juli 2010 eine Absichtserklärung über den Kauf der chinesischen Flugzeuge unterschrieben. Auf der Pariser Airshow im Juni 2011 dominierten erstmals in der Flugzeuggeschichte die Chinesen die Schlagzeilen – genau vierzig Jahre nachdem Airbus sein erstes Flugzeug auf den Markt gebracht hat. Erstmals präsentierten die Chinesen dort ein Eins-zu-eins-Modell ihres Flugzeugs. Ryanair sicherte Comac noch auf der Messe zu, das Unternehmen bei der Entwicklung des Flugzeuges zu unterstützen. Als potentieller Erstkunde bekommt Ryanair im Gegenzug bessere Konditionen. Die irische Airline war 2010 nach der Lufthansa die zweitgrößte Fluggesellschaft Europas. »Wir wollen den Wettbewerb zwischen den Herstellern forcieren«, sagte der Vorstandsvorsitzende des Unternehmens, Michael O'Leary.

Comac eröffnete gleichzeitig sein erstes Europabüro in Paris. Zur Eröffnungsfeier kam der französische Transportminister. Normalerweise betonen die Etablierten, es sei noch kein Meister vom Himmel gefallen, wenn neue Konkurrenz auftaucht. Jum Albaugh, Chef der Boeing-Zivilflugzeugsparte, äußerte sich indes besorgt: »Die Chinesen werden schneller auf dem Weltmarkt sein, als die meisten vermuten.« Es mag das eine oder andere Jahr länger dauern, bis das chinesische Flugzeug ausgeliefert wird.

So wie wir das auch bei Neuentwicklungen von Boeing oder Airbus erlebt haben. Und vielleicht wird das Flugzeug »Made in China« dann noch ein paar Kinderkrankheiten haben, aber auch das kennt man von anderen Herstellern. Dennoch sollte diese Entwicklung ein Weckruf für den Westen sein. Viele deutsche Manager und Politiker geben sich der Illusion hin, unser technischer Vorsprung sei leicht zu halten und komme quasi von selbst. Die chinesische Autoindustrie scheint sie darin zu bestätigen. Trotz hoher Investitionen und wiederholter Ankündigungen tun sich chinesische Autofirmen schwer, einen Mittelklassewagen zu bauen, der mit BMW, Audi & Co. mithalten kann. Aber auch das werden sie schaffen. Der japanische Hersteller Toyota und der koreanische Autobauer Hyundai haben es ja auch hinbekommen. Es wird noch dauern, aber am Ende schneller gehen als erwartet.

Zunächst wird China uns jedoch mit Flugzeugen überraschen. Die Flugzeugindustrie wird wohl die erste Hightech-Branche sein, in welcher der Westen sein Technologiemonopol verliert. Vielleicht wird diese Entwicklung erste Zweifel an der Selbstverständlichkeit unserer technischen Überlegenheit wecken. Auch bei den Deutschen. Manchem wird sie Angst einflößen. Anderen wird sie hoffentlich Ansporn sein, sich mehr anzustrengen. Die Symbolkraft dieses Durchbruchs wird das Selbstbewusstsein der Chinesen weiter stärken. Und sie wird das Chinabild in der Welt grundlegend verändern. Chinesische Flugzeuge könnten maßgeblich dazu beitragen, die Volksrepublik schon in zehn Jahren von ihrem Billig-Image zu befreien. Zehn Jahre sind eine kurze Zeit.

Wie ist das möglich? Bisher konnte nur der hochindustrialisierte Westen große Verkehrsflugzeuge bauen. Selbst die Russen schafften es nie, ein Flugzeug zu entwickeln, das technisch und wirtschaftlich mithalten konnte. Die

Iljuschin Il-96 absolvierte ihren Erstflug im Jahr 1988. Heute sind nur noch gut zwei Dutzend von ihnen in Russland in Betrieb, zwei weitere Maschinen fliegen noch in Kuba. Die Flugzeuge waren so schlecht und die Entwicklung neuerer Modelle so teuer, dass die Russen 2009 aufgegeben haben. Für die vergleichbaren Modelle Airbus A330 und Boeing 777 liegen inzwischen jeweils über tausend Bestellungen vor, ein Großteil der Maschinen wurde bereits ausgeliefert. Damit teilt sich das Duopol aus dem amerikanischen Hersteller Boeing und dem europäischen Flugzeugbauer Airbus den Weltmarkt für Mittel- und Langstreckenflugzeuge. Ab einem Flug von 5000 km ohne Zwischenstopp spricht man von einer Langstrecke. Hier laufen Boeing und Airbus bisher außer Konkurrenz. Jede Reise in ein Land außerhalb Europas legen wir in Flugzeugen dieser beiden Hersteller zurück. Kein anderes Passagierflugzeug ist rentabel und sicher genug, um mit Airbus und Boeing mithalten zu können. Selbst die Japaner haben es bisher nicht geschafft, den westlichen Vorsprung aufzuholen.

Die Gründe dafür sind vielfältig. Große Verkehrsflugzeuge zu bauen ist aufwendig. Die Technologie ist komplex, die Entwicklung sehr teuer. Die Sicherheitsanforderungen sind extrem hoch. Das konnten zunächst nur die Amerikaner, inzwischen haben es auch die Europäer gelernt. Allerdings: Mit einem neuen Flugzeug auf den Markt zu kommen kostet besonders viel Geld. So viel, dass selbst bei Airbus zunächst einmal die beteiligten Staaten dem Unternehmen auf die Beine helfen mussten. Geld, Erfindergeist, gute Ingenieure und Ausdauer – all das gab es bisher nur im Westen. Nur hier konnte man Spitzenautos, Großraumflugzeuge, Raumschiffe, Kernkraftwerke und iPhones entwickeln. Das wird sich nun ändern.

China hat in den vergangenen Jahrhunderten viel erfunden. Doch dann kam die Zeit der Stagnation. Mehr als eineinhalb Jahrhunderte lang igelte China sich ein und öffnete sich erst wieder Anfang der 1980er Jahre. Seit zwei, drei Generationen ist das Land nun dabei, seine Ingenieure auf Weltniveau zu bringen und Unternehmen aufzubauen, die solche großen Aufgaben bewältigen können. Mit der Zeit stieg auch in China der Bedarf an Hightech-Produkten. Inzwischen lohnt es sich für sie, die Produkte selbst zu entwickeln, statt sie im Westen einzukaufen oder in Kooperation mit westlichen Firmen herzustellen. Dass ausgerechnet bei Langstreckenflugzeugen das westliche Hightech-Monopol zuerst fallen wird, hat verschiedene Gründe. Es ist leichter, das Duopol der Luftfahrtindustrie zu knacken, als sich auf dem vor Konkurrenten berstenden Automarkt zu etablieren. Zumal hier das Marketing eine enorme Rolle spielt. Es ist heute mindestens so schwierig, das Image eines Autos aufzubauen, wie dessen Motor zu verbessern. Außerdem profitieren die Chinesen von den Zuliefersystemen, die Boeing und Airbus über Jahrzehnte ausgebaut haben. Inzwischen lassen sie sehr viele und gerade besonders komplexe Teile von Zulieferfirmen herstellen. Seit Jahren wird dies als großer Fortschritt in der Industrie gefeiert, da sich die Kosten dadurch sehr drücken lassen. Die Hersteller müssen selbst nicht so viel Geld in die Entwicklung investieren und sparen sich die Lagerkosten. Die Teile, die außerhalb hergestellt werden, lässt man sich erst liefern, wenn sie eingebaut werden sollen, also »just in time«. Das ist auch finanziell günstiger, da die Teile erst bei Anlieferung bezahlt werden müssen. Zudem ist die Produktion weniger komplex, wenn bereits fertige Teile angeliefert werden. Das ist viel übersichtlicher, es passieren weniger Fehler. Diese modernste Form der industriellen Arbeitsteilung, die im Fachjargon Outsourcing heißt, hat allerdings auch große Schwächen. Der Hersteller begibt sich in eine große Abhängigkeit zu den Zulieferern. Ein Unternehmen, das ein winziges Teil nicht liefern kann, legt im schlimmsten Fall die gesamte Produktion lahm.

Mit dem Aufstieg Chinas zeigt sich eine neue eklatante Schwäche des Systems: Die Zulieferer gehen gewissermaßen fremd, Bigamie nicht ausgeschlossen. Dank des komplexen Netzes aus Zulieferern müssen Chinas Flugzeugbauer nicht mehr alles selbst entwickeln, sie können viele Komponenten bequem einkaufen. Zwar gehört dann noch immer einiges Know-how dazu, die unzähligen Teile zu einem Flugzeug zusammenzubauen. Aber es ist auf jeden Fall einfacher, den technologischen Rückstand aufzuholen. In Zeiten des japanischen Aufstiegs waren die Zulieferer noch nicht so mächtig. Die Japaner haben einen viel größeren Anteil an ihren Autos selbst entwickelt.

Die Chinesen wollen Hightech-Produkte herstellen, um damit zunächst die Nachfrage im eigenen Land zu bedienen und schließlich in den internationalen Markt einzusteigen. Die chinesische Flugzeugindustrie wird auf ihrem Weg dorthin die gleichen Phasen durchlaufen wie die Autoindustrie. Die einzelnen Schritte sind einfach und übersichtlich. Das Tempo wird in der Regel von der chinesischen Regierung bestimmt: Zunächst werden fertige Flugzeuge oder Autos importiert. In der nächsten Stufe kauft man fertige Teile ein, die in China zusammengebaut werden. Schrittweise zwingen die chinesischen Regulierungsbehörden die Ausländer, immer mehr Zulieferteile lokal herstellen zu lassen und schließlich ganze Fabriken in China zu eröffnen.

In dieser Phase befinden sich derzeit bereits die meisten internationalen Autohersteller, aber auch der deutsch-französische Flugzeugkonzern Airbus. Manche Autohersteller haben sogar schon den nächsten Schritt vollzogen.

Bis auf wenige Bauteile, die international eingekauft werden, lassen sie ihre Autos in China neu entwickeln und fertigen, oft schon mit chinesischen Zulieferern. Wenn man dieses Prinzip konsequent zu Ende führt, wäre irgendwann der Punkt erreicht, an dem der Westen mit den in China hergestellten Flugzeugen und Autos kaum noch einen Cent verdient, weil der größte Teil der Wertschöpfung bei den Chinesen bleibt und sie die Flugzeuge und Autos so billig und gut herstellen, dass wir bei den meistgekauften Modellen immer weniger absetzen. Es ist eben nicht so, dass es für die Wertschöpfung Deutschlands und der deutschen Unternehmen egal ist, wo die Flugzeuge hergestellt werden. Denn wenn immer mehr Zulieferteile von chinesischen Unternehmen lokal hergestellt werden, werden auch die Steuern in China gezahlt. Dass der Westen an seinen eigenen Produkten nichts mehr verdient, weil sie komplett in China gebaut und entwickelt werden, wäre der ungünstigste Fall. Im besten Fall halten wir den technologischen Entwicklungsvorsprung. Wir machen weiterhin viele Erfindungen, die den Chinesen so wichtig sind, dass sie dafür gerne viel bezahlen, auf einem Weltmarkt, der so stark wächst, dass Chinesen und Deutsche genug verkaufen können. Hoffentlich pendelt sich das irgendwo in der Mitte dieser beiden Varianten ein. In jedem Fall werden wir uns stärker ins Zeug legen müssen, um unsere Hightech-Produkte zu verkaufen. Das größte Problem wird sein, sich in den Wachstumsmärkten weiter zu behaupten. Und die liegen nun einmal in Asien, vor allem in China, aber auch in Indien. Gleichzeitig bevorzugen Chinesen wie Inder lokale Produkte. Hinzu kommt, dass die Chinesen aus ihren Erfahrungen mit der Autoindustrie gelernt haben: Dort haben sie zu lange bei der Entwicklung eigener Produkte gezögert. Das hat zwar Investitionen gespart, aber auch Fortschritte bei Technik, Design und Markenreputation ausgebremst. Diesen Fehler wollen sie beim Flugzeugbau offensichtlich nicht wiederholen. Deshalb kann man hier zwei parallele Entwicklungsstränge beobachten, die es so in der Autoindustrie nicht gab. Zum einen zwingen die chinesischen Regulierer westliche Hersteller, mit chinesischen Firmen Gemeinschaftsunternehmen zu gründen. Zum anderen entwickeln einheimische Firmen bereits eigene Flugzeuge. Damit ist der Druck auf die internationale Flugzeugindustrie heute schon größer, als er es im gleichen Entwicklungsstadium bei der Autoindustrie war.

Natürlich ist es trotzdem nicht einfach, ein Konkurrenzflugzeug zu Airbus und Boeing herzustellen. Zwar könnte das chinesische Flugzeug für den lokalen Markt selbst bei gleichem Preis ein wenig schlechter sein. Denn die chinesischen Behörden könnten dennoch dafür sorgen, dass dieses Flugzeug gekauft würde. Auf dem internationalen Parkett sieht das anders aus. Da muss die chinesische Entwicklung billiger und besser sein, sonst wird sie sich nicht durchsetzen. Ob das gelingen kann, wird sich frühestens 2014 zeigen. Dann soll der erste C919 zum Testflug abheben.

Der Wissensvorsprung der westlichen Hersteller scheint indes noch enorm: In mehr als vierzig Jahren wurden über 6500 Flugzeuge der Boeing-737-Familie hergestellt. Es ist der meistgebaute zivile Passagierjet. Ende der 1980er Jahre kam die A320-Familie von Airbus auf den Markt. Technisch überlegen und effizienter als der amerikanische Konkurrent, wurde der A320 ein Kassenschlager. Über 4500 Mal haben sich die Maschinen dieses Typs inzwischen verkauft. Der Airbus setzte Boeing unter Zugzwang, sich weiterzuentwickeln. Inzwischen sehen sich beide Hersteller dem Druck aus China ausgesetzt. Denn gerade für Flüge innerhalb des riesigen Landes und in dessen Nachbarstaaten eignen sich Kurz-

und Mittelstreckenjets wie die 737 oder eben der C919. Es liegt also auf der Hand, dass China in diesem Segment mitverdienen will. Der erste Schritt, die westlichen Produzenten nach China zu holen, ist bereits abgeschlossen. Man überzeugte die Hersteller mit einem einfachen Argument: Wer in China verkaufen will, muss auch in China herstellen.

Drei der vier weltgrößten Flugzeugbauer produzieren inzwischen in Gemeinschaftsunternehmen mit den Chinesen. Embraer baut den ERJ145 im nordchinesischen Harbin, Bombardier bekommt seinen Flugzeugrumpf für den Q400 aus Shenyang, auch in Nordchina, und wird bei seiner neuen C-Serie ebenfalls stark mit chinesischen Firmen zusammenarbeiten. Das sind Kurzstreckenmaschinen mit maximal 130 Sitzplätzen. China konnte jedoch erst einen der beiden Großen überzeugen, im Reich der Mitte zu investieren. 2005 wurde in Frankreich beschlossen, die A320-Serie auch in der Hafenstadt Tianjin herzustellen, einer Zehn-Millionen-Metropole in der Nähe von Peking. Den Standort haben sich die Deutschen im Unternehmen geschickt ausgesucht. Denn von Hamburg nach Tianjin können die Teile preiswert mit dem Schiff transportiert werden. Von Toulouse im Landesinneren ist das schwieriger. Airbus investierte 1,2 Milliarden US-Dollar, um dort eine exakte Kopie des Mutterwerks in Hamburg zu bauen. Schon 2009 rollten elf der 70 Millionen US-Dollar teuren Flugzeuge vom Band. 2010 waren es schon 26. Für 2011 rechnet Airbus mit 36 Stück. Und inzwischen werden auch immer mehr Teile für Europa in China produziert. Bis 2014 beispielsweise wird jedes zweite Flugzeugruder des A320 aus China kommen. Auch wenn Airbus die Produktion inzwischen als Erfolg verbuchen kann: Anfangs hatte Gustav Humbert, der inzwischen zurückgetretene deutsche Chef des europäischen Luftfahrtkonzerns, die Verhandlungsmacht der Chinesen mit voller Wucht zu spüren bekommen. Die Chinesen wussten, wie dringend der Konzern die Bestellung von 150 Maschinen des Typs A320 brauchte. Und deshalb verknüpften sie mit dem Auftrag eine Bedingung: Ein Teil der Maschinen sollte in China zusammengebaut werden. Die Europäer hatten nicht viel Verhandlungsspielraum. Boeing produziert noch nicht in China, kauft aber dort schon viel ein. Das Seitenruder des neuen 787-Dreamliners kommt zum Beispiel aus dem Reich der Mitte. Boeing zögert noch, seine Flugzeuge in China zusammenbauen zu lassen. Aber die Verkaufszahlen für Passagierjets in China legen nahe, dass die Zeit des Zögerns bald zu Ende gehen könnte. 1998 wurden noch rund 70 Prozent aller Flugzeuge mit mehr als hundert Sitzen in China von Boeing geliefert. Airbus hatte nur einen Marktanteil von 13 Prozent. Inzwischen bedienen die Europäer rund die Hälfte des Marktes, Tendenz steigend. 2010 verkaufte Airbus 111 Flugzeuge an China, Boeing dagegen nur 74. Fast ein Viertel der weltweiten Produktion von Airbus geht inzwischen nach China. Natürlich ist Airbus nicht nur in China gewachsen. Auf der ganzen Welt hat das Unternehmen Boeing Marktanteile weggeschnappt. Doch das Joint-Venture in Tianjin hat eindeutig dazu beigetragen, dass Airbus überproportional wächst. Mit anderen Worten: Die Strategie der Chinesen ist aufgegangen. »Die Chinesen sind Profis darin, Konkurrenten gegeneinander auszuspielen«,[1] stellte David Wang, bis März 2011 Präsident von Boeing China, nüchtern fest.

Bei Boeing betont man einstweilen die lange Tradition der Zusammenarbeit. Die glorreiche Vergangenheit soll darüber hinwegtäuschen, dass die Zukunft weniger rosig aussieht. Die Partnerschaft bestehe schon seit 1972, hört man bei Boeing immer wieder.[2] Damals war US-Präsident Richard Nixon mit seiner Air Force One, einer

Boeing 707, ins Reich der Mitte geflogen. Es war der erste Besuch eines amerikanischen Präsidenten in China. Noch im gleichen Jahr kaufte China zehn Maschinen dieses Typs. Seit den 1990er Jahren arbeitet Boeing mit chinesischen Universitäten zusammen und hat inzwischen fast 40 000 chinesische Piloten, Ingenieure, Mechaniker und Manager ausgebildet. Deshalb hält man bei Boeing die Zusammenarbeit für eine »win-win«-Situation.[3] Doch einfacher wird die »Partnerschaft« nicht, wenn China eigene Flugzeuge herstellt.

Schon jetzt ist Chinas Flugzeugmarkt auf dem Weg, in den nächsten Jahren der am stärksten wachsende Markt der Welt zu werden. Experten schätzen, dass die Volksrepublik in den kommenden beiden Jahrzehnten 4300 neue Flugzeuge im Wert von 480 Milliarden US-Dollar benötigen wird. Es wird dann dreimal so viele Flugzeuge in China geben wie heute. Das ist zwar immer noch deutlich weniger als in den USA. Aber zwischen 2010 und 2015 soll die zivile Luftfahrt in China um 80 Prozent wachsen. Und die Regierung übt Druck auf ihre Industrie aus, das Tempo auch zu halten. Zwar ist Chinas gute Infrastruktur einer der wichtigsten Vorteile gegenüber dem Konkurrenten Indien, doch um wettbewerbsfähig zu bleiben, muss alles reibungslos funktionieren, Kapazitäten und Strukturen müssen weiter ausgebaut werden. Vor allem, wenn es darum geht, die rückständigen Regionen in Zentralchina und im Westen des Landes zu erschließen. Im zwölften Fünfjahresplan der chinesischen Regierung für die Jahre 2011 bis 2015 spielt die Flugzeugindustrie deswegen eine zentrale Rolle. Der Flugzeugbau ist eine von sieben Industrien, die der Plan als strategisch wichtig einstuft. Insgesamt 65 neue Flughäfen werden schon jetzt gebaut oder sind für die nächsten Jahre in Planung. Metropolregionen wie Peking, Chengdu und Xiamen, die bereits große Flughäfen haben, sollen durch Zweitflughäfen entlastet werden. Neunzig weitere Airports, darunter die wichtigen Knotenpunkte Peking Capital, Shanghai Pudong und Guangzhou Baiyun, sollen auf den neusten Stand gebracht und ausgebaut werden, um im internationalen Vergleich mithalten zu können. Läuft alles nach Plan, werden im Jahr 2015 in China 220 Flughäfen in Betrieb sein. Und wie viele kommen bis dahin in Europa dazu? Eine Handvoll vielleicht.

Dass die Chinesen in der Lage sind, Terminals auf Weltniveau zu bauen, haben sie schon im März 2008 bewiesen. Bereits vier Monate vor den Olympischen Spielen wurde das neue Pekinger Terminal 3 in Betrieb genommen. Der Begriff »Terminal« ist allerdings eine bescheidene Untertreibung. Es handelt sich um einen vollwertigen Flughafen, den modernsten der Welt, größer als das fast gleichzeitig eröffnete Terminal 5 in London Heathrow. Außerdem einer der schönsten Entwürfe des britischen Star-Architekten Sir Norman Foster. Vom ersten Tag an funktionierte das Terminal in Peking reibungslos. In Londons neuem Aushängeschild brach derweil die Gepäcklogistik zusammen. Zigtausende Menschen konnten tagelang nicht weiterreisen. Das Gepäck wurde schließlich zum Sortieren mit Lastwagen nach Italien gefahren.

Westliche Prestigeprojekte fallen durch Pannen unangenehm auf, während bei den Chinesen alles läuft wie am Schnürchen. Nur eine Ausnahme oder ein genereller Trend? Mit Blick auf die Pannen und Verzögerungen bei der Entwicklung des A380 von Airbus bleibt die Geschichte des chinesischen C919-Jets auch in dieser Hinsicht spannend. Die Erfolgschancen des C919 sind dabei sogar noch höher als die des Comac-Kurzstrecken-Erstlings ARJ21. Denn die politische Rückendeckung ist größer. Die chinesische Regierung »arrangiert« quasi die Nachfrage. Schon im November 2010, also sechs Jahre vor der geplanten Auslieferung, lagen rund hundert Bestellungen vor. Dabei wurde das C919-Programm offiziell erst im Jahr 2008 gestartet. Die meisten chinesischen Airlines mussten sich verpflichten, aber auch Zulieferer wie der amerikanische Mischkonzern General Electric, der größte Konkurrent von Siemens. Dessen hauseigene Leasing-Gesellschaft GE Capital Aviation Services, die Flugzeuge vermietet, bestellte die neuen chinesischen Flugzeuge.

Technisch ging Comac bei der Entwicklung des C919 kein großes Risiko ein. Die meisten Teile kommen ja von westlichen Zulieferern. 160 Sitze soll die Standardvariante haben, bei einem Preis nur knapp unter dem der Konkurrenz. Bei der Produktion beteiligen sich, wie schon beim kleineren ARJ21, mehrere Zulieferer aus den USA und anderen Ländern. Und wie schon bei der Fertigung des Airbus in Tianjin wurden auch für diese Comac-Produktion Gemeinschaftsunternehmen gegründet, um an die Technologien und das Know-how westlicher Firmen zu gelangen. Denn ganz aus eigener Kraft könnten die Chinesen den C919 noch nicht herstellen.

Im Westen erzeugt dieser Wissenstransfer immer wieder Ängste. Auch als es um das Airbus-Werk in Tianjin ging, waren bei den Europäern die Bedenken groß. Man fürchtete, dass die Technologie »verloren gehe« und man langfristig ins Hintertreffen gelangen könnte. Doch selbst die Airbus-Gewerkschaft, die grundsätzlich zuerst die Arbeitsplätze in Europa sichern will, war in ihrer Einschätzung der chinesischen Flugzeugherstellung am Ende erstaunlich realistisch: »Wir sind zu der Erkenntnis gekommen, sie werden es so oder so hinkriegen. Die Frage ist nur, machen wir das kontrolliert und sorgen dafür, dass wir auch noch ein bisschen davon haben, oder lehnen wir uns zurück und warten, dass andere es machen«,[4] sagte einer ihrer Spitzenvertreter. Nach langer, zäher Diskussion und dem Abwägen von Risiken und Chancen entschied man sich schließlich zu dem Gemeinschaftsunternehmen in Tianjin.

Genauso zeigen sich westliche Firmen nun bereit, bei der Produktion des C919 einzusteigen. Im November 2010 vereinbarten ein Tochterunternehmen von AVIC, Chinas staatlichem Luftfahrtkonzern, das an Comac beteiligt ist, und der amerikanische Hersteller Hamilton Sundstrand, gemeinsam im zentralchinesischen Xi'an das Stromversorgungssystem des Fliegers herzustellen. Über 100 Millionen Euro investieren die Amerikaner. Es ist das größte Joint-Venture zwischen Zulieferern in der chinesischen Luftfahrtgeschichte. »Es beweist, dass unsere Firmen mit den Weltmarktführern zusammenarbeiten können«,[5] sagt Zhang Xinguo, stellvertretender Geschäftsführer von AVIC, der Muttergesellschaft von Comac. Nun spielen sie auf Augenhöhe. Nur wenige Monate später, im Januar 2011, vereinbarten sie mit GE Aviation, die Elektroniksysteme und Fluginstrumente für den C1919 herzustellen. Diese Vereinbarung im sensiblen Steuerungsbereich gilt wiederum als die bisher intensivste Zusammenarbeit in der westlichen Flugzeugzulieferindustrie mit dem größten Know-how-Transfer nach China. Die Partner bauen sogenannte ganzheitliche Avionik-Systeme. Bei der herkömmlichen Technologie arbeiten einzelne Prozessoren unabhängig voneinander. Der Pilot muss die jeweiligen Anzeigen noch selbst bewerten und vergleichen. Beim ganzheitlichen System bewertet der Computer die Information und entlastet dabei den Piloten. Solche Avionik-Systeme sind neben den Triebwerken das Herzstück eines modernen Flugzeugs. Es handelt sich dabei um die neuste Technologie, die auch in Boeings jüngsten Flugzeugen benutzt wird. General Electric wird 200 Millionen Dollar in das Unternehmen investieren, die AVIC sogar 700 Millionen beisteuern. Beide hoffen, in den ersten Jahren die Produktion des C919 mit

Teilen im Wert von insgesamt zwei Milliarden US-Dollar zu beliefern. Auch deutsche Unternehmen sind unter den Zulieferern. Das Allgäuer Unternehmen Liebherr-Aerospace-Lindenburg baut das Fahrwerk und das Luftmanagement-System.

Bei den Gemeinschaftsunternehmen mit Zulieferfirmen nutzen die Chinesen kühl kalkulierend die bereits erwähnte Entwicklung des Outsourcing. Nie war die Hemmschwelle niedriger, Technologie abzugeben: Firmen, die nur Lieferanten sind, kann es egal sein, wer ihre Produkte kauft. Noch nie in der Industriegeschichte war es einfacher, Technologie zu transferieren. Denn die Flugzeuge sind sich heute sehr ähnlich. Angesichts des großen Marktes war die Verlockung für westliche Unternehmen, fremdzugehen, größer. Und noch nie in der Wirtschaftsgeschichte waren Unternehmen gezwungen, so kurzfristig zu denken. Die börsennotierten Unternehmen denken kurzfristig, weil ihre Investoren auf schnellen Gewinn aus sind. Die nicht börsennotierten Mittelständler tun das, weil der globale Konkurrenzdruck so groß ist.

Nicht alle Zulieferer halten diesen Druck auf Dauer aus. Manche steigen aus. Andere, wie der österreichische Mittelständler FACC AG, lassen sich von den Chinesen übernehmen. 2009 hatte sich das Unternehmen zu diesem Schritt entschließen müssen. Es war die bis dahin größte Übernahme eines europäischen Unternehmens durch die Chinesen. Die FACC AG hatte das Angebot nicht ausschlagen können, das Unternehmen war in finanzielle Schieflage geraten. Trotz sehr guter Auftragslage fuhr es etwa 100 Millionen Euro Verlust ein. Die FACC AG hatte die Entwicklungskosten für neue Airbus- und Boeing-Flugzeuge vorfinanziert. Wegen Verzögerungen bei der Entwicklung der Boeing 787 und des Airbus A380 hatten die Hersteller nicht zum geplanten Zeitpunkt gezahlt.

Alle diese Faktoren spielen den Chinesen in die Hände und führen letztlich dazu, dass sich das technologische Wissen und der Wohlstand gleichmäßiger auf der Welt verteilen. Angst vor China müssen nur diejenigen westlichen Manager und Unternehmer haben, die die Sogwirkung dieser Entwicklung unterschätzen und glauben, sie lägen nach wie vor uneinholbar vorne.

Der Wettbewerb wird härter. Selbst so ein mächtiger Flugzeugbauer wie Boeing konnte nicht verhindern, dass einer seiner wichtigsten Partner nun mit den Chinesen kooperiert. »Entweder wir machen mit, oder wir werden überholt«, fasst GE-Vize-Vorsitzender John G. Rice die Lage zusammen. Und ergänzt: »Wir wollen uns ganz sicher nicht überholen lassen.«[6] Dabei sind AVIC und GE keine neuen Partner. Die Chinesen beliefern den Konzern schon seit Jahren mit Teilen für Flugzeugturbinen. GE verkauft das neue Gemeinschaftsunternehmen deshalb als strategisch gut durchdachten Schritt. »Wir wurden nicht durch die chinesische Regierung dazu gezwungen«,[7] unterstreicht Rice. Nein, schlimmer noch, es ist die wie gesagt kurzfristige marktwirtschaftliche Vernunft, die ihm nahe gelegt hat, so zu handeln. Der Wettbewerb der freien Märkte, ein Spiel, das wir im Westen erfunden und nicht nur gegenüber den Kommunisten propagiert haben, kann sich nun auch zum Nachteil des Westens auswirken. Das liegt in der Natur des Wettbewerbs. Der GE-Vorsitzende Jeffrey R. Immelt ist sich dieses Risikos bewusst. Im Sommer 2010 kritisierte er in kleinem Kreis vor Kollegen in Rom, dass es für ausländische Firmen zunehmend schwieriger werde, in China Geschäfte zu betreiben. »Ich mache mir wirklich Sorgen wegen China. Ich bin mir nicht sicher, ob sie am Ende irgendeinen von uns erfolgreich sehen wollen.«[8] Die offizielle Version seiner Weltsicht hört sich etwas anders an. In einem anderen Interview forderte er von den USA und China, dass beide ihre Märkte für den freien Handel öffnen und protektionistische Maßnahmen unterlassen sollten. »Wir mögen keine ›kauft amerikanisch‹-Verordnungen. Wir glauben an die Gesamtheit des freien Handels. Wir denken, wenn GE gut genug ist, um sich in China durchzusetzen, dann sollten wir erfolgreich sein.«[9]

Immelt spricht über ein Land, das einer der größten Einzelmärkte für GE ist. In den letzten zehn Jahren ist der Umsatz der Firma in China im Schnitt jährlich um 15 Prozent gestiegen. Alleine für 2012 plant GE, weitere 1,5 Milliarden US-Dollar in Gemeinschaftsunternehmen zu investieren. Und nach allen gegenwärtigen Wachstumsprognosen wird sich die Zukunft von GE wahrscheinlich in China entscheiden. Die Leistung des Unternehmens dort wird den Börsenkurs bestimmen. Kann GE seine Position als eines der größten und wertvollsten Unternehmen der Welt verteidigen? Oder wird sich der Abwärtstrend der letzten zehn Jahre verfestigen? Dann könnte der traditionsreiche Konzern zum Symbol schwindender amerikanischer Wirtschaftskraft werden.

Doch trotz der Bedeutung des chinesischen Marktes erlebt GE laut Immelt momentan schwierige Geschäftsbedingungen in China. Schon denkt er laut über andere, zukünftige Absatzmärkte nach: »China und Indien sind wichtig für uns, aber ich mache mir Gedanken darüber, was danach kommt.« Viele Staaten im Mittleren Osten, in Afrika, Lateinamerika und Asien würden China durchaus negativ betrachten: »Diese Staaten wollen samt und sonders nicht von China kolonialisiert werden. Die wollen sich selber entwickeln.«[10] Bisher sieht es allerdings nicht so aus, als ob die Chinesen diese Länder kolonialisieren würden, wie es der Westen einst getan hat und wie es im Westen gerne kolportiert wird. Wie ich in meinem Buch »Der China-Schock« ausführlich beschrieben habe, ist noch nie so viel Geld in Infrastruktur investiert wor den wie unter der »Regie« der Chinesen. Infrastruktur, die den Menschen zugute kommt – Kraftwerke, Straßen, einfache Häuser oder Mobilfunknetze. Sicherlich blüht in Afrika auch weiterhin die Korruption, und der ein oder andere Unternehmer betrügt die Afrikaner oder beutet sie aus. Doch generell ist das eine Win-win-Situation. Die Chinesen agieren mit Augenmaß, weil sie die Bodenschätze Afrikas dringend brauchen. Hinzu kommt: Im kollektiven Gedächtnis der Chinesen ist noch tief verankert, wie es sich anfühlt, von Kolonialmächten überrannt zu werden. Die westlichen Unternehmen sollten sich also auf eines einstellen: Wenn sie sich entschließen, Afrika zu erschließen, werden sie wieder den Chinesen begegnen, die dann zusammen mit ihren afrikanischen Freunden die Neulinge genau unter die Lupe nehmen werden.

All dies veranlasst Immelt zu einer nüchternen Analyse: »Ich bin 1982 zu GE gekommen. Die ersten 25 Jahre lang, bis die Blase 2007 platzte, war der amerikanische Konsument der eindeutige Antrieb für die Weltwirtschaft.« Für die nächsten 25 Jahre erwartet er einen anderen Verlauf. Amerika wird nicht mehr der Motor der Weltwirtschaft sein.[11] »Der neue Motor werden die Milliarden Menschen in Asien sein, die in die Mittelschicht aufsteigen, zusammen mit den rohstoffreichen Staaten.« Dass China die größte Volkswirtschaft der Welt werden wird, stehe außer Zweifel. »Die Frage ist nur, wann.«[12]

Anfang 2011 wurde Immelt Wirtschaftsberater der Regierung Obama. Er leitet nun ein Beratergremium, das neue Wege zur Stärkung der amerikanischen Wettbewerbsfähigkeit aufzeigen soll. In seinem Unternehmen ist ihm das nicht gelungen. Am Tag seines Amtsantritts am 7. September 2001 lag die GE-Aktie bei 40 US-Dollar, zehn Jahre später ist sie nur noch die Hälfte wert. Die Aktie der Airbus-Mutter EADS hat sich im gleichen Zeitraum immerhin gehalten, aber im Vergleich zu ihrem Höchststand im Jahr 2006 auch 40 Prozent verloren. In einer solchen Lage neigt ein Vorstandsvorsitzender, der lange dabei ist, dazu, kurzfristig Gewinne mitzunehmen. Auch auf die Gefahr hin, dass sie schon mittelfristig zu strategischen Fehlentwicklungen führen können. Das wissen auch die Chinesen. Und sie nutzen das kühl aus.

Aber lassen sich diese Fehler überhaupt noch vermeiden? Sind wir nicht schon auf Gedeih und Verderb auf das neue globale Geschäftsmodell angewiesen? Wir im Westen liefern neue Technologien und bekommen dafür Anteile am chinesischen Markt. Mark Howes, Präsident von Honeywell Aerospace Asia Pacific, auch einer der amerikanischen Zulieferer für den C919, äußert große Bedenken. Er hat die Sorge, dass der Wettbewerb zwischen den Firmen um die Beteiligung an der Produktion des C919 zu einem Rausch wird.[13] Die USA würden doch weiterhin strenge Richtlinien beim Hightech-Transfer setzen, verteidigen sich die chinesischen Offiziellen. Außerdem zögen beide Seiten Vorteile aus der Kooperation. China erhalte Know-how und Technologie, die amerikanischen Unternehmen könnten günstiger produzieren. Das freue auch die Kunden zu Hause.

Westliche Manager zögern trotzdem jedes Mal, wenn wieder eine neue Partnerschaft mit chinesischen Firmen ansteht. Sie sind hin- und hergerissen zwischen den Verlockungen des riesigen Marktes und der Angst, ihre Technologie an die Chinesen zu verlieren. Dieses Zögern kann auch als Schwäche ausgelegt werden und ist ganz sicher ein Hinweis darauf, wie dramatisch die Veränderungen sind, die uns bevorstehen. Wird uns diese Entwicklung aufgezwungen oder ist es eine Chance? Wahrscheinlich ist es am Ende beides, eine aufgezwungene Chance also. Dem Zwang werden wir uns im Westen beugen müssen, die Chancen müssen wir nutzen.

Besonders skeptisch gegenüber der Zusammenarbeit zwischen westlichen Flugzeugherstellern und chinesischen Staatsfirmen ist das amerikanische Militär. Der chinesische Joint-Venture-Partner von General Electric beliefert nämlich auch Chinas Luftwaffe. Die Vertragspartner beteuern zwar, die Geheimnisse seien geschützt: Das Gemeinschaftsunternehmen in Shanghai wird in eigenen Büros arbeiten, die nicht auf dem Gelände von AVIC liegen. Eine spezielle Sicherheitssoftware soll verhindern, dass Daten zu AVICs Militärabteilung gesendet werden. Zudem müssen alle Mitarbeiter des Joint-Ventures mindestens zwei Jahre warten, bevor sie in AVICs Militärabteilung wechseln können. Doch es wäre naiv zu glauben, ausgerechnet in China würden die mit westlicher Hilfe erreichten Erfolge in der zivilen Luftfahrt keinen Einfluss auf die Luftwaffe haben.

In der Globalisierung wirken Kräfte, die fast so verlässlich sind wie physikalische. Und diese Kräfte wirken zugunsten der Schwellenländer. Dagegen ist selbst die mächtigste Armee der Welt machtlos. Können westliche Unternehmen im Ernstfall die Chinesen überhaupt zwingen, sich an die Spielregeln zu halten? Wenn man bedenkt, dass die USA nicht einmal in der Lage sind, China zu einer Aufwertung seiner Währung zu zwingen, bleibt ein mulmiges Gefühl. Amerikas Hebel in der Welthandelsorganisation (WTO) oder im Internationalen Währungsfonds (IWF) sind kurz geworden, und sie werden immer kürzer. Protektionismus lautete bis vor einigen Jahren noch die ultimative Drohung. Doch auch diese Drohung hat viel an Kraft verloren. Denn die Welt ist inzwischen schon zu sehr miteinander verzahnt. Das Erstaunliche ist, dass dies mindestens zu gleichen Teilen am Geschick der Chinesen wie am Ungeschick des Westens liegt. Dessen Ungeschick liegt vor allem darin, dass der Westen zu lange gedacht hat, außer Konkurrenz zu spielen. Ihr Geschick haben die Chinesen wiederum in zweierlei Hinsicht bewiesen. Sie haben Chancen von Anfang an stets klug genutzt, und sie haben einen langen Atem. Sie haben auch in schwierigen Zeiten und nach Rückschlägen nicht nachgegeben.

Wenn sich der C919 im Alltagsbetrieb bewährt und gar in die Flotten westlicher Airlines aufgenommen würde, wäre dies ein Durchbruch in der jahrzehntelangen Entwicklungsodyssee der chinesischen Luftfahrt. Bereits 1951 hatte Mao Zedong den Aufbau einer eigenen Flugzeugindustrie beschlossen. Seitdem wurden in China sechzig Flugzeugtypen im militärischen und zivilen Bereich entwickelt und gebaut. Doch bis vor einigen Jahren flogen die Kampfjets, Bomber und Transportflugzeuge dem Weltstandard weit hinterher. Dabei entwickelte China schon damals seine Flugzeuge nicht von null auf allein. Internationale Technologie gab es anfangs von den Sowjets. In den 1950er Jahren war es Mao gelungen, den Russen die Konstruktionszeichnungen ihrer besten Kampf- und Transportflugzeuge zu entlocken. Sein überzeugendes Argument: Ohne Flugzeuge könne er die Amerikaner im Koreakrieg nicht besiegen. Der Haken an der Sache war: Auch die russischen Flugzeuge waren damals nicht Weltspitze. Als sich China und die Sowjetunion Anfang der 1960er Jahre entzweiten, waren Mao und sein Land technologisch isoliert. 1970 versuchte China erstmals auf eigene Faust ein Flugzeug zu bauen. Es hatte bereits die Größe der heutigen C919 und sollte eine Kopie der Boeing 707 werden, dem damals erfolgreichsten Flugzeug der Welt. Das Triebwerk sollte im Westen gekauft werden. Die Entwicklung der Y10 in Shanghai kostete umgerechnet knapp 60 Million Euro. Für Peking sollte dies nach dem Bau der Atombombe 1964 der nächste große Schritt in der Aufholjagd mit der Welt werden. »Nachdem wir uns diese Hochtechnologie angeeignet haben, kann China nicht mehr als rückständiges Land betrachtet werden«, ließ Mao verbreiten. Allerdings brauchten die Chinesen zehn Jahre, bis ihre Raubkopie fliegen konnte. Im September 1980 hob die erste Maschine ab und schaffte es bis Peking, wo sie sich bei der Landung allerdings so sehr verzog, dass sie nur noch auf die benachbarte Wiese geschoben werden konnte. Die zweite Maschine brachte es immerhin auf 170 Flugstunden. Selbst in der dünnen Luft Tibets flog sie sieben Mal erfolgreich. Doch schon vier Jahre später wurden die Maschinen, die auf einem dreißig Jahre alten Design basierten, ausgemustert. China hatte sich dem Westen inzwischen wirtschaftlich geöffnet. Die staatliche Airline kaufte lieber westliche Flugzeuge, die sicherer und verlässlicher waren. Gleichzeitig entdeckten die chinesischen Flugzeugentwickler eine Strategie, die sie bis heute perfektionieren. Sie wollen als Zulieferer von der Pike auf lernen, wie man Flugzeuge baut. Schon seit 1979 bauen die Chinesen nämlich die Fahrwerkstüren für die DC9, eine Maschine des amerikanischen Herstellers McDonnell Douglas; der Kurzstrecken-Jet ist ausgelegt für bis zu hundert Passagiere.

1985 entschloss sich die Regierung, das Nachfolgemodell in Lizenz zu bauen; mit der MD80 konnten schon maximal 170 Fluggäste bis zu 2700 Kilometer weit reisen. Die Chinesen waren damals äußerst zurückhaltend vorgegangen. In zwölf Jahren sollten gerade mal 25 Flugzeuge hergestellt werden, so die Planungskommission. Die Einzelteile wurden weiterhin im Stammwerk von McDonnell Douglas im amerikanischen Long Beach gebaut und dann in China montiert. Erst nach einer mehrjährigen Einarbeitungszeit sollten die Chinesen das Spitzenmodell MD90 selbst bauen dürfen. Zunächst lief es besser als gedacht: Vierzig Flugzeuge verließen die Konstruktionshallen, das erste im April 1986. Fünf davon konnten sogar in die USA zurückverkauft werden, sie wurden tatsächlich für den regulären amerikanischen Flugbetrieb zugelassen.

Die Chinesen versuchten derweil, ihren technologischen Rückstand aufzuholen. Deng Xiaoping hatte zwischen 1978 und 1986 knapp tausend Flugzeugbaustudenten in zwölf Länder geschickt und gut hundert Ingenieure zur Weiterbildung in den Westen reisen lassen, die mit vollen Köpfen und guten Ideen wiederkamen. Ihr Wissen reichte nicht für ein eigenes Flugzeug. Aber zumindest dafür, um sich als Zulieferer ins Gespräch zu bringen: 1988 bestellte McDonnell Douglas hundert Flugzeugnasen für die MD80-Produktion in den USA. Natürlich macht eine Nase noch kein Flugzeug. International blieben die chinesisch-amerikanischen Joint-Venture-Maschinen Ladenhüter, und selbst die Manager der staatlichen chinesischen Fluggesellschaft CAAC legten ihr Misstrauen nicht ab, auch nicht auf politischen Druck hin. Die jungen chinesischen Ingenieure mit westlicher Erfahrung konnten ebenfalls nichts daran ändern, dass das MD80-Gemeinschaftsunternehmen vor sich hin dümpelte. Am Ende gab ein Argument den Ausschlag für das Ende des Abenteuers: Ein Flugzeugabsturz würde die Attraktivität des Investitionslandes China sehr beeinträchtigen. Der potentielle Schaden sei größer als der Nutzen einer eigenen Flugzeugproduktion. 1998 wurde das Gemeinschaftsunternehmen eingestellt. Die letzten MD80 verkaufte man in den Iran.

Nach diesen beiden missglückten Versuchen wurde die Planungskommission vorsichtiger. Von nun an wollte man sich – zusammen mit einem westlichen Partner – auf den Bau von Regionaljets konzentrieren. Einer dieser Partner war der spätere Bahnchef Hartmut Mehdorn. Der damalige Geschäftsführer von Messerschmitt-Bölkow-Blohm und spätere Airbus-Chef machte den Chinesen ein attraktives Angebot: Er offerierte ihnen, den Regionaljet MPC75 mit achtzig Sitzen gemeinsam zu entwickeln. Ein Regionaljet ist ein Flugzeug für kurze Strecken, das in der Regel nur etwa für eine Stunde fliegt. Doch 1988 wurde lediglich ein Abkommen über einen Technologietransfer geschlossen. Das Flugzeugprojekt selbst kam nicht zustande, weil die Chinesen Einblick in die gesamte Technik forderten. Das war den Deutschen zu riskant. Anfang der Neunzigerjahre versuchten die Chinesen dann mit den Südkoreanern einen Kleinflieger zu entwickeln, ebenfalls ohne Erfolg. Auch mit Airbus wurde man sich nicht handelseinig; die gemeinsame Entwicklung des 100-Sitzers A318 scheiterte. Die Chinesen wollten die Technologie, aber nichts dafür bezahlen. Die europäischen Hersteller Dasa / Fokker und Aérospatiale / ATR unterschrieben ebenfalls eine Vereinbarung. Ein Flugzeug wurde nicht daraus. Boeing wiederum versuchte erfolglos, die Chinesen für eines ihrer Modelle zu gewinnen.

Trotz dieser Rückschläge begann das Interesse der westlichen Hersteller am chinesischen Markt langsam zu wachsen. Der Markt war groß und schien immer größer zu werden. Die chinesischen Planer lehnten sich zurück: Einer der Wettbewerber würde schon die Landung in China wagen, früher oder später. Einige chinesische Unternehmen wurden übermütig. Im Jahr 1994 begann die Guizhou Aviation Industrial Group Cooperation durchzustarten. Der Militärflugzeughersteller wollte in einem 15-Jahres-Plan zu einem modernen Luftfahrtkonzern werden. Die Manager schafften es im ersten Jahr, knapp 100 Millionen US-Dollar Auslandsinvestitionen zu akquirieren. Im folgenden Jahr waren es schon 200 Millionen. Doch ein Flugzeug kam dabei nie heraus. Allmählich wurde deutlich: Die Staatsunternehmen würden es aus eigener Kraft nicht schaffen, sie brauchten Starthilfe. 1998 ließ der damalige Ministerpräsident Zhu Rongji das veraltete staatliche Flugzeugkonglomerat mit über einer

halben Million Mitarbeitern in AVIC I und AVIC II auf-
teilen, die von nun an in Konkurrenz zueinander treten
sollten. Und dann stellte Zhu nur noch die Frage: Wer
von euch beiden wird gewinnen? Derweil versuchte eine
halbstaatliche Fluggesellschaft namens Hainan Airlines,
die beiden großen Spieler zu überholen. Der amerikanische Milliardär George Soros hatte sich in die Fluggesellschaft eingekauft. Der Fall verrät viel über die Strategien
der Chinesen und darüber, wie kompliziert und aufwendig es ist, ein eigenes Flugzeug zu bauen. Am Ende wurde
ein deutsches Traditionsunternehmen durch die Macht-
spiele der chinesischen Planer zerstört. Doch eins nach
dem anderen.

Hainan Airlines interessierte sich Ende der Neunziger
für ein deutsch-amerikanisches Joint Venture in Ober-
pfaffenhofen bei München: Fairchild Dornier war dabei,
einen der modernsten Mittelstreckenjets, den DO728-Jet,
zu entwickeln. Das Flugzeug stieß auf großes Interesse bei
den europäischen Airlines, auch bei Lufthansa. Das Unternehmen hatte bereits 19 Regionalflugzeuge mit 32 Sitzen eines älteren und kleineren Typs an Hainan Airlines
geliefert. Die Chinesen von der Tropeninsel Hainan, eine
Flugstunde südöstlich von Hongkong, waren von den
Fairchild-Dornier-Flugzeugen so begeistert, dass sie 21
weitere Maschinen orderten. Allerdings verweigerte die
chinesische Regierung Fairchild Dornier trotz gültiger
Kaufverträge die erforderliche Importgenehmigung.
Zeng Peiyan, damals Vorsitzender der mächtigen staatlichen Planungs- und Entwicklungskommission und
inzwischen Vizepremier, ließ die Deutschen wissen, dass
Fairchild Dornier nur dann weitere Flugzeuge nach China
liefern dürfe, wenn es im Gegenzug bereit sei, seine Technologien mit China zu teilen und gemeinsam mit der
staatlichen chinesischen Luftfahrtindustrie ein eigenes
Regionalflugzeug entwickeln.

Dies war das erste Mal, dass die Chinesen versuchten, einem westlichen Unternehmen der Flugzeugindustrie die Daumenschrauben anzulegen. Fairchild Dornier war wegen der hohen Entwicklungskosten des DO728-Jets finanziell in einer schwierigen Lage. Man war dringend auf die Einnahmen der bereits für Hainan Airlines fertiggestellten Maschinen angewiesen. Während der Air-Show China im November 2000 in Zhuhai unterschrieb Fairchild Dornier mit den Chinesen eine Absichtserklärung. Die Partner wollten Möglichkeiten zur Beteiligung der chinesischen Industrie am Programm des DO728-Jets untersuchen. Das Projekt kam aber trotz intensiver Verhandlungen nicht weiter. Eigentlich war geplant gewesen, beim Chinabesuch des damaligen Bundeskanzlers Gerhard Schröder im November 2001 eine deutsch-chinesische Absichtserklärung zur gemeinsamen Entwicklung und Produktion eines Regionaljets abzugeben. Ohne Begründung ließen die Chinesen wenige Tage vor dem Termin die Erklärung platzen. Sie hatten offensichtlich erfahren, dass Fairchild Dornier in größeren finanziellen Schwierigkeiten steckte als erwartet. Unter anderem hatte Lufthansa infolge der Terroranschläge vom 11. September 2001 einen Auftrag über sechzig Maschinen storniert. Nun hofften die Chinesen, bei einer Insolvenz des Unternehmens noch billiger an die Technologie zu kommen.

Die Gläubigerbanken des Unternehmens fragten sich daraufhin, ob der Rückzug Chinas auch bedeute, dass für Fairchild Dornier der wichtigste Wachstumsmarkt für Regionalflugzeuge verloren sei. Ihre Risikobewertung fiel negativ aus. Im Juli 2002 musste das Unternehmen Insolvenz anmelden. Die Chinesen waren zunächst erfreut, stellten aber bald fest, dass es auch bei nahezu kostenlosem Erwerb der Fairchild-Dornier-Technologie für sie zu teuer und wohl zu schwierig sein würde, das Flugzeug allein zu bauen. Sie machten nicht einmal ein Angebot. Ein chinesischer Mischkonzern wollte dann am Sterbebett des deutschen Unternehmens noch ein Schnäppchen machen, versprach viel, zahlte jedoch nie. Fairchild Dornier musste abgewickelt werden. Das letzte deutsche Unternehmen des Verkehrsflugzeugbaus mit einem fast fertig entwickelten hochmodernen Regionalflugzeug, umfangreichem Know-how und einem Stab hochqualifizierter Mitarbeiter war verloren.

So kann es auch in Zukunft einem der großen Hersteller gehen, wenn er seine Position nicht immer wieder an den tatsächlichen Machtverhältnissen justiert. Absteiger neigen dazu, ihre ungünstige Lage nicht wahrhaben zu wollen. Auch Airbus darf sich mit seinem modernen Werk in Hamburg nie auf der sicheren Seite fühlen.

Für die Chinesen war die Dornier-Pleite kein Problem. Sie unterzeichneten parallel einen Joint-Venture-Vertrag mit dem brasilianischen Hersteller Embraer. Rund 250 bis 300 Maschinen wollten die Partner gemeinsam bauen. »Die Regierung hat den Wunsch, diese Industrie zu entwickeln«, sagte Frederico Curado, Vizepräsident von Embraer, »und wir wissen, wie man das als Dritte-Welt-Land hinbekommt.«[14]

Im Dezember 2003 startete die erste gemeinsam produzierte Maschine, aber die Aufträge kamen nur schleppend. China hatte sich wieder einmal umorientiert. Man wollte einen eigenen Jet entwickeln. Deshalb achtete Jiang Da, der stellvertretende Geschäftsführer des Gemeinschaftsunternehmens, genau auf den Know-how-Transfer: »Durch dieses Kooperationsprojekt haben wir viel gelernt. Zum Beispiel hinsichtlich der Logistik im Rahmen eines globalen Zuliefernetzwerks.« Jiang machte sich keine Illusionen über die eigenen Defizite: »Für chinesische Hersteller sind derartige Managementmethoden noch völliges Neuland.«[15]

Auch wegen dieser Defizite wird das wichtigste Teil

des neuen C919-Jets der Chinesen noch nicht von einem Gemeinschaftsunternehmen entwickelt: die Turbinen. Sie kommen von einem französisch-amerikanischen Konsortium, an dem wiederum General Electric beteiligt ist. Der Liefervertrag im Wert von zehn Milliarden US-Dollar wurde bereits unterzeichnet.

Doch so schnell wie möglich möchte China eigene Triebwerke bauen. Ab 2020 soll es so weit sein. Dafür setzt China ausnahmsweise nicht auf ein Joint-Venture, sondern fährt eine andere Strategie. Die Turbinen sollen nicht in Zusammenarbeit mit einem anderen Unternehmen entwickelt werden. Stattdessen wird China sich ein Team aus westlichen und chinesischen Ingenieuren zusammenkaufen. Das Ziel ist ein eigenes Zweistrom-Strahltriebwerk, wie sie bisher von GE, Pratt & Whitney, Rolls-Royce und auch der deutschen MTU hergestellt werden. Das Münchner Unternehmen hat immerhin knapp 8000 Mitarbeiter. Damit wollen die Chinesen bis Anfang des nächsten Jahrzehnts mit den etablierten Herstellern aufgeschlossen haben.

Das Zuliefersystem hat Comac inzwischen aufgebaut. Die Chinesen haben sich gewissermaßen einen eigenen Supermarkt eingerichtet. Es gibt Nudeln, Fleisch, Pfeffer und Öl vom Feinsten. Doch nun brauchen sie noch Köche, die daraus ein Gericht zaubern. Aus den Teilen ein gutes Flugzeug zu bauen ist eine noch größere Hürde. Für eben diesen Zweck hat AVIC 2009 ein Tochterunternehmen gegründet. Das neue Forschungs- und Entwicklungszentrum im Minhang-Distrikt in Shanghai soll im Jahr 2013 fertiggestellt werden. Baukosten: 473 Millionen US-Dollar. Bei Schlüsseltechnologien wird in China nicht gespart. In dem neuen Werk sollen 3000 Entwickler an der Turbinentechnik arbeiten. AVIC sucht inzwischen sowohl in Großbritannien als auch in den USA nach Ingenieuren. Zhang Yujin, Vizedirektor der

ACAE, wünscht sich bis Ende 2012 bereits 500 Angestellte, von denen mindestens 40 Prozent aus dem Ausland rekrutiert werden. Bei der Anwerbe-Aktion werden sowohl erfahrene Entwickler als auch Absolventen von Universitäten gesucht.

Aber auch einzelne westliche Ingenieure sind keine Erfolgsgaranten. Die hochkomplexen Technologien kann man nur in Teams entwickeln, die eng zusammenarbeiten. Auch deshalb sind die Chinesen noch darauf angewiesen, mit Unternehmen wie MTU zusammenzuarbeiten, einem der wichtigsten Triebwerkshersteller weltweit. Bereits 2009 hat MTU eine Vereinbarung mit dem neuen chinesischen Treibwerksbauer ACAE geschlossen, in der Unterstützung bei der Entwicklung zugesagt wurde.

Der Triebwerksbau ist eine Gratwanderung. Die chinesischen Militärs zum Beispiel würden nur zu gerne wissen, wie man einen guten Hochdruckkolben baut. Für Firmen wie MTU stellt sich auch unter diesem Aspekt die Frage: Wie viel gibt man preis, um in China ins Spiel zu kommen, und wie viel behält man für sich, um im Spiel zu bleiben? Das Schwierige dabei ist, man muss diese Fragen am Ende aus dem Bauch heraus beantworten.

Einstweilen beruhigend ist: Für die ersten Käufer ist es eher ein Vorteil, dass der C919 mit Turbinen von etablierten westlichen Herstellern ausgestattet ist. Auch wenn wir es uns noch nicht so recht vorstellen können: Diese Käufer könnten unter anderem aus Europa kommen. Es mag sein, dass die Absichtserklärung, die Ryanair auf der Pariser Airshow unterschrieben hat, nur eine taktische Volte ist, um Airbus und Boeing zu besseren Angeboten zu zwingen. Die Chinesen sind jedoch tatsächlich in der günstigen Situation, dem Ausland billige Preise machen zu können, weil ihnen große Stückzahlen in China bereits sicher sind. Comac meint es jedenfalls ernst. Um den westlichen Markt besser erschließen zu können, haben sie im Frühjahr 2011 eine Kooperation mit der kanadischen Bombardier vereinbart, dem drittgrößten Flugzeugbauer der Welt. Sie wollen bei der Wartung kooperieren, aber auch in den Bereichen Marketing und Kundenbetreuung. Bombardier entwickelt gerade seine neue C-Serie. Das Flugzeug ist kleiner als die chinesische C919 und soll schon 2013 ausgeliefert werden, drei Jahre früher als der C919. Die Chinesen erhoffen sich wichtige Erkenntnisse aus dem Alltagsbetrieb der C-Serie. Auch die Kanadier wollen durch die Kooperation sicherstellen, dass das Tor zum chinesischen Markt nicht zufällt, sobald der C919 etabliert ist. Nicht, dass die Chinesen die Einfuhr stoppen oder Bombardier verbieten würden, in China Flugzeuge zu verkaufen. Sie würden einfach keine mehr bestellen. Daran kann dann auch die Mitgliedschaft Chinas in der Welthandelsorganisation (WTO) nichts ändern. Deshalb ist Bombardier sogar bereit, sein Marketing-Know-how mit den Chinesen zu teilen. »Das ist eine gute Idee«, sagt David Hess, der Chef des Turbinenherstellers Pratt & Whitneys. »Das wird Bombardier Zugang zum chinesischen Markt und womöglich zu chinesischem Geld verschaffen; und die Chinesen bekommen Zugang zu Bombardiers Forschungs- und Entwicklungskapazitäten.«[16] Auch Hess hätte etwas davon. Er hofft nun, dass die Chinesen in den C919 die gleichen Pratt-&-Whitneys-Turbinen einbauen wie Bombardier in die neue C-Serie. Die Maschine wäre westlichen Konkurrenten ähnlicher und würde sich besser im Westen verkaufen lassen.

Für Bombardier kann diese Kooperation existentiell werden. Es wurden weniger C-Serien-Flugzeuge bestellt als erwartet. Zwischen dem Frühjahr 2010 und 2011 nicht eine einzige Maschine. Die Lage ist schwierig. Aber es wäre nicht das erste Mal, dass Bombardier gute Erfahrungen damit gemacht hat, Teile seiner Technologie gegen Anteile am chinesischen Markt zu tauschen. Bombardier Transportation, die Eisenbahnsparte, stieg in den 1990er Jahren in China ein und trägt inzwischen zur Hälfte des 17,7 Milliarden US-Dollar-Umsatzes des Unternehmens bei. China ist Bombardiers profitabelster Markt, warum also sollten sich die Erfolge der Eisenbahnsparte nicht auf die Flugzeuge übertragen lassen? »Wenn der Kunde einen großen C919 kauft«, sagt Bombardier-Aerospace-Vizepräsident Benjamin Boehm, »macht es für ihn Sinn, auch die kleine C-Serie von uns zu erwerben, weil die Flugzeuge dann einiges gemeinsam haben.«[17] Das macht die Wartung einfacher. Auch umgekehrt gelte das. Im besten Fall haben beide Seiten ein Interesse daran, dass ihr jeweiliges Produkt ein Erfolg wird. Allerdings sollten die westlichen Partner nie vergessen, dass derjenige, der über Produkt und Markt verfügt, stets am längeren Hebel sitzt. Selbst wenn sein Produkt nicht ganz an die Weltspitze heranreicht, kann er ihm künstlich einen Markt verschaffen.

Wie schnell die Stimmung umschlagen kann, musste auch Bombardier schon erleben. Im Jahr 2007 hatte das Unternehmen schon einmal ein Kooperationsabkommen mit chinesischen Partnern geschlossen. Gemeinsam sollte eine verlängerte Variante des ARJ21 gebaut werden. Das Projekt scheiterte, als die chinesische Regierung ihr Interesse dem C919 zuwandte.

Es mag auf dem internationalen Markt für das chinesische Flugzeug zunächst schwierig werden. Wenn das Flugzeug verlässlich fliegt, werden es die chinesischen Airlines kaufen, auch wenn Boeing und Airbus bereits an Konkurrenzmodellen arbeiten. »Die chinesische Regierung kann einfach den Schalter umlegen«, sagt Sandy Cutler, Chef der Eaton Corp, einem der größten amerikanischen Zulieferer in der Flugzeugindustrie. »Ihnen gehören ja die meisten Fluggesellschaften. Sie können bestimmen, ab jetzt kaufen wir die C919.«[18] Und Kent L. Statler, Vizepräsident bei dem Turbinenhersteller Rockwell Collins, fügt hinzu: »Man ist naiv, wenn man das nicht einkalkuliert.«[19]

Die chinesischen Flugzeugbauer sind nicht die Einzigen in der Branche, die auf die Unterstützung des Staates hoffen konnten. Weltweit tragen Staaten ein Drittel der Entwicklungskosten von jedem neuen Langstreckenflugzeug. Bei Boeing ist das nicht anders, das Unternehmen erhält hohe Zuschüsse. Die westlichen Hersteller können sich also angesichts der chinesischen Nähe zwischen Staat und Industrie kaum bei der Welthandelsorganisation beschweren.

Wie viel Macht die Chinesen mit einem so großen Markt haben, bekam Airbus, aber auch die EU im Sommer 2011 zu spüren. Der Grund war eine Emissionsregelung für Flugzeuge, die die EU beschlossen hatte. Jedes Flugzeug, das Europa anfliegt, soll für seinen CO_2-Ausstoß künftig eine Abgabe zahlen. Die Regelung wurde bereits 2008 von Brüssel im internationalen Alleingang formuliert, allerdings so butterweich, dass die Einfallstore weit offenstanden. Die Amerikaner zogen dagegen vor den Europäischen Gerichtshof, was in Ordnung ist. Die Chinesen hingegen erpressten Airbus, obwohl der Flugzeughersteller gar nichts dafür kann. Das ist nicht die feine Art. Wochenlang blockierten sie einen Milliardendeal, der im Juni 2011 anlässlich der ersten deutsch-chinesischen Regierungskonsultationen unterzeichnet werden sollte, zu denen Premierminister Wen Jiabao mit einem guten Dutzend Ministern nach Berlin reiste. Peking war vor allem wegen der Berechnungsgrundlage für die neue Regelung verärgert, weil die Menge der Emissionen, die die Airlines weiterhin kostenlos rauspusten dürfen, auf Basis der Jahre 2006 bis 2009 berechnet wurde. Chinas Fluggesellschaften sind jedoch seitdem dramatisch gewachsen. Das wäre teuer geworden für China. Die Chinesen beklagten zudem, Europa verletze das Prinzip der »gemeinsamen, aber unterschiedlichen Verantwortlichkeiten« entsprechend der »jeweiligen Fähigkeiten« einzelner Länder, das im Kyoto-Protokoll und in UN-Konventionen vereinbart ist. Brüssel hielt spitzfindig dagegen: »Die Vereinbarung gilt nur für Staaten, aber nicht für Unternehmen.« Doch warum lässt sich die EU bei ihrer Politik überhaupt von den Chinesen reinreden? Offensichtlich ist Europa schon zu abhängig vom chinesischen Markt. Und so zögerte Peking nicht, den anstehenden Airbus-Deal als Druckmittel einzusetzen. Die Flugzeugbauer sahen sich gezwungen, in Brüssel zugunsten der Chinesen zu intervenieren. Airbus-Chef Enders hatte bereits Ende Mai 2011 in einem Brief an die EU-Kommission vor Nachteilen für sein Unternehmen gewarnt und im Sinne Pekings gefordert: »Für ein globales Problem brauchen wir eine globale Lösung.« Obwohl Airbus tapfer bei der EU für Peking gekämpft hat, musste Airbus-Chef Tom Enders am Ende bittere Zugeständnisse machen. Die Chinesen bestellten nur kleine Flugzeuge. Vor allem aber geht die Hälfte der Maschinen nun nicht an chinesische Airlines, sondern an die international tätige Leasinggesellschaft der ICBC-Bank. Damit konkurrieren Airbus und die ICBC zukünftig in Ländern wie Kasachstan oder Indonesien direkt um Aufträge. Eigentlich sollten die Jets, die Airbus inzwischen sogar in China fertigen lässt, ausschließlich den chinesischen Markt bedienen. Als Chef eines börsennotierten Unternehmens konnte Enders das Geschäft kaum platzen lassen und einen Streit mit seinen wichtigsten Kunden anzetteln. Über ein Viertel aller Airbus-Flugzeuge gehen inzwischen nach China. Noch viel schlimmer erging es Brüssel. »Wir können uns von den Chinesen nicht ins Bockshorn jagen lassen, nur weil ihnen die europäische Gesetzgebung nicht passt«, hatte die Klimakommissarin Connie Hedegaard zuvor dagegen gehalten und dafür Rückhalt aus den Mitgliedsstaaten bekommen. Die Umweltminister Europas hatten sich bei einem Treffen demonstrativ hinter Hedegaard gestellt. Doch nun wird die Verordnung so ausgelegt, wie Peking es wünscht. Der Kunde ist eben König. Zuerst kippte Brüssel den ungünstigen Bemessungszeitraum. Nun gilt das Jahr 2010 als Grundlage. Eins zu null für Peking. Zusätzlich gibt es im Geiste des Kyoto-Protokolls beim Emissionshandel Nachlässe für stark expandierende Airlines. »Es wird erwartet, dass chinesische Airlines davon profitieren«, heißt es dazu in einem EU-Papier, während die »etablierten europäischen Airlines dafür nicht qualifiziert sind.« Noch ein Treffer. Die EU erwägt außerdem, alle Flüge aus China »von der Regelung auszunehmen«, da China schon große Anstrengungen zur CO_2-Reduktion unternommen habe. Außerdem ist Brüssel bereit, mit China ein globales System für den Handel mit Flugemissionen zu entwickeln. Peking konnte also fast alle seine Kritikpunkte in handfeste EU-Politik umsetzen. So will Hedegaard das natürlich nicht interpretiert wissen. Ihre Verteidigungslinie ist jedoch schwach. In der Rechtsverordnung sei »die Möglichkeit vorgesehen«, die Regelung in diese Richtung auszulegen, ließ sie verlauten. Nicht vorgesehen war allerdings, dass Peking den Spielraum voll zu seinen Gunsten nutzen kann. Vor diesem Hintergrund bekommt eine andere Äußerung Hedegaards eine ironische Pointe: Die Verordnung sei »ihrer Natur nach stärker global ausgerichtet als jede andere marktorientierte Maßnahme, die jemals beschlossen oder auch nur vorgeschlagen wurde«. Da wird man Peking nicht widersprechen. Werden die Chinesen nun jedes Mal, wenn ihnen eine EU-Verordnung nicht passt, damit drohen, keine Flugzeuge mehr zu kaufen? Wieder einmal zeigt sich, wie geschickt die Chinesen Wirtschaft und Politik in Europa gegeneinander ausspielen. Dies ist wohl das frappierendste Beispiel der China-Angst. Einer Angst, die dazu führt, dass man früher nachgibt als nötig. Unter keinen Umständen hätte die EU in dieser Frage klein beigeben dürfen. Zumindest hätten die EU-Beamten eine Regelung ausarbeiten müssen, die nicht so ungeschickt ist und den Chinesen derart große Angriffsflächen bietet. Doch objektiv hat sich die Machtbalance zwischen Europa und China einmal mehr in Richtung Reich der Mitte verschoben. Anderseits kann China mit Europa nicht machen, was es will.

Trotz aller Fortschritte im chinesischen Flugzeugbau und anderen Branchen, trotz einer Bildungs- und Innovationsoffensive wird sich der enorme Technologievorsprung unserer Firmen noch eine Weile halten lassen. Das gilt vor allem für Deutschland. Es war schon bezeichnend, dass Premierminister Wen Jiabao bei seiner letzten Europareise mit drei Ministern nach Budapest und London fuhr und zu den darauffolgenden ersten deutsch-chinesischen Regierungskonsultationen weitere zehn Minister nach Berlin einfliegen ließ. Im Zentrum der Gespräche stand vor allem die Zusammenarbeit im Hightechbereich bei Umwelt-Energiethemen, zum Beispiel der Elektromobilität. In Berlin ging es den Chinesen um ihre Zukunftsfähigkeit – dass Peking dabei mit harten Bandagen spielte, ist nicht verwunderlich.

Deshalb wird es in China auch keine fairen Wettbewerbsbedingungen geben, wenn 2016 gleichzeitig mit C919 der Airbus Neo auf den Markt kommt, eine effizientere und spritsparendere neue Version des A320. Auch das Nachfolgemodell, das Boeing spätestens 2015 auf den Markt bringen will, wird sich unter diesen neuen Bedingungen bewähren müssen. Wenn die chinesische Entwicklung gleichwertig ist – die Betonung liegt auf »wenn« –, dann werden es die westlichen Flugzeuge schwer haben. Wir Europäer sollten den chinesischen Fortschritt realistisch einschätzen. Es macht keinen Sinn, die großen Technologiesprünge der Chinesen zu unterschätzen, aber gleichzeitig sollten wir auch unser Licht nicht unter den Scheffel stellen. Eines ist klar, je größer unser technischer Fortschritt bleibt, desto ernster wird China uns nehmen.

Ob Comac tatsächlich erfolgreich wird, entscheidet sich erst, wenn es den Chinesen gelingt, die Maschinen der ausländischen Kunden erfolgreich zu warten. Auch in dieser Sache lässt sich Comac international unterstützten. Und gleichzeitig entwickeln die Chinesen schon das Nachfolgemodell des C919, den C929. Ein Modell wurde Anfang 2011 bereits in einem Windkanal in Amsterdam getestet.

Wann wird also der Name Comac für unsere Ohren den gleichen Klang haben wie Boeing und Airbus? »Unser Ziel ist es, in den nächsten zwanzig bis dreißig Jahren mit den großen internationalen Flugzeugherstellern aufzuschließen«, sagt AVIC-Chef Tang Xiaoping. »Wir wollen dann im lokalen und im internationalen Markt gleich stark sein.«[20] Auch wenn es noch ein wenig länger dauern sollte: Früher oder später gibt es einen Sieger in diesem Spiel, und das wird China sein. Hoffentlich wird es dann unter westlichen Herstellern nur zweite und dritte Sieger geben und keine Verlierer. Wenn der Markt für drei Hersteller nicht groß genug sein sollte, ist es recht unwahrscheinlich, dass der chinesische Neuling nicht durchkommt. Wenn es überhaupt ein Land schaffen kann, einen neuen Spieler auf internationalem Niveau an der Seite der mächtigen Konzerne Boeing und Airbus zu etablieren, dann ist es China. Und es ist auch nicht ausgeschlossen, dass Comac eines Tages sogar die Nummer eins wird. Selbst wenn das heute schwer vorstellbar ist. Spätestens dann würde das Alphabet der Flugzeugindustrie mit C beginnen.

KAPITEL 5

Die leerlaufenden Gebetsmühlen

Über die guten Tibeter, die allen
und sich selbst im Weg stehen

Der Pfad hoch im Norden Indiens ist ausgetreten. Weiß-getünchte Steinhaufen zwischen den Gebirgskiefern weisen den Weg. Durch die Bäume sieht man die Zacken des Dhauladhar-Massivs, das sich vor dem tiefblauen Himmel abhebt. Dazwischen der Hanuman Ka Tiba, der Weiße Berg. Er ist 5600 Meter hoch. Irgendwo jenseits der Gipfelgrade beginnt China. Aber kein Pass führt dort hinüber, zu steil, zu hoch ist der Himalaya. Die Gegend hinter den Gipfeln ist karg und menschenleer. Erst 1500 Kilometer östlich stößt man wieder auf Leben, in der Nähe von Lhasa, der Hauptstadt Tibets. Lhasa ist von dem Pfad aus unerreichbar. Nicht nur wegen der unüberwindbaren Berge. Dieser Weg führt im Kreis. Und doch ist Tibet allgegenwärtig und nah. Die Menschen, die hier entlangpilgern, denken unablässig an ihre Heimat. Ihr Weg umrundet die Exilresidenz des Dalai Lama.

Der Wegesrand ist gesäumt von Gebetsmühlen. Große und kleine in langen Reihen. Die Gläubigen brauchen ein wenig Kraft, um die Holzmühlen in Bewegung zu halten. In den Bäumen hängen Stofffahnen mit Gebeten, die Pilger murmeln im Gehen ein Mantra nach dem anderen. Die Alten tragen die traditionellen Trachten ihrer Heimatregionen, die Jungen Jogginghosen und Daunenjacken. Zwischen den Gebeten diskutieren sie mit anderen Pilgern, manche telefonieren oder trinken Tee. Einer

hat sogar seine Kuh mitgebracht. In der Mitte des Rund-
wegs, der sogenannten Kora, liegt die Gebetshalle. Kinder spielen Fangen im grünen Licht der riesigen Schei-
ben.

Die Residenz Seiner Heiligkeit, wie der Dalai Lama hier
allgemein genannt wird, ist von keinem Punkt der Weg-
strecke aus zu sehen. Zunächst versperren hohe Bäume
die Sicht, dann eine zweieinhalb Meter hohe Mauer. Einer der Pilger hat seinen Hut abgenommen und lehnt mit
seiner Stirn an der Mauer. Während er tief versunken ein
paar Minuten innehält, schleppen Esel säckeweise Kies für
ein neues Hotel am Pilgerweg heran. Auch vom Ende der
Kora dringt Lärm herauf, dort verkaufen Bauern frischen
Spinat, den sie auf Jutesäcken ausgelegt haben.

Anfangs- und Endpunkt der Kora ist ein gelber Gebäu-
dekomplex, der von außen aussieht wie ein immer wieder angebauter und aufgestockter Bungalow aus den
1960er Jahren: der Tempelkomplex Tsuglag Khang. Im
dazugehörigen Namgyal-Kloster leben 200 Mönche und
Nonnen. Im Innern des Gebäudes befindet sich der
Thron Seiner Heiligkeit. Er ist mit einem gelben Tuch
überdeckt, der Dalai Lama ist verreist.

Tenzin Gyatso ist der 14. Dalai Lama, das geistliche
Oberhaupt der Tibeter. Irgendwo auf der Welt wirbt der
Friedensnobelpreisträger gerade um Unterstützung für
die Anliegen seines Volkes. Begonnen hat sein Kampf am
10. März 1959. An jenem Tag begehrten die Tibeter gegen die Armee Maos auf. Sie verloren. Der Dalai Lama
musste ins indische Exil fliehen, rund 100 000 seiner Anhänger folgten. Sein Vorgänger hatte gleich zweimal ins
Ausland fliehen müssen. 1904 vor der britischen Kolo-
nialarmee, 1910 vor den kaiserlichen Truppen. Doch
beide Male konnte er schon nach wenigen Jahren wieder
in seine Heimat zurückkehren. Diesmal ist es anders. Seit
mehr als fünfzig Jahren harren Seine Heiligkeit, die Exil-

regierung und ein paar Tausend Tibeter in einem kleinen nordindischen Nest namens McLeod Ganj aus. Der Vorort von Dharamshala liegt auf 2000 Metern Höhe. Dahinter erstreckt sich die dunstige, karge Ebene Nordindiens. Auf der anderen Seite bildet eine 5000 Meter hohe Steilwand eine natürliche Barriere. Die Situation der Exiltibeter erinnert an Asterix und Obelix in ihrem gallischen Dorf, eingeschlossen von den Bastionen des Römischen Reiches. Nur dass die Tibeter keinen Zaubertrank haben.

Nachdem die Chinesen die Macht übernommen haben, hat Peking Tibet zu einer autonomen Region erklärt und Schritt für Schritt modernisiert. Seit einigen Jahren führt sogar eine moderne Zugstrecke nach Lhasa. Die Tibeter sind überzeugt, dass die Modernisierung vor allem dazu dienen sollte, Tibet zu sinisieren. Immer wieder begehren tibetische Mönche auf – und werden daraufhin verhaftet. Zu größeren Unruhen kam es zwischen 1987 und 1998 und im März 2008. Die Demonstranten forderten die Unabhängigkeit Tibets und warben weltweit um Unterstützung. Im Westen stieß das Anliegen zunächst auf offene Ohren. Doch je wichtiger China im internationalen Spiel der Mächtigen wurde, umso schwieriger wurde die Lage. Der Westen importierte die billigen chinesischen Produkte und wollte sich Zugang zum riesigen Markt der Volksrepublik verschaffen. Die Weltwirtschaft brauchte die Hilfe Chinas in der Finanzkrise. Keine der maßgeblichen Regierungen der Welt wollte die Unabhängigkeitsforderungen der Tibeter noch unterstützen. Auch die Deutschen nicht. Der Dalai Lama musste seine politische Strategie anpassen und schlug einen Mittelweg vor. Seit 1988 tritt er für eine kulturelle Autonomie Tibets innerhalb des chinesischen Nationalstaates ein. Allerdings haben beide Seiten sehr unterschiedliche Vorstellungen davon, was Autonomie bedeutet. Bis heute konnte man sich nicht einigen. Die chinesische Regierung versucht derweil, möglichst viele Han-Chinesen in Tibet anzusiedeln. Neue Straßen und Eisenbahnen sollen die entlegene Region eng an Peking binden. Geld spielt keine Rolle. Und die Zeit ist auf der Seite der Chinesen. Tenzin Gyatso, das weltweit geachtete geistliche Oberhaupt der Tibeter, ist alt geworden. Im März 2011 hat er alle politischen Ämter niedergelegt. Schon jetzt bringen sich beide Seiten in Stellung. Es könnte sein, dass es nach dem Tod von Tenzin Gyatso zwei neue Heiligkeiten geben wird. Eine ernannt von der tibetischen Exilregierung, die andere von Peking. Der Dalai Lama kündigte öffentlich an, sein Nachfolger werde wahrscheinlich im Exil geboren. Peking dagegen besteht darauf, dass alle Inkarnationen »lebender Buddhas« von den chinesischen Behörden bestätigt werden müssen. 2007 verankerten sie diesen Anspruch sogar in einem Gesetz.[1] Kein unproblematischer Standpunkt für ein atheistisches Regime.

Die Lücke, die der 14. Dalai Lama nach seinem Tod hinterlassen wird, dürfte groß sein. Niemand weiß, wie lange es dauern wird, bis sein Nachfolger gefunden ist. Und welche Schwierigkeiten entstehen, wenn Peking einen zweiten präsentiert. Auch deshalb versuchen die Tibeter, ihre weltlichen Institutionen zu stärken. Kaum hatte sich der amtierende Dalai Lama aus der tibetischen Politik zurückgezogen, wählte die Exilbewegung einen neuen Premierminister. Die Wahl fiel auf den Harvard-Professor Lobsang Sangay. Der Jurist trat im August 2011 sein Amt an und zog von Kalifornien ins indische Dharamsala um. Der neue Premierminister der Exilanten soll mehr faktische Macht bekommen als sein Vorgänger Lobsang Tenzin, der auch international nicht annähernd über die Reputation des Dalai Lama verfügte. Sollte es wirklich zu einem Schisma kommen und die chinesische

Seite einen Konkurrenz-Lama ernennen, könnte ein starker Premier im Exil dessen Strahlkraft schmälern.

Die Tibeter hoffen, dass es für Lobsang Sangay einfacher sein wird, mit den Chinesen zu verhandeln. Sein Vorgänger war ein Mönch, der den Tibetern als 5. Reinkarnation des gelehrten Sambhong Rinpoche gilt. Das neue politische Oberhaupt Sangay hingegen ist jung, ein Laie, und hat im Westen Karriere gemacht. Tibet hat er allerdings noch nie betreten. Er soll für den Wandel von der Tradition zur Moderne stehen. Seine Wahl soll den Machthabern in China und auf der ganzen Welt zeigen, dass die Tibeter in der Lage sind, demokratische und vor allem säkulare Prinzipien umzusetzen.

Die Bemühungen, politische und geistige Führung noch deutlicher zu trennen, mögen zwar theoretisch von Erfolg gekrönt sein. Praktisch wird die Handlungsfähigkeit des Premiers dennoch durch die Präsenz des Dalai Lama eingeschränkt. Die Aufmerksamkeit der Welt und auch der Chinesen wird sich weiter auf ihn konzentrieren. Zumal China den politischen Rückzug des Dalai Lama ohnehin nur als Trick erachtet. Den neuen Premier Lobsang Sangay bezeichnet die chinesische Regierung als »Terrorist«. Er sei schon vor 24 Jahren Mitglied einer Gruppe gewesen, welche die Unabhängigkeit Tibets gefordert habe.[2] Nicht gerade die besten Voraussetzungen dafür, dass Peking ihn als Verhandlungspartner akzeptiert.

Tibet ist für die chinesische Regierung nach wie vor ein explosives Thema. Nach den schweren Unruhen in Tibet im März 2008 griffen die chinesischen Behörden hart durch. Kritische Mönche wurden verhaftet, Touristen erhielten keine Einreiseerlaubnis. Polizei und Militär patrouillierten durch die Städte. Drei Jahre später lieferte ein denkwürdiger Jahrestag den Anlass für weitere Unruhen. Am 23. Mai 1951 hatten Repräsentanten der Tibeter auf Druck der chinesischen Regierung ein 17-Punkte-

Abkommen unterzeichnet. Peking betrachtete diesen Schritt als »Akt der Befreiung« Tibets von religiös-fundamentalistischen Herrschaftsstrukturen. Für viele Tibeter indes besiegelte der Vertrag ihre unfreiwillige Unterwerfung unter die Herrschaft Chinas.

Immer wieder flammen neue Unruhen auf. Nicht nur in Tibet selbst, sondern auch in Nachbarprovinzen mit ethnisch-tibetischer Bevölkerung, wie zuletzt im Frühjahr 2011 im Kloster Kirti in Sichuan. Hier kam es zu Zusammenstößen, nachdem sich ein Mönch aus Protest gegen die chinesische Kontrolle des tibetischen Buddhismus mit Benzin übergossen und angezündet hatte. Der Mönch wurde von der chinesischen Polizei niedergeschossen. Das Kloster, dem er angehörte, wurde abgeriegelt, 300 Mönche wurden verschleppt. Bei Protesten gegen diese Verschleppung kamen zwei weitere Tibeter ums Leben. Die verbliebenen Mönche mussten sich anschließend einer dreimonatigen »patriotischen Erziehungskampagne« unterziehen.[3] Solche Vorfälle gibt es immer wieder.

Zum Beispiel im Oktober 2010, als auf Initiative der Provinzregierung von Qinghai entschieden wurde, den Unterricht in Schulen Westchinas bis zum Jahr 2015 auf Mandarin umzustellen. Studenten in den Provinzen Qinghai und Sichuan zogen protestierend durch die Straßen, weil sie einen Verlust der tibetischen Kultur fürchteten. Sie forderten Gleichberechtigung für Minoritäten und eine Gleichstellung der Sprachen. Dabei beriefen sie sich auf ein chinesisches Gesetz, das ethnischen Minderheiten das Recht gibt, in Schulen zuerst ihre Muttersprache zu erlernen. Die Demonstranten befürchteten außerdem, dass viele tibetische Lehrer durch die Umstellung auf Mandarin ihren Job verlieren könnten. Mit dem Effekt, dass Han-Chinesen auch in ursprünglich tibetischsprachigen Schulen die Mehrheit bilden würden.[4] Die gezielte Unterwanderung, die Gewalt, mit der Unruhen niedergeschlagen werden, all das macht den Menschen Angst. Viele Exiltibeter sind ernüchtert, viel mehr als Beten bleibt ihnen nicht.

Im Nagyal-Klosterkomplex wirft sich eine alte Frau mit Lappen an den Händen wieder und wieder auf ein Holzbrett. »Um ihr Ego herunterzubringen«, erklärt ein amerikanischer Tourist seiner Frau. Wenn das nicht hilft, bleibt sie so auf jeden Fall sehr fit. Im Hauptraum steht eine Statue des Buddha Shakyamuni, eine Schlüsselfigur des Buddhismus. Zu seinen Füßen zahlreiche Opfergaben, Schmackhaftes aus dem Supermarkt: »Ahoy Choco Crunch Goddies«, »Cream Wafers« und »Kraft Kartoffelchips«. Doch das erlösende Zeichen bleibt aus.

Nach dem letzten großen Aufstand in Tibet 2008 wurden die Verhandlungen zwischen Tibet und China ausgesetzt. Exiltibeter versuchten daraufhin, den symbolträchtigen Fackellauf im Vorfeld der Olympischen Spiele in Peking zu stören. Zwar nahm man die Gespräche auf internationalen Druck wieder auf, doch inzwischen herrscht eisiges Schweigen. In McLeod Ganj geht die Angst um, die Exilbewegung könnte in Vergessenheit geraten, wenn der Dalai Lama eines Tages nicht mehr öffentlich auftreten kann. Premier Sangay rief deshalb die internationale Gemeinschaft dazu auf, »Tibet zu einem ernsthaften Thema in Verhandlungen mit China« zu machen.[5] Aber die Welt hat Wichtigeres zu tun, die globalen Machtverhältnisse spielen gegen die Interessen der Tibeter. Auch in Deutschland. Kaum eine Regierung riskiert wegen der Tibet-Frage einen ernsthaften Streit mit der Pekinger Führung. Keine westliche Regierung setzt sich für eine politische Unabhängigkeit Tibets ein. Sondern allenfalls sehr allgemein für eine kulturelle Autonomie und dafür, dass Menschen nicht wegen ihres Glaubens eingesperrt werden. Die Angst vor der wachsenden Macht Chinas führt dazu, dass der Westen wegsieht. Gleichzeitig versuchen die Exiltibeter, sich diese neue Angst vor China zunutze zu machen und neue Verbündete zu suchen: Wenn ihnen der Riese nebenan zu mächtig wird, könnten vor allem Indien, Thailand und andere Staaten Asiens auf stärkere Autonomie Tibets drängen, um die chinesische Macht wenigstens ein bisschen einzudämmen.

Wenn man allerdings die Zahnlosigkeit des Westens zum Maßstab nimmt, scheint ein Erfolg dieser Bemühungen eher unwahrscheinlich. Westliche Politiker müssen vorsichtig zwischen zwei Polen balancieren: zwischen der wirtschaftlichen Bedeutung Chinas für die eigenen Unternehmen und der eher romantisierenden Vorstellung ihrer Wähler von Tibet. Einen fein austarierten Kompromiss zu finden ist oberstes Gebot. Auch für den amerikanischen Präsidenten, egal, ob er George W. Bush heißt oder Barack Obama. Die Präsidenten empfangen den Dalai Lama. Aber sie kündigen das in einem Telefongespräch der chinesischen Regierung persönlich an. Sie warten auch einen für China nicht allzu brüskierenden Zeitpunkt ab und achten auf die »richtige Reihenfolge«. Präsident Obama entschied sich nach seinem Amtsantritt, erst die chinesische Führung zu besuchen und dann den Dalai Lama zu empfangen. Seine Heiligkeit wurde nicht im Oval Office begrüßt wie andere politische Gesprächspartner, sondern in einem Nachbarzimmer. Und es durften keine Fernsehbilder von der Begegnung gedreht werden. Lediglich ein Foto dokumentierte das Treffen. So ausbalanciert, waren die Wähler, die chinesische Regierung und der Dalai Lama einigermaßen zufrieden.

Der Umgang mit China ist in dieser Hinsicht eine diplomatische Gratwanderung, bei der jedes winzige Detail schwere Erschütterungen auslösen kann. Bundeskanzlerin Angela Merkel unterschätzte im September 2007, wie politisch heikel diese Frage ist. Sie empfing gegen den Rat ihrer außenpolitischen Mitarbeiter und des Auswärtigen Amtes den Dalai Lama im Kanzleramt.[6] Zudem informierte sie den chinesischen Premierminister Wen Jiabao nicht vorab in einem persönlichen Telefongespräch. Darüber war dieser besonders verstimmt. Der Mann mit dem freundlichen Lächeln gilt als Reformer. Mit kleinen Schritten und vorsichtigen Gesten versucht er, China zu mehr Offenheit und Austausch mit dem Westen zu führen. Nur drei Wochen zuvor hatte er gegen den Rat vieler konservativer Politiker in der chinesischen Führung Merkel in privater Atmosphäre zu einem Parkspaziergang eingeladen. Dafür hatte er sogar seine Krawatte abgelegt. Ein kleines Detail, mit dem er zeigen wollte, wie sehr er die Kanzlerin schätzt. Er hatte sich für chinesische Verhältnisse weit aus dem Fenster gelehnt, um den Dialog mit Deutschland zu intensivieren und mit Merkel ein freundschaftliches Verhältnis aufzubauen. Nun fühlte er sich von der Kanzlerin vorgeführt. Die Hardliner in der chinesischen Führung, die Wen Jiabao für zu weich und verständnisvoll halten, nahmen das genüsslich zur Kenntnis. Sein Kurs der Annäherung an Deutschland hatte einen empfindlichen Rückschlag erhalten. Um vor den konservativen Parteikadern nicht völlig das Gesicht zu verlieren, musste er nun wiederum Härte zeigen.

Merkel hatte innenpolitisch punkten wollen und am Ende denjenigen in Peking eine Steilvorlage geliefert, die für ein noch strikteres Vorgehen Chinas gegen die Tibeter eintreten. Dass sie als in der DDR aufgewachsene Pfarrerstochter womöglich sogar eine innere Verpflichtung spürte, sich besonders deutlich für die freie Ausübung von Religion einzusetzen, rückte dabei völlig in den Hintergrund. Was blieb, war der vermeintliche Affront. Bis heute ist eine gewisse Reserviertheit gegenüber Merkel in der chinesischen Führung geblieben. Dass eine tiefergehende Verstimmung verhindert wurde, liegt daran, dass Deutschland für die Chinesen der wichtigste Wirtschaftspartner ist. Und daran, dass die chinesische Regierung Angela Merkels Kollegen in Frankreich, England und Italien für weit weniger vertrauenswürdig hält.

Die Signale, die von solchen »Vorfällen« nach Tibet ausgehen, sind ernüchternd. Je stärker die Regierungen in den USA und Europa auf die Hilfe Chinas angewiesen sind, umso mehr rückt die Tibet-Frage in den Hintergrund. Manche Deutschen halten dies für Duckmäusertum. Andere für pragmatisch. Eines jedenfalls ist offensichtlich. Die wachsende Macht Chinas verändert auch die moralische Haltung der Deutschen.

Diese Entwicklung, die sich nicht nur in Deutschland abspielt, sondern in allen westlichen Ländern, bereitet den politischen Köpfen ebenso Sorgen wie den einfachen Händlern. Auch in McLeod Ganj gärt es. Der kleine Ort, der 1815 von einem britischen Offizier namens David McLeod als Sommerfrische gegründet wurde, lebt vom Glaubenstourismus. Doch das Dorf ist trotz der Pilger und Touristen arm. Die Straße zwischen dem Ober- und Unterdorf ist kaum mehr befahrbar. Immer wieder wird sie vom Monsun weggespült. Dichtgedrängt stehen die indischen Flachdachbauten. Einst waren sie doppelstöckig, inzwischen sind es wacklige vier Stockwerke. Es scheint, als würden sie nur durch das Gewirr von Stromkabeln und Gebetsflaggen zusammengehalten. Dass der Ort so arm ist, hat mit den veränderten Machtgleichgewichten zu tun. Würde der Iran das Gebiet der Tibeter beanspruchen, würde die Bundesregierung das Dorf wahrscheinlich mit Entwicklungshilfe zuschütten. Insofern ist die Armut des Ortes ein verlässlicher Indikator für die Macht Chinas. Statt westlicher Entwicklungshilfe muss sich das Dorf mit dem zufrieden geben, was die Esoteriktouristen in die Kasse spülen, wenn sie durch die Gassen flanieren und hier und da ein Andenken kaufen.

Manche von ihnen wirken, als seien sie schon Jahre unterwegs. Tibetische Mönche in ihren roten Gewändern mischen sich unter sie, dazwischen geschäftstüchtige Inder und Händler aus Kaschmir. Junge Tibeter mit coolen Frisuren umgarnen die westlichen Touristinnen, aus Läden und Gästehäusern schallt tibetische Musik. Kleine Stupas stehen neben Internetcafés, die Spaghetti Bolognese im Angebot haben. Abends, wenn die Devotionalien-Shops nebenan längst geschlossen haben, flimmert hier »Stirb Langsam 2« über den Flachbildschirm. Tagsüber verkaufen die Shops alles Mögliche – von groben, grauen Kaschmirsocken bis zu großen Thangkas. Diese gemalten buddhistischen Rollbilder hängen normalerweise an den Wänden der Klöster oder am Familienaltar. An manchen Häusern werben Schilder von verschiedenen Tibet-Organisationen um freiwillige Helfer. Für die Bewohner des Ortes geht es um mehr als Tourismus. Seit 52 Jahren hocken die Exiltibeter nun schon in diesem Nest aufeinander. Sie wollten keine Chinesen sein und können keine Inder werden. Sie sind staatenlos. Ihre rund 6 Millionen Landsleute in Tibet sind der chinesischen Staatsgewalt hilflos ausgeliefert. Und mit dem schrittweisen Rückzug Seiner alternden Heiligkeit droht die Einheit der Exilanten zu schwinden.

Der Dalai Lama hatte die Exilgemeinde auch auf Drängen des Westens jahrelang auf seinen Mittelweg eingeschworen. Das Ziel der politischen Unabhängigkeit Tibets sei unrealistisch und vergrößere nur die Spannungen mit Peking. Man solle stattdessen für kulturelle Autonomie eintreten. Unter diesem Schlagwort könnten sie am Ende vielleicht nach Tibet zurückkehren und in einer gewissen Freiheit leben – innerhalb des chinesischen Staates. Doch manche Einwohner verlieren langsam die

Geduld, eingepfercht zwischen westlicher Halbherzigkeit und chinesischer Unerbittlichkeit. Sie sehnen sich nach einem Befreiungsschlag, auch wenn die Zukunft danach ungewiss ist. Besonders wenn der Dalai Lama – wie jetzt gerade – auf Reisen ist, machen sich viele Exiltibeter so ihre eigenen Gedanken, wie es weitergehen könnte.

Die Waise

Lakhpa Kyizom war noch nie in Tibet. Ihre Eltern haben ihr früher von diesem Land erzählt. Erinnern kann sie sich kaum an etwas. Ihre Eltern starben, als sie fünf Jahre alt wurde. Die Familie war einige Jahre zuvor nach McLeod Ganj geflüchtet. Heute ist Kyizom 27, trägt meist Jeans und Pullover. Das Haar hat sie zu einem praktischen Pferdeschwanz zusammengesteckt. Das betont ihr rundes tibetisches Gesicht. Kyizom ist schön. Ihre jungen Gesichtszüge haben etwas Kämpferisches. Sie ist die Zukunft Tibets. Ein Typ wie sie wäre an einer deutschen Uni AStA-Vertreterin. Gefühlskontrollierte Leidenschaft.

Kyizom ist eines der vielen tibetischen Waisenkinder. Die meisten sind ohne ihre Eltern nach Indien geflüchtet. Das »Tibetian Children Village«, in dem die meisten unterkamen, wurde 46 Jahre von Jetsun Pema, der jüngeren Schwester des Dalai Lama, geleitet. Sie war auch die Mitbegründerin des Tibetian Youth Congress. Kyizom hatte reiche Engländer als Sponsoren. Als sie mit zehn Jahren an Tuberkulose erkrankte, wandten sich ihre »Paten« an Schwester Ursula, eine deutsche buddhistische Nonne. Die ehemalige Deutschlehrerin am Londoner King's College lebte seit Jahren unter dem Namen Shaba Yang Sheng in McLeod Ganj. Sie war die erste ausländische

Nonne. Nach einer Begegnung mit Seiner Heiligkeit war sie zum Buddhismus konvertiert. Sie entschloss sich, Kyizom und ihre Schwester aufzuziehen. Die beiden Kinder nannten sie Großmutter. »Sie war sehr streng«, sagt Kyizom heute. »Wir lernten deutsche Disziplin von ihr. Kleidung, Tischmanieren, wann und wie man reden darf, wie man sich zu verhalten hat, wenn Erwachsene sprechen. Sie zeigte uns sogar, wie wir unsere Haare kämmen müssen.« Die beiden Kinder lernten auch ein wenig Deutsch, Vokabeln, die sie gut gebrauchen konnten, als Großmutter Alzheimer bekam. Es fing damit an, dass sie Richard Gere und den Dalai Lama verwechselte. Am Ende sprach sie, wenn sie überhaupt noch etwas sagte, ausschließlich Deutsch. »Gute Nacht«, sagte sie gern zum Schluss.

Kyizoms Schwester lebt inzwischen in Kalifornien. Und sie selbst unterrichtet im »Violence Education Center«. Dort erklärt sie den Tibetern die Spielräume des gewaltfreien Widerstandes. »Erstens: Protest und Überzeugung. Zweitens: soziale, politische und wirtschaftliche Nichtkooperation. Drittens: Intervention.«

Sie steht vor einer Tafel an einer hellgrünen Wand. »Den olympischen Fackellauf zu stören, ist das noch gewaltfrei?«, fragt ein Teilnehmer.

»Ja, weil es den Fackellauf nicht verhinderte, sondern nur provozierte. Nur wenn man stört, wird über einen berichtet. Schade, aber so ist das eben. Wenn man gewaltfrei bleibt, interessieren sich die Medien nicht dafür.«

Was war mit der chinesischen Rollstuhlfahrerin, die angegriffen wurde?

Kyizom schaut streng: »Ich habe nur gesehen, dass eine Rollstuhlfahrerin angegriffen wurde, aber nicht, wer sie angegriffen hat.«

Kyizom hat Massenmedienkommunikation studiert, an einer Uni im indischen Kenai. Sie ist stolz auf ihre

Arbeit. Immer wieder erzählt sie die Geschichte des 16. März 2008. Kurz nach dem Aufstand hatten Mönche sie um Hilfe gebeten. Einer berichtete ihr am Telefon vom Kampf mit den Chinesen. »Wie viele Tote im Kloster?«, hatte sie ihn gefragt. »Seine Antwort schnürte mir den Magen zusammen«, erinnert sich Kyizom. Sie hat sofort eine Pressekonferenz vorbereitet. Es wurde weltweit berichtet, was die Mönche zu erzählen hatten. »Es hat funktioniert.« Der Mönch, der sie damals angerufen hatte, nahm sich später das Leben. Ein Rückschlag, eine Tragödie. Kyizom wird weiterkämpfen. Aber sie macht sich keine Illusionen: »Die politischen Führer der Welt wollen sich zwar mit dem Dalai Lama treffen. Aber sie wollen uns nicht helfen, weil China viel wichtiger ist.«

Deshalb will sie über die Medien Aufsehen erregen. Greenpeace ist ihr Vorbild. Kyizom konzentriert sich ganz auf den weltlichen Kampf. Darüber gab es mit ihrer Ersatzmutter nie eine Auseinandersetzung: »Sie wollte nie, dass wir Nonnen werden.« Als Kinder durften sie sich hin und wieder als Nonnen verkleiden. Später wurden Jungs interessanter. »Tut euch nicht mit einem Partner zusammen, der Alkoholiker ist«, hat sie den Schwestern immer wieder gesagt. Sie wissen bis heute nicht, warum ihr das so wichtig war. Das Lächeln, das Großmutter auf den Lippen hatte, als Richard Gere sie noch einmal besuchte, werden die beiden nie vergessen. Sie winkte ihm noch nach, als er schon fast verschwunden war. Kurz bevor sie starb, machte Seine Heiligkeit, der die strenge Frau immer geschätzt hatte, einen Hausbesuch. Er nahm sie in den Arm und sie entspannte sich. »Er gab uns Instruktionen für ihren Tod«, sagt Kyizom. »Sie liebte Hunde, deswegen sollten wir Hunde in ihre Nähe bringen, wenn sie im Sterben liegt.« Sie sollten ihr ein Mantra ins Ohr flüstern und ihr eine Buddha-Statue vor die Augen halten. Sie starb ohne Schmerzen. Ihre Gebeine liegen hoch in den

Bergen in einem Plastikbehälter. »Zwischen zwei Flüssen und drei Bäumen«, sagt Kyizom.

Der Rebell

Wenn sein zotteliger Ziegenbart zittert, ist es Zeit, einzulenken. Selbst wenn die Augen noch freundlich leuchten. Lhasang Tsering, 55 Jahre alt, gehört zur alten Garde. Er hat sich schon als Halbwüchsiger mit Seiner Heiligkeit angelegt. Auch er hatte einen Sponsor. Eine amerikanische Millionärin. Als er 1971 mit der Schule fertig war, kam sie ihn für einen Sommer besuchen. Während die anderen Jugendlichen ins Kino gingen, war er in den Bergen, zeigte der Dame Pflanzen und Vögel und zählte die Namen der Gipfel auf. Sie bot ihm an, ihm ein Medizinstudium in den USA zu finanzieren. Doch er wollte nicht nach Amerika. Er wollte Freiheitskämpfer werden. Seine Heiligkeit war empört. »Wir brauchen Ärzte. Wie kann man nur ein so großzügiges Angebot ausschlagen«, hatte er ihm vorgehalten. »In einem freien Tibet wäre ich als Bettler glücklich«, erwiderte Tsering damals kühn: »Als Flüchtling aus einem besetzten Tibet kann ich auch als Arzt nie glücklich werden.« Seltsam, dass es nicht pathetisch klingt, wenn er das sagt. Er blieb stur. Seine Sponsorin starb verärgert, sie hinterließ ihm keinen Cent. Tsering musste als Kuli arbeiten. Er wollte in Tibet leben und sich am tibetischen Widerstand beteiligen. Er hatte in der amerikanische Zeitschrift *Reader's Digest* darüber gelesen. Es klappte. Er wurde ein Rebell bei der indisch-tibetischen Grenzpolizei. Heimlich gingen sie über die Grenzen und reisten in Tibet umher. Noch heute erzählt er nicht, was die Guerillas in Tibet gemacht haben.

Ein kleines Erlebnis machte ihm schon damals schlagartig klar, dass es schlecht um die Zukunft der Tibeter stehen würde. Er fuhr mit dem Bus weit weg von Lhasa. Der Bus hielt in einem kleinen Marktflecken. Tsering stieg aus und sah einen Apfelverkäufer. Er freute sich darüber, denn er vertrug das chinesische Essen nicht. Der Apfelverkäufer war ein Chinese. »Plötzlich wurde es kalt in mir. Es gibt keine Äpfel in Tibet. Das muss ein chinesischer Siedler sein. Sie besiedeln Tibet und bringen die Äpfel mit.« Er fuhr zurück nach Indien und informierte Seine Heiligkeit. Die Umsiedlung der Chinesen nach Tibet nennt er eine »Endlösung«.

Mitte der 1980er Jahre wurde er Funktionär: Präsident des einflussreichen tibetischen Jugendkongresses. Als Seine Heiligkeit die Politik des Mittelweges verkündete, legte er 1990 empört sein Amt nieder. Seither schreibt er Gedichte und betreibt die alternative Buchhandlung »Bücherwurm«. Wütend ist er noch immer. »Sind die Chinesen aus Versehen in Tibet eingefallen?«, fragt er. »Sind sie nur gekommen, um uns neue Straßen und Eisenbahnlinien zu bauen? Das glaubt doch kein Mensch. Es geht nicht so weiter.« Sein Ziegenbart zittert jetzt. Nach seinem leichten Schlaganfall ist er ein wenig ruhiger geworden. Er spürt, dass bald die nächste Generation an der Reihe ist. »Es sind vor allem die Jüngeren, die sofort zurückkehren würden«, betont er. »Sie sehen nur die guten Seiten Tibets, weil sie noch nie dort gelebt haben.« Tibet sei für sie ein Land der Leidenschaften, und »die brennen weiter«.

Tsering versteht nicht, warum Seine Heiligkeit glaubt, dass ausgerechnet die Wolfsschlucht der beste Platz ist, seine Schafe grasen zu lassen. Die kulturelle Autonomie macht für ihn keinen Sinn. Auch die Vorstellungen, die Regierung und Dalai Lama von Gewaltfreiheit haben, teilt Tsering nicht. Als die Tibeter während des Aufstands

Steine auf die chinesischen Soldaten warfen, sagte Seine Heiligkeit dazu: »Das ist Gewalt.« »Aber ist das nicht eine allzu menschliche Reaktion?«, fragt Tsering. »Dein Freund wurde niedergeschossen. Dein Bruder blutet. Dann schmeißt du Steine. Nicht weil du böse bist, sondern weil du ein Mensch bist.«

Der Gefangene

Seine Freiheit ist ein kleines Zimmer. Jampa Tashi teilt es sich mit einem Mitbewohner. Zwei Betten mit bunten Decken. Je ein Regal für das Essgeschirr und ein Kassettenrekorder. Ein Foto von ihm Seite an Seite mit Seiner Heiligkeit. An der Wand hängt ein Poster. Von einem luxuriösen österreichischen Kurhotel, im Hintergrund sieht man die Alpen. Was es mit dem Gebäude auf dem Bild auf sich hat, weiß er nicht. Er hat das Plakat von einem fliegenden Händler gekauft, es gefällt ihm einfach. So stellt er sich die Zukunft Tibets vor. Es ist noch kalt im Zimmer, morgens um elf. Der Raum ist so dunkel, dass das Licht den ganzen Tag anbleiben muss. Wenn er sich aufwärmen will, stellt er sich auf der Straße in die Sonne. Tashi ist zufrieden. So komfortabel hat er noch nie gewohnt.

Jampa Tashi kam 1969 als jüngstes von acht Kindern in Tibet auf die Welt. Mit 17 musste er ins Kloster. Die Familie war groß, es reichte nicht für alle. Das Kloster war den Machthabern ein Dorn im Auge. Immer wieder kamen die Chinesen, machten Durchsuchungen, stellten Fragen. Sie störten das Klosterleben. Fotos von Seiner Heiligkeit aufzustellen war verboten, der Dalai Lama darf in China offiziell nicht verehrt werden. Im Jahr 1994 verfügten die Chinesen, dass fünf der elf Mönche das Kloster verlassen sollen. Darunter auch Tashi. Die Chinesen wollten verhindern, dass Tibeter in den Klöstern in größeren Gruppen ohne politische Kontrolle leben. Die Mönche entschieden sich, dagegen zu protestieren. Sie wussten, dass sie ihr Leben damit riskierten. Auf dem Dorfplatz vor der Polizeistation demonstrierten sie, schwenkten Plakate des Dalai Lama. Sie skandierten: »Freiheit für Tibet. Seine Heiligkeit soll zurückkehren.« Sie wurden verhaftet und verhört. Tagelang. »Wer sind eure Anstifter?«, wollten die Polizisten wissen, »wir wissen, dass reiche Geschäftsleute und hohe Lamas dahinterstecken.« – »Sie konnten sich nicht vorstellen, dass wir das selbst entschieden hatten«, erklärt Tashi. Die Mönche wurden mit elektrischen Schlagstöcken malträtiert, bekamen Stromschläge. »Wenn ihr uns nicht die Wahrheit sagt, werden wir euch umbringen«, sagten sie.

»Ihr vergewaltigt unser Land«, entgegnete Tashi.

Er bekam zwölf Jahre. Die Verurteilung erfolgte nach einem kurzen Prozess im Juni 1994. Im Gefängnis waren sie elf Tibeter. Sie wurden der Dritten Gefangenenabteilung zugewiesen, mussten die härtesten Arbeiten verrichten, hatten längere Arbeitszeiten und bekamen schlechteres Essen. Jampa Tashi saß die volle Zeit ab. Bei seiner Freilassung sollte er unterschreiben, dass er niemals mehr gegen China protestieren würde. Er weigerte sich. Seine Cousins wurden einbestellt. Seine Eltern waren inzwischen gestorben. Den Cousins wurde eröffnet, sie müssten dafür büßen, wenn ihr Verwandter noch einmal auffällig würde.

Im Juli 2007 hielt Tashi das Leben als tibetischer Ex-Sträfling nicht mehr aus. Nicht nur für die Polizei war er ständig verdächtig. Auch seine Verwandten beäugten ihn misstrauisch, aus Angst, er könnte ihnen Scherereien machen. Er kaufte sich falsche Papiere von einem Freund.

Für umgerechnet 600 Euro. Er war nun ein Händler, der an der Grenze zu Nepal geschäftlich zu tun hatte. Fast wäre die Flucht noch gescheitert. In der Ferne sah er eine Polizeikontrolle. Er schlug sich in die Büsche und erreichte zu Fuß die nepalesische Grenze. Er wartete die halbe Nacht unter einen großen Baum. Helfer brachten ihn ins Tibet Reception Center. »Ich habe für ein freies Tibet gekämpft«, sagt Tashi. »Hier in Indien habe ich die Reden Seiner Heiligkeit gehört. Nun folge dem, sagt Seine Heiligkeit. Die Politik des Mittelweges ist eine kluge Entscheidung. Wenn wir Autonomie bekommen, können wir zumindest unsere Kultur erhalten.« Er ist wohl wie die meisten Tibeter: »Was immer Seine Heiligkeit vorschlägt, werde ich tun.«

Die Feministin

»Die Chinesen haben uns als Terroristinnen bezeichnet.« Sie schüttelt ungläubig den Kopf, ist aber auch ein wenig stolz. B. Tsering Yeshi ist seit 2003 Präsidentin der tibetischen Frauenorganisation. Sie hat in den USA ihren Doktor gemacht und früher als Lehrerin gearbeitet. Sie sitzt in ihrem kleinen Büro. Es ist kalt, sie muss ihre blaue Winterjacke anlassen. Der Heizlüfter schafft es nicht. Über einer Reihe Aktenordner hängt ein großes Bild Seiner Heiligkeit. Er ist ihr großes Vorbild. Dennoch fragt sie: »Wenn wir der nachfolgenden Generation etwas hinterlassen wollen, warum nicht die Forderung nach Unabhängigkeit?«

Im Jahr 2008, nach der Niederschlagung der Proteste, waren sie sogar Seiner Heiligkeit gegenüber ungehorsam gewesen. Während des weltweiten Fackellaufs zu den

Olympischen Spielen sind sie einfach losgelaufen. Die Leute von der Frauenorganisation und andere. In Richtung Tibet. In hundert Tagen wollten sie die Grenze erreichen. Seiner Heiligkeit passte das gar nicht. »Was wollt ihr denn machen, wenn ihr da seid?«, fragte er. »Die Chinesen werden euch nicht mit offenen Armen empfangen.« Seine Heiligkeit war zudem in Sorge, die indische Regierung könnte durch die Aktion unter Druck geraten. »Ich kann euch euer demokratisches Recht nicht nehmen«, sagte er. »Aber ich bitte euch inständig.«

Der Vertreterinnen der tibetischen Frauenorganisation einigten sich auf einen Kompromiss. Sie warteten, bis die Olympische Fackel Indien wieder verlassen hatte, und zogen dann weiter. Doch kurz vor der tibetischen Grenze wurden die wandernden Frauen der indischen Regierung dann tatsächlich politisch zu riskant. Sie wurden verhaftet und für zwei Wochen ins Gefängnis gesperrt. Die Aktion verpuffte: Die Welt nahm nur am Rande davon Notiz. Die Inder ließen den Fall nach den zwei Wochen auf sich beruhen. Und der Dalai Lama schwieg verärgert. Dass der Ungehorsam sich auch gegen ihn richtete, hat er nicht zum ersten Mal erlebt.

Die Frauen hatten viel riskiert. Jahr für Jahr müssen alle Exiltibeter ihre indische Aufenthaltsgenehmigung erneuern lassen. Sie sind staatenlos. Nicht einmal ihre Kinder, die in Indien geboren werden, können einen Pass bekommen.

Inzwischen hat Tsering Yeshi eine neue Idee: »Wir akzeptieren vorbehaltlos alle Forderungen der Chinesen und gehen alle gleichzeitig zurück«, schlägt sie vor und hat dabei ein schelmisches Lächeln im Gesicht. »Und dann schauen wir, was passiert.«

43 Jahre lang ging er stets einen Schritt hinter Seiner Heiligkeit. Tenzin Geyche war von 1964 bis 2007 der Privatsekretär des Dalai Lama. Jetzt sitzt er in seiner Windjacke in dem kleinen Hotel, das seine Frau betreibt. Er blickt ins Tal. Ein Teil der orangefarbenen Vorhänge ist zugezogen. Mittags hat die Wintersonne Kraft. Jahrzehntelang war er von der Disziplin Seiner Heiligkeit fasziniert: »Er hat bei sich keinen Hass gegen die Chinesen zugelassen.« Seine Landsleute forderte er stets auf, es ihm gleichzutun.

Inzwischen ist sich Geyche nicht mehr so sicher, ob das richtig ist. Immer wieder ist er voller Hoffnungen zu Verhandlungen mit den Chinesen gereist. Immer wieder ist er enttäuscht zurückgekehrt. Nächtelang hat er mit Seiner Heiligkeit diskutiert. Er hat das Konzept von der Forderung nach kultureller Autonomie statt politischer Unabhängigkeit mitgetragen. Er hat lange versucht, seinen aufkeimenden Hass zu unterdrücken. Wenn Seine Heiligkeit sich zügeln kann, dann erst recht sein Sekretär. Es ging, solange er mit dem Dalai Lama unterwegs war. Die vielen Reisen lenkten ihn ab. Neue Länder, neue Regierungschefs. Hier und da ein Fortschritt. Eine neue Formulierung vielleicht, die man als Erfolg verbuchen konnte. Seit vier Jahren jedoch hat er Zeit, nachzudenken. »Es hat keinen Sinn mehr«, sagt er ernüchtert. »Die Chinesen wissen, dass sie große wirtschaftliche Macht haben. Sie können andere Nationen herumschubsen. Sie können sich sogar mit den USA anlegen.« Andererseits hätten sie Angst vor dem Einfluss Seiner Heiligkeit in Tibet. Vor seiner Führungskraft. Doch daraus entstehe längst kein Kräftegleichgewicht, die Angst sei viel kleiner als die Wirtschaftsmacht.

»Wie viel schlimmer kann es noch werden?«, fragt er,

um dann entschlossen hinterherzuschieben: »Wir haben nichts zu verlieren. Deshalb können wir auch wieder für die Unabhängigkeit eintreten.« Selbst wenn sie dann den letzten Rest an internationaler Unterstützung verlieren würden. »Was soll's.« Mit dieser Haltung stellt er sich gegen Seine Heiligkeit, die er nach wie vor sehr schätzt. »Es muss sein.«

Von Freunden und Verwandten weiß er, dass nicht alles schlecht ist in China: »Wenn man sich nicht um Politik kümmert, kann man als Tibeter in Tibet natürlich sehr gut leben.« Es gibt ausreichend zu essen, Jobs, und auch das Bildungssystem wird besser. Das Land öffnet sich. Geyche isst und schweigt. Er hat den Glauben daran verloren, dass es eine pragmatische Lösung gibt. »Irgendwann ist das Maß voll. Pragmatismus ist sehr wichtig. Seine Heiligkeit ist sehr pragmatisch, offen und liberal. Aber es muss auch etwas dabei herauskommen.« Geyche zögert. Dann sagt er: »Ich sollte nach Tibet gehen.«

Der Bruder

Der Mann im westeuropäischen Jägerlook ist ein Mönch. Er trägt eine grüne, weite Cordhose, einen grünen Pullover und ein rötlich kariertes Hemd. Seine Schuhe sind von der Alternativmarke Mephisto. Ein säkularer Mönch. Er glaubt nicht an die Reinkarnation. »Das hier ist unser Leben. Vorher und nachher ist nichts.« Sein traditionelles Gewand hat er schon lange abgelegt. Er spricht langsam und kraftvoll: »Ich bin ein Unruhestifter.«

Der Mann ist 62 Jahre alt und von Geburt an Lama. Ein besonderer Lama. Im Alter von drei Jahren bekommt er den Ehrentitel Rinpoche. Das bedeutet »Großer Juwel«.

Auch wenn er selbst nicht daran glaubt, er gilt als die Wiedergeburt eines geistigen Führers aus Ngari, einer Region im Nordwesten Tibets. Seitdem heißt er Ngari Rinpoche. Sein Geburtsname ist Tendzin Choegyal. Als kleiner Junge wurde er in den 1940er Jahren von dem österreichischen Entdecker Heinrich Harrer fotografiert. Er war Vorsitzender der Jugendorganisation »Tibetan Youth Congress«, seine Frau Rinchen Khando Choegyal stand als Präsidentin dem tibetischen Frauenverband vor. Und sein älterer Bruder ist der Dalai Lama. »Weil ich der Bruder Seiner Heiligkeit bin, glauben die Menschen, ich sei sein Sprachrohr«, sagt er. »Aber ich spreche einfach als Tibeter, der gezwungen ist, in Indien zu leben.« Das ist ihm sehr wichtig. Er weiß, dass seine Ansichten unbequem sind, und er schätzt seinen Bruder.

Wir sitzen auf der Terrasse seines einfachen Hauses, hoch über dem Regierungssitz mit einem herrlichen Blick ins Tal. Es riecht nach Lavendel. Zum Sonnenuntergang wird Tee gereicht. »Wenn ich ein chinesischer Politiker wäre, würde ich davon ausgehen, dass ich die Tibeter in der Tasche habe. Und ich würde mich nicht darum scheren, was die Welt denkt.« Auch die Menschen in China interessierten sich nicht sonderlich für Tibet. »Sie genießen ihre Freiheit, die in den letzten zwanzig Jahren größer geworden ist. Sie sind glücklich mit dem, was sie erreicht haben. Sie streben nach Wohlstand. Die tibetische Frage stört dabei nur. Die Chinesen halten die Tibeter für undankbar, weil sie sich nicht darüber freuen können, dass sie jetzt auch Straßen und Toiletten haben.« Die Verhandlungsposition der Tibeter sei nicht gut: »Ohne Geld ist man am Pokertisch nichts wert. Wir haben nichts zu bieten.« Als kleiner Junge war er fasziniert von China. Er hat glückliche Zeiten in Peking erlebt. Die Familie des Dalai Lama hatte dort einige Winter verbracht, da war der Rinpoche nicht einmal zehn Jahre alt.

1951 wurde der Dalai Lama von Mao eingeladen. Er war das jüngste Mitglied der tibetischen Delegation, man wohnte im Pekinger Staatsgästehaus. Rinpoche durfte mit einem echten Schwert kämpfen, zum Fischteich gehen und Schlittschuh laufen. »Einmal habe ich mit einem Stock einen Fisch aus dem Teich gefischt und ihn auf dem Rasen zappeln lassen. Seine Heiligkeit hat das vom Fenster aus gesehen und schimpfte sehr mit mir.« Das Personal im Gästehaus war sehr nett. Aber als die Delegation von Mao empfangen wurde, blieb er als Einziger dort zurück. Nur Erwachsene waren zugelassen. Er ging zu einem Kader und beschwerte sich: »Ich bin den ganzen Weg von Tibet gekommen, um Mao zu sehen.« Der Kader ließ sich erweichen und brachte den Jungen zum Empfang. »Ich war sehr beeindruckt von Mao.«

Doch schon ein paar Jahre später drehte sich die Stimmung. Am 10. März 1959 lehnten sich die Tibeter gegen die Kommunisten auf. Wenige Wochen später musste Seine Heiligkeit fliehen. »Ich war nicht überrascht«, erinnert sich der Rinpoche. »Ich war dreizehn und bekam die Diskussionen zwischen meiner Mutter, meiner Schwester und ihrem Mann mit.« Die Kommunisten hatten schon einige Häuser enteignet. Besucher weinten.

Dann packten sie von einem Tag auf den anderen die Esel für die Flucht. »Insgeheim war ich froh, denn so musste ich nicht ins Kloster.« Er studierte in Indien und in den USA, schmiss das Studium hin. »Das war so üblich in den Sechzigern.« Fünf Jahre lang war er Soldat. Lhasang Tsering, der Rebell, war sein Vorgesetzter bei der indisch-tibetischen Grenzpolizei. »Wir teilen viele Ansichten, aber er ist extremer«, sagt Ngari Rinpoche. Wer immer in Tserings Buchladen komme, erhalte eine moralische Lektion. In einem Punkt allerdings sind sich der Bruder und der Rebell einig: »Unsere Führer transformieren das Konzept der Gewaltfreiheit nicht sehr kreativ.

Hungerstreik zum Beispiel funktioniert nur bei Menschen, die ein schlechtes Gewissen haben.« Die Chinesen glaubten aber, sie seien in Tibet im Recht.

Der Schöngeist

Lobsang Wangyal hat der Miss Tibet 2008 fast die Schau gestohlen. Beide standen auf der Bühne. Er als Erfinder der Veranstaltung. Sie als Gewinnerin, neben ihr die Zweit- und Drittplatzierte. Er trug einen Anzug aus einem Stoff, der vermutlich herauskommt, wenn man rosa Schleifchen mit Alufolie kreuzt. Dazu ein blütenweißes Hemd und weiße Schuhe. Die Haare zu einem langen Pferdeschwanz gebunden. Vor allem das weibliche Publikum war entzückt. Neben Lobsang Wangyal hatten es die schönen Frauen auf der Bühne schwer. Sie trugen tonnenartige traditionelle Gewänder. Die brokatartigen Stoffe hingen schwer an ihnen und versteckten, was sie auf einer Miss-Wahl eigentlich gerne gezeigt hätten.

Wangyal ist der Gegenentwurf zu den politischen Rebellen. Seine Art, für Tibet zu kämpfen, ist anders. Das kommt gut an im Dorf. Er mag Techno, geht nicht ständig beten, sieht gut aus und ist durchaus feinsinnig. Er ist der Kulturschaffende des Dorfes, eine Art moderner Troubadix. »Die traditionelle Kultur wird gefördert und weltweit unterstützt«, sagt er. »Doch um die zeitgenössische Kultur Tibets kümmert sich niemand. Die ist für die Zukunft mindestens ebenso wichtig.« Wangyal hat das »Freigeist Festival« erfunden, die Wahl zur Miss Tibet, die »Olympischen Tibet Spiele«, das »Tibet Filmfestival« und das »Tibet Motorradrennen«. Und er plant in Paris eine »Tibet Modenschau«. Er will der Welt zeigen, dass

Tibet nicht stehen bleibt. »Zu viele haben sich in die Vergangenheit verbissen.« Für Gebetsrituale bleibt in seinem Terminkalender nicht viel Zeit. »Ich versuche trotzdem, ein guter Buddhist zu sein.« Aber man müsse viel studieren, um einen bestimmten geistigen Zustand zu erreichen. »Ich studiere zu wenig, deshalb bleibt es oft nur beim Versuch.«

Bei aller Konzentration auf Kultur – Wangyal kann auch politisch werden. Er unterstützt das Mittelwegskonzept Seiner Heiligkeit. Er hält es für »künstlerisch, realistisch und ausgewogen«, obwohl die Dinge sehr kompliziert seien. Diejenigen, die sich jetzt für eine Unabhängigkeit stark machen, findet er zum Lachen.

Auch Wangyal ist zuweilen sogar politisch aktiv. Er hat an die Miss-Universe-Veranstalter geschrieben, ob die Miss Tibet auch an der Weltausscheidung teilnehmen könnte? Er wusste natürlich, dass dies nur eigenständigen Ländern vorbehalten ist. Sie haben geantwortet, die Kür dauere schon zwei Stunden. Jede Kandidatin hätte nur sehr kurz Zeit. Deshalb könne man leider nichts machen.

Der Spielraum all dieser Menschen wird vom globalen Wandel geprägt. Was ihnen gelingt und was nicht, hängt weniger von ihrem eigenen Können und ihrer Durchsetzungskraft ab als vielmehr davon, wie stark China im Verhältnis zum Westen wird. Sicher, sie könnten zusammenhalten. Aber selbst dann wären sie kaum mächtiger. Für uns ist es aus der Ferne offensichtlich, wie sehr der globale Wandel die Möglichkeiten all dieser Menschen einschränkt. Die Leute in McLeod Ganj sind sich dessen viel weniger bewusst.

Aber ist es nicht auch umgekehrt so? Auch wir im Westen machen uns Illusionen über unseren Spielraum, unsere Einflussmöglichkeiten. Und mehr noch: Uns kann es auch so gehen wie den Tibetern. Wir können wegen

China in eine Zwickmühle der Globalisierung geraten, die uns nur die Wahl zwischen zwei schlechten Alternativen lässt. Derzeit überwiegt noch die Faszination darüber, dass wir alle zusammenhängen, obwohl wir Zehntausende von Kilometern auseinander wohnen. Doch dieses Gefühl kann sich schnell verflüchtigen, wenn uns die Zwänge der Globalisierung so wie die Tibeter in eine Richtung treiben, in die wir gar nicht gehen wollen. Dann können auch wir die Hoheit über unser Schicksal verlieren. Das ist unsere Angst. Die Angst vor China.

Es gibt nur wenige Menschen auf der Welt, die diese Zwänge der Globalisierung so stark spüren wie der Dalai Lama. Wenigen gelingt es, die Zwangslage so sichtbar zu machen, wie ihm. Und doch lässt sie sich nicht ändern.

Samstagmittag. Es herrscht Unruhe im Dorf. Ein indischer Polizist mit einem gewichtigen Schnauzbart, einem kleinen Zeigestock und zwei Adjutanten marschiert durchs Dorf. Obstkarren müssen versetzt werden, Caféstühle verrückt. Langsam füllt sich die Straße, die zur Residenz Seiner Heiligkeit führt. Dichtgedrängt stehen die Bewohner bald. Die Alten haben sich auf Obstkisten niedergelassen, die Hände auf einen Stock gestützt. Die Jungen hocken auf Begrenzungsmauern. Zuckerwatteverkäufer sind unterwegs. Ein Mopedfahrer hat sich noch schnell durch die Absperrung gezwängt. Die Schaulustigen sind von einer wohligen Anspannung erfasst: Seine Heiligkeit kommt nach Hause. Sie waren lange genug allein. Gerade ist er auf einem Flughafen in der Nähe gelandet. Entlang des gesamten Weges vom Flughafen zur Residenz, etwa 15 Kilometer, finden sich Gläubige ein. Zwischen den Feldern leuchten rote Tupfer auf. Mönche auf dem Weg zur Hauptstraße.

Viele warten schon seit Stunden, die Sonne steht bereits tief, im Schatten wird es langsam kalt. Die Leute im

Dorf wissen, das Charisma Seiner Heiligkeit wird die Gemüter ein wenig beruhigen. Selbst der Rebell in seinem Buchladen ist heute fast versöhnlich, wenn auch nur kurz. »Es ist einfach für uns, die Politik des Mittelweges zu kritisieren. Doch die Last, die Seine Heiligkeit tragen muss, ist unvorstellbar«, sagt er und fügt nach einer kurzen Pause hinzu: »Aber dazu sind Führer da. Sie müssen Druck aushalten können.«

Dann hört man auf dem Dach der Tempelanlage die Musiker in tibetische Hörner blasen. Der Hofstaat kommt die Gasse herab. Eine lange Reihe Autos, mittendrin ein unförmiger, gepanzerter Suzuki-Allradwagen. Das Dalai-Mobil. Bodyguards laufen nebenher. Auf dem Beifahrersitz Seine Heiligkeit. Freundlich. Immer im Dienst. Manche Gläubige haben sich tief verneigt, die Hände zum Gebet gefaltet. Manche strecken ihre weißen Gebetsschals Richtung Dalai-Mobil, murmeln Mantras. Seine Heiligkeit wirkt etwas müde. Die langen Reisen sind inzwischen anstrengend für den 74-Jährigen. Er freut sich auf zu Hause. Ein warmes Bad? Es wird nicht leichter, Seine Heiligkeit zu sein.

Der Dalai Lama empfängt mich in einem kleinen Raum in seiner Residenz. Es ist eine Art Studierzimmer, nur mit wenigen Möbeln ausgestattet. Fast so, als wolle er sich hier in Indien nicht zu dauerhaft einrichten. Hier ist das Exil, die Heimat liegt jenseits der Berge. Durch die Gardinen fällt mildes Licht in den Raum. Auf einem kleinen Sekretär stehen einige Buddhafiguren und eine Topfpflanze, die schon bessere Tage gesehen hat. Die Besucher nehmen auf harten Stühlen Platz. Der Dalai Lama betritt den Raum, begleitet von seinem Privatsekretär Tenzin Taklha, ein Cousin in weltlicher Kleidung. Seine Heiligkeit ist schmal geworden, das rotgelbe Gewand mit schmalem, blauem Saum rutscht ihm immer wieder von der Schulter. Er trägt die gleiche Brille wie einst der chinesische Premierminister Li Peng. Große eckige Gläser, oben von einem schwarzen Rahmen eingefasst, unten von einem Goldrand.

Er ist ein ruhiger, sympathischer Mann mit Charisma – aber auch ein Mann, der nicht mehr weiterweiß. Er macht sich keine Illusionen darüber, dass seine Politik des Mittelwegs gescheitert ist. Eine Politik, die darauf setzte, dass die Chinesen den Tibetern kulturelle Autonomie zusichern und diese dafür im Gegenzug auf ihre Forderung nach Unabhängigkeit verzichten würden. Trotzdem halten die Führer der tibetischen Exilregierung noch immer an seinem »Mittelweg« fest.

»Ich habe ja meine Strategie nach dem Aufstand im Frühjahr 2008 zur Disposition gestellt«, sagt er nüchtern. Damals habe es eine Weile so ausgesehen, als ob die Chinesen noch vor den Olympischen Spielen in Peking verhandlungsbereit wären. Doch dann fingen ihre Vertreter an, die Tibeter als »Separatisten« zu beschimpfen, und die Verhandlungen waren zu Ende. »Wir waren sehr enttäuscht«, sagt er. Im November 2008 habe er dann eine Versammlung aller exiltibetischen Gruppen einberufen und die Frage gestellt, wie es weitergehen solle. »Die Mehrheit hat sich dafür entschieden, die Politik des Mittelwegs vorerst beizubehalten. Aber das kann sich jederzeit ändern. Sollte das geschehen, werde ich mich dieser Entscheidung beugen.« Die Art, wie er über diese Entscheidungen spricht, bestätigt den Eindruck, den man auch aus den zahllosen Berichten über ihn gewinnt: Welche Ämter er auch immer innehat oder nicht, der Dalai Lama ist und bleibt nicht nur in den Augen der chinesischen Führung sowohl ein politischer als auch ein religiöser Führer. Daran ändert die offizielle Niederlegung seiner politischen Ämter nichts. Die strikte Trennung von Religion und Staat ist eine Errungenschaft der europäischen Aufklärung, die sich nicht nur im Westen als sehr sinnvoll erwiesen hat. Und in der chinesischen Politik hat Religion sogar noch länger nichts zu suchen.

Aber was hält der Dalai Lama davon? »Oh ja! Politische und religiöse Institutionen sollten getrennt sein. Das ist eine große moralische Herausforderung für mich«, räumt er ein und wirkt dabei wie jemand, für den das tatsächlich eine moralische Herausforderung ist. Von außen fällt es manchmal schwer, auseinanderzuhalten, wann der Dalai Lama geistliche oder politische Funktionen ausfüllt.

»Weil ich der Sprecher der Friedensbewegung für die tibetischen Menschen bin. Die Tibeter respektieren mich und vertrauen mir. Daraus resultiert eine moralische Verantwortung, der ich mich stellen muss. Aber alle grundlegenden politischen Entscheidungen werden von gewählten Personen getroffen. Da sind die der Boss. Auf der geistlichen Seite bin ich das.«

Immer wieder hat der Dalai Lama bekräftigt, er sei lediglich ein religiöser Führer, kein politischer. »80 Prozent meiner Zeit verwende ich auf spirituelle Fragen, 20 Prozent auf politische«, erklärt er. In der Politik sieht es für den Dalai Lama und seine Anhänger nach wie vor nicht gut aus. Chinesen und Tibeter verhandeln derzeit nicht. »Alle unsere Vorschläge wurden zurückgewiesen«, beklagt der Dalai Lama. Ihm und der Regierung der Exiltibeter werde von den Chinesen vorgeworfen, sie kämpften für die Unabhängigkeit Tibets. Dabei hätten die Chinesen im Februar 2006 selbst eingeräumt, dass dies nicht der Fall sei. Trotzdem hätten sich seitdem die Unabhängigkeitsvorwürfe immer wieder verschärft.

Aber warum gibt es in der Tibet-Frage seit Jahren keine Fortschritte? Immerhin haben es Taiwan und China doch Ende des vergangenen Jahrzehntes auch geschafft, sich aus einer ähnlich verfahrenen Situation herauszuwinden. Nachdem jahrzehntelang Kontakte nur über Hongkong möglich waren, sind inzwischen Direktflüge und sogar

Direktinvestitionen erlaubt. Die wirtschaftlichen Kontakte und der friedliche Handel sind hier stärker als militärische Aggression und nationalistisches Säbelrasseln. Die Chinesen auf Taiwan und die Chinesen auf dem Festland kommen sich immer näher. Die strittige Frage, ob und in welcher Form Taiwan zu China gehört, wird einstweilen ausgeklammert. Dies sei ein Modell dafür, sagt der Dalai Lama, »dass verfeindete Parteien sich aufeinander zubewegen können. Ich bete dafür, dass die Raketen auf beiden Seiten der Taiwanstraße bald abgebaut werden können.«

Was macht Taiwan anders? Macht Tibet etwas falsch? »Wir machen nichts falsch«, antwortet der Dalai Lama. »Unsere Lage ist komplizierter. Die Menschen auf Taiwan und in China sprechen die gleiche Sprache, sie haben den gleichen kulturellen Hintergrund. Die Tibeter haben eine andere Kultur, eine andere Mentalität und sprechen eine andere Sprache als die Chinesen. Das macht es nicht einfacher.« Die Verhandlungsführer auf chinesischer Seite hätten den Eindruck, dass sie gar keine Kontrolle über die verschiedenen Strömungen der Exilbewegungen haben. Die Pekinger Regierungsvertreter befürchten, dass der Dalai Lama nicht in der Lage ist, die Zusagen, auf die man sich in den Verhandlungen geeinigt hat, auch einzuhalten. »Wir bilden unsere Position auf demokratischer Basis«, antwortet der Dalai Lama. »Wenn die Tibeter ihre Haltung zu einer Frage ändern, dann habe ich das zu respektieren.«

Doch egal, zu welcher Strategie sich die Exiltibeter letztlich durchringen, die Zeit spielt gegen sie. Je mächtiger China wird, desto weniger hat es die Führung in Peking nötig, mit den Vertretern eines autonomen Tibets zu sprechen. Gerade in der Wirtschaftskrise ist China politisch noch stärker geworden. Im Westen sind Politiker entsprechend stiller geworden, wenn es um Tibet geht.

Bei der Exilbewegung versucht man, deswegen nicht verbittert zu sein. »Manchmal kommt es ihnen politisch ungelegen, klare Worte zu sprechen«, sagt der Dalai Lama über die Zurückhaltung der westlichen Volksvertreter. Aber sie sollten weiter darauf drängen, dass in China das Recht auf Meinungsäußerung etabliert und die Menschenrechte geachtet würden. »Nur so kann China ein respektiertes Land in der Weltgemeinschaft werden. Das darf keine Frage kurzfristiger politischer Abwägungen sein.«

Der Dalai Lama macht sich keine Illusionen. Auch wenn man sich in den Hauptstädten Europas und in Washington in kleiner Runde gerne mit ihm fotografieren lässt – ein Politikwechsel gegenüber Peking ist derzeit von keiner westlichen Regierung zu erwarten. Doch gerade hier sieht er die Stärke seiner politischen Formel. »Der Westen muss seine Politik gegenüber China gar nicht grundsätzlich ändern. Schließlich wollen wir keine Unabhängigkeit, sondern nur kulturelle Autonomie, wie sie uns laut der chinesischen Verfassung zusteht. Darin sollte man uns unterstützen. Wenn China uns endlich dieses Grundrecht gewähren würde, wären wir Tibeter stolz auf China. Jeder Tibeter will, dass Tibet sich modernisiert, und deshalb wollen wir ein Teil Chinas bleiben.«

Der Erfolg dieser Strategie wird indes immer fraglicher. Die Menschen im Westen sind nach wie vor mit den Folgen der Wirtschaftskrise beschäftigt. Selbst das internationale Interesse, das die Niederschlagung der Unruhen vom Sommer 2009 im westchinesischen Xinjiang hervorgerufen hat, ist schnell wieder verebbt. Trotzdem hat der Dalai Lama nicht das Gefühl, die Krisen hätten die tibetische Bewegung aus dem Blickwinkel der Weltöffentlichkeit verdrängt. »Die Krise macht uns bewusst, dass moralische Werte wichtiger denn je sind. Die Menschen, die diese Krise verursacht haben, waren von Geldgier getrieben.« Nun, da sie das Geld wieder verloren hätten, besännen sie sich wieder auf Ziele, die wirklich etwas zählten – Familie, innerer Frieden und harmonisches Zusammenleben. »Sie merken, Geld und materielle Ziele schaffen kein Glück.«

Der Dalai Lama will diese neue Nachdenklichkeit für seine Bewegung nutzen, um wieder mehr internationale Aufmerksamkeit für die Sache der Tibeter zu bekommen. Dabei erinnert er auch an die im Westen häufig vergessene strategische Bedeutung Tibets für die Region und für China. »Wir müssen umfassender denken. Die Frage des Überlebens der tibetischen Kultur ist wichtig. Aber noch wichtiger sind ökologische Fragen. Vom tibetischen Hochplateau wird ein Großteil Asiens mit Wasser versorgt. Deshalb nennt man das Hochplateau schon heute den ›Dritten Pol‹ neben dem Nord- und Südpol. In dem Maße, in dem das Wasser knapper wird, muss die internationale Gemeinschaft sicherstellen, dass alle gleichermaßen von dem Wasser profitieren. Und es ist durchaus möglich, dass die internationale Gemeinschaft aus diesem Grund den Druck auf China erhöhen wird.«

Dieser Standpunkt lässt aufhorchen. Tatsächlich brauchen alle Anrainerstaaten des Himalaya das Wasser des tibetischen Hochplateaus. Die wichtigsten Flüsse der Region entspringen hier, nicht zuletzt der Mekong. Der Dalai Lama weiß, dass sich unter normalen Umständen keiner der asiatischen Staaten wegen der tibetischen Kultur mit China anlegen würde. Sollte China aber drohen, durch seine Staudämme und Bewässerungsprojekte den indischen oder thailändischen Flüssen das Wasser abzugraben, sähe das anders aus. »Ein autonomes Tibet könnte eine Garant dafür sein, dass in Asien alle gleichermaßen vom Wasser aus dem Himalaya profitieren.«

Es scheint, als setze der Dalai Lama darauf, dass die asiatischen Nachbarn Chinas einem autonomen Tibet eher zutrauen, den Schatz des Himalaya-Wassers zu verwalten, als der Regierung in Peking, die nur an das Wachstum der eigenen Wirtschaft denkt. Doch gerade in diesem Punkt wird China nicht nachgeben. Neben seiner geostrategischen Position auf der chinesischen Seite des Himalaya sind es Tibets natürliche Ressourcen, die seinen Wert für China ausmachen. Ein autonomes Tibet, das seine Ressourcen selbst kontrolliert, wäre ein Alptraum für die chinesische Führung. Das muss auch der Dalai Lama einräumen: »Schon in den 1950er Jahren waren die Bodenschätze und strategische Überlegungen der entscheidende Faktor, warum Peking sich entschloss, Tibet zu ›befreien‹. Auch in Xinjiang ging es um Bodenschätze, vor allem um Öl. Das war der Grund, warum man so hart durchgegriffen hat. Am Ende steht jedoch die Frage, wer in diesen Fragen stärker ist. Die internationale Gemeinschaft oder China.«

Aber was soll sie denn tun? Sanktionen gegen China verhängen? Wegen der tibetischen Kultur wolle offenbar niemand die Konfrontation mit Peking wagen. Vielleicht aber, so die Hoffnung des Dalai Lama, könnte Tibet im Streit um Ressourcen zu einem wichtigen Faustpfand werden. Das ist allerdings mehr ein Wunsch als ein möglicher Verlauf der Geschichte. Dazu müssten asiatische Anrainerstaaten China gemeinsam mit dem Westen unter Druck setzen. Derzeit unvorstellbar. Oder könnte das Wasser einmal so knapp werden, dass Asien und dem Westen nichts anderes übrig bleibt?

Der Dalai Lama ist ein gewiefter Machtpolitiker, der einen langen Weg hinter sich hat. Denn er stand chinesischen Kommunisten und ihrem Führer Mao nicht von Anfang an feindlich gegenüber. »Mao hat den Menschen zunächst gedient. Er war ein guter revolutionärer Führer«, sagt der Dalai Lama. Als er in den 1950er Jahren zehn Monate in Peking lebte, habe er das gut beobachten können. »Ich war sehr beeindruckt, als Mao in der Hundert-Blumen-Bewegung im Jahr 1957 die Menschen zur Kritik an der Partei aufgerufen hat. Doch schnell wurde klar: Die Mächtigen kümmern sich nur um sich selbst. Die Kritik war nicht mehr willkommen.« Das sei auch heute noch so: »Die Führung ist zudem sehr korrupt, ihre Familien leben in Luxus. Kommunisten sollten keinen derartigen Lebensstil haben. Wirtschaftlich und politisch geht es den Menschen in China besser als noch vor zehn Jahren. Die Mittelklasse wächst, und das ist gut.« Gleichzeitig aber fehle es vielen Menschen in China an moralischem Gespür. »Menschen, die Macht haben, missbrauchen sie hemmungslos.«

Was die Sicht der chinesischen Gesellschaft auf Tibet angeht, darüber macht der Dalai Lama sich keine Illusionen. Selbst die reformorientierten Eliten in den chinesischen Städten hätten kein Verständnis für den Freiheitskampf der Tibeter. »Sie sind von der Propaganda infiltriert und von Missinformationen geblendet«, meint der Dalai Lama dazu. »Die moderne chinesische Gesellschaft braucht Nationalismus als gesellschaftlichen Kitt. Deshalb betont die Regierungspropaganda immer wieder, dass die Tibeter antichinesisch eingestellt seien.«

Außerdem fürchte die chinesische Regierung die Kraft der Religion. »Die Religion ist wie jede andere Ideologie stark an Emotionen gebunden. Die lassen sich nur schwierig steuern.« Gleichzeitig seien aber sogar einige Familien in der obersten chinesischen Führung praktizierende Buddhisten. »Ich kenne einen bekannten chinesischen Journalisten, der immer ein Bild von mir bei sich hat. Und ein chinesischer General trägt immer ein Bild Maos und eines von mir mit sich herum.«

Auch für den Dalai Lama sind Glauben und politische Ideologie kein Widerspruch: Seinen politischen Standpunkt bringt der geistliche Führer auf eine knappe und überraschende Formel: »Ich bin Marxist.« Dabei trennt er allerdings scharf zwischen Theorie und Praxis. »Der Kommunismus basiert auf einer gewalttätigen totalitären Gesellschaft. Der Kapitalismus darauf, reicher und noch reicher zu werden. Der Marxismus versucht das, was vorhanden ist, gleichmäßig zu verteilen.« Und auch hier zeigt sich der Dalai Lama als Realist. Die Notwendigkeit, die Fleißigen in einer Gesellschaft zu belohnen, erkennt er an. »Den Reichtum völlig gleichmäßig zu verteilen, ist natürlich unrealistisch. Ich denke eher an eine verantwortungsvolle Marktwirtschaft mit starker staatlicher Kontrolle.« Die Pausen zwischen den Sätzen werden länger. Es ist nicht nur die Ratlosigkeit, die ihn manchmal befällt, auch seine Kraft schwindet.

Der Dalai Lama wird älter, das sieht man. Manchmal versprüht er noch eine fast jugendliche Kraft, besonders wenn er lacht. In anderen Momenten wirkt er wie der alte Mann, der er inzwischen ist. Öffentliche Sorgen über seine Nachfolge macht er sich trotzdem nicht. »Wenn ich ein totalitärer Diktator wäre, müsste ich dringend darüber nachdenken, wer mein Nachfolger werden soll. Aber ich bin ja kein Kommunist.«

Ob die Institution des Dalai Lama weiterbestehen wird, hänge von den Wünschen der Menschen ab. Der Dalai Lama hält kurz inne und sagt dann: »Wenn die Menschen zu dem Ergebnis kommen, dass die Institution nicht länger relevant ist, wird sie verschwinden.«

Auch wenn er weiß, dass heute ein Großteil der internationalen Aufmerksamkeit und Anteilnahme für die tibetische Sache an seine Person gebunden ist, hält er sich nicht für unersetzlich. »Die tibetische Kultur wird weiterleben. Und der Buddhismus erst recht.« Er selbst sei nur so bekannt, weil die chinesischen Kommunisten ihn so bekannt gemacht hätten: »Weil sie mich aus Tibet vertrieben haben. Das war und ist eine Rolle, die ich mir nicht aussuchen konnte.« Es ist nicht leicht in diesen Zeiten, Seine Heiligkeit der Dalai Lama zu sein. Trotzdem würde Tenzin Gyatso die Aufgabe wieder übernehmen, wenn er die Wahl hätte. »Leicht oder nicht leicht, das hängt von der mentalen Einstellung ab. Ich empfinde es als Glück, Menschen in aussichtslosen Situationen ein wenig helfen zu können.« Dabei hat er nicht nur den Einzelnen im Blick, sondern das große Ganze. Die tibetische Bewegung habe mehr Kraft als die kommunistische. Der Kommunismus habe noch nicht einmal 200 Jahre durchgehalten. Den Buddhismus gibt es seit mehr als 2000 Jahren.

Das tröstet, auch wenn Peking jeden Tag mehr Han-Chinesen nach Tibet verschickt. »Das ist ein großes Problem«, räumt der Dalai Lama ein. In der Inneren Mongolei stünden bereits vier Millionen Mongolen 20 Millionen Han-Chinesen gegenüber. »Das kann auch in Tibet so kommen«, befürchtet er. »Darüber muss die Welt sich Sorgen machen. Denn die chinesische Regierung ist um ihr Image in China und in der Welt besorgt.«

Ist sie das wirklich? Eigentlich kann es China doch inzwischen egal sein, welches Image es in der Welt hat. Doch erstaunlicherweise verhält es sich umgekehrt. Je mächtiger China wird, desto mehr ist es um sein Image in der Welt besorgt. Aber geht diese Sorge so weit, dass Peking in der Tibetfrage über seinen eigenen Schatten springt? Und kann es umgekehrt – zynisch gesagt – der Welt nicht egal sein, ob die Han-Chinesen in Tibet die Mehrheit stellen?

Ja, aber dann müsste sich der Westen, die Welt, den Vorwurf gefallen lassen, dass mit zweierlei Maß gemessen wird. Wer in Libyen einmarschiert, weil der Herrscherclan sein nach Freiheit strebendes Volk mit Gewalt unterdrückt, müsste eigentlich auch mit Nato-Truppen die Han-Chinesen aus Tibet vertreiben und ein botschaftsartiges Verbindungsbüro in Dharamshala eröffnen. Möglicherweise kommt der Westen eines Tages in eine Situation, in der er den Vorwurf der Doppelzüngigkeit nicht auf sich sitzen lassen will. Dann würde sich die Lage der Tibeter schlagartig verbessern. Oder aber China würde aus Imagegründen und politischer Eitelkeit beim Thema Tibet einlenken. Beide Szenarien sind sehr, sehr unwahrscheinlich.

Hat der Dalai Lama überhaupt noch Hoffnung, dass es Fortschritte im tibetischen Kampf geben wird? »Wenn man den tibetischen Kampf aus einer lokalen Perspektive betrachtet, ist die Situation hoffnungslos.« Global betrachtet, sähe das schon anders aus. »Die Menschen haben die Kraft, Dinge zu ändern, die sie stören. Die Mauer in Deutschland ist nicht durch Gewalt gefallen, sondern durch eine friedliche Bewegung.«

Ja, aber, gebe ich zu bedenken, dass die Mauer gefallen ist, passte ins politische Konzept des Westens; dass Tibet unabhängig wird, nicht. Die Wünsche des Dalai Lama – so berechtigt sie auch sein mögen – und die Wirklichkeit haben nur eine ganz kleine Schnittmenge.

Am Ende des Treffens bekomme auch ich einen weißen Schal umgehängt. Kyizom, die Aktivistin, die von der deutschen Nonne aufgezogen wurde, hat mich in die Residenz des Dalai Lama begleitet. Sie fotografiert, wie Seine Heiligkeit mir den Schal umhängt. Einen Moment später liegt sie auf dem Boden. Ich dachte, sie sei hingefallen, und will ihr aufhelfen. Da begreife ich: Diese sonst so moderne junge Frau liegt vor dem Dalai Lama im Staub. Er scheint diese Art der Verbeugung gewohnt zu sein. Ich bin irritiert. »Ist das nicht ein wenig übertrieben?«, frage ich sie beim Hinausgehen. Sie strahlt mich glücklich an. »Das ist unsere Kultur«, antwortet sie. »Das verstehst du nicht.«

KAPITEL 6

Die zynischen Kunden

Über Chinas Wasser, das von
unserem Geiz verschmutzt wird

Nichts gefährdet Chinas Prosperität so sehr, wie der Mangel an Wasser. Das war schon im Alten China so. Wer die Flüsse des Landes bändigen konnte und seine Gewässer kontrollierte, dem trauten die Chinesen zu, das Land zu beherrschen. Das Volk erwartete vom Herrscher, dass er die Dämme und Kanäle des Landes instand hielt. Der »Sohn des Himmels« und sein Wasserministerium sollten die Menschen vor Überflutungen schützen und Bewässerungsprojekte vorantreiben, damit der Ackerbau florierte. Große Teile des Staatshaushaltes im Alten China flossen in den Bau von Kanälen und Wasserstraßen. Wenn eine Herrscherfamilie die großen Wasserprojekte des Reiches nicht mehr im Griff hatte, war das ein katastrophales Omen. Dürreperioden und Überflutungen galten als Vorboten eines Herrschaftswechsels. Sie zeigten an, dass eine Dynastie ihren Zenit überschritten hatte und bald ein neuer, mächtigerer Clan den Thron erobern würde.[1]

Das heutige China ist noch immer in Denkweisen wie dieser verhaftet, Traditionen spielen eine große Rolle. Doch heute kommt noch ein neuer Aspekt hinzu. Während man früher ein fatalistisches Verhältnis zu den Launen der Natur hatte, wissen heute die Regierung und die Menschen, dass der jahrzehntelange Aufschwung die Umwelt dramatisch beeinflusst. Die Dürre ist nicht mehr nur Schicksal, sondern von Menschen verursacht und beschleunigt. Wenn es der Pekinger Führung nicht gelingt, diese wichtige Ressource für die Zukunft zu sichern, wäre das ein fatales Zeichen. Die Regierung wäre an ihrer wichtigsten Modernisierungsaufgabe gescheitert, von den Folgen für Land und Leute gar nicht zu reden. Sie steht also in dieser Frage unter doppeltem Druck. Und die Herausforderung ist größer als alle anderen großen Probleme, die Peking lösen muss.

Die Lücke, die mittlerweile zwischen Arm und Reich, zwischen ländlichen und Metropolregionen klafft, kann die Regierung mit Hilfe von Subventionen verkleinern. Für Öl, Gas und Kohle kann sie einen höheren Preis zahlen oder gleich auf alternative Energien umsteigen. Wenn die Menschen gegen die Einparteienherrschaft aufbegehren, kann die Regierung schrittweise demokratische Elemente einführen. Doch wenn das Wasser eines Tages versiegt, ist sie machtlos. Sie kann es nicht mit Tankschiffen heranfahren und in ihre versiegenden Flüsse pumpen. Wenn das Wasser ausgeht, kann die Wirtschaft nichts mehr produzieren, verdorren die Äcker der Bauern, können Schiffe die Wasserwege nicht mehr passieren. Das Wachstum wird einbrechen, der Wohlstand der Menschen wird sinken. Sie werden auf die Straße gehen und protestieren und sich um Wasser prügeln, weil ihnen schlichtweg der Hahn abgedreht wurde. Und die Macht der Kommunistischen Partei wird wanken wie einst der Thron einer Herrscherfamilie im Alten China, die an ihrer wichtigsten Aufgabe gescheitert war.

Damals wie heute entscheidet der Zugang zu sauberem Wasser über die Zukunft Chinas. Mehr als alles andere. Aber anders als damals wären auch wir in Deutschland davon betroffen. Wir sind Teil einer Kette, die sich Globalisierung nennt. Wenn China kein Wasser mehr hat, um unsere »Fabrik der Welt« zu sein, dann werden die Produkte, die wir dort so gerne billig einkaufen, plötzlich sehr viel teurer oder gar nicht erst geliefert werden. Und auch im Export träfe uns der Wassermangel: Wenn die chinesische Wirtschaft ins Stottern gerät, wird dort weniger konsumiert, es ist weniger Geld im Umlauf und unsere eigene Wirtschaft wird weniger Güter nach China exportieren können. Das Land ist schon jetzt einer der wichtigsten Handelspartner Deutschlands, ein Rückgang der Lieferungen ins Reich der Mitte hätte enorme Auswirkungen auf unsere Wirtschaft und somit auch auf den Arbeitsmarkt. Und all das, ohne dass wir die Möglichkeit hätten, das Steuer herumzureißen.

Insofern ist das nicht ein Problem, bei dem wir einfach mit dem Finger auf China zeigen und einen Wandel fordern können. Auch wir Deutschen sind mitverantwortlich für die gigantische Umweltverschmutzung. Denn wir kaufen Chinas Produkte so billig ein, dass für den Umweltschutz kein Geld übrig ist. Bisher waren wir ganz gut darin, den Chinesen Moralpredigten zu halten. Gleichzeitig haben wir großzügig darüber hinweggesehen, wenn die Moral auf unseren Geldbeutel abzielte. Damit ist es nun vorbei. Nun müssen wir China helfen, dieses Problem zu lösen – nicht aus Großherzigkeit, sondern weil auch unsere Zukunft am chinesischen Wasser hängt.

China stellt rund 20 Prozent der Weltbevölkerung, hält aber nur 7 Prozent der weltweiten Trinkwasservorräte.[2] Vor allem im Norden ist der Wassermangel groß. Der Gelbe Fluss, an dessen Ufern sich die chinesische Zivilisation einst entwickelte, ist im Frühjahr oft nur noch ein Rinnsal. Fast alle Städte in dieser Region leiden unter der Trockenheit. Die Grundwasserspiegel sinken, und die ohnehin riesigen Wüsten des Landes arbeiten sich täglich weiter vor. Die Hauptstadt Peking wird jedes Frühjahr und jeden Herbst von Sandstürmen heimgesucht, die aus der Inneren Mongolei herüberwehen. Dass Peking in einem Tempo wächst, das die Stadtplaner lange nicht für möglich gehalten haben, verschlimmert die Lage. Inzwischen leben hier rund 16 Millionen Menschen. Sie werden reicher, haben einen höheren Lebensstandard als noch vor ein paar Jahren – und auch ihr Umgang mit Wasser wird verschwenderischer. Früher, als die meisten Pekinger noch in einstöckigen Hofhäusern wohnten, teilten sich viele Familien öffentliche Plumpsklos. Heute leben sie in Millionen von Hochhauswohnungen mit eigenen Badezimmern und Toilettenspülungen. Heute wird täglich geduscht, der Wasserverbrauch ist dramatisch gestiegen. Millionen neuer Autobesitzer lassen regelmäßig ihre Autos waschen, Parks und Grünstreifen werden großzügig bewässert, Hunderte luxuriöser Wohnkomplexe protzen mit Schwimmbädern und Springbrunnen. Deren Versorgung mit Wasser übersteigt das Zigfache der Menge, die für die Bewässerung der Ackerflächen benötigt wurde, die einst hier bewirtschaftet wurden. Das Ergebnis dieser Wasserverschwendung: Schon heute verbrauchen die Pekinger im Durchschnitt pro Kopf deutlich mehr Wasser als die Deutschen.[3]

Anders als in den meisten unserer Metropolen, die über gut gefüllte Grundwasserreservoirs verfügen, ist Wasser in Peking knapp. Die chinesische Hauptstadt liegt im Wüstenrandgebiet. Ihr Grundwasserspiegel fällt seit Jahren, die Nachbarprovinzen müssen Wasser abgeben. Obwohl sie selbst fast auf dem Trockenen sitzt, liefert die Provinz Hebei einen Großteil des Pekinger Wassers. Einen weiteren großen Teil bezieht Peking aus dem Miyun-Stausee nordöstlich der Stadt in der Nähe der Chinesischen Mauer. Dessen Wasserspiegel sinkt seit den 1980er Jahren, und die Qualität des Wassers wird immer schlechter.

Kaum ein Ausländer kennt sich mit den Wasserressourcen der chinesischen Hauptstadt so gut aus wie Christoph Peisert. Seit 1998 arbeitet der gebürtige Hamelner als Experte für die Pekinger Forstverwaltung, die auch für den

Stausee zuständig ist. Ein deutscher Oberförster also, der global denkt und seine Verantwortung in China wahrnimmt. Er ist mit dem Land bestens vertraut und spricht fließend Chinesisch. Seine bedächtige Art zu reden steht in deutlichem Kontrast zu den verschmitzten Blicken, mit denen er seine Einschätzungen über die Pekinger Wasserschutzmaßnahmen flankiert. Peisert und seine chinesischen Försterkollegen sollen die Qualität des Wassers im Stausee verbessern und dafür sorgen, dass das Wasser gleichmäßig nachfließt. »Das größte Problem war wie immer der Faktor Mensch«, erinnert sich Peisert an seine Anfänge in China. Die massivste Gefahr für das Wasser ging damals von der intensiven Landwirtschaft aus, die in großem Stil chemische Düngemittel einsetzte. Hinzu kam, dass auch hier die Bauern seit Beginn der chinesischen Öffnungspolitik neue industrielle Einkommensquellen nutzten. In den 1980er Jahren eröffneten Bauern- und Dorfkader kleine Minen und Bergwerke rund um den See. Sie gruben nach Eisenerz, die chemischen Rückstände der Bergwerke liefen ungeklärt in den See. Der See veränderte sich, viele Fischarten verschwanden, auch die Seeschlangen und seltene Wasservögel.

»Niemand hat sie damals kontrolliert, Gott weiß, was sie für einen Dreck produziert und in das Gewässer eingeleitet haben«, erzählt Peisert. In den Dörfern rund um den Stausee erinnert die an vielen Stellen aufgerissene rote Erde noch heute an den Bergbau. Als Peisert und sein Team Hilfe anboten, war die Stadtverwaltung sehr dankbar. Wie so oft in China handelte die Verwaltung spät, aber dann mit großer Härte. Insgesamt wurden über siebzig Erzbetriebe geschlossen. Anfangs protestierten die Menschen, doch Peking lockte mit Geld. Die Stadtverwaltung erkaufte sich die Kooperation der Dorfbewohner.

Statt nach Erz zu graben, helfen die Bauern jetzt als Waldhüter beim Schutz des Wasserreservoirs. Der Lohn ist bescheiden. Für die Familien ist es trotzdem ein willkommenes Zubrot, immerhin rund 300 Euro pro Jahr. Außerdem versprach Peking, bessere Straßen zu den Dörfern zu bauen. Dafür mussten die Bauern mithelfen, die Gegend um den Stausee zu renaturieren. Mit anderen Worten: Bäume pflanzen. Tausende Hektar des Hügellandes um den See verwandelten die Waldhüter-Bauern unter Peiserts Führung in den vergangenen zwanzig Jahren in Wald. Die Bäume helfen, eine Bodenkultur zu entwickeln, die das Regenwasser speichert und anschließend wieder langsam an den Stausee abgibt. Außerdem stoppen sie die Erosion und verhindern, dass der See versandet.

Das Projekt funktioniert. Zwar ist der Wasserstand im See nach wie vor niedrig, doch die Qualität des Wassers hat sich verbessert. Und die zufließenden Bäche speisen den See auch dann noch, wenn es mal ein paar Wochen nicht regnet. Dennoch verbraucht Peking weiterhin mehr Wasser, als das Umland liefern kann. Dabei hat die Regierung längst alle Fabriken aus der Stadt verbannt. Eine Maßnahme, die sich nicht auf das ganze Land übertragen lässt. Schließlich lebt China von seiner Industrie, man kann sie nicht einfach abschaffen. Was in Peking funktionieren mag, gilt längst nicht für die gewaltigen Industriezentren, die Stadt taugt nicht als Modellprojekt für andere Regionen.

Wie kann es also weitergehen? Die Regierung setzt auf gewaltige Umleitungsprojekte, die Wasser aus dem Süden in den trockenen Norden transportieren sollen. Obwohl manche Experten befürchten, das umgeleitete Wasser könne viel zu verschmutzt sein, wollen Chinas Wasserspezialisten es dennoch probieren. Der Yangtse zum Beispiel, von tibetischen Gletschern gespeist, führt stets so viel Wasser, dass er kaum zu bändigen sei. Außerdem leidet Südchina immer wieder unter Überflutungen. Deshalb haben chinesische Ingenieure einen ehrgeizigen Plan entwickelt. Das Wasser aus dem Süden soll in den Norden umgeleitet werden. Dafür sind drei lange Kanäle vorgesehen, zwei sind schon im Bau. Zunächst soll das Wasser aus der Mündungsregion des Yangtse bei Shanghai nach Norden in Richtung Peking und zur Hafenstadt Tianjin fließen. Bei dieser Route setzen Pekings Technokraten auf die Vorarbeit der Wasserbauexperten des Alten China. Denn einst verband der sogenannte Kaiserkanal diese beiden wichtigen Regionen. Auf über 1000 Kilometern transportierten Dschunken damals vor allem Getreide aus dem Süden in die Kaiserstadt. Der Kanal war eine ingenieurtechnische Meisterleistung der kaiserlichen Baumeister, ein weltweit beispielloses Mammutprojekt. Der neue Kanal folgt im Wesentlichen dieser alten Route.

Außerdem soll ein weiterer künstlicher Fluss Wasser vom Drei-Schluchten-Staudamm am Yangtse quer durch die Mitte Chinas in die Hauptstadt Peking bringen. Doch schon der Bau des Staudammes selbst wurde von chinesischen Umweltschützern scharf kritisiert. Der Damm zerstöre die einzigartige Flusslandschaft, die offiziellen Angaben über den Nutzen bei der Stromerzeugung und der Verhinderung von Dürren und Überflutungen seien übertrieben optimistisch. In der Kompromisslosigkeit, mit der Peking das Projekt trotz aller Widerstände durchsetzen ließ, sahen viele eine Machtdemonstration des damaligen Premierministers Li Peng. Der ausgebildete Wasserbauingenieur galt als Hardliner, vor allem wegen seiner Rolle bei der Niederschlagung der Demokratiebewegung auf dem Platz des Himmlischen Friedens 1989. Insgesamt hat Peking für den Bau und die Umsiedlung der Menschen im Gebiet des Staubeckens schon rund 30 Milliarden Euro ausgegeben, 1,4 Millionen Menschen mussten umziehen. Im Jahr 2006 wurde der 2300 Meter breite und 181 Meter hohe Staudamm eingeweiht. Öffentliche Kritik an dem Projekt war lange tabu. Doch die Probleme wurden immer größer. In der Umgebung des Damms häuften sich Erdrutsche, noch mehr Menschen mussten umgesiedelt werden. Das Staubecken wird regelmäßig von Algen überwuchert, die in der normalen Strömung des Flusses eigentlich ins Meer getragen worden wären. Bei Hochwasser staut sich vor dem Damm eine meterdicke Schicht angeschwemmten Mülls, die aufwendig abgefischt werden muss. Und auch Dürreperioden und Überflutungen am Unterlauf des Yangtse wurden kaum weniger. Im Mai 2011 veröffentlichte eine Regierungswebsite eine neue Sichtweise auf den Damm. »Während das Drei-Schluchten-Projekt großen und umfassenden Nutzen bringt, müssen gleichwohl dringende Probleme gelöst werden.« Vor allem die »reibungslose Umsiedlung von Anwohnern« und der »Umweltschutz« seien ein Problem, wurde eingeräumt. Die derzeitige chinesische Führung versucht sich offenbar öffentlich von dem Projekt zu distanzieren, wohl auch für den Fall, dass die Schwierigkeiten um den Damm noch zunehmen.[4]

Trotz der Rückschläge mit dem Staudamm haben Großprojekte im chinesischen Wasserbau nach wie vor Priorität. Die Wasserumleitung aus dem Süden in den Norden ist dabei das wichtigste Projekt. Mit schwerem Gerät arbeiten sich die Bautrupps durch die Zentralprovinzen Henan und Hebei in Richtung Hauptstadt vor. Die nördlichsten 300 Kilometer des gigantischen Kanals sind schon fertig. Wasser aus den Stauseen der Nachbarprovinz Hebei fließt bereits in die Hauptstadt, nicht ohne Folgen für die einheimische Bevölkerung. Die Bauern der Provinz Hebei müssen die Bewässerung ihrer Felder einschränken, damit in der Hauptstadt die Parks nicht verdorren und die Reichen ihre Autos waschen können. Die Unzufriedenheit wächst, und niemand weiß, ob die Kanalstrategie tatsächlich aufgeht. Doch viele Alterna-

tiven gibt es nicht. Deshalb wird mit Hochdruck weiter-
gebaut. Die Arbeiten am Mittelteil des Kanals, der sich
auf 474 Kilometern durch die Provinz Henan ziehen soll,
haben im April 2011 begonnen. In einem Mammutprojekt muss dabei der Gelbe Fluss untertunnelt werden. Insgesamt soll der Kanal der mittleren Route für die Wasserumleitung vom Yangtse nach Peking 1432 Kilometer
lang werden. 2014 soll das erste Yangtse-Wasser die
Hauptstadt erreichen. Allein für diesen Teilabschnitt müssen 330 000 Menschen umgesiedelt werden. Über 12 Milliarden Euro wurden bislang in das Projekt investiert.
Doch beim Wasser, das weiß die Führung, darf nicht gespart werden.[5]

Zusätzlich zu diesen beiden Kanälen, die das Wasser
des Yangtse in den Norden bringen sollen, planen einige
Ingenieure und Führungskader eine »Westroute« – direkt
aus Tibet. Das tibetische Hochplateau und die vereisten
Gipfel des Himalaya sind riesige Wasserspeicher. Über
tausend größere Seen gibt es in Tibet, praktisch alle wichtigen Flüsse Ost- und Südostasiens entspringen hier: der
Gelbe Fluss, der Yangtse, der Mekong, der Brahmaputra
und der Indus. Wegen seines Reichtums an Trinkwasser
in den Gletschern nennen viele Tibet und das Himalaya-
Gebirge den »dritten Pol« der Erde. Auf dem tibetischen
Hochplateau sollen mehrere Flüsse angezapft und nach
Nordchina umgeleitet werden. Das Projekt wird in chinesischen Führungskreisen schon länger diskutiert. Im
Jahr 2006 sorgte ein Buch mit dem Titel »Tibets Wasser
rettet China« für Aufsehen. Der Autor, Li Ling, ist ein
pensionierter Offizier der Volksbefreiungsarmee. Er schlug
vor, die »Westroute« so schnell wie möglich zu bauen.
Das Buch wurde zum Bestseller und kam vor allem in
Verwaltungs- und Regierungskreisen gut an. Das Ministerium für Wasserressourcen bestellte angeblich gleich
hundert Exemplare, um sie an seine höheren Kader zu

verteilen. Li Lings Plan sieht vor, das Wasser durch die Stadt Aba in Sichuan zu leiten und weiter bis in das Bett des Gelben Flusses. Auf diese Weise könne das Wasser aus Tibet die notorische Trockenheit dieses wichtigsten Wasserlaufs in Nordchina ein für alle Mal beenden, so die Hoffnung. Dafür müssten allerdings Hunderte von Brücken und Tunnels gebaut werden, riesige Aquädukte über Gebirgsflächen, die zu den rausten der Welt gehören. Durch den Kanal sollen jährlich bis zu 600 Milliarden Kubikmeter Wasser nach Nordchina umgeleitet werden, die bisher in Tibet »verschwendet« würden.

Doch welche Auswirkungen hätte das für Tibet? Niemand kann die ökologischen Folgen bisher absehen. Folgen, die nicht nur Tibet und China betreffen, sondern sogar das globale Wassergleichgewicht verschieben könnten. Die Tibeter wurden gar nicht erst gefragt, wie in Kapitel 5 deutlich wird. Sie haben kaum eine Chance, selbst zu entscheiden, wie sie ihr Wasser verwenden. 25 Milliarden US-Dollar würde das Projekt jedenfalls kosten. Wenn es funktioniert, wäre es aus Sicht der Chinesen das Geld wert. Kritiker glauben jedoch, das Projekt werde mindestens 100 Milliarden Dollar verschlingen. Doch weil das Problem so groß und so drängend ist, bleibt der Plan attraktiv. Es zu probieren gilt als kleineres Risiko, als es nicht zu probieren. Auch wenn sie dabei die Augen vor den nicht kalkulierbaren Folgen verschließen müssen. Die Not, Tibets Wasserreservoir anzuzapfen, ist groß – das entschuldigt keineswegs die Härte der chinesischen Führung in Bezug auf Tibet, erklärt sie aber zumindest in Teilen.

Chinas Wassermangel entsteht nicht nur, weil es in manchen Regionen weniger regnet. Für einen Teil des Problems sind wir verantwortlich. Auch wir in Deutschland. Die Umweltverschmutzung, die entsteht, wenn unsere Produkte in China hergestellt werden, spielt dabei eine entscheidende Rolle. Es mutet beinahe grotesk an, dass wir nicht wahrhaben wollen, dass nicht zuletzt unsere Nachfrage gravierende Folgen für die chinesische Umwelt hat, wir die Chinesen aber bei internationalen Treffen ermahnen, den Umweltschutz nicht zu vergessen. Es ist keineswegs die Wirtschaft allein, die in unserer modernen Welt über beinahe alles entscheidet. Wir entscheiden selbst, indem wir etwas kaufen – Waren, die so bei uns nicht hergestellt werden dürften. Zu groß wären die Umweltauflagen, zu hoch die Kosten. Wir wollen Umweltschutz – aber gleichzeitig nicht auf billige Jeans verzichten, auf günstige Elektronik und sogar preiswerte Blumen.

Der alte Zhang Zhengxiang steht aufrecht vor mir und zeigt auf die weite Wasserfläche des Dian-Sees hinaus. Er ist einer der zehn größten Trinkwasserseen Chinas. Auf der anderen Seite der Bucht liegt die Stadt Kunming, Chinas südwestlichste Metropole, Hauptstadt der Provinz Yunnan. »Früher«, erzählt Zhang, »war das hier eine türkisblaue Welt. Im See tummelten sich die Fische, seltene und schöne Arten, am Ufer ein Meer von Wildblumen.« Zhang ist der selbsternannte Hüter des Dian-Sees. Seit Jahrzehnten kämpft er gegen die Zerstörung dieses Naturparadieses. Doch der stämmige Mittsechziger steht auf verlorenem Posten. »Heute ist der See total verdreckt, eine einzige Sickergrube«, schimpft er, die breite Stirn von tiefen Sorgenfalten durchzogen. Das Wasser ist graubraun, in der Luft hängt ein fauliger Geruch.

Hier am Dian-See kann man beobachten, was seit Deng Xiaopings Öffnungspolitik überall in China passiert. Giftige Industrieeinleitungen zerstören Flüsse und Seen, städtische Abwässer, der Dünger aus der Landwirtschaft und die Rückstände der Fischfarmen verwandeln kostbares Trinkwasser in Kloaken. So auch in Kunming. In der Provinzhauptstadt wohnen über drei Millionen Menschen, im Umland noch einmal so viele. Die städti-

schen Abwässer der wachsenden Metropole liefen unge-
klärt in den See, ebenso die Phosphate der überdüngten
Böden. Im Sommer überwuchert regelmäßig eine dicke
Algenschicht den See. Sie erstickt alles Leben. Außerdem
hatten Bauern seit den 1980ern rund um den See kleine
Minen und Bergwerke eröffnet, in denen sie nach Eisen-
erz und Phosphat für Kunstdünger gruben. Die giftigen
Rückstände landeten im See.

Die Landschaft um Kunming mit der üppigen Natur
und ihren Bergen und Seen erinnert auf den ersten Blick
an die südostasiatischen Nachbarn Vietnam und Laos –
eine Gegend, die Touristen eine Heile-Welt-Romantik
vorgaukelt. Erst auf den zweiten Blick wird deutlich, wie
weit die Gegend um den See davon entfernt ist. Die Touristen sind enttäuscht.

Schon vor Jahren begann Zhang Zhengxiang, Ärger zu
machen. Er konnte der Zerstörung des Sees nicht länger
zusehen, sagt er. Er spricht laut, wie einer, der schwer hört.
Dadurch hat fast alles, was er sagt, etwas Anklagendes.
Zhang dokumentierte die Verschmutzung mit dem Foto-
apparat und zeigte die Minenbetreiber bei der Stadtverwaltung an. Als die nicht reagierte, schrieb er Petitionen
an die Provinzregierung. Und als auch die nichts unter-
nahm, blockierte er mit großen Felsblöcken die Zufahr-
ten zu einigen der Minen. Er tauchte auf Treffen der lokalen Verwaltungsbehörden auf und beklagte die Korruption
der Kreisbeamten. Sie würden das schmutzige Geschäft
der Minenbetreiber decken. Er schimpfte, polterte und
machte sich viele Feinde. Mehrfach lauerten ihm Schlä-
gertrupps auf, bedrohten und verprügelten ihn. Er zeigt
auf eine tiefe Narbe an seinem Nacken. »Hier machen wir
dir ein Zeichen hin, haben sie gesagt. Und wenn du weiterhin Ärger machst, dann hacken wir dir den Kopf ab.«

Zhang ist keiner von Chinas neuen »Grünen« aus der
gebildeten Mittelschicht wie die Chinesen, die sich in-

zwischen in Peking oder Shanghai bei Greenpeace engagieren. Er spricht Hochchinesisch mit starkem Akzent, er ist ein Bauernaktivist, der im noch ländlichen Umland der Stadt auf einem kleinen Hof wohnt. Obwohl er leicht humpelt, geht er zügig über die Feldwege, die an den Bewässerungskanälen entlangführen. Sein Bauernhaus ist vollgestopft mit Zeitungsberichten über seinen Protest gegen die Verschmutzung des Sees.

Zunächst sah es so aus, als könne der See noch gerettet werden. Als die Stadt Kunming Anfang der 1990er Jahre Klärwerke bekam, begann der See sich zu erholen. Doch in den letzten zehn Jahren ist ein neuer, schlimmerer Umweltsünder dazugekommen: der Schnittblumenanbau, für den Kunming nicht nur in ganz China bekannt ist. Der Blumenanbau ist hier inzwischen eine Industrie, Abnehmer finden sich in der ganzen Welt. In langen Reihen säumen die Treibhäuser die Ostseite des Sees. Es sind Zehntausende, und jedes Jahr werden es mehr. Unter ihren Folien wachsen die Rosen für die aufwendigen Dekorationen bei chinesischen Banketten, Hochzeiten oder Staatsempfängen. Und für die Wohnzimmertische in Europa und den USA. Das milde Klima Kunmings ist ideal für den Blumenanbau. Mehr als 2000 Tonnen Schnittblumen wurden im Jahr 2009 am Dian-See geerntet. Auch europäische Firmen sind hier bereits aktiv, vor allem die Niederländer. Trotz der hohen Transportkosten ist das immer noch billiger, als die Blumen zu Hause zu ziehen. Die Provinzregierung unterstützt die Branche, sie will mit Blumen aus Kunming an die Weltspitze. Der Flughafen der Stadt wird gerade ausgebaut, damit die Rosen demnächst noch schneller nach Europa und die USA exportiert werden können.

Damit die Blumen besonders bunt und prächtig wachsen, setzen die Farmer auf Hochleistungsdünger und Pestizide. Beim Blumenanbau ist alles erlaubt. Blumen muss niemand essen, die giftigsten Pestizide und Dünger – einige davon sind in Europa längst verboten – können ungehemmt eingesetzt werden. Entsprechend sorglos gehen die Bauern vor. Zehntausende Kleinbauern sind inzwischen vom Anbau zur Selbstversorgung auf Blumen umgestiegen. Manche haben nur ein oder zwei Treibhäuser. Mit Pumpflaschen auf dem Rücken gehen sie durch die Reihen der Blumen. Sie versprühen Pestizide oder streuen chemische Düngemittel, kleines weißes Granulat, das in die Furchen zwischen den Blumenreihen kullert. Die Treibhäuser stehen direkt am See, durch die Bewässerungskanäle fließen die Rückstände des Düngers und der Pestizide direkt ins Wasser und lassen die Algen sprießen.

Dass die Algenblüte trotz der Kläranlagen jedes Jahr schlimmer wird, liege nur am Gift der Blumen, glaubt Zhang Zhengxiang. »Jeder weiß das hier, doch keiner sagt etwas. Jeder will an dieser Blumengeschichte mitverdienen.« Wenn man die Bauern dazu befragt, klingt die Antwort entwaffnend einfach: »Unser Dünger kann unmöglich Auswirkungen auf den See haben«, sagt eine Frau, die in einem Treibhaus Pestizide versprüht. »Denn wenn der Dünger damit etwas zu tun hätte, dann wäre es doch verboten, hier Blumen anzubauen. Die Lokalregierung würde das nicht zulassen.«

Die Provinzkader indes drücken beide Augen zu, strengere Umweltauflagen wären schlecht fürs Geschäft. Im Südwesten Chinas sind viele noch nicht bereit, für sauberes Wasser auf das schnelle Geld zu verzichten. Sie wollen auch erst so wohlhabend werden wie die Menschen in den Küstenstädten und in Peking.

Zhang Zhengxiangs Einsatz für den See hat inzwischen eine zynische Pointe. Die Lokalregierung kümmert sich nach wie vor nicht um seine Warnungen und die anderer Aktivisten. Letztes Jahr jedoch bekam er Rückendeckung aus Peking. »Hier, das ist der Artikel über den Preis, den ich letztes Jahr gewonnen habe.« Zheng sieht sehr schlecht, wenn er liest, hält er sich den Zeitungsausschnitt ganz dicht vor die Augen. Während die Lokalregierung nur auf Wirtschaftswachstum aus ist, hat die Zentralregierung eingesehen, dass man von quantitativem auf qualitatives Wachstum umstellen muss. Der Störenfried wurde plötzlich zum Helden. Das zentrale Staatsfernsehen in Peking verlieh ihm einen Preis für sein Engagement. »Gandong Zhongguo«, sie ehrten ihn als eine von zehn Persönlichkeiten, deren Schicksal in diesem Jahr das Land bewegt habe. Sie bezahlten sein Flugticket nach Peking und ließen ihn bei einer riesigen Fernsehgala auftreten, in einer Kulisse größer als bei »Wetten, dass …?«. Millionen sahen zu, wie er über den Schutz des Dian-Sees sprach. Doch der Arm der lokalen Kader reicht weit. Zhangs Auftritt wurde geschnitten, bevor er ausgestrahlt wurde. Nur ganz allgemeine Aussagen des Aktivisten passierten die Zensur. Er durfte sagen, dass der See »geschützt« werden muss und dass er lange für den Schutz des Sees »gekämpft habe«. Die Passagen, in denen er konkret die giftigen Einleitungen der Minenbetreiber und Blumenzüchter von Kunming beklagte, wurden nicht gesendet. Wer für die Verschmutzung des Dian-Sees verantwortlich war und welche Industrien höhere Umweltauflagen bräuchten, das bekamen die Zuschauer des Staatsfernsehens nicht zu sehen.

Das zeigt, wie hin und her gerissenen die Führung ist, wenn es um Umweltprobleme geht. Niemand weiß heute besser als die Zentrale und ihre Propaganda-Abteilung, dass das Land seine Wasserkrise meistern muss. Doch wenn es an die Umsetzung auf lokaler Ebene geht, verhindern korrupte Kader im Apparat und ein Geflecht aus gegenseitigen Abhängigkeiten, dass etwas geschieht. Auch für Peking stellt sich immer wieder die Frage, wie viel Kritik man zulassen kann, damit sich einerseits etwas verändert, sich andererseits die Wut der Menschen auf mögliche Einschränkungen durch die Regierung in Grenzen hält. Meist entscheiden sich die Zensoren für den »vorsichtigeren« Weg. Dann kommt so etwas heraus wie die Sendung über Zhang. Immerhin wurde das Thema in einer populären Show angesprochen, und immerhin muss Zhang Zhengxiang dank der öffentlichen Aufmerksamkeit heute nicht mehr um sein Leben fürchten. Dem Dian-See jedoch geht es schlechter als je zuvor.

Viele Seen Chinas sind inzwischen stark verseucht oder haben kein Wasser mehr. Der Dongting-See, der zweitgrößte See Chinas, hatte im Mai 2011 sechzig Prozent weniger Wasser als der Durchschnitt der vergangenen Jahre. Chinas größter Süßwassersee, der Poyang-See, den kaum jemand außerhalb Chinas kennt, führt sogar 78 Prozent weniger Wasser, sagen die Beamten vom meteorologischen Forschungsinstitut der jeweiligen Provinzen. Spätestens als der Taihu-See, Chinas drittgrößtes Trinkwasserreservoir, 2007 umkippte, musste die Regierung in Peking das Problem ernsthaft in Angriff nehmen. Damals waren erstmals die Bewohner einer Millionenstadt für zwei Wochen von der Versorgung mit nutzbarem Leitungswasser abgeschnitten. Der See an der Grenze der Boom-Provinzen Zhejiang und Jiangsu, kaum 150 Kilometer von Shanghai entfernt, dient unter anderem als Trinkwasserspeicher für die Vier-Millionen-Stadt Wuxi.

In jenem Jahr 2007 litt der See unter der bisher schlimmsten Blaualgenblüte. Dünger und Waschmittelrückstände im Wasser mögen diese Blaualgenbakterien besonders. Wenn es warm wird, vermehren sie sich explosionsartig. Während der Blüte bilden sie dicke schleimige und blaugrün schimmernde Klumpen. Wer mit den Algen in Berührung kommt, kann Hautreizungen bekommen. Wer das Wasser schluckt, dem wird nicht nur übel. Erbrechen, Durchfall und Atemnot sind üblich. Und wenn die Algen dann absterben, entzieht der Verwesungsprozess dem Wasser so viel Sauerstoff, dass alles Leben im See erstickt wird.

Die Behörden versuchten, den tödlichen Teppich mit schwimmenden Barrieren so zu verdichten, dass Filterboote die Algen von der Oberfläche absaugen konnten. Die Fischer der Region erhielten Prämien für jede Ladung Algen, die sie mit Eimern und Kehrblechen abschöpften. Um zu verhindern, dass alle Fische starben, pumpte das Militär sogar Sauerstoff in den See. Doch am Ende blieben alle Versuche, die Katastrophe einzudämmen, erfolglos. Mit dem verseuchten Wasser waren die städtischen Wasseraufbereitungsanlagen heillos überfordert, Wuxi erlebte eine schwere Wasserkrise. Was aus den Leitungen kam, schmeckte übel und roch, zum Trinken oder Kochen war es nicht geeignet. Die Bewohner stürmten die Läden und kauften Wasserflaschen auf Vorrat, bis die Regale der Supermärkte leer waren. Später trauten sie sich nicht einmal mehr, sich mit dem Leitungswasser zu waschen, aus Angst, davon krank zu werden. Dann wurde die Wasserversorgung der Stadt für sechs Tage komplett gekappt. Die Katastrophe war ein Weckruf, erstmals waren wohlhabende Stadtbewohner ohne Wasser. Eine direkte Folge ihres neuen Reichtums.[6]

Die Provinzregierungen haben am Taihu-See inzwischen ein Programm gestartet, um die Qualität des Wassers zu verbessern. Chemiewerke dürfen Abwässer nicht mehr ungeklärt in den See leiten. Bauern müssen in der Gegend des Sees auf chemischen Dünger und Pestizide verzichten. Von den Uferregionen soll die Landwirtschaft ganz verschwinden. Doch auch hier muss die Regierung zwischen Umweltschutz und den unmittelbaren Profitinteressen der lokalen Bauern und Fabrikanten abwägen. Die Maßnahmen lassen sich nur mühsam durchsetzen, noch immer fließen Düngemittel und Chemikalien in den See. Inzwischen wird die Lage dennoch langsam besser. Allein im Jahr 2011 investierte die Stadt Wuxi 500 Millionen Euro in die Sanierung des Sees.[7] Seit 2007 hat sie bereits knapp drei Milliarden Euro investiert, ein Teil davon floss in Kläranlagen, die mit Hilfe deutschen Know-hows dort gebaut wurden. Die Berlin Wasser AG, die mehrheitlich dem Land Berlin und der RWE gehört, hat zudem ein integriertes Wasserinformationssystem für den See entwickelt.

Seit der Katastrophe am Taihu-See dürfen selbst die Medien freier über das Problem der Wasserverschmutzung berichten. Immer wieder tauchen in den chinesischen Medien Berichte über das Wasserproblem auf. Und wenn man ihnen glauben kann, werden die Schuldigen heute meist zur Rechenschaft gezogen. Inzwischen ist die Verschmutzung des Taihu-Sees sogar Gegenstand eines Krimis. In dem chinesischen Roman von Qiu Xiaolong, der im Deutschen unter dem Titel »Tödliches Wasser« erschienen ist, ermittelt Oberinspektor Chen gegen einen korrupten Umweltbeauftragten einer Chemiefabrik.

Die Regierung braucht die Unterstützung der Bevölkerung, wenn sie die Wasserkrise lösen will. Es gibt Fortschritte, immer wieder aber auch Rückschläge. Im Juli 2010 kam es in der Provinz Fujian zu einer Katastrophe, als über 500 Kubikmeter hochgiftige Abwässer einer Kupfermine in den nahegelegenen Ting-Fluss liefen. Fast 2000 Tonnen Fisch verendeten, die Anwohner des Flusses konnten das Wasser nicht mehr verwenden. Die verantwortliche Firma versuchte zunächst, den Vorfall zu vertuschen, und behauptete, das massenhafte Fischsterben habe nichts mit ihren Abwässern zu tun, sondern sei durch Blaualgen ausgelöst worden. Der Fall erregte dennoch landesweit großes Aufsehen. Schließlich wurde der Betreiber von Chinas größter Goldmine, Zijin Mining, dem auch die Kupfermine gehört, zu einer hohen Geldstrafe verurteilt. Außerdem musste sein Unternehmen die lokalen Fischer entschädigen.[8]

An solche Katastrophen denkt man in Peking auch, wenn es darum geht, unter allen Umständen die Kontrolle über Tibet zu behalten. Das weiß auch der Dalai Lama. Wir im Westen jedoch reden nie über Wasser, wenn wir über Tibet sprechen. Wir reden meistens über Religion. Und nur in Ausnahmefällen darüber, dass auch unser Wohlstand mit massiver Umweltverschmutzung in China erkauft wurde.

Kaum jemand in Deutschland denkt daran, wenn er morgens seine Jeans anzieht. Dabei wäre das jedoch genau der richtige Zeitpunkt. Denn die Jeans kommt mit großer Wahrscheinlichkeit aus dem Reich der Mitte. Sie wurde dort nicht nur genäht, sondern auch gefärbt. Das Wasser unserer Flüsse ist tiefschwarz, sagen die Bauern in der Umgebung von Xintang. Das kommt von der Farbe. Von der Farbe unserer Jeans. Doch so weit reicht unser Gewissen nicht. Es reicht, um China anzuklagen, aber nicht, um uns zu unserer Verantwortung zu bekennen. Unserer Verantwortung für die Flüsse von Xintang zum Beispiel.

Mit ihren rund 300 000 Einwohnern ist die Stadt in Südchinas Boomprovinz Guangdong nach lokalen Maßstäben eine Kleinstadt. Doch die Produkte von hier sind weltweit eine feste Größe, auch in Deutschland. Xintang hat sich auf die Herstellung von Jeans spezialisiert. Fast jeder hier verdient irgendwie an den Hosen, Hunderte von Fabriken nähen, färben und bleichen die Jeans in allen Varianten und Qualitätsstufen, von der Billigware für den chinesischen Heimatmarkt oder westliche Textildiscounter bis zu exklusiven Designerlabels. »Gut drei Viertel der Weltmarktproduktion an Jeans kommen aus

Xintang«, behauptet Huang Deguang, ein Fabrikmanager, der mehrere Werke zum Bleichen und »Veredeln« bereits fertig genähter Hosen betreibt. Bei ihm bekommen sie den letzten Schliff für die aktuelle Saison, besondere Farbakzente, abgewetzte Stellen, spezielle Falten, einen angesagten Schmuddel-Look. Alles für uns, die Konsumenten im Westen.

Fabrikmanager Huang ist vor zwanzig Jahren ins Jeansgeschäft eingestiegen und hat sich Schritt für Schritt hochgearbeitet. Seine Gesichtszüge sind entspannt, nie spricht er lauter als nötig. Er verströmt die Selbstsicherheit eines Managers, dessen Produktion nie unter eine Auslastung von 80 Prozent fällt und der seine Termine und Margen im Blick hat. Er zeigt die riesigen Waschküchen, in denen die Hosen gebleicht werden. In den Hallen ist es heiß, es dampft, zischt und riecht nach Seife. Die Atmosphäre erinnert an Bilder der industriellen Revolution in Europa. Arbeiter mit nackten Oberkörpern schütten Bleiche mit Schöpfgefäßen aus Plastik in die Waschtrommeln. Auf Rollwagen schieben sie unsere tropfnassen Jeans später in den Hof, wo Arbeiterinnen sie mit Draht zu verdrehten Bündeln zusammenzurren. An langen Bügeltischen arbeiten junge Männer im Akkord. Ihr Rhythmus beeindruckt, jede Bewegung sitzt, kein Handgriff scheint überflüssig. Sie brennen den Hosen spezielle Mode-Falten ein, genau wie wir es gerne mögen. Huang Deguang grüßt ein paar Arbeiter, er ist stolz auf seine Truppe: »Wir geben hier jeden Tag bis zu 30 000 Hosen den letzten Schliff.« Doch welche westlichen Marken in seiner Fabrik produzieren lassen, möchte er lieber nicht verraten – »Geschäftsgeheimnis«. Da hält er es genau wie die anderen Großen der Branche.

Nebenan fließt das Wasser aus den Waschtrommeln durch Betonrinnen am Boden der Werkshallen ab. Beim Thema Abwasser wird der Manager einsilbig. »Unser Abwassersystem entspricht dem nationalen Standard, wie alle von den Unternehmen hier in der Gegend.« Mehr will er dazu nicht sagen, eine Erklärung dafür, warum das Wasser der Flüsse um Xintang trotzdem so schmutzig ist, hat er nicht.

Wegen ihrer niedrigen Umweltstandards musste Chinas wasservergiftende Textilbranche schon viel Kritik einstecken. Jamie Choi ist im Pekinger Büro der Umweltorganisation Greenpeace für die »Wasserkampagne« zuständig. Die junge Frau aus Südkorea hat in den USA studiert. »China hat eine Krise«, sagt Choi. »Über 320 Millionen Menschen in diesem Land haben keinen Zugang zu sauberem Trinkwasser.« Sie spricht mit Empörung in der Stimme, wie sich das für eine Greenpeace-Aktivistin gehört. Sie kämpft einen wichtigen Kampf, erste Erfolge sind zu verzeichnen. Denn nicht immer durfte Greenpeace in diesem Bereich aktiv sein. Als eine der wenigen Nichtregierungsorganisationen können die Umweltschützer in China inzwischen vergleichsweise frei operieren, gerade beim Thema Wasser. Ein Zeichen dafür, dass Chinas Führung inzwischen fast jedes Mittel recht ist, um in der Wasserkrise das Ruder herumzureißen.

Die Pekinger Greenpeace-Zentrale hat mehr als sechzig Mitarbeiter. Regelmäßig reisen Choi und ihr Team in die unterschiedlichsten Regionen des Landes, um Wasserproben zu nehmen. Ihr Ziel ist es, Verschmutzungen in Flüssen oder Seen mit den Verursacherfabriken in Verbindung zu bringen. So wollen sie die Betreiber zwingen, giftige Substanzen nicht mehr in die Flüsse zu leiten. Das sei nicht immer einfach, sagt Choi. Oft teilten sich nämlich innerhalb eines Industriekomplexes unterschiedliche Firmen ein gemeinsames Abwasserrohr. Die Aktivisten können dann kaum noch nachvollziehen, welcher Schadstoff aus welcher Fabrik kommt.

Die Bekleidungsfabriken in Guangdong ärgern sie seit

Jahren. »Jeder Schritt in der Produktion benötigt Chemie: vom Spinnen des Garns über das Färben bis zum letzten Schliff. Und viele dieser Chemikalien sind gefährlich.« Besonders das Bleichen der bereits gefärbten Hosen, wie es Huang Deguang in seiner Fabrik macht, geht nicht ohne den Einsatz von viel Chemie vonstatten. Der harte Preiskampf, den sich die Fabriken untereinander um die westlichen Kunden lieferten, ließe kaum Spielräume für eine teure Abwasseraufbereitung, so Choi. Schließlich gibt es in Deutschland bereits Jeans für unter zehn Euro. Manche Fabriken hätten zwar inzwischen werkseigene Kläranlagen, die sie bei Besuchen von Inspektoren präsentierten. Im Alltag würden diese Anlagen aber oft nicht eingeschaltet, weil der Betrieb zu teuer sei. Vor allem in Kleinstädten wie Xintang mache es die enge Verflechtung zwischen Fabrikanten und Lokalregierung so gut wie unmöglich, höhere Standards durchzusetzen oder den Einsatz der Kläranlagen zu erzwingen.

Die Jeans-Stadt Xintang liegt im Perlfluss-Delta in der Provinz Guangdong, der wichtigsten Wirtschaftsregion Chinas, nördlich der Finanzmetropole Hongkong. Rund fünfzig Millionen Menschen leben hier auf einem Gebiet so groß wie Belgien. Es ist durchzogen von einem Gewirr aus Flussarmen und Kanälen. Die subtropische Region hat Wasser im Überfluss und eine üppige Natur, der Boden ist fruchtbar und ermöglicht theoretisch mehrere Ernten im Jahr. Doch mit industrieller Arbeit lässt sich mehr Geld verdienen. Wenn China die Fabrik der Welt ist, dann ist Guangdong ihre wichtigste Werkshalle. Millionen chinesischer Wanderarbeiter stellen hier alle nur erdenklichen Produkte her. Von Kleidung über Schuhe und Möbel bis hin zu Haushaltsgeräten, Computern und natürlich dem iPhone. Fast alles für den europäischen und amerikanischen Markt. Die Aufschrift »Made in China« auf einem Toaster, einem Radiowecker oder einer Fotokamera bedeutet fast immer: hergestellt im Perlfluss-Delta. In Guangdong mit den beiden Metropolen Guangzhou (im Deutschen früher Kanton genannt) und Shenzhen wird mit Abstand der größte Anteil an Chinas Exporten hergestellt. Die Guangdonger gelten als die geschäftstüchtigsten Chinesen. Nicht zuletzt deswegen errichtete Deng Xiaoping hier 1980 die erste Sonderwirtschaftszone, wo Ausländer und Chinesen Gemeinschaftsunternehmen eröffnen konnten. Mit dem Geld, das vor allem Investoren aus Hongkong und Taiwan bereitstellten, entstand ein weltweit einmaliges Fabrikuniversum. Die Jeans aus Xintang machen nur einen winzigen Teil aus. Und in fast allen Industriezweigen Guangdongs dominieren schmutzige Verfahren. Der Umweltschutz hat mit dem Wachstum noch nicht Schritt gehalten, weil die Unternehmer mehr verdienen und wir nicht mehr für unsere Produkte bezahlen wollen.

Die Ersten, die darunter leiden, sind die Bauern der Gegend. So wie Jiang Ning, der in unmittelbarer Nähe der Jeansfabriken seine Felder bestellt. Er baut Lauch an. Seine Parzelle liegt auf einer Fläche an der Gabelung zweier Flussarme. Zur Bewässerung versenkt er eine schwimmende Pumpe in einem der kleinen Kanäle zwischen den Ackerflächen. Die Maschine saugt das Wasser ein, dann verteilt Jiang es mit einem dicken Plastikschlauch zwischen den Setzlingen. Er ahnt, dass es verseucht ist, doch was bleibt ihm anderes übrig? Anderes Wasser hat er nicht. Bauer Jiang ist aus der ärmeren Nachbarprovinz Jiangxi ins reiche Guangdong übergesiedelt. Die meisten Einheimischen haben die Landwirtschaft inzwischen aufgegeben. Sie verdienen ihr Geld jetzt in der Industrie. Unbebautes Land verpachten sie an Zuwanderer wie Jiang. »Landwirtschaft ist Knochenarbeit. Die Leute von hier haben jetzt Geld und wollen das nicht mehr machen. Ich bin arm, ich habe keine Wahl«, sagt er. Um zu überleben, muss Jiang sein Gemüse verkaufen, auch wenn es durch Rückstände vergiftet ist. Die Stadtbewohner von Xintang hingegen leiden noch kaum unter der Verschmutzung. Sie trinken Mineralwasser aus Kanistern, zum Waschen und Kochen nehmen sie aufbereitetes Leitungswasser. Der Zugang zu sauberem Wasser wird in China immer mehr zum Privileg der aufstrebenden Mittelschicht.

Alle die kleinen Flüsse, Bäche und Kanäle aus der Region münden irgendwann in den Perlfluss, der seinen Namen der einst im Flussbett gelegenen Flussperleninsel verdankt. Heute ist der Fluss ein zäher brauner Strom, der sich an der Küste vor Hongkong ergießt und dort inzwischen auch die Lebensqualität der Unternehmer beeinträchtigt, die in Guangdong ihre Fabriken haben und in Hongkong leben. Sie fahren mit ihren Jachten an Hongkongs Strände, die sie mit ihren Produktionen selbst verschmutzt haben. Bereits 2007 kam das chinesische Wasserministerium zu dem Schluss, dass 60 Prozent des Flusses verseucht sind.

Neben den Textilfabriken sind die Platinenhersteller die größten Wassersünder im Perlfluss-Delta. Elektronische Platinen stecken heute in fast allen Elektrogeräten. Hier geht es hauptsächlich um giftige Chemikalien, Schwermetalle und dergleichen, die schon in vergleichsweise kleinen Mengen ihre manchmal tödliche Wirkung entfalten. Nach übereinstimmenden Messungen von Greenpeace und dem chinesischen Wasserministerium leiteten viele dieser Firmen hochgiftige Abwässer in die Flüsse. Die Grenzwerte für Blei und Beryllium in Flussabschnitten nahe den Firmenniederlassungen wurden regelmäßig um ein Vielfaches überschritten. In vielen Dörfern in der Gegend häufen sich Krebsfälle. Auch hier geht es oft um Produkte für den deutschen Markt. Der Erfolg von Media Markt und Saturn in Deutschland – auch er verschlimmert die chinesische Wasserkrise, obwohl deren Produkte sehr viel Spaß machen.

Können wir also etwas dafür, dass Peking Tibet wegen seines Wassers im Zangengriff hält? Indirekt schon. Wir haben unsere Umweltverschmutzung nach China ausgelagert. Auch deswegen brauchen die Chinesen das Wasser aus Tibet. So verrückt das klingen mag: Wenn wir heute in Deutschland Jeans kaufen, hat das indirekt auch Auswirkungen auf das Schicksal Tibets. Und zwar sogar in zweifacher Hinsicht: Je mehr wir in China herstellen lassen, desto mehr Wasser wird verschmutzt und desto unerbittlicher wird Pekings Griff nach Tibet. Und je reicher China durch seine Exporte wird, umso selbstbewusster und unbeugsamer wird Peking werden, wenn es darum geht, seine Interessen durchzusetzen. Gegen Tibet und im Zweifel auch gegen uns.

Von nun an keine Jeans mehr zu tragen löst das Problem natürlich nicht. Es bringt auch wenig, gegenseitig mit dem Finger aufeinander zu zeigen und sich zu beschuldigen. Nach dem Motto: Ihr Westler lagert eure Schmutzproduktion aus. Und: Ihr Chinesen seid so korrupt, dass euch die Umwelt egal ist. Wir müssen zusammenarbeiten, um dieses Problem zu lösen, denn alles ist eng miteinander verflochten. Jeder tut sich schwer, über den eigenen Tellerrand hinauszusehen. Wir wollen preiswert einkaufen, die chinesischen Fabrikanten viel verdienen.

Die Leidtragenden sitzen zunächst in China. Dass die Umweltverschmutzung, die sich ja nicht nur auf die Flüsse beschränkt, Auswirkungen auf uns alle hat, blenden wir nur zu bereitwillig aus. Auch der chinesischen Regierung ist klar, dass sie Raubbau an ihrer Natur betreibt. Eines nicht fernen Tages könnte sie sich deshalb entschließen, die Umweltschäden durch eine Steuer zu kompensieren, die sie auf unsere Produkte aufschlägt. Das wäre nur gerecht. Werden wir Deutschen so zynisch sein, die Einzelhändler nur noch in Ländern einkaufen zu lassen, die uns aus purer Not die Umweltverschmutzung nicht in Rechnung stellen? Derzeit sieht es noch ganz danach aus. Denn unsere Kaufkraft in Deutschland sinkt auch so schon. Aber allmählich werden uns die globalen Zusammenhänge immer vertrauter. Und immer mehr Menschen werden ein schlechtes Gewissen empfinden, wenn sie noch Produkte kaufen, in denen die Umweltschäden nicht berücksichtigt sind.

KAPITEL 7

Die weltreisende Sozialprüferin

Über »Made in China« und
wie wir dafür bezahlen werden

Für einen Augenblick scheint es, als liefe Maren Böhm gleichzeitig in zwei verschiedene Richtungen. Sie ist doppelt zu sehen. Auf einer riesigen LED-Wand und in Wirklichkeit. Es ist, als habe sie die Gesetze der Physik ausgehebelt, um den Anforderungen der Globalisierung besser zu genügen. Sie macht große Schritte, zögert nicht und zieht ihren Rollkoffer so schnell hinter sich her, dass er kurz zu tänzeln beginnt. Dutzende Male ist sie diesen Weg schon gelaufen. Sie bewegt sich so selbstverständlich durch das Terminal des Hongkonger Flughafens, eines der größten der Welt, wie andere Menschen durch einen Supermarkt in der Nachbarschaft.

Maren Böhm ist eine Norddeutsche, die sehr gut Chinesisch spricht und in Istanbul lebt. Sie arbeitet für ein deutsches Unternehmen aus Hamburg-Bramfeld, das in der Nachkriegszeit gegründet worden ist und heute globaler kaum sein könnte: die Otto-Gruppe. »Lebensfreude auf Bestellung«, so lautet ihr bekanntestes Motto. Früher hieß das Unternehmen noch »Otto Versand, Hamburg«. Diese drei Worte und der Singsang des Werbejingles, der dazu aus dem Radio dudelte, haben sich tief ins Unterbewusstsein der Deutschen eingegraben und lieferten eine Steilvorlage für den Komiker Otto, der den Slogan persiflierte: »Otto versaut Hamburg.«

Das war zu Zeiten, in denen selbst Jugendliche noch im

Otto-Katalog blätterten, so, wie sie heute auf dem iPad durch das Internet zappen. Auch wenn auf einer der letzten Ausgaben der »Gute Zeiten Schlechte Zeiten«-Star Yvonne Catterfeld auf dem Cover prangte, liegt der Katalog höchstens noch bei Oma auf dem Tisch. Und Opa benutzt ihn als Unterlage für den neuen Wagenheber beim Winterreifenwechsel. Die Zeiten des guten alten Katalogs sind vorbei, inzwischen ist die Otto-Gruppe der größte Onlinehändler der Welt für Mode- und Lifestyleprodukte. Lässt man die Produktpalette außer Acht, rangiert Otto hinter Amazon weltweit auf Platz zwei. 11,4 Milliarden Euro setzte das Unternehmen im Geschäftsjahr 2010/2011 um. Der Konzern steigert seinen Umsatz um über zehn Prozent im Jahr. Überall in der Welt kaufen die Manager des Unternehmens Hemden, Röcke, Hosen, Jacken, Schuhe oder Möbel ein. In der Türkei und in Sri Lanka. In Bangladesh, in Indien und Tschechien. Und sehr, sehr viel in China. Fast 50 000 Mitarbeiter hat die Otto-Gruppe. Eine davon ist Maren Böhm. Und manchmal ist sie eben auch zwei.

Die LED-Wand, über die Böhm gehuscht ist, soll es den Wartenden am Hongkonger Flughafen leichter machen, ihre Freunde, Verwandten und Geschäftspartner im allgemeinen Getümmel auszumachen. Wir warten auf Maren Böhm. Für das ZDF drehen wir eine Reportage über die Zustände in asiatischen Fabriken. »Nähen bis zum Umfallen?« lautet der Titel. Böhm wird uns die Fabriken zeigen. Sie ist Sozialprüferin bei Otto. Sie kontrolliert, ob die Fabriken, die Otto beauftragt, auch den Standards entsprechen, die sich das Unternehmen selbst auferlegt hat. Auch die westlichen Medien und verschiedene NGOs achten genau auf die sozialen Bedingungen bei den Zulieferern der Modeketten.

An der Seite von Maren Böhm wollen wir ein paar

vermeintliche Wahrheiten überprüfen. Sätze, die uns allzu sicher über die Lippen gehen.

Sätze, wie: »Der Westen beutet die Dritte Welt aus.«

»Die westlichen Konzerne sorgen dafür, dass die Armen immer arm bleiben.«

»Der Kapitalismus vergrößert die Ungleichheit zwischen den reichen und den armen Ländern. Wenn wir Billigprodukte ›Made in China‹ kaufen, zementieren wir diese Ungleichheit.«

Oder auch: »Wir sind die größten Profiteure der globalen Arbeitsteilung.«

Das ist jedoch nur die eine Seite. Ebenso leicht gehen uns Sätze über die Lippen wie:

»Sind die Zustände unter dem wachsenden Konkurrenzdruck vielleicht sogar noch schlimmer geworden? Man kennt ja die chinesische Haltung zu Umweltschutz und Menschenrechten.«

Es ist 22.30 Uhr. Die Maschine aus Istanbul hatte wieder einmal Verspätung. Und Maren Böhm ist noch lange nicht am Ziel. Die Fabriken, die sie unter die Lupe nehmen will, stehen nicht in Hongkong, sondern dort, wo die Grundstückspreise und die Löhne niedriger sind. Von der schillernden Metropole geht es weiter nach Dongguan, eine Industriestadt etwas nördlich im chinesischen Perlflussdelta. Ohne Staus und Wartezeiten an der Grenze dauert die Fahrt noch einmal zweieinhalb Stunden. Böhm nimmt ein Taxi zum Bahnhof und fährt zur Grenze zwischen Hongkong und China. Dort holt sie ein Fahrer ab und bringt sie zu dem Hotel, von dem aus Maren Böhm ihre täglichen Inspektionsfahrten starten wird. Um 1 Uhr morgens ist sie endlich in ihrem Zimmer. In gut fünf Stunden muss sie wieder aufstehen.

Der nächste Morgen, es ist 7.15 Uhr. Im Kleinbus geht es zur ersten Fabrik. Die Autobahnen in der Provinz

Guangdong sind inzwischen so modern wie die deutschen. Sechs Spuren. Das Auto liegt ruhig auf der Straße. Maren kann die Augen noch einmal schließen. Sie wacht erst wieder auf, als sich das Fabriktor quietschend öffnet. Die Fabrik gehört zur Reliance Group, einem taiwanesischen Mittelständler, der sich auf sogenannte Hartwaren spezialisiert hat. Im Jargon der Einkäufer zählt dazu alles, was nicht Kleidung ist: Möbel, Elektronik, Deko-Accessoires, alle Arten kleinerer und mittelgroßer Gegenstände, vom Briefbeschwerer über Holzspielzeug bis zur Tischhalterung für den iPad.

Direktor Maurice Yu erwartet Maren Böhm und ihr Team von drei chinesischen Spezialisten bereits. Der Fabrikhof ist leer und sauber. Mit seiner leisen Stimme, den sanften Gesichtszügen und höflichen Gesten wirkt Yu wie ein smarter Hongkonger Hoteldirektor. Er ist Amerikaner chinesischer Herkunft, der in die Heimat seiner Vorfahren zurückgekehrt ist, um vom chinesischen Aufschwung zu profitieren. Wie Kris Kender in Kapitel 2 kann er hier mehr verdienen als zu Hause in den Staaten. Otto lässt bei ihm in der Fabrik einen weißen Schuhschrank bauen, Spanplatte mit Kunststoff-Furnier. Darauf eine Art Kandinsky-Muster. Im Katalog kostet das Möbel 199 Euro.

Eigentlich interessiert sich Direktor Yu gar nicht für Schuhschränke. Sein ganzer Stolz sind Kleiderbügel. Lange bleibt er an einer Garderobe aus dunklem Holz stehen, in der etwa fünfzig unterschiedliche Bügel hängen. Die Reliance-Fabriken sind weltweit einer der größten Hersteller von Kleiderbügeln. Modeketten wie H&M, Zara oder C&A bestellen die Bügel für ihre Geschäfte fast alle bei ihm.

Böhm wiederum interessiert sich nicht für Kleiderbügel. Sie will endlich in die Fabrikräume. Die sind weiß, geräumig, luftig und so gar nicht, wie wir das erwartet hatten.

Die Sozialprüferin und ihr Hongkonger Kollege Chris Wong arbeiten ihre Checkliste ab. Tatsächlich finden sie ein paar kleinere Mängel. Der Erste-Hilfe-Kasten ist nicht deutlich genug gekennzeichnet. Ein Durchgang, der als Fluchtweg dienen soll, ist durch herumstehende Holzteile versperrt. Manager Yu winkt ein paar Arbeiter heran und lässt sie eilig wegräumen.

Auf den ersten Blick wirkt die Kritik an diesen Mängeln etwas kleinkariert. Damit wollen die deutschen Sozialprüfer also die Ausbeutung der Arbeiter in China verhindern? Wir hatten schwerwiegendere Probleme erwartet. Kinderarbeit, übermüdete Näherinnen, gefährliche Maschinen, Hitze, Dreck. Eine Vorzeigefabrik? »Nein«, sagt Böhm, die Arbeitsstandards in China hätten sich in den letzten Jahren sehr verbessert. »Es gibt noch schlimme Ausnahmen, aber das hier ist die Regel bei Unternehmen, die für Ausländer herstellen.« Und das bedeutet, dass die Mängel zumindest nicht mehr so augenfällig sind.

Immerhin: In der Lackiererei im ersten Stock sieht es entsetzlich aus. Die Wände sind schwarz verschmiert, alles ist schmutzig. An einem Transportriemen unter der Decke schweben Holzteile durch den großen gefliesten Raum. An verschiedenen Stationen stehen Arbeiter und besprühen sie mit schwarzer Farbe. Einer trägt ein Trikot des deutschen Fußballprofis Bastian Schweinsteiger. Es ist sehr laut. Allerdings tragen die Arbeiter vorschriftsmäßig Ohrenschützer und einen aufwendigen Mundschutz, der aussieht wie eine Gasmaske. Er soll sie vor den giftigen Dämpfen der Farbe schützen. Die dreckigen Wände allein sind nach den Standards der deutschen Einkäufer noch kein Problem.

Trotzdem hat Böhm etwas auszusetzen. Allerdings wieder eher eine Kleinigkeit. Einige Eimer mit Chemikalien sind unbeschriftet. Außerdem fehlt die vorgeschriebene Augenwaschanlage, in der die Arbeiter sich notfalls die Augen ausspülen können, falls sie Farbe hineinbekommen haben. Nach einigem Hin und Her stellt sich heraus, es gibt eine Augenwaschanlage, allerdings in einem Nebenraum. In einer Ecke entdeckt Böhm dort tatsächlich ein kleines gelbes Waschbecken. Durch den Tritt auf einen Fußschalter quillt Wasser aus zwei Rohren nach oben, mit dem man seine Augen ausspülen könnte. Zumindest theoretisch. »Da möchte ich meine Augen aber nicht drin waschen«, stellt Maren Böhm fest. Die »Anlage« ist genauso dreckig wie der Rest der Etage. Außerdem baumeln vor dem Waschbecken Neonröhren von der Decke herunter. Sie hängen so tief, dass man ohne weiteres mit einer dicken Beule zu Boden gehen könnte, noch bevor man das Waschbecken erreicht hat. Zumal mit Farbe in den Augen. »Das mag jetzt vielleicht nach einer Kleinigkeit aussehen«, erklärt Böhm, »aber genau solche Dinge machen den Unterschied zwischen einem sicheren und einem unsicheren Arbeitsplatz aus. Hier passieren dann Unfälle.«

Böhm stellt den Direktor zur Rede. Der erklärt, die Lackierer seien gerade erst in die Halle nebenan umgezogen. Man sei einfach noch nicht dazu gekommen, die Augenwaschanlage auch dorthin zu verlegen. Solche Erklärungen kennt Böhm in allen denkbaren Varianten. Das Problem ist immer das gleiche. Wenn die Fabriken einen neuen, wichtigen Kunden bekommen wollen, installieren sie die geforderten Sicherheitsstandards unverzüglich. »Und wenn der Kunde dann angebissen hat«, ärgert sie sich, »dann verfallen diese Anlagen langsam, werden nicht benutzt oder gleich wieder abgebaut.« Deshalb muss Böhm stets Druck machen: immer wieder in die Fabriken fahren, Fotos machen, den Managern erklären, was sie verbessern können.

Böhm und ihr Team schauen sich auch die Bücher des Unternehmens an. Werden Mindestlöhne gezahlt und die Arbeitszeiten eingehalten? Selbst wenn die Fabrikmanager die Liste fälschen, haben die Kontrolleure Möglichkeiten, ihnen auf die Spur zu kommen. Sie können zum Beispiel den Stromverbrauch überprüfen. Eine Fabrik, in der ab 20 Uhr nicht mehr gearbeitet wird, braucht weniger Strom.

Der Manager ist kooperativ. Da er in Amerika aufgewachsen ist, versteht Direktor Yu die Denkweise der westlichen Einkäufer und Sozialprüfer besser als manche seiner Kollegen. Deshalb sind Überseechinesen mit westlicher Schul- und Ausbildung begehrte Mitarbeiter in chinesischen Fabriken. Sie sind die perfekten Verbindungsleute zu den westlichen Auftraggebern, sie treffen in beiden Sprachen den richtigen Ton, kennen die unterschiedlichen Kulturen. Sie können eine chinesische Belegschaft dazu bringen, hart zu arbeiten und die geforderten Stückzahlen in der richtigen Zeit fertigzubekommen. Gleichzeitig verstehen sie die Qualitätsansprüche und die Sozialstandards der westlichen Firmen, die kaum etwas mehr fürchten als negative Schlagzeilen.

Direktor Yu sieht nicht gerade wie einer aus, der sich zum Handlanger der Ausbeuter machen ließe. Auch wenn er überzeugt davon ist, die Arbeiter in Amerika seien durch ihren Wohlstand weich geworden und hätten allen Biss verloren. »Sie haben zu viel Miller-Time«, meint er süffisant. Eine Anspielung auf den Werbeslogan einer amerikanischen Biermarke. Das Feierabendbier sei wichtiger als die Arbeit. Lässt diese Bemerkung nun eher tief blicken, oder spricht er nur einfach eine unbequeme Wahrheit aus, die sich genauso auf Deutschland übertragen ließe? »Gut, besser, Paulaner«, statt »Vorsprung durch Technik«?

Wir sind etwas verunsichert. Sollte man im armen und chaotischen China nicht auf größere Probleme stoßen?

Böhm ist amüsiert, sie erlebt das häufig, auch bei Kollegen, mit denen sie zum ersten Mal auf Inspektionstour geht. Sie selbst kennt noch ganz andere Zeiten. Als sie vor zwanzig Jahren in der Branche anfing, kümmerte sich kaum jemand um die Belange der Arbeiter. Die Regierung nicht, die Firmenbesitzer nicht und die ausländischen Einkäufer schon gar nicht. »Die Zustände in den Fabriken waren damals so, wie sich das viele Deutsche heute noch vorstellen«, sagt Böhm. Sie kann sich an eine Fabrik in Suzhou erinnern, »da haben die Mädels der Tagesschicht unter den Nähmaschinen geschlafen. An den Maschinen arbeitete derweil die Nachtschicht.« In den Werkshallen sei es extrem voll und heiß gewesen. Um Geld zu sparen, hätten die Fabrikbesitzer so viele Arbeiter wie möglich in die Etagen gepfercht. Wenn eine Näherin zu erschöpft war, um weiterzuarbeiten, weckte sie einfach ihre schlafende Kollegin unter dem Tisch und kauerte sich selbst auf den Boden. Dem Fabrikbesitzer war alles egal. Hauptsache, es saß immer irgendjemand an der Nähmaschine und nähte. Draußen vor den Toren warteten Hunderte Frauen darauf, einen Job wie diesen zu bekommen. Wer nicht funktionierte, wurde einfach ausgetauscht.

Damals sei es hart gewesen, mit den chinesischen Fabrikbossen zu verhandeln. Besonders als Frau und Ausländerin. Als Büroleiterin bei Karstadt war es ihre Aufgabe, gute Ware so billig wie möglich zu erstehen. Rückblickend meint sie: »China war ein schrecklich armes Land. Wenn man in so eine Fabrik wie die in Suzhou hineinkam, fielen einem die miserablen Arbeitsbedingungen kaum auf. Die Situation war überall verheerend.« Außerdem zählte nur der Preis und nicht der Mensch, der unter der Nähmaschine lag. Das Geschäft war schnelllebig und gnadenlos, nur langsam entwickelten sich feste Spielregeln. »Ausbeutung war schon das richtige Wort«, sagt Böhm. Der Weg zu Sozialstandards im Einkauf sei ein

»Lernprozess« gewesen, »nicht nur für die Arbeiter und die Fabrikbesitzer, sondern auch für die einkaufenden Firmen aus dem Ausland.« Wie oder wann genau dieser Lernprozess angefangen hat, weiß Böhm nicht mehr. »Er begann an mehreren Enden gleichzeitig.«

Journalisten und NGOs fingen an, die Arbeitsbedingungen in chinesischen Fabriken genauer unter die Lupe zu nehmen. Die westlichen Textilhändler machten sich ebenfalls Sorgen – manche nur um ihr Geschäft, andere um ihren Ruf. Wieder andere kamen zu der Überzeugung, dass es so nicht weitergehen könne, dass man handeln müsse, Verantwortung trage für die Menschen, die Tausende von Kilometern von den Läden entfernt lebten, in denen die Hemden und Hosen verkauft wurden, die sie genäht hatten. Das Gewissen der Konsumenten hatte sich weiterentwickelt, auch in Deutschland. Es wirkte nun über größere Distanzen hinweg. Ein erstaunlicher Vorgang, wenn man bedenkt, dass noch zu Anfang des Jahrhunderts ein schlechtes Gewissen spätestens an den nationalstaatlichen Grenzen endete. Den größten Einfluss auf diese langsame Kehrtwende hatten dabei aber die NGOs und Journalisten. Sie hatten durch ihre kritischen Berichte erst die Brücke gebaut zwischen dem Produkt und denen, die es herstellen. Im Jahr 1990 wurde in den Niederlanden die »Kampagne für saubere Kleidung« gegründet. Das Netzwerk aus vielen Einzelgruppen hatte sich zum Ziel gesetzt, die Arbeitsbedingungen für die Beschäftigten in der Bekleidungsindustrie zu verbessern. Ihre wichtigsten Forderungen waren existenzsichernde Löhne, keine überlangen Arbeitszeiten, Gewerkschaftsfreiheit, Verbot von Kinder- und Zwangsarbeit, sichere Arbeitsbedingungen und eine unabhängige Kontrolle der Einhaltung dieser Kriterien. Besonders in den ersten Jahren deckten die Aktivisten regelmäßig Skandale auf, in die auch Markenhersteller verwickelt waren, die ganze Branche geriet wegen ihrer Praktiken in Verruf.

»Natürlich haben diese Gruppen bewirkt, dass die Unternehmen sich schneller bewegt haben, als sie das ohne diesen Druck getan hätten«, davon ist Böhm überzeugt. Als die westlichen Einkäufer vor zehn, fünfzehn Jahren erstmals von den Fabrikdirektoren in China eine bessere Behandlung der Arbeiter einforderten, war »das Gezeter groß«, erinnert sie sich. »Ich hatte manchmal Angst, dass ich aus den Räumen nicht mehr heil rauskomme, weil es so hoch herging«, erzählt sie. »Wie sollen wir das machen und wer zahlt das vor allem?«, hatten die empörten Fragen gelautet. Das Gewissen der lokalen Fabrikdirektoren reichte nicht einmal bis zu den Werkshallen, in denen die Näherinnen hockten.

Seitdem habe sich viel getan. Jeder Fabrikmanager wisse heute, dass Sozialstandards eingefordert werden, nicht nur von deutschen Firmen, sondern auch von amerikanischen und internationalen Ketten. Dass manche Arbeitgeber in China inzwischen selbst von der Bedeutung gewisser Rahmenbedingungen überzeugt seien, findet Böhm allerdings »schon erstaunlich. Letzten Endes ging diese Entwicklung dann doch relativ schnell.«

Die Mitstreiter der »Kampagne für saubere Kleidung« dagegen sehen die Sache nicht rundum positiv. »Ein Problem der Sozialkontrollen ist, dass sie einen Kontrollansatz verfolgen. Von oben herab«, sagt Berndt Hinzmann von der Organisation INKOTA in Berlin, die sich in der Kampagne engagiert. Die lokalen Fabrikanten würden zu wenig in den Prozess einbezogen. »Die bekommen einen Haufen Vorschriften gemacht, und dann wird vereinzelt kontrolliert, ob sie eingehalten werden.« Aber die Fabrikbesitzer hätten außer diesem Zwang keinen Anreiz, etwas zu verbessern. Hinzu käme, dass die Einkäufer weiterhin Druck bei den Preisen machten. »Die Kosten der sozialen Verbesserungen werden in der Regel komplett auf die Lieferanten abgewälzt. Die sehen ihre Profite schwinden und versuchen deshalb, die Anforderungen zu unterlaufen, wo sie nur können.«

Immerhin, auch Hinzmann sieht Fortschritte bei den Arbeitsbedingungen, gerade in China. »Hier hat sich viel getan. Vor allem bei der Arbeitssicherheit und beim Lohnniveau. Das hat sich in den letzten zehn Jahren merklich verbessert.« Das größte Problem seien allerdings weiterhin zu lange Arbeitszeiten. In Südchina darf laut Gesetz 52 Stunden pro Woche gearbeitet werden. Das heißt sechs Tage pro Woche, jeweils achteinhalb Stunden. »In Wirklichkeit wird aber in den meisten Fabriken viel mehr gearbeitet«, so Hinzmann. Die Sozialprüfer wüssten das auch, könnten aber kaum etwas dagegen machen. »Der Kontrollansatz der westlichen Hersteller verleitet manche Fabrikbesitzer dazu, mit doppelter Buchführung zu tricksen.« Oft würden die massiven Überstunden der Arbeiter auch durch Stücklohnabrechnungen verschleiert. »Die bekommen dann einen Basislohn für ihre Stunden, und alles, was darüber hinausgeht, wird nach Stückzahl abgerechnet. Zeiten werden dann gar nicht mehr erfasst.« Für die Sozialprüfer sei es in solchen Fällen nur schwer herauszufinden, wie viel in einer Fabrik tatsächlich gearbeitet werde.

Maren Böhm kennt diese Probleme natürlich, und auch die Tricksereien der Fabrikbesitzer. »Trotzdem stimmt es nicht, dass wir nur Forderungen stellen und dann beim Preis Druck machen«, sagt sie. Im Gegenteil, inzwischen halte Otto auch regelmäßig Schulungen in seinen Zulieferfabriken ab, um gemeinsam mit dem Management Lösungen für die Probleme zu finden. Und renitenten Tricksern würde man ohnehin genau auf die Finger schauen. Dafür checkten sie auch schon mal die Stundenzettel des Wachpersonals oder die Uhrzeiten auf den Prüfbögen der Qualitätskontrolle. So finden sie heraus, ob außerhalb der regulären Arbeitszeiten Betrieb in der Fabrik war.

Maren Böhm ist durch einen Zufall in der Branche gelandet, der sie heute so leidenschaftlich verbunden ist. Sie hat in Trier Sinologie studiert und ging für ein Jahr zum Chinesischlernen nach Taiwan. Doch sie hatte keine Vorstellung, was danach kommen sollte. Bis ein Freund, der Taxi fuhr, nachts einen Karstadt-Vorstand vom Flughafen in Frankfurt abholte. Der Mann war gerade aus Hongkong gekommen und schwärmte von den ungeahnten Möglichkeiten im Boomland China. Karstadt wolle zukünftig immer mehr Produkte dort einkaufen. »Ich kenne da eine, die kann Chinesisch, die kann sich ja mal bei Ihnen melden«, schlug der Taxifahrer vor. Der Karstadt-Manager gab ihm seine Karte. Als Maren Böhm von der Begegnung hörte, wusste sie mit der unverhofften Chance erst einmal nichts anzufangen. »Karstadt?«, habe sie gefragt, »was soll ich da denn machen? Socken verkaufen?«

Andererseits war sie neugierig – und stellte sich im Büro des Managers vor. Nur wenige Monate später ging sie nach Hongkong, um dort für die Kaufhauskette das direkte Geschäft mit China auszubauen. Später zog sie nach Shanghai um und baute dort ein Einkaufsbüro für Karstadt auf. Böhm lebte insgesamt fünfzehn Jahre in China. Erst im Sommer 2009 wechselte sie nach Istanbul. Die boomende Türkei gilt inzwischen als das China Europas. Außerdem kann sie von dort die neuen Märkte in Afrika besser erreichen. Noch immer reist sie regelmäßig in chinesische Fabriken.

Die Aufbauarbeit in den 1990er Jahren war hart. Sie musste mit ihren Kollegen aus dem Einkauf für jede Bluse oder Jacke eine Fabrik suchen, die das Kleidungsstück in der geforderten Menge und Qualität und vor allem zum billigsten Preis produzieren konnte. Es war eine Welt, die von Männern dominiert wurde. Böhm musste lernen, auf schlechten Straßen und in einem Auto ohne Klimaanlage in die Fabriken zu fahren, wie ein Einkäufer zu trinken und wie ein Kerl zu verhandeln. Bald kannte sie sämtliche Tricks der gerissenen chinesischen Fabrikbesitzer.

Böhm arbeitete an einer der heikelsten Nahtstellen der Globalisierung. Sie war eine derjenigen, die festlegten, zu welchem Preis der Westen China ausbeuten durfte. So hat sie das jedoch nie empfunden. »Wir haben Arbeit nach China gebracht«, sagt sie. Ausbeuten bedeutet für sie, bestehende Verhältnisse zu zementieren. Den Spielraum der Menschen eingeschränkt zu halten, Chancen zu limitieren. »Das war von Anfang an anders«, meint sie. »Auch wenn die Bedingungen anfangs objektiv betrachtet noch sehr schlecht waren, hatten die Menschen immer die Perspektive, dass es stetig besser werden würde. Eben weil sie Arbeit hatten. Und das kann auch ein Stück Freiheit bedeuten.«

Böhm hat ein feines Gespür für Freiheit. Mit vierzehn durfte sie aus der DDR ausreisen. Ihre Familie wurde freigekauft, nachdem ihre Eltern knapp drei Jahre im Gefängnis gesessen hatten und sie, die Tochter, in einem Waisenhaus leben musste. Maren Böhms Eltern waren Dissidenten. Sie wollten flüchten, doch die Pläne flogen auf. »In der DDR herrschte ein Klima der Bespitzelung, der Unterdrückung und Stagnation, wenn auch auf höherem Niveau«, sagt Böhm heute. »In China dagegen lag Aufbruchstimmung in der Luft.«

Immer mehr chinesische Bauern kamen seit den 1990er Jahren als Wanderarbeiter an die Küste, um dort in den Fabriken Geld zu verdienen – viel Geld für ihre Verhältnisse. Weil der Westen immer mehr einkaufte und die Fabriken effizienter wurden, stiegen die Löhne der Arbeiter, während die Einkaufspreise sanken. Die Fabrikanten verdienten dennoch prächtig. Es waren scheinbar goldene Zeiten für beide Seiten, selbst Kaffeeketten wie Tchibo entdeckten den Bekleidungsmarkt für sich. Die Konkurrenten versuchten, sich gegenseitig zu unterbieten. Nicht nur im Preis, sondern auch was die Geschwindigkeit der neuen Kollektionen betraf. Hatte es bis dahin nur zwei Kollektionen pro Jahr gegeben, brachten manche Modeketten wie Esprit nun jeden Monat eine neue Kollektion auf den Markt. Der Winterschlussverkauf begann kurz nach Weihnachten. Gleichzeitig hatten die Fabrikanten immer weniger Spielraum, ihren Kunden Rabatt zu geben. Nicht alle Einzelhändler sollten diesen Wettlauf überstehen. Eines dieser Opfer war ausgerechnet Karstadt, das Unternehmen, für das Böhm arbeitete. »Die Zentrale wollte noch zwei Prozent«, erinnert sie sich, »die Fabrikanten konnten nicht einmal mehr ein Prozent geben, und ich geriet zwischen die Fronten.«

Als der Druck immer größer wurde und der Job immer weniger Spaß machte, ging Böhm zurück nach Deutschland und wechselte in die Sozialkontrolle. Der Reiz Asiens blieb, sie wollte wieder zurück. Im Jahr 2005 kam die Gelegenheit, sie konnte für Karstadt zurück nach Shanghai. Doch wieder in China merkte sie, dass sich der Druck nur noch mehr erhöht hatte. Einkäufer und Fabrikanten kämpften um jeden Cent. Im Mai 2006 musste Karstadt dann sein Tafelsilber verkaufen. Darunter auch die Einkaufsorganisation, der Böhm angehörte. Der Käufer kam aus Hongkong: Li & Fung, einer der erfolgreichsten Einkaufskonzerne der Welt mit einem Jahresumsatz von 12 Milliarden US-Dollar. Der Konzern beschafft Produkte für viele große Handelsketten und Modemarken, unter anderem für Reebok, Nike und Esprit, aber auch für Wal-Mart, Toys 'R' Us und Walt Disney. Böhm wurde gleich mitverkauft, sie sollte die Seiten wechseln und künftig als Ansprechpartnerin der Chinesen bei ihrem ehemaligen Arbeitgeber fungieren. Doch Böhm wollte nicht für die Chinesen arbeiten und war überzeugt davon, dass es ein Fehler gewesen war, dass Karstadt den Einkauf aus der Hand gegeben hatte. Außerdem hätte sie sich in die anonyme Struktur der riesigen Einkaufsorganisation eingliedern müssen. Neben den gigantischen Aufträgen für US-Handelsriesen wie Wal-Mart hätten die kleineren Karstadt-Aufträge immer nur zweite oder gar dritte Priorität gehabt.

Also schaute sie sich bei der Konkurrenz um. Die Otto-Gruppe und den Inhaber des Unternehmens, Dr. Michael Otto, empfand sie von Anfang an »als sehr authentisch und glaubwürdig«. Natürlich sei auch hier nicht alles perfekt, aber Michael Otto und sein Unternehmen nähmen die Themen Umweltschutz, Sozialverantwortung und Gesellschaftspolitik ernst. In vielen Bereichen sei die Gruppe Vorreiter gewesen. Mit ihrem Wechsel zu Otto hatte Böhm ihre Zeit als Einkäuferin endgültig hinter sich gelassen und war dauerhaft bei den Sozialstandards angekommen. »Ich fühlte mich dort viel wohler«, sagt sie heute, »diese Art der Arbeit entspricht eher meinen Vorstellungen von der Welt.«

Während die Einkäufer vor allem auf die beste Mischung von Preis, Qualität und Liefergeschwindigkeit schauen, achtet Böhm nun darauf, dass Spannungen nicht auf dem Rücken der Arbeiter ausgetragen werden. Vor allem wenn es um die schnelle Nachbestellung von Produkten geht, die überraschend gut laufen. »Wir wissen ja vorher nicht, ob es ein Renner oder ein Penner wird«, sagt sie. Harte Konflikte kämen seltener vor, als sie befürchtet habe. »Wenn wir dann von der Sozialseite kommen und sagen, das geht jetzt aber nicht, weil die Arbeiter dann Überstunden machen müssen und deshalb der Liefertermin später sein muss, ist das natürlich erst mal ärgerlich.« Mittlerweile hätten die Einkäufer sich an dieses

Problem gewöhnt und überlegten es sich gut, ob sie sich Ärger mit der CSR-Abteilung (Corporate Social Responsibility) einhandeln wollten. Viele Einkäufer hätten sogar inzwischen selbst einen Ehrgeiz entwickelt, grundsätzlich nur Waren aus Fabriken zu ordern, in denen gute Bedingungen herrschen, sagt Böhm. Es scheint, als hätten beide Seiten gelernt, mit dem Wandel der Zeiten Schritt zu halten.

Aber ganz so einfach wollen wir uns nicht geschlagen geben. Werden trotz aller Fortschritte die Arbeiterinnen und Arbeiter an den Nähtischen der chinesischen Fabriken nicht immer noch ausgebeutet? Leben wir unser Leben im Überfluss nicht nach wie vor auf Kosten dieser Arbeiter, die hier für kleines Geld schuften?

Und vor allem: Messen die westlichen Handelsketten bei den Standards nicht mit zweierlei Maß? Wie kann es sein, dass ein Arbeiter in China nur 150 Euro im Monat verdient oder in Bangladesh sogar nur 35 Euro, und man trotzdem von »einheitlichen, vergleichbaren Arbeitsbedingungen« redet? Dann könnte man ja genauso gut in Deutschland produzieren.

Böhm kennt Fragen wie diese. Natürlich hörten sich 80 Euro im Monat als Mindestlohn lächerlich wenig an. »Aber wir müssen auch sehen«, gibt sie zu bedenken, »was eine Suppe in einer Garküche auf der Straße oder eine Unterkunft kostet. Und dann relativiert sich das sehr schnell.« Wenn jetzt Otto plötzlich anfangen würde, 30 Prozent mehr zu zahlen, »dann müssten wir die Preise der Produkte in Deutschland erhöhen«, rechnet sie vor. Die Folge wäre, dass die Kunden dann bei der Konkurrenz kaufen würden. Otto würde weniger Produkte absetzen und in der entsprechenden Saison weniger einkaufen. Mit dem Effekt, dass die Arbeiterinnen in China weniger zu tun hätten. Auch wenn sie für kurze Zeit in den Genuss von 30 Prozent mehr Lohn kämen, würde ihnen am Ende eine Entlassung wegen mangelnder Aufträge drohen. »Und das finde ich auch nicht sehr sozial«, sagt Böhm. Deshalb sei es besser, wenn der chinesische Staat die Mindestlöhne erhöhe. Dann gelten für alle westlichen Einkäufer die gleichen Bedingungen.

»Tatsächlich erhöhen die Chinesen seit mindestens fünf Jahren schon den Mindestlohn im Jahr um 15 Prozent«, verteidigt sie ihre Haltung und beugt mit dem nächsten Satz ungefragt gleich dem Vorwurf vor, westliche Ketten würden ihre Produktion immer in die Länder mit den niedrigsten Standards verlegen. »Das ist nicht richtig. Die Löhne schwanken, die sozialen Standards sind überall gleich.« Da in Ländern mit höheren Löhnen auch meist höherwertige Produkte hergestellt würden, könne man die Produktion auch nicht so einfach verlegen.

Böhm spricht aus Erfahrung. Denn inzwischen kümmert sie sich nicht mehr nur um Asien. Seit Sommer 2009 kontrolliert sie bei Otto auch die Sozialstandards der Zulieferer in osteuropäischen Ländern wie Rumänien und Bulgarien. Nordafrikanische Länder wie Marokko und Ägypten werden als Zulieferer immer wichtiger, sie reist mehr denn je. »Die Türkei ist für mich eine ideale Basis. Die Zeitzone liegt in der Mitte zwischen Asien und Deutschland, und Istanbul ist ein Drehkreuz, von dem man mit dem Flugzeug schnell alle wichtigen Produktionsstandorte erreichen kann.«

Nachmittags steht der Besuch einer Fabrik für Baumwollkleidung auf dem Programm. Der chinesische Fabrikant hat sich für sein Unternehmen den klangvollen Namen »Everrich« ausgesucht. Die Einkäufer bei Otto haben die Fabrik ausgewählt, weil sie für die nächste Frühjahrskollektion schnell und günstig produzieren kann. Nun wollen die Sozialkontrolleure im Rahmen eines Prescans prüfen, ob die Arbeitsbedingungen in der Fabrik auch ordentlich sind, damit die Fabrik als Lieferant in Frage kommt. Noch im Auto erklärt Böhm, worauf es bei einem Prescan ankommt. Bei acht besonders schweren Verstößen wird eine Fabrik sofort ausgemustert. Wer Kinder schuften lässt oder keine Betriebslizenz für seine Fabrik vorweisen kann, der fällt sofort durchs Raster. Aber auch wenn die Belegschaft dauerhaft zu viele Überstunden schieben muss, komme eine Fabrik nicht in Frage. Bei kleineren Schwächen bekommen die Manager eine Chance, die Probleme zu beheben. Immerhin ein Drittel der Firmen besteht die Prüfung nicht. Bei Otto befolge man inzwischen strikt die Regel: »Kein erfolgreicher Prescan, kein Auftrag.«

Der Fabrikdirektor der Näherei »Everrich« begrüßt uns unter dem etwas kitschigen Baldachin vor dem Eingang des Verwaltungsgebäudes. Der Besuch eines Fernsehteams in seiner Fabrik ist auch für ihn ein Ereignis. Direktor Qian Zhuliu ist ein Einheimischer, er stammt aus der Provinz Kanton. Ein kleiner Mann mit wachen Augen. Trotz seines Bauchansatzes verraten seine Bewegungen Spannkraft und Flexibilität. Mit seinen Mitarbeitern spricht er Kantonesisch, den Süddialekt, der sich vom hochchinesischen Mandarin stark unterscheidet. Er hat bereits Audits zu Sozialstandards mit anderen Einkäuferfirmen gemacht und ist sich seiner Sache sicher. In seiner Fabrik produziert er vor allem Hosen, Röcke und Oberteile aus Baumwolle. Maren Böhm begrüßt ihn auf Mandarin. Er antwortet mit dem typischen zischenden Akzent der Südchinesen, wenn sie Mandarin sprechen. Böhm erklärt ihm, wie der Besuch ihres Teams ablaufen wird und welche Dokumente aus der Buchhaltung er holen lassen soll.

Im Erdgeschoss der Fabrik schneiden die Arbeiter auf

langen Tischen die Stoffe zu. Sie stapeln immer fünfzig Stoffbahnen aufeinander, bevor sie mit großen Handstichsägen die Formen für die Kleidungsstücke ausschneiden. Diese Arbeit können computergesteuerte Zuschneidemaschinen viel besser, doch das wäre deutlich teurer. Solange die Löhne der Arbeiter sich in einem »vernünftigen« Rahmen bewegen, wird dieses Prozedere beibehalten. Steigen die Löhne zu hoch, wechseln die Fabrikanten auf Maschinen und die Arbeitsplätze sind weg.

Als wir hereinkommen, arbeiten alle gleich noch ein bisschen fleißiger. Die Männer an den elektrischen Sägen tragen vorschriftsmäßig Handschuhe aus Metall. Wie ein Kettenhemd sehen die aus. »Man sieht sofort, dass die Männer die Handschuhe immer tragen«, sagt Maren Böhm mit Blick auf die routinierten Bewegungen der Arbeiter. In den zwei Etagen darüber wird unter Hochdruck genäht. In langen Reihen surren und rattern die Nähmaschinen. Hinter jeder sitzt eine Näherin mit Mundschutz, stoisch absolvieren sie die immer gleichen Handbewegungen. Die Frauen produzieren modische Röcke in sommerlichem Weiß. In der Fabrikhalle riecht es nach Stoff und dem Schmieröl der Elektromotoren.

Mit kritischem Blick gehen Maren Böhm und ihr Kollege Chris Wong durch die Reihen der Nähtische. Auch hier sind vor allem Kleinigkeiten zu beanstanden. Mal hängt ein Feuerlöscher zu wenig an der Wand, bei einigen Nähmaschinen fehlt eine Abdeckung über dem Schwungrad. Das ist gefährlich, weil sich Kleider oder Haare der Arbeiter darin verfangen könnten. Böhm und Wong machen sich Notizen. »Auf der Damentoilette gibt es keine Seife«, sagt sie mit der gleichen Strenge, als hätte sie ein arbeitendes Kind entdeckt. Dem Fabrikdirektor huscht für einen Moment ein spöttisches Lächeln übers Gesicht. »Die wissen ja, dass wir kommen, dann ist selbst so eine Kleinigkeit schon nachlässig«, verteidigt Böhm den scheinbaren Anflug von Pedanterie. Unangekündigte Besuche finden nur in Fabriken statt, die schon zum festen Bestand der Otto-Familie gehören.

Nach dem Zufallsprinzip fragen Böhm und Wong einige Arbeiter nach ihren Namen, Geburtstagen und woher sie kommen. Von diesen Arbeitern lassen sie sich später die Personalunterlagen zeigen. Eine Stichprobe, die Hinweise geben soll, ob die Buchhaltung der Fabrik mit der Realität übereinstimmt.

Im dritten Stock sitzt eine Reihe von Arbeitern an Stanzmaschinen für die Ösen von Gürtelschnallen. Mit bloßen Händen schieben die Arbeiter die Stelle des Gürtels unter die Maschine, an der das Loch gestanzt werden soll. Ein leichter Tritt auf ein Fußpedal reicht als Auslöser. Mit lautem Krach schlägt ein Bolzen durch den Gürtel und presst einen Metallring in den dicken Stoff. Vor jedem Stanzen legen die Arbeiter mit bloßen Fingern den Ring unter den Bolzen – erst dann treten sie das Pedal. Es sieht gefährlich aus, man möchte sich nicht ausmalen, was passiert, wenn ein Arbeiter mal die Hand nicht rechtzeitig wegzieht.

Böhm ist alarmiert. An den Maschinen fehlt ein Schutzbügel aus gebogenem Stahl. Der Schlagbolzen soll nur dann auslösen, wenn der Arbeiter die Hände unter dem Bolzen wegnimmt und diesen Bügel herunterdrückt. Nur so können schlimme Verletzungen verhindert werden. Maren Böhm winkt den Fabrikdirektor heran. Ihr schon strenges Die-Seife-fehlt-Gesicht hat sich bedrohlich verdüstert. Der Fabrikdirektor sieht auf den ersten Blick, dass es nun ernst wird. Er zitiert gleich den Produktionsleiter herbei, damit auch er jemanden hat, mit dem er schimpfen kann.

Seine Ausrede kommt Maren Böhm bekannt vor: Normalerweise würden die Bügel eingesetzt. Man habe diese Maschinen aber gerade erst aus einem anderen Teil der Fabrik hierher verlegt, und beim Wiederaufstellen hätten die Arbeiter wohl die Bügel vergessen. Böhm besteht darauf, dass die Bügel sofort wieder angeschraubt werden. Der Produktionsleiter kommandiert ein paar Arbeiter herum, der Direktor beschwichtigt. Man habe sie eigentlich heute sowieso wieder anbringen wollen. Die Arbeiter, die die Bügel an den Maschinen anschrauben sollen, machen nicht den Eindruck, als wüssten sie genau, wie das Sicherungssystem funktioniert. Erst nach ein paar Versuchen sitzt der Schutz bei der ersten Maschine.

An solchen Stanzmaschinen passieren immer wieder schlimme Unfälle. Oft sind es die Arbeiter selbst, die die Sicherungen entgegen der offziellen Anordnung abbauen. Sie werden häufig nach Stückzahl bezahlt und wollen möglichst schnell arbeiten. Sicherheitsbügel oder doppelte Schalter bremsen das Tempo und reduzieren den Lohn. Sind die Bügel erst mal ab, drücken die Fabrikmanager gern ein Auge zu. Auch sie wollen ja, dass möglichst schnell produziert wird.

»Werden die Bügel nicht sofort wieder abmontiert, sobald Ihr Kontrollbesuch vorbei ist?«, frage ich. »Diese Gefahr besteht, wir können ja nicht 24 Stunden am Tag neben der Maschine stehen«, räumt Böhm ein. Den Kontrollen sind Grenzen gesetzt. Immer wieder gibt es Lieferanten, die für das Kontrollteam auf ein Besuchsprogramm schalten und Theater spielen. Dennoch bringen die Kontrollen der internationalen Hersteller entscheidende Verbesserungen. Die Einkäufer für die lokalen chinesischen Modeketten achten meist nur auf den Preis. »In Fabriken, die nur für den einheimischen Markt produzieren, sind die Zustände oft noch deutlich schlechter«, sagt Böhm.

Trotz fehlender Schutzbügel und Seife scheint die Fabrik in gutem Zustand. Was in der Fabrik wirklich vorgeht, offenbart sich erst auf den zweiten Blick. Maren Böhm lässt sich vom Direktor und einer Vorarbeiterin das Wohnheim der Fabrik zeigen. Wie fast alle Fabrikarbeiter in Südchina leben auch die Näherinnen von »Everrich« auf dem Werksgelände. Sie sind Wanderarbeiter aus Chinas wirtschaftlich weniger entwickelten Provinzen im Westen oder im Zentrum Chinas. In China kann man nicht ohne weiteres auf Dauer von einer Provinz in die andere umziehen. Deshalb gehen die meisten nach ein paar Jahren wieder zurück in ihre Heimat. Und statt wie bei uns an Weihnachten, fährt fast jeder zum chinesischen Neujahrsfest zurück zu seiner Familie. Alljährlich im Frühjahr setzt sich ein Tross aus den Städten der reichen Küstenprovinzen in das noch rückständige Hinterland in Bewegung. Der Begriff Wanderarbeiter, der sich im Westen eingebürgert hat, ist eigentlich irreführend. Und man darf ruhig unterstellen, dass es bei der Begriffswahl eine Rolle spielte, die Lage schlimmer erscheinen zu lassen, als sie tatsächlich ist. Die allermeisten Arbeiter wandern natürlich nicht von Fabrik zu Fabrik wie einst in Europa die Tagelöhner, sondern sind in der Regel mindestens ein Jahr bei ein und demselben Unternehmen angestellt, meistens länger. Wenn sie ihren Arbeitgeber wechseln, dann nicht, weil sie rausgeworfen wurden, sondern weil eine andere Fabrik mehr zahlt.

Das Wohnheim ist ein sechsgeschossiger Betonbau ohne Zierwerk. Die Korridore sind lang und kahl, alle paar Meter führt eine Tür in ein anderes Zimmer. Maren Böhm besucht einen Schlafraum in der vierten Etage. Fünf junge Frauen leben hier gemeinsam auf knapp 18 Quadratmetern. Jede »bewohnt« ein Hochbett. Unten wird geschlafen, oben ist Platz für ein paar Habseligkeiten. An den Wänden hängen Poster chinesischer Popstars mit wilden Frisuren.

»Der Standard der Arbeiterwohnheime in China ist in

den letzten Jahren stark gestiegen«, sagt Maren Böhm. Die wichtigste Neuerung: Auch die Zimmer im »Everrich«-Wohnheim haben alle eine Klimaanlage. Draußen hat es 36 Grad, auch nachts kühlt es kaum ab. Nach hinten heraus hat das Zimmer einen gefliesten Balkon, der als Waschküche dient und von dem eine Dusche und eine Toilette abgehen. Kochen sollen die Arbeiterinnen dort nicht, ihre Mahlzeiten nehmen sie in der Kantine der Fabrik ein, im Erdgeschoss des Wohnheims. Für uns in Deutschland mag es abschreckend wirken, dass viele Arbeiterinnen sich ein Zimmer teilen. Doch die jungen Frauen kommen meist aus armen Verhältnissen. Gemeinsame Schlafräume sind in China normal. Selbst an den besten chinesischen Unis wohnen die meisten Studenten auch heute noch in Sechserzimmern. Und es ist ziemlich wahrscheinlich, dass ihre Eltern noch keine Klimaanlage haben.

Für unsere Dreharbeiten hat der Fabrikdirektor die Arbeiterinnen aus der Fabrik holen lassen, damit sie uns das Zimmer zeigen. Alle kommen aus unterschiedlichen Provinzen Chinas. Zuerst sind sie schüchtern vor der Kamera, doch als Maren Böhm sie in fließendem Chinesisch über ihr Leben und ihre Arbeit ausfragt, tauen sie auf. Ob es denn nicht zu eng sei, hier zu so vielen in einem Zimmer, will sie wissen. »Nein«, sagt eine 19-Jährige, die sich ihr Bett mit einem riesigen Stoffteddy teilt. »Im Gegenteil, allein wäre es doch viel zu langweilig.« Nach der Arbeit unterhielten sie sich oft noch lange über den Klatsch und Tratsch in der Fabrik oder über ihr Leben zu Hause, in ihren Heimatdörfern. Die meisten der Arbeiterinnen sind schon mehrere Jahre bei »Everrich«.

Um sechs Uhr abends gibt es Essen, danach wird nicht mehr gearbeitet. Fürs Abendessen stehen die Arbeiter in Schlangen vor der Essensausgabe in der Kantine an. Das Essen ist einfach, aber gut, es gibt Reis, scharfe Paprika mit

Rindfleischstücken und Auberginengemüse. Jeder bekommt seine Portion auf einem Esstablett aus Edelstahl. Die Stimmung in dem großen Raum ist ausgelassen, es wird gelacht und gescherzt. Feierabend! Maren Böhm setzt sich zu einer der Arbeiterinnen an den Tisch, deren Zimmer im Wohnheim sie besucht hat. Neben ihr sitzt ein junger Mann, beide grinsen.

»Ist das dein Freund?«, will Maren Böhm wissen.

»Ja«, antwortet die Arbeiterin. Sie heißt Yajun. »Er arbeitet auch hier, ich habe ihn nachgeholt.« Zusammenwohnen dürfen die beiden auf dem Fabrikgelände allerdings nicht. »Manchmal gehen wir abends zusammen raus, und wir telefonieren auch viel im Wohnheim mit unseren Handys«, erklärt sie. Ihr Freund nickt und kaut stumm weiter. Damit die Wanderarbeiter leicht Kontakt zu ihren Familien halten können, hat die chinesische Regierung die Handygebühren von Anfang an niedrig gehalten. Fast alle haben Mobiltelefone. Die junge Frau erzählt von gemeinsamen Zukunftsplänen: Die beiden kommen aus der Zentralprovinz Henan, die Fahrt mit dem preiswerten Bummelzug dorthin dauert rund dreißig Stunden. »Nächstes Jahr wollen wir heiraten.« Sie wollen danach noch eine Zeitlang arbeiten und dann in der Heimat ein Modegeschäft eröffnen. »Wenn das Geld reicht«, fügt Yajun hinzu. Ihr Freund nickt, immer noch kauend.

Böhm fragt ihn, was er denn so vorhabe.

»Ich will eigentlich nur bei meiner Freundin sein.«

Ein Großteil der chinesischen Wanderarbeiter ist jung. Viele sind zwischen 18 und 25 Jahre alt. In den Fabriken verbringen sie ihre späte Jugend, das erste Mal weg von zu Hause. Die Arbeit ist hart und folgt einer strengen Routine. Aber für viele bedeutet das Fabrikleben auch Freiheit. Niemand schreibt ihnen vor, was sie nach Feierabend tun sollen. Der Bauernhof oder das kleine Geschäft der Eltern ist fern, außer der Arbeit habe sie keine Pflichten. Sie kommen freiwillig und gehen, wenn ihnen etwas nicht passt. Sie bestimmen, wie viel sie arbeiten und wo. Gute Arbeiter sind heutzutage knapp. Die Atmosphäre nach dem Ertönen der Abendsirene erinnert beinahe an ein Schullandheim. Die jungen Männer spielen Basketball auf dem Hof der Fabrik, andere treffen sich im Internetcafé in einer nahen Einkaufsstraße. Junge Frauen spazieren in kleinen Gruppen in der Nachbarschaft herum und verschicken Textnachrichten mit ihren Handys. Viele erste Liebschaften in China beginnen in der Fabrik. Gleichwohl ist der Fabrikalltag in China hart. Ich möchte nicht zehn Stunden am Tag, sechs Tage die Woche in einer Werkshalle sitzen und nähen oder Schuhschränke lackieren. Aber menschenverachtende Ausbeutung haben wir bisher nicht gesehen.

Auf der Rückfahrt zum Hotel ist es schon dunkel. Auf der Autobahn herrscht dichter Verkehr. Es geht vorbei an Chinas Industrielandschaft, in vielen Fabriken brennt noch Licht, die Konsumenten im Westen warten. Maren Böhm blickt müde aus dem Fenster. Sie liebt ihren Beruf, er ist aufregend, abwechslungsreich, kaum jemand bekommt so umfassende Einblicke in das Produktionsuniversum Asiens. Doch es ist auch ein Knochenjob, mit unregelmäßigen Arbeitszeiten und endlosen Trips kreuz und quer durchs Land. Viel Aufwand, um die Standards zu heben.

Bei der Otto-Gruppe in Hamburg kümmern sich neben Maren fünf Social-Compliance-Mitarbeiter um die Weiterentwicklung des weltweiten Kontrollsystems für die Lieferanten. Dazu beschäftigt der Konzern insgesamt 25 Sozialprüfer, die vor allem in Asien die Fabriken inspizieren. Nicht gerade viele Mitarbeiter, um Ordnung im Otto-Reich zu halten. Außerdem betreibt der Konzern eine eigene Schulungsfirma, die in den Fabriken Lehrgänge anbietet. Das ist auch nötig. Nicht in allen Fabriken fallen die Anforderungen und Kontrollen der Sozialprüfer auf fruchtbaren Boden. Eine Schuhfabrik bereitet Maren Böhm und ihren Kollegen schon länger Kopfschmerzen. Zwei Mal haben die Sozialkontrolleure von Otto die Fabrik bereits besucht. Doch die Fortschritte sind bestenfalls schleppend.

Am folgenden Tag geht es mit dem Kleinbus zu besagter Schuhfabrik. Im Auto arbeitet sich Maren Böhm durch die inzwischen ziemlich dicke Akte der Fabrik. »Es gibt da vor allem Probleme mit den Arbeitszeiten«, seufzt sie, »die machen mehr Überstunden, als sie dürfen.«

Der Fabrikdirektor ist untersetzt und selbstbewusst. In seiner Fabrik stehe alles zum Besten, er freue sich, den Vertretern aus Deutschland das zu zeigen. Auf dem Weg in den Konferenzraum halten uns Mitarbeiter des Direktors eilfertig die Türen auf. Der Raum ist vollgestopft mit Schuhen. Nicht alles, was hier fabriziert wird, ist für den deutschen Markt geeignet. Hochhackig, Strass, Schnällchen. Maren Böhm bespricht die Abläufe mit dem Fabrikdirektor und lässt sich erklären, an welchen Problemen die Belegschaft seit dem letzten Besuch des Otto-Teams gearbeitet hat. Der Fabrikdirektor zeigt kaum Interesse an Marens Ausführungen, lobt aber mehrfach und ausgiebig ihr Chinesisch. Es klingt fast ein wenig herablassend, ganz nach dem Motto: »Dafür, dass du eine von diesen Ausländerinnen bist, kannst du das ganz gut.«

Anschließend geht es auf einen Rundgang durch die Fabrik. Maren Böhm wird schnell klar: Hier liegt noch immer einiges im Argen. In dieser Fabrik, so scheint es, hat man einfach keine Lust, sich von den Sozialkontrolleuren etwas sagen zu lassen. Im Musterraum der Fabrik nähen und kleben Arbeiterinnen die Prototypen der Schuhe zusammen. Auf den Klebstoff-Flaschen haftet ein weißes Papier mit einem aufgedruckten Totenkopf. Es sieht aus wie mit einem normalen Bürodrucker ausgedruckt, ausgeschnitten und auf die Flaschen geklebt. Es gehört zu den Anforderungen der Otto-Sozialstandards, dass gefährliche Stoffe gekennzeichnet werden. Diese Aufkleber sind alle neu, ganz weiß und sauber, ohne einen einzigen Schmutzfleck. Offensichtlich hat die Belegschaft die Aufkleber extra für den heutigen Tag anbringen müssen. Böhm ist verärgert. Sie kennt ihre Pappenheimer und weiß: Hier wird Theater gespielt. Und nicht einmal gutes Theater, denn die Arbeiterinnen tragen den vorgeschriebenen Mundschutz nicht. Als sie das beim Direktor anmahnt, beginnt eine haarspalterische Debatte. Der Fabrikdirektor meint, die Arbeiterinnen seien im Moment »nicht hauptsächlich« mit Klebstoff zugange, ein Mundschutz werde nicht gebraucht. Die Stimmung ist gereizt. Am Ende stellt sich heraus, dass in der Fabrik der wichtige Mundschutz nicht in ausreichender Zahl vorhanden ist.

»Die sind bestellt, aber die Firma liefert nicht so schnell«, erklärt ein Vorarbeiter.

»Wie lange sind die denn schon bestellt?«, will Böhm wissen.

Die Antwort sorgt für verlegene Heiterkeit, sogar beim Direktor: »Seit zwei Tagen.«

Die Kontrolleurin besteht darauf, dass in Zukunft alle Arbeiterinnen beim Hantieren mit Klebstoff einen Mundschutz tragen. Nach einer längeren Diskussion gibt sich der Fabrikdirektor einsichtig. Ja, man werde in der Fabrik zukünftig sogar Schulungen abhalten, um ihnen den richtigen Umgang damit zu zeigen.

In der nächsten Etage werden Schuhe am Fließband zusammengenäht, gestanzt und geklebt. Hier arbeiten hauptsächlich junge Männer. Viele haben Frisuren wie die schrillen Kanto-Popstars in chinesischen Musikmagazinen. Die schwarzen Haare sind hell gefärbt und stehen in alle Richtungen, mal stachelig, mal als Tolle, mal als gegelter Pony vor den Augen. Moderebellen am Fließband. Die Zeiten, in denen die Fabrikarbeiter schweigend und im grauen Einheitslook in den Werkshallen saßen, sind vorbei. Chinas freche, laute Jugendkultur hat auch die Schicht der einfachen Arbeiter erreicht. Die Stimmung auf dem Rundgang bessert sich langsam. Diese Abteilung erfüllt alle Sicherheitsanforderungen.

Auf dem Weg zurück zum Verwaltungsgebäude begrüßt uns der Besitzer der Fabrik. Li Delu ist 38 Jahre alt und kam vor knapp zwanzig Jahren selbst als Wanderarbeiter aus der ärmeren Provinz Jiangxi ins boomende Kanton. Er hat sich hochgekämpft, ein chinesischer Selfmade-Millionär, stämmig, im gestreiften Polohemd und Gucci-Schuhen. Er hat die Höhen und Tiefen des Fabrikgeschäfts selbst durchlebt und die Chance ergriffen, die Chinas Öffnung ihm bot. Wenn Sozialprüfer wie Maren Böhm heute Kleinigkeiten in seinen Fabriken bemängeln, bleibt er gelassen.

»Die Deutschen schon wieder, sie nörgeln gern«, sagt er zu unserem chinesischen Kameramann. Er sieht den großen Aufwärtstrend seines Landes, und sein Blick verrät Stolz über das, was Südchina heute erreicht hat. »Die Zeiten haben sich geändert«, sagt er, »die Arbeiter ticken heute ganz anders als früher. In meiner Generation, da wollte man nur Geld verdienen und deswegen möglichst viel arbeiten. Wir haben Nachtschichten und Überstunden ohne Ende geschoben.« Das habe sich inzwischen geändert. »Heute wollen die Leute leben, sie haben oft gar keine Lust mehr auf Überstunden und wollen abends noch was unternehmen.«

Der Eindruck des Fabrikbesitzers deckt sich mit den Erfahrungen von Maren Böhm. Karaoke, Shopping oder ein Besuch im Internetcafé, damit verbrächte die neue Arbeitergeneration ihre Freizeit. »Wanderarbeiter 2.0«, so heißen diese jungen, selbstbewussten Fabrikarbeiter inzwischen. Ihre Ansprüche an die Fabriken seien gewaltig gestiegen. »Wenn Sie heute keine Klimaanlage im Wohnheim bieten, dann laufen Ihnen die Leute weg«, beklagt Fabrikbesitzer Li. »Ein solcher Standard war früher undenkbar.«

Die satten Margen der Firmenbesitzer sinken. Und in der Provinz Guangdong werden die Arbeitskräfte knapp. Die Wanderarbeiter aus den küstenfernen Provinzen können sich heute fast aussuchen, wo sie hingehen. Der Mindestlohn in dieser Gegend Südchinas liegt inzwischen bei 1300 Yuan, rund 150 Euro im Monat. »Mit Überstunden verdienen meine Arbeiter aber im Schnitt mindestens 2000 Yuan«, so Li. Rund 220 Euro monatlich also. In den Zentralprovinzen, wo die Arbeiter herkommen, ist das viel Geld. Dort verdient man mit der gleichen Arbeit nicht einmal die Hälfte.

Bis 2008 lag der Mindestlohn in der Gegend von Li Delus Fabrik bei gerade mal 690 Yuan, weniger als 80 Euro. Seitdem steigt er quasi im Jahresrhythmus, in den vergangenen zwei Jahren jeweils sogar um über 20 Prozent. 2008 wurde er auf 810 Yuan angehoben, knapp 100 Euro. Im Mai 2010 wurde er auf 1030 Yuan erhöht, rund 120 Euro. Im März 2011 kamen dann noch einmal fast 30 Prozent obendrauf. Da die Arbeiter in der Fabrik kaum etwas ausgeben, können sie viel sparen.

In Kanton und rund um Shanghai werden landesweit die höchsten Löhne gezahlt. Es geht bergauf. Nicht langsam, sondern schnell. Das westliche Bild der ausgebeuteten chinesischen Arbeiter, die Tag und Nacht schuften müssen und trotzdem am Existenzminimum herumkrebsen, ist längst Vergangenheit. Trotzdem halten sich diese Bilder in unseren Köpfen.

Woran liegt das? Wenn wir im Westen Bilder der Nähfabriken Asiens sehen, vergleichen wir sie mit unseren

Standards. Wir sehen, was noch fehlt. Die Chinesen dagegen sehen das, was sie schon erreicht haben. Wie viel das ist, zeigt ein Besuch in den asiatischen Nachbarländern. Wie es früher in China war, können wir in Bangladesh heute noch mit eigenen Augen sehen.

Mit Böhm starten wir vom supermodernen Flughafen in der südchinesischen Metropole Guangzhou nach Dhaka, der Hauptstadt von Bangladesh. Schon beim ersten Schritt aus dem Flugzeug schlägt uns die Hitze wie eine Welle entgegen. Der Flughafen ist nicht klimatisiert. Der Unterschied zu unserer Ankunft in Hongkong könnte kaum drastischer sein. »Made in China« steht auf einem Metallschild an der Gangway. Vor den Fenstern des Terminals eine verlassene Baugrube. Aus ein paar Betonklötzen ragen rostige Armierungseisen. Im Schatten neben dem Bauzaun sitzen ein paar Arbeiter. Doch die Arbeit ruht wohl schon länger. Die Sandhaufen sind mit Unkraut überwuchert. Der Flughafen von Dhaka, immerhin Hauptstadt eines Landes mit 160 Millionen Einwohnern, ist winzig. Vor dem Terminal drängen sich Hunderte Menschen an einem Gittertor, durch das alle Taxen und Abholerautos durchmüssen. Schnurrbärtige Soldaten in Tarnanzügen, die Gewehre geschultert, sorgen dafür, dass die Leute draußen warten, nicht auf dem schattigen Vorplatz. Die Stimmung ist dennoch entspannt.

Ein Wagen des Otto-Einkaufsbüros in Dhaka holt uns am Flughafen ab. Der Verkehr in der Stadt ist eine Katastrophe, besonders im Vergleich mit den perfekt ausgebauten Autobahnen Südchinas. Man steht schon mal 45 Minuten, ohne sich einen Meter zu bewegen. Am Straßenrand reihen sich zum Teil zehnstöckige Betonbauten aneinander. Selbst im Zentrum der Hauptstadt. Hinter den Fenstern gleißendes Neonlicht. Es ist kurz vor 21 Uhr. In diesen Gebäuden nähen, weben und stricken auf jeder Etage noch immer Hunderte Arbeiter und Arbeiterinnen. Immer wieder bricht das Stromnetz zusammen. Alle Fabriken haben große, laute Diesel-Generatoren, mit denen sie die Ausfälle überbrücken. Ihr Knattern und die Abgase erfüllen die heiße Luft.

Am nächsten Morgen besuchen wir ein Werk für Heimtextilien am Stadtrand von Dhaka: Es geht um Bettwäsche und Handtücher. Der größte Kunde ist Ikea, überall sehen wir die bekannten Muster und Farben des schwedischen Konzerns. Die Fabrik übernimmt alle Produktionsschritte, vom Weben der Stoffe über das Färben bis zum fertigen Kopfkissenbezug. In den Färbehallen arbeiten wuchtige Maschinen. Kilometerlange Stoffbahnen in satten Farben surren durch riesige Walzen. Es ist eigenartig, die Stoffe, die man bei Freunden zu Hause als Vorhang oder Tischdecke gesehen hat, hier in diesen Hallen vorzufinden. Die Stoffrollen sind imposant, manche sind so breit, wie ein 7er-BMW lang ist, und so dick wie ein Mensch hoch.

In der Fabrik arbeiten über 6000 Menschen. Die Frauen nähen im Akkord. Selbst wenn sich die Kamera ihnen nähert, werden sie nicht langsamer. Hier erlangt der Satz »Zeit ist Geld« seine ursprüngliche Bedeutung wieder.

»Wir in Bangladesh haben eine riesige Bevölkerung, Arbeiter zu finden ist kein Problem«, erklärt der Fabrikdirektor. Das Gebäude liegt an einem Seitenarm des Buriganga. 800 Meter entfernt führt die Hauptstraße nach Mymensingh über das braune Gewässer. In den Pfählen der wackligen Hütten am Ufer verfängt sich vorbeischwimmender Müll. Frauen waschen ihre Wäsche im brackigen Wasser. Drinnen in der Fabrik ist es sauberer, kühler und ruhiger als überall draußen in der Umgebung.

Den ganzen Nachmittag sind Böhm und ihr Team in der Fabrik. Hier ist alles in Ordnung, das Management ist professionell, das Team beanstandet nur Kleinigkeiten.

Nach weiteren zwei Stunden im Verkehrsdickicht von Dhaka erreichen wir die nächste Fabrik. Ein Hochhaus, direkt an der Begam Rokeya Sarani-Straße, die die Innenstadt von Norden nach Süden durchzieht. Wir gehen durch ein breites, aber dunkles, muffiges Treppenhaus in den sechsten Stock. Schon zwei Mal waren die Otto-Sozialprüfer hier, jedes Mal gab es große Probleme. Otto lässt hier eine preiswerte wattierte Winterjacke herstellen. Für uns eine merkwürdige Vorstellung. In Bangladesh fallen die Temperaturen selten unter 20 Grad. Ausgerechnet hier werden unsere Winterjacken genäht.

In kleinen Betrieben wie diesem stoßen die Kontrolleure auf die typischen Probleme der Fabriken Bangladeshs. Unbezahlte Überstunden, Dumpinglöhne, teils sogar Kinderarbeit. Großen Anlass zur Sorge geben aber auch schwere Brandkatastrophen. Weil es wenig Platz gibt, bauen die Hersteller ihre Fabriken in die Höhe. Und sie stopfen die Fabrikhallen bis zum letzten Quadratmeter voll mit Arbeitern und Material. Da muss nur irgendwo ein Kabel schmoren, und schon geht die ganze Fabrik in Flammen auf. Hunderte Menschen sterben jedes Jahr bei solchen Bränden. Immerhin, diese Fabrik hat eine Feuertreppe. Die abenteuerliche Metallkonstruktion verläuft zickzackförmig an der Rückseite des Gebäudes. Lange Metallrohre ragen im spitzen Winkel aus der Außenwand und stützen Treppen und Absätze. Aus den Türen der einzelnen Etagen lugen neugierige Arbeiter.

Anders als bei den Chinesen, wo die Treffen mit den Fabrikdirektoren und Besitzern heute unaufgeregt, pragmatisch und vor allem zügig ablaufen, zählt in Bangladesh die große Geste. Fabrikbesitzer Kareem ist korpulent und trägt ein buntgemustertes Hemd, fast im Hawaii-Look. Trotzdem ist er auf einen staatsmännischen Auftritt aus. Kaum hat Kareem Böhm und ihr Team in den Konferenzraum komplementiert, legt er los. Eigentlich wollte

Böhm nur wissen, ob er die Mängel behoben habe, die sie bei ihrem letzten Besuch beanstandet hatte. Doch bevor er sich solch profanen Fragen zuwendet, hebt der Fabrikbesitzer zu einer ausschweifenden Rede über seine Firmenphilosophie an. Er habe sich mit Herz und Verstand ganz der Qualität und der Sicherheit verschrieben. Sein Unternehmen strebe nach den höchsten Standards … Während er gerade mit ausladender Geste auf die zukünftigen Erfolge seiner Firma verweist, wird es plötzlich dunkel im Konferenzraum. Der Strom ist ausgefallen. Doch Direktor Kareem lässt sich nicht beirren. Unter dem Banner der Exzellenz schreite seine Firma einer großen Zukunft entgegen. … Erst nach Minuten springt der Generator an. Ja, man habe die Mängel behoben, erklärt Kareem schließlich, nun könne man zum Rundgang aufbrechen.

»Wir haben vor einiger Zeit hier schon einmal Produktionslinien rausgenommen, weil die Halle zu voll war«, sagt Böhm. »Und siehe da, nun sind sie wieder drin. Wenn eine Kontrolle angekündigt ist, nehmen sie ganz offensichtlich ein paar Nähtische raus, und wenn die Prüfer wieder weg sind, stellen sie sie wieder rein.«

Bei unserem unangekündigten Besuch ist die Sache nun aufgeflogen: Jetzt drohen der Fabrik Konsequenzen. Zunächst bekommt sie eine Abmahnung. Und die Einkäufer von Otto werden angehalten, ihre Produkte – wenn möglich – woanders zu kaufen. Allerdings geben die Sozialprüfer von Otto den Fabriken meistens noch eine Chance. »Denn wir wollen sie ja nicht bestrafen, sondern ihnen dabei helfen, besser zu werden.« Wenn die Arbeiter einer Fabrik ihre Jobs verlören, sei niemandem gedient. Viel mehr könne man für die Arbeiter erreichen, wenn man durch sanften Druck auf den Fabrikbesitzer den Standard langsam erhöhe. Deshalb wird das Otto-Schulungsteam versuchen, mit den Managern der Fabrik die Abläufe so zu verbessern, dass einige Nähtische herausgenommen werden können. Erst wenn die Situation auch beim nächsten Besuch trotzdem nicht besser ist, wird Otto die Zusammenarbeit mit der Fabrik ganz aufgeben. »Manchmal ist das hier wirklich eine Sisyphusarbeit. Es ärgert mich, wenn ich das Gefühl habe, dass ich einen Tag in einer Fabrik verbrachte habe«, poltert sie, »und das Management und auch die Arbeiter und die Verantwortlichen sagen: Jaja, wir sehen das alles ein. Und wenn ich rausgehe, freuen sie sich, dass ich weg bin, und machen, was sie wollen.«

Monate später erfahren wir: Die Fabrik ist tatsächlich durchgefallen.

Zum Abendessen trifft Maren Böhm einen Kollegen von der Konkurrenz, Charles Dickinson. Der Brite arbeitet für C&A, hat sein Büro in Düsseldorf. Mehrmals im Jahr jedoch geht es für ihn auf große Fahrt, auch er überprüft Sozialstandards in Fabriken. Dickinson sieht aus wie eine Mischung aus Bruce Willis und Sean Connery und ist bei den Unternehmern in Asien für seine Entschlossenheit gefürchtet. Er ist schon in der zweiten Generation bei C&A. Sein Vater fing 1949 bei dem Unternehmen an und war als Einkäufer für den Fernen Osten zuständig. Auch Dickinson war zunächst Einkäufer für Herrenanzüge, bevor auch er zur Social Compliance wechselte, wie die Sozialstandards im englischen Business-Jargon heißen. »Wir müssen den Kompromiss finden«, sagt er nüchtern, »zwischen dem Wunsch der Kunden nach möglichst billigen Produkten und der Notwendigkeit, bessere Sozialstandards in den produzierenden Ländern durchzusetzen.«

Obwohl ihre Unternehmen direkt miteinander im Wettbewerb stehen, tauschen sich die Sozialprüfer regelmäßig aus. »Wirtschaftlich stehen wir natürlich in einem sehr scharfen Konkurrenzkampf. Aber wir haben uns alle schon am Anfang des Jahrzehnts darauf geeinigt, dass es, was Sozial- und Umweltstandards angeht, keine Konkurrenz, keinen Wettbewerb geben darf.« Viele westliche Hersteller haben sich inzwischen zusammengeschlossen. Einige überprüfen die Sozialstandards nach einheitlichen Checklisten, damit nicht jede Fabrik den Anforderungen zehn verschiedener Einkäufer entsprechen muss. »Letztlich ist es ja egal, wie hoch die Feuerlöscher genau hängen oder welche Farbe die Markierungen der Notausgänge haben, wichtig ist, dass alles sicher ist«, ergänzt Böhm.

Während sie am folgenden Tag im Hotel ihre E-Mails abarbeitet und auf ihren obersten Chef Michael Otto wartet, der für eine Konferenz nach Bangladesh kommt, nimmt Dickinson uns mit in eine Jeansfabrik. Hier kauft nicht nur C&A ein, hier lassen auch internationale Top-Marken wie Diesel produzieren. Die Fabrik ist in gutem Zustand, wir sind überrascht. Selbst in der Stadt sind viele Straßen sehr schlecht, nicht einmal asphaltiert, sondern aus gestampftem Lehm. Das Gebäude ist neu, mit großen Fenstern und reichlich Platz, es gibt zwei große Treppenhäuser und breite Fluchtwege auf jeder Etage. Brandschutz ist hier kein Problem. Dafür ist die Buchhaltung frisiert. Lieferscheine belegen, dass immer wieder sonntags gearbeitet wird. In den Lohnabrechnungen taucht aber keine Sonntagsarbeit auf.

Dickinson konfrontiert die Geschäftsführung mit den Ungereimtheiten. Zuerst versucht sie, sich herauszureden. Dann gibt sie zu: Ja, in der Hochsaison habe man die Arbeiter mehr Überstunden schieben lassen, als die Arbeitsgesetze erlauben. Anders seien die Aufträge nicht zu schaffen gewesen. Die Arbeiter seien aber immer für ihre Überstunden bezahlt worden.

»Arbeitszeiten sind ein echtes Problem«, klagt der Manager. Das Gesetz in Bangladesh erlaubt nur 52 Stunden pro Woche. »Sechzig Stunden wären besser«, sagt er. »Von Montag bis Samstag, jeden Tag zehn Stunden, das macht doch Sinn.«

Er bittet Dickinson, bei den Arbeitszeiten nachsichtiger zu sein.

Doch der bleibt hart: »Wir können hier nichts akzeptieren, was illegal ist. Und außerdem zeigen Sie mir hier frisierte Abrechnungen. Wie soll ich aus diesen Abrechnungen sicher wissen, wer hier wie lange arbeitet? Zeigen Sie mir beim nächsten Mal die echten Abrechnungen, dann reden wir weiter.« Der Manager verspricht es.

Bevor wir gehen, interviewen wir noch den Fabrikbesitzer. Fuad Abdullah ist ein sportlicher Yuppietyp mit gelbem Hemd und Goldkette, noch keine vierzig Jahre alt. Er repräsentiert eine neue Generation erfolgreicher bengalischer Unternehmer. Er hat in den USA studiert, sein Kleidungsstil und sein Auftreten sind durch und durch westlich. Sogar den typisch indisch-bengalischen Akzent hat er abgelegt, wenn er Englisch spricht. Beim Thema Arbeitszeiten, erklärt er uns, sollten wir uns keinen Illusionen hingeben. In Wirklichkeit würden in allen Fabriken Überstunden geschoben, das sei ganz normal. Die ganzen Probleme entstünden nur wegen der Arbeitsgesetze, die aus den 1950er Jahren stammten, manche sogar aus den Dreißigern. Damals sei es um die Juteindustrie und Webereien gegangen, die Leute hätten unter viel härteren Bedingungen schuften müssen, mehr als acht Stunden am Tag seien da nicht drin gewesen. Die Gesetze in Bangladesh seien realitätsfern – und die Vorstellungen der Ausländer sowieso. »Arbeiter in der Bekleidungsindustrie können gut zwölf Stunden täglich arbeiten. Und sie wollen das ja auch. Sie arbeiten im Sitzen, das ist nicht so anstrengend. Ich bin der Meinung, die Gesetze müssen angepasst werden.«

Auch beim Thema Kinderarbeit wünscht er sich mehr Pragmatismus. Doch bei keinem anderen Thema sind die Sozialkontrolleure der Modeketten strenger. Sie wissen: Sollte in Deutschland herauskommen, dass C&A seine T-Shirts von Kindern nähen lässt – der Ruf wäre ruiniert. Fuad Abdullah hebt die Augenbrauen und schnaubt. Bei diesem Thema vergäßen die Gutmenschen im Westen, wie schlimm die Zustände in Bangladesh noch immer seien: »Die Kinder, die nicht in den Fabriken arbeiten, rackern oft direkt vor den Fabrikmauern auf dem Bau, das ist viel gefährlicher«, sagt er. »Ich meine, man sollte sie für ein paar Stunden am Tag innerhalb der Fabrik arbeiten lassen. Natürlich nicht den ganzen Tag. Sie sind viel geschützter innerhalb der Fabriken als außerhalb.« Er findet, die westlichen Firmen täten auch gut daran, die eigene Öffentlichkeit aufzuklären, statt sich heute als Saubermänner aufzuspielen. Immerhin sei deren Kehrtwende nicht sehr lange her. »Vor zwanzig Jahren hatte ich auch Kinder in meiner Fabrik, da gab es kein Problem damit. Aber dann schrieben die westlichen Medien darüber, wo und wie Nike und GAP und andere ihre Produkte fertigen lassen. Sie gerieten unter Druck und haben das an uns weitergegeben. Deshalb sehen Sie heute viel bessere Fabriken.«

In einem Punkt hat der Fabrikbesitzer recht. Fabrikarbeiter in Bangladesh haben es noch gut, wenn man sie mit dem Millionenheer der ganz Armen im Land vergleicht. Auf einigen Baustellen haben wir Frauen gesehen, die schwere Arbeit in der prallen Sonne verrichten. Und überall sieht man Bettler. Kaum jemand in diesem Land kümmert sich um die Menschen, die zum Arbeiten zu schwach oder zu alt sind. Fast kann man sagen, dass der Unterschied zwischen Deutschland und Südchina inzwischen genauso groß ist wie der zwischen Südchina und Bangladesh. Die Arbeiter müssen mit einem Viertel dessen auskommen, was ihre Kollegen in China verdienen, und müssen in der Regel noch selbst zusehen, wo sie wohnen. Aber auch in Bangladesh geht es bergauf.

Später am Tag treffen wir Böhm wieder, die uns Michael Otto, den Aufsichtsratsvorsitzenden des Otto-Konzerns, vorstellt. Sein Vater Werner hat das Unternehmen einst gegründet. Frei nach dem Motto »Tue Gutes und rede darüber« stellt er sich unseren Fragen auch vor der Kamera. Otto ist einer der reichsten Deutschen. Doch er hat auch den Ruf, einer der verantwortungsvollsten Unternehmer des Landes zu sein. Er will Profit machen, aber als Familienunternehmen muss er sich nicht dem Druck irgendwelcher Aktionäre beugen, sondern kann langfristig denken. Die sozialen Zustände in den Partnerfabriken liegen dem Hamburger am Herzen. Immer wieder ist er vor Ort, um sich ein eigenes Bild von der Lage zu machen.

Wir fahren gemeinsam in eine der Fabriken, in denen er produziert, um dort das Interview aufzunehmen. Immer wieder rauscht der Luftzug der Ventilatoren in unsere Mikrofone. Ich stelle Otto die Frage, die ihm ein Vertreter einer deutschen NGO wohl zuerst stellen würde: »Sind Sie nicht ein Ausbeuter, wenn Sie hier produzieren lassen?«

»Das sehe ich vollkommen anders. Ohne Aufträge aus den Industrieländern gibt es keinen Aufschwung in Entwicklungsländern«, antwortet Otto. »Mann muss den Menschen hier auch die Chance geben, am internationalen Handel teilzunehmen, indem sie Produkte herstellen und verkaufen. Das schafft Arbeitsplätze und ist der erste Schritt im Kampf gegen die Armut.«

»Aber warum dann nicht gleich zu besseren Löhnen?«

»Ich habe überhaupt nichts dagegen, wenn von der Regierung die Mindestlöhne angehoben werden. Und das ist ja kürzlich auch geschehen. Und selbst, wenn sie sie noch mal anheben – ich bin sofort dabei.«

»Aber bringt das nicht Ihre Kalkulation durcheinander?«, hake ich nach.

»Keineswegs. Selbst wenn die Kosten dadurch steigen mögen, geht es letzten Endes hier ja darum, dass auch der Wettbewerber nicht günstiger einkaufen kann«, antwortet Otto. »Ein Mindestlohn schafft für alle die gleichen Ausgangsbedingungen.«

Ich denke mir, dass es bei diesem Spiel ja eine Obergrenze geben muss, und frage Otto, ob die Kunden überhaupt bereit sind, für höhere soziale Standards zu zahlen. »Die Konsumenten erwarten mit Recht, dass sie mit Freude konsumieren können und nicht zu Lasten von Kinderarbeit oder von entsprechenden Umweltschäden«, antwortet Otto. »Aber es ist schon manchmal eigenartig, dass die Konsumenten T-Shirts oder Jeans für wenige Euro kaufen und sich keine Gedanken darüber machen, unter welchen Bedingungen die Waren produziert wurden. Das heißt, wenn wir höhere Preise für bestimmte Standards verlangen, bedeutet das nicht, dass die Konsumenten das mittragen.« Otto meint, dass man den Spielraum, den die Firmen bei der Aufklärungsarbeit haben, nicht überschätzen sollte. »Mit der Umerziehung ist das nicht so einfach.«

Wir müssen zurück nach China. Auf dem Weg zum Flughafen stehen wir im Stau, die Zeit rennt uns davon. Wir steigen aus dem klimatisierten Taxi und wuchten unser Filmgepäck über den Zaun am Mittelstreifen der Stadtautobahn. Auf der anderen Seite klettern wir in drei der grünen Tuk-Tuks; die kleinen motorisierten Dreiräder kommen fast überall durch. In letzter Minute erreichen wir den Flughafen.

Im Flugzeug diskutieren wir darüber, wie es sein kann,

dass es den Arbeitern in einer Diktatur, die unabhängige Gewerkschaften verbietet, besser geht als in einer Demokratie wie Bangladesh mit ihren großen unabhängigen Gewerkschaften. Mir ist noch das Zitat des Gewerkschaftsführers Roy Ramesh Chandra im Ohr, den wir getroffen haben und der vor zu hohen Forderungen warnte: »Wir stehen im Wettbewerb in einem globalen Markt, wir leben ja nicht auf einer isolierten Insel. Wir müssen mit anderen Ländern konkurrieren, und da stecken wir zwischen den gigantischen Wirtschaftsmächten Indien und China.«

Aber ist die vielbeschworene Konkurrenz tatsächlich eine Erklärung für die Zustände in Bangladesh? Warum läuft es in China anders?

Nach einigem Hin und Her kommen wir zu einem überraschenden Ergebnis: In der Demokratie Bangladesh sind die Gewerkschaften zwar unabhängig. Aber sie sind schwach, weil die Institutionen insgesamt schwach sind. Es ist sowohl für den Staat als auch für die Gewerkschaften schwierig, etwas zu organisieren und durchzusetzen. In China hingegen, einer Einparteiendiktatur, handelt der Staat sozialer als erwartet, weil er vorausschauend seine Macht erhalten will. Die Mehrheit der Bevölkerung muss zufrieden sein. Allerdings basiert diese Unterstützung nicht auf Rechten, sondern hauptsächlich auf dem guten Willen des Staates. Dennoch sind einstweilen die Chinesen mit ihren nicht-unabhängigen Gewerkschaften besser dran, was den Anstieg sozialer Standards betrifft.

Heißt das aber nun, dass die Arbeit von Böhm in Bangladesh wichtiger ist als ihr Engagement in China? Böhm bejaht. Dort sei ihr Einfluss auch größer. In China nehme er eher ab. Die Nachfrage der westlichen Unternehmen nach Produkten »Made in China« sei so gestiegen, dass die chinesische Regierung es sich erlauben kann, von sich aus Mindestlöhne einzuführen und jährlich deutlich anzuheben. Die Fabrikanten sind nicht mächtig genug, sich dagegen zu wehren. Und sie geben die gestiegenen Kosten an die westlichen Einkäufer weiter, die immer mehr in eine Zwickmühle geraten. Von ihren Auftraggebern bekommen sie Druck, die Sozialstandards hochzuhalten. Gleichzeitig können sie den Preis nicht mehr diktieren. Die Preise steigen dramatisch an. Eine Windjacke kostet auf einmal 25 Prozent mehr. Die Lieferzeiten für Waren aus China werden länger. »Immer öfter nehmen chinesische Fabriken gar keine Aufträge aus dem Ausland mehr an«, erzählt Böhm. »Sie haben genug zu tun mit der Produktion für den eigenen Markt.« China hat es immer weniger nötig, die Fabrik der Welt zu sein. China wird nun die Fabrik Chinas. Und die Einkäufer müssen ihre Ware so früh wie nie bei den Produzenten in China bestellen. Sonst sind die deutschen Regale im Sommer 2012 leer. Chinas Fabriken sind ausgelastet.

Heißt das, dass nun also die vom Westen mühsam aufgebauten sozialen Standards wieder untergraben werden? Böhm glaubt das nicht. »Die Arbeiter gehen ja dahin, wo es für sie angenehm ist.« Tatsächlich haben manche Fabriken inzwischen Transparente an ihren Fassaden hängen, mit denen sie um Arbeitskräfte werben. Sie bieten einen langen Jahresurlaub, freie Unterkunft und Verpflegung sowie einen Lohn von monatlich mindestens umgerechnet etwa 220 Euro.

Auch NGOs bestätigen den Trend. »Bei einfacher Kleidung und Massenware sind den westlichen Einkäufern die Löhne in China inzwischen zu hoch. Die Kehrseite der Medaille aber ist: Wo sie können, wandern sie deswegen in andere Länder ab«, sagt Berndt Hinzmann von der »Kampagne für saubere Kleidung«. Bangladesh sei nach wie vor stark im Kommen. »Aber auch in Vietnam gibt es starke Zuwächse. Da sind die Löhne auch noch niedrig, aber die Infrastruktur ist viel besser als in Bangladesh. Man kann die produzierte Kleidung auch fristgerecht abtransportieren. Das ist ein großer Vorteil.« Allerdings kann Vietnam nur einen Bruchteil des Produktionsvolumens aufnehmen.

Daher rechnen die meisten Experten damit, dass Südchina trotz der gestiegenen Löhne mindestens für die nächsten fünfzehn Jahre der zentrale Produktionsstandort bleibt. Die Arbeiter in China würden also nach wie vor von der Globalisierung profitieren.

Schaden wir nun also den Menschen, wenn wir Billigprodukte aus Asien kaufen, oder helfen wir ihnen? So einfach ist die Frage wohl nicht zu beantworten. Den Menschen und der Führung in China ist es bisher gelungen, ihr Land mit der Produktion für den Westen reicher zu machen. Den Menschen geht es heute besser als früher. Das gilt auch für Bangladesh, wenn auch das Tempo viel langsamer ist.

Natürlich würden die Controller westlicher Firmen am liebsten die ganze Produktion in neue Billigländer verlagern. Aber noch ist kein Land außer China in der Lage, die großen Bestellmengen abzuwickeln. Dazu fehlen den Newcomern wie Bangladesh, Indonesien, Nigeria und auch Vietnam die Kapazitäten. Sie haben nicht genug ausgebildete Arbeiter, und das logistische Umfeld fehlt. Solange das so bleibt, müssen wir damit rechnen, dass die Preise für Produkte, die wir aus China beziehen, weiter steigen werden. Und mit ihnen die Löhne der chinesischen Arbeiter. Und das ist erst der Anfang einer Entwicklung, die dazu führt, dass der Westen immer mehr an Einfluss verliert. Die Zeiten, in denen der Westen die Spielregeln bestimmen durfte, gehen ihrem Ende entgegen. Und mehr noch: Die chinesische Regierung ist zunehmend in der Lage, unseren Spielraum auch zu Hause erheblich einzuschränken. Schon allein dadurch, dass sie zu Ende denkt, was wir im Westen angestoßen haben.

China könnte zum Beispiel die Umweltkosten der

Produkte in den Verkaufspreis einfließen lassen. Dadurch würde unsere Kaufkraft erheblich schrumpfen, wir könnten für das gleiche Geld weniger kaufen, wenn auch mit etwas reinerem Gewissen.

Ist das nur Zukunftsmusik oder bereits Realität? Otto-Konkurrenten wie H&M verdienten im ersten Quartal 2011 bereits ein Drittel weniger als im Jahr zuvor. Und das, obwohl die Chinesen noch nicht einmal damit begonnen haben, etwa die Umweltkosten in die Preise der Produkte einzukalkulieren. H&M wollte Verluste noch nicht an die Kunden weitergeben. Wobei die Betonung auf »noch nicht« liegt.

Dennoch kann man schon jetzt feststellen: Die Hebel des Westens, Länder wie China »auszubeuten«, werden immer geringer. Die westlichen Hersteller sorgen auch längst nicht mehr dafür, dass die Armen immer arm bleiben. Der Kapitalismus vergrößert nicht die Ungleichheit zwischen reichen und armen Ländern. Und es ist auch nicht mehr so, dass wir die Ungleichheit zementieren, wenn wir Produkte »Made in China« kaufen. Vor allem die Chinesen profitieren immer mehr von der globalen Arbeitsteilung. Von der Kolonialattitüde des Westens in diesen Ländern ist längst nichts mehr zu spüren. Aber auch die Einkäufer herrschen nicht mehr über die Produzenten. China ist zudem schon der weltgrößte Produzent von Baumwolle. Chinas Bedarf spielte eine entscheidende Rolle beim Preisanstieg 2011 von über 175 Prozent. Auch darauf haben die Einkäufer keinen Einfluss mehr. Die Chinesen drehen den Spieß nun um. Es ist durchaus denkbar, dass die Regierung den chinesischen Herstellern einer neuen Generation von iPhones vorschreibt, die Telefone erst einmal für den chinesischen Markt herzustellen. Die Amerikaner und Europäer müssten dann sechs Monate warten.

Zurück im Industriegürtel nördlich von Hongkong. Nach den Erfahrungen in Bangladesh wirkt die Fahrt auf der vierspurigen Autobahn wie aus einem Science-Fiction-Film. Die endlosen Fabrikkomplexe, die an uns vorbeirauschen, tragen Namen, die Erfolg, Weltläufigkeit und eine große Zukunft verheißen sollen: »King Furniture«, »Reliance« oder »Global Vanguard«. Vor nicht einmal dreißig Jahren gab es hier weder Autobahnen noch Fabriken. Die Menschen waren Bauern. Südchina war beinahe so arm wie Bangladesh.

Wir halten bei einer Fabrik am Stadtrand, dahinter erhebt sich eine üppig bewachsene subtropische Hügellandschaft. Ein paar Bauern jäten Unkraut auf kleinen Äckern. Inmitten dieser städtischen Gegend wirken sie fast wie aus einem Heimatmuseum. Als wir in den Hof der Fabrik einbiegen, empfängt uns eine elegant gekleidete Dame, die Managerin. Sie ist Mitte dreißig, ihre schwarzen Haare glänzen wie in den chinesischen Shampoo-Werbungen. Sie sieht aus, als sei sie in Hongkong zum High Tea verabredet. Ihre Mitarbeiter überreichen uns laminierte Besucherpässe. Die Fabrik ist gerade umgezogen. Mit dem Otto-Versand arbeitet sie schon lange zusammen, doch den neuen Standort haben Maren Böhm und ihre Kollegen noch nicht in Augenschein genommen. Tatsächlich ist diese Fabrik etwas Besonderes. Überall ist es sehr sauber, die Sicherheitsstandards werden eingehalten, bei keinem der sogar doppelt hängenden Feuerlöscher ist das Kontrolldatum abgelaufen. Alle Nähmaschinen haben Schutzhüllen über den Schwungrädern, die Temperatur in den Hallen ist angenehm. Der Musterraum ist viel größer als bei den anderen Fabriken, die wir gesehen haben – er belegt eine halbe Etage. In dieser Fabrik lässt Otto seine Luxuskleider schneidern. Kleine Stückzahlen, komplizierte Schnitte, teure Materialien: Hier wird hochwertige Damenmode produziert, keine Massenware.

Im dritten Stock nähen die Arbeiter gerade eine Hose aus silbergrauer, glänzender Seide. Daneben entsteht ein Abendkleid mit aufwendigen silbernen und bronzenen Pailletten auf dem Oberteil.

»Werden die Pailletten hier in der Fabrik auf den Stoff genäht?«, will Böhm wissen.

»Nein, den Stoff lassen wir zuliefern.«

Böhm wird hellhörig: »Woher kommt das Material denn?«

Die Hongkonger Managerin ziert sich erst ein wenig, dann erklärt sie, man beziehe den paillettenbesetzten Stoff fertig aus Indien. »Die Pailletten werden mit der Hand aufgestickt, das ist ein sehr arbeitsaufwendiger Schritt.« Es rentiere sich einfach nicht, die höherqualifizierten Näherinnen der Fabrik für solche Fleißarbeiten einzusetzen. Deshalb komme der Stoff für das Abendkleid als fertige Ware aus dem preiswerteren Indien.

»Das Thema Zulieferungen ist heikel«, erklärt Böhm. »Denn wir kontrollieren ja erst mal nur diejenigen Fabriken, von denen wir direkt etwas kaufen.«

Was aber machen die westlichen Sozialprüfer, wenn die Lieferanten Teile der Produktion ihrerseits an andere Fabriken auslagern?

»Solche Zulieferungen liegen im Moment leider noch außerhalb des Einflussbereiches der Prüfer«, räumt Maren Böhm ein. »Wir arbeiten aber daran, in der Lieferkette immer weiter zurückzugehen. Am besten wollen wir natürlich mit dem Anbau der Baumwolle anfangen und dann bis zum fertigen Oberhemd bei jedem Arbeitsschritt sicherstellen, dass unsere Sozialstandards auch eingehalten werden.« Immerhin gäbe es schon einige Pilotprojekte in dieser Richtung, nicht nur bei der Otto-Gruppe, sondern auch bei anderen westlichen Modemarken.

Die Lieferkette für Kleidung ist heute komplexer denn je. Das ist wahrscheinlich die größte Schwachstelle des

Kontrollsystems der westlichen Hersteller. Und damit eine Grauzone, in der Ausbeutung noch möglich ist. Chinesen beuten dann meist Chinesen aus. Wo diese Arbeitsschritte dann gemacht werden, ist oft schwer nachzuvollziehen und noch schwerer zu überprüfen. Deshalb machen sich nicht nur die Otto-Manager Gedanken, wie sie das Zulieferersystem transparenter gestalten können, ohne in Bürokratie zu ersticken und die Kosten so hochzutreiben, dass ihnen die Kunden weglaufen. Es ist eine spannende Debatte: »Bis wohin müssen wir in die Tiefe gehen? Wenn das ganze Produkt in einer anderen Fabrik weiterbearbeitet wird? Oder auch schon, wenn nur ein Teil des Produktes das Haus verlässt?«, erzählt Böhm. Über diese Fragen hätten sie sich schon »die Köpfe heiß geredet«. Inzwischen sei es so, dass der Lieferant selbst ein Kontrollsystem haben müsse, das sicherstellt, »dass bei den Subkontraktoren genauso gute Bedingungen herrschen wie bei ihm«, erklärt Böhm. Beim »Subcontracting« lässt sich eine Fabrik zum Beispiel Applikationen anliefern oder gibt das ganze T-Shirt außer Haus, um es besticken zu lassen. Inzwischen kontrolliert Otto alle Arbeitsschritte selbst, die ein Kleidungsstück nach dem Zuschnitt des Stoffs durchläuft. Und natürlich fordere man von den Lieferanten, dass sie ihre Subkontraktoren offenlegen. »Das tun sie in der Regel auch. Aber wir haben keine 150-prozentige Sicherheit, dass das Kleidungsstück dann wirklich dorthin geht und nicht doch in eine andere Fabrik, von der wir nichts wissen.«

Inzwischen müssen die Otto-Zulieferer immer schriftlich garantieren, dass sie bei ihren Subkontraktoren selbst auf gute Arbeitsbedingungen achten. »Aber Papier ist ja bekanntlich geduldig«, muss Maren Böhm einräumen. »Trotzdem tun wir alles, um zu überprüfen, ob dieses System wirklich etabliert ist.« Der Lieferant muss das dokumentieren. Er muss nachweisen, wie oft er seine Sub-

lieferanten besucht, und Bilder vorlegen, die die Arbeitsschritte und die Situation, in der diese absolviert werden,
belegen.

Die Zusammenhänge der Globalisierung sind komplexer, als wir gedacht hätten. Diese letzte Fabrik, die wir auf
unserer Reise besucht haben, war von den Sozialstandards her die beste. Und doch offenbaren sich gerade
hier die Schwächen und Schlupflöcher der Sozialkontrolle am besten. Ob die Pailletten von indischen Kindern
auf den Stoff genäht wurden, kann Böhm nicht sagen.
Solche Schlupflöcher werden jedoch weniger. Langsamer, als man sich wünschen würde. Aber immerhin ist
die Entwicklungsrichtung deutlich auszumachen: Die
Welt wird gerechter. In vielen Fabriken in China werden
die Arbeiter heute mit mehr Respekt behandelt und verdienen bessere Gehälter als früher. Doch bis in Asien flä-
chendeckend gute Arbeitsbedingungen herrschen, bleibt
noch viel zu tun.

KAPITEL 8

Die boomenden Blasen

Über Geld, das China hat und wir nicht

»Die Immobilienblase kann platzen«, warnt Zentralbankchef Zhou Xiaochuan und blickt noch skeptischer drein als sonst. Wenn die Häuserpreise erst einmal dramatisch sänken, würden »die Investitionen und der Konsum zusammenbrechen und die Weltwirtschaft in den Keller ziehen«. Dies sagte Zhou nicht etwa im Sommer 2008, kurz vor Ausbruch der Finanzkrise, sondern bereits im September 2003. Eindringlich redete er auf dem 8. Treffen des »International Monetary and Financial Committee« des Internationalen Währungsfonds (IWF) in Dubai den Vertretern der Industrienationen ins Gewissen.[1] Den Vorsitz hatte der damalige britische Schatzkanzler und spätere Premierminister Gordon Brown. Damals nahmen nur einige Spezialisten Notiz von seiner Rede. Heute wäre sie nicht nur der Aufmacher des Wirtschaftsteils der großen Zeitungen. Auch die Börsenkurse würden darauf reagieren. Damals jedoch war China noch nicht mächtig genug. Die Äußerung des Zentralbankchefs waren nicht mehr als Fußnoten in den Protokollen der Industrieländer.

Obwohl lange niemand zuhören wollte, hielt die chinesische Führung an ihrer langfristigen Agenda fest: Die Chancen und Risiken der Weltwirtschaft sollen gleichmäßiger verteilt werden, und zwar zugunsten der Entwicklungsländer. Schon vor einer Dekade sah sich China als Sprecher dieser Länder und wurde in dieser Funktion auch von anderen Entwicklungsländern akzeptiert. Asien und die sogenannten Schwellenstaaten des Südens sind nicht nur die Wachstumsmotoren der Welt, sie machen inzwischen knapp 50 Prozent des weltweiten Bruttoinlandsproduktes aus. 1980 war es gerade mal ein Viertel. Die Rolle als Sprecher dieser Länder wird für China indes nur eine vorübergehende sein. Eines Tages möchte das Reich der Mitte in einer multipolaren Weltordnung eine zentrale Rolle spielen. Mit einer Währung, die in einem Atemzug mit dem US-Dollar und dem Euro genannt wird. Ob ein paar Jahre früher oder später, spielt keine Rolle, auch wenn es derzeit aussieht, als ob es schneller gehen würde als gedacht. Peking hat sich nie vorgedrängelt, wenn es darum ging, die Richtung der Welt mitzubestimmen. Aber es hat sich auch nie versteckt.

Im Jahr 2003 hatten die Chinesen noch wenig Erfahrung auf dem internationalen Parkett. China war erst seit zwei Jahren Mitglied der Welthandelsorganisation (WTO). Kaum jemand glaubte damals, China könne noch im laufenden Jahrzehnt in der Politik der Weltwirtschaft eine zentrale Rolle spielen. Kaum jemand konnte sich vorstellen, dass G20-Gipfel statt der bewährten G8-Gipfel die Regel werden und dass die Chinesen bei diesen Gipfeltreffen den westlichen Industrienationen auf Augenhöhe gegenübersitzen würden. Schon gar nicht den Amerikanern. Ebenso wenig vorstellbar war noch Anfang der vergangenen Dekade, dass Institutionen wie der Internationale Währungsfonds IWF einmal mächtiger werden könnten als die wichtigsten Industrienationen. Dem 1944 gegründeten Fonds gehören 186 Staaten an, die ihm Kredite zur Verfügung stellen. Der IWF verfügte vor der Finanzkrise über Reserven von rund 250 Milliarden US-Dollar. Mit diesen Krediten werden notleidende Länder vorübergehend unterstützt. Die Länder, die Geld bekommen, müssen sich an strenge Auflagen halten, die IWF-

Manager geben den Krisenländern Sanierungspläne an die Hand. In den letzten Jahrzehnten lagen die Berater mit ihren Empfehlungen jedoch immer wieder falsch. Zum Beispiel hatten sie Russland Anfang der 1990er Jahre zu einer marktliberalen Schocktherapie gedrängt. Die Staatsunternehmen sollten so schnell wie möglich privatisiert werden – auch auf die Gefahr hin, dass sie dem Wettbewerbsdruck nicht standhalten würden. Eine Therapie, die der russischen Wirtschaft nicht sehr gut bekommen ist. In der Asienkrise Ende der 1990er Jahre war es ähnlich. Die Länder, die sich wie China und Indonesien damals nicht an die Ratschläge des IWF gehalten hatten, ihre geschwächten Märkte zu liberalisieren, gingen gestärkt aus der Krise hervor. Länder wie Thailand und Südkorea, die aufgrund ihrer hohen Schulden keine Wahl hatten, als die Anweisungen des IWF zu befolgen, litten noch viel länger an den Folgen ihrer Probleme. Sowohl in der Russland- als auch in der Asienkrise stimmten die Chinesen mit der Mehrheitsmeinung des IWF nicht überein. Eine Position, die sich im Nachhinein als die sinnvollere herausstellte.

Aus jenen Zeiten stammt der Ruf des IWF, eine Institution der Industrienationen zu sein, die die Schwächen der Schwellenländer zu ihrem eigenen Vorteil nutzt. Traditionell stellen die Europäer den Generalsekretär. Die USA sind der größte Geldgeber. Anfang der folgenden Dekade baute der spätere Bundespräsident Horst Köhler den IWF vorsichtig um. Die IWF-Manager sollten ihre Ratschläge stärker an den Gegebenheiten der Länder orientieren. Köhlers Nachfolger Rodrigo de Rato setzte wenig Impulse. 2007 übernahm der ehemalige französische Wirtschafts- und Finanzminister Dominique Strauss-Kahn den Posten des Generalsekretärs und trieb den Umbau weiter voran. Er war davon überzeugt, die Schwellenländer sollten im IWF eine größere Rolle spielen. Im Frühsommer 2011 jedoch musste er zurücktreten. Er war wegen des

Verdachtes der Vergewaltigung in New York verhaftet worden. Spätestens Strauss-Kahn hatte verstanden, dass die Schwellenländer im IWF eine größere Rolle spielen mussten.

Im Jahr 2003 war man von dieser Erkenntnis noch weit entfernt. Der chinesische Zentralbankchef Zhou galt zwar als kenntnisreicher, aber aufmüpfiger »Auszubildender«, Was sollte ein Kommunist, der zudem eine Währung vertrat, die nicht handelbar war, schon Sinnvolles zum Weltfinanzsystem beitragen können? Zhou störte die Runde der Etablierten, indem er die Probleme beim Namen nannte. Die Weltwirtschaft hänge »immer noch zu stark von der US-Wirtschaft ab«, kritisierte Zhou, das erhöhe »das Risiko von Einbrüchen«. Extreme Schwankungen in den Wechselkursen der großen Währungen könnten, sagte er weitsichtig, »nicht ausgeschlossen« werden. Dies stelle »eine Bedrohung für die Entwicklung der betroffenen Regionen dar«. Das Risiko gehe derzeit nicht von den Entwicklungsländern, sondern von den Industrienationen aus. Deshalb solle der IWF »zuallererst den Finanzsektor dieser Länder überprüfen, überwachen und die Warnsysteme verbessern«.

Zhou war damals der Einzige in der Runde, der so deutlich wurde. Die Vertreter der Industrienationen schwelgten hingegen im Hochgefühl eines neuen Aufschwungs nach der Dotcom-Krise. Für sie war der immer größer werdende Finanzsektor ein Zeichen von Prosperität und nicht von unkalkulierbarem Risiko. Auch das offizielle Abschlussdokument der IWF-Tagung war von dieser Sichtweise geprägt. Das »verbesserte Umfeld der Finanzmärkte« schaffe »wertvolle Spielräume für die Volkswirtschaften der Schwellenländer«. Es war von »verbesserten Aussichten für eine stetige und sich steigernde globale Erholung« die Rede. Eine Fehleinschätzung, denn die nächste Blase formte sich bereits.

Die Amerikaner heizten mit billigen Krediten ihre Wirtschaft an. Immobilienfinanzierer gaben Kredite ohne Anzahlung an Menschen aus, die schon nach Monaten ihre Raten nicht mehr bezahlen konnten. Allein um die Zinsen des alten bezahlen zu können, mussten sie einen neuen Kredit aufnehmen. Das vermeintlich perfekte Geschäftsmodell hatte für viele plausibel geklungen: Die Preise der Immobilien würden so schnell steigen, dass die Hausbesitzer nicht nur ihre Kredite nebst Zinsen zurückzahlen könnten, sondern sogar noch Geld übrig hätten.

Selbst die Europäer ließen sich blenden. Amerikanische Banken verliehen die riskanten Kredite auch an deutsche Banken und verdienten prächtig daran. In den USA schickten Kreditkartenfirmen unaufgefordert Kreditkarten an die Verbraucher. Sie versuchten, sich gegenseitig mit niedrigen Zinsen zu unterbieten. Manche Amerikaner besaßen mehr als zehn Kreditkarten, von denen sie fleißig Gebrauch machten. Sie konsumierten hemmungslos. Davon profitierten auch die Chinesen, denn die meisten Produkte waren »Made in China«. Angesichts der steigenden Hauspreise und des wachsenden Konsums waren die Industrienationen überzeugt: »Die großen Unsicherheitsfaktoren haben sich verringert.«[2] Es sollte anders kommen.

Die Chinesen glaubten zwar damals schon, die Blase werde bald platzen. Das hielt sie jedoch nicht davon ab, die amerikanische Wirtschaft weiter als Durchlauferhitzer für ihren eigenen Aufschwung zu benutzen. Damit der amerikanischen Wirtschaft nicht die Luft ausgeht, kauften sie große Mengen US-Staatsanleihen. Mit anderen Worten: Sie liehen den Amerikanern Milliarden US-Dollar, damit diese weiterhin chinesische Produkte kaufen konnten. Produkte, die sie sich eigentlich längst nicht mehr leisten konnten. China sei »die Mutter aller Konsumentenkredite«, spottete man an der Wall Street.

China ließ die Blase weiter anschwellen und verdiente gut an dem Boom auf Pump. Gleichzeitig kritisierte Zentralbankchef Zhou das System, von dem China profitierte. Er war nicht der erste chinesische Offizielle, der dies tat, nicht einmal der ranghöchste. Schon anlässlich der Asienkrise Ende der 1990er hatte der damalige chinesische Ministerpräsident Li Peng die Schwächen des Weltfinanzsystems angeprangert: »Der freie Fluss von Kapital über nationale Grenzen hinweg stärkt die Entwicklung der Weltwirtschaft«, stellte er im September 1997 auf der Herbsttagung des IWF in Hongkong fest. »Aber er birgt auch finanzielle Risiken. Entwicklungsländer sind eine leichte Beute für internationale Finanzspekulationen. Eine Finanzkrise tut niemandem gut.«[3]

Eine Formulierung, die eher allgemein gehalten war. Li Pengs Nachfolger, Premier Zhu Rongji, drückte sich präziser aus. Der ehemalige Zentralbankchef, Bürgermeister von Shanghai und Vizepremier war ein brillanter Wirtschaftsspezialist. Nur zwei Jahre später redete er am amerikanischen Massachusetts Institute of Technology (MIT) in der Nähe von Boston Tacheles: »Das derzeitige Handelsdefizit zwischen China und den USA ist nicht nur in chinesischem Interesse, sondern in großem Maße auch im Interesse der USA.« Schließlich profitierten die amerikanischen Kunden von den sehr preiswerten chinesischen Produkten. Wenige Monate später forderte er bei einem Treffen der asiatischen Staaten in der philippinischen Hauptstadt Manila sogar ein »Ad-hoc-Komitee« der asiatischen Länder, das sich mit der »Überwachung und Regulierung der internationalen Finanzströme« beschäftigen solle. Mit dem Ziel, »das internationale Finanzsystem zu reformieren«. Dabei solle es vor allem darum gehen, die »Risiken zu senken« und »vorausschauender« zu agieren.[4]

An der New Yorker Wall Street schmunzelte man über

die Forderungen ebenso wie in Washington. Die Asienkrise war gerade überstanden. Nur die asiatischen Länder, die die marktliberalen Vorschläge des IWF befolgt hatten, waren noch in Schwierigkeiten. Aber darüber sah man im Westen entspannt hinweg. Es war das gleiche Jahr, in dem der demokratische US-Präsident Bill Clinton die Risikomaßstäbe für Kredite der halbstaatlichen Baufinanzierer Fannie Mae und Freddie Mac dramatisch senken ließ. Clinton verkündete dies als großen Akt der Sozialpolitik. Jeder Amerikaner sollte sich ein eigenes Haus leisten können.[5] Ein Geschenk: Zwei Jahre später waren Wahlen. Clintons Nachfolger George W. Bush setzte diese Politik fort, Washington und die Wall Street arbeiteten Hand in Hand. Die Politiker produzierten Schulden. Die Banken mussten Finanzprodukte erfinden, die die Risiken der Schulden verschleierten. Die faulen Kredite gingen an gutgläubige Kunden wie die deutschen Landesbanken. Das Verkaufsargument war einfach und einleuchtend. Alles, was aus den USA kommt, ist sicher. Dabei exportierten die USA nur ihre Probleme.

Es war also nicht nur die Maßlosigkeit der Wall Street, die zum Desaster geführt hat, und auch nicht nur die Verantwortung einer Partei, sondern die generelle Haltung der amerikanischen Eliten. Maßlosigkeit und Selbstüberschätzung waren Programm.

2005 erreichten die Wohnungsbauinvestitionen in den USA einen Höchstwert mit über sechs Prozent Anteil am Bruttoinlandsprodukt. Die chinesische Zentralbank redete weiter in die eine Richtung und handelte in die andere: Sie kaufte weiter Staatsanleihen und kritisierte Washington. Gleichzeitig ließen die Schwächen der amerikanischen Politik Peking mutiger werden. Im Dezember 2005 wagte es Peking erstmals, zeitgleich zu einem Treffen der Welthandelsorganisation WTO in Hongkong eine Konkurrenzveranstaltung zu initiieren: Die ASEAN-

Regierungschefs trafen sich in Kuala Lumpur unter der Führung des neuen chinesischen Premierministers Wen Jiabao. Neben ihm zeigte sich ein aufgeräumter japanischer Premier, selbst die Australier, Neuseeländer und Inder waren gekommen. Die WTO-Verantwortlichen in Hongkong waren darüber sehr verärgert, denn nach Hongkong hatte Peking nur zweitrangige Politiker geschickt.[6]

Trotz dieser Versuche, eine Opposition gegen die westlichen Industrienationen zu formieren, wurden die Chinesen immer mehr Teil des Systems, das sie kritisierten. In der zweiten Hälfte des Jahrzehnts sogar ein ganz entscheidender Teil. Ursprünglich hatte Peking nur amerikanische Staatsanleihen gekauft, um ihre eigene Währung zu stützen. Doch allmählich wurde deutlich: Je mehr Geld sich die Amerikaner in China liehen, desto abhängiger wurden sie von Peking. Die Amerikaner hingegen waren überzeugt, dass sie sich mit dem geliehenen Geld in neue Weltmachtsphären katapultieren könnten. Sie würden das Geld nutzen, um noch erfolgreicher zu werden. Und eines Tages würden sie es zurückzahlen und die Chinesen würden erschrocken feststellen, dass sie ein Eigentor geschossen haben. In den Industrienationen würde man amüsiert zur Kenntnis nehmen, dass China Amerika unbewusst dabei geholfen hat, die Welt noch mehr zu dominieren. Und zwar mit Hilfe eines Weltfinanzsystems, vor dessen Risiken Peking stets gewarnt hat. Selbst die Pragmatiker an der Wall Street, die diese Risiken ebenfalls sahen, klopften den Optimisten anerkennend auf die Schulter, denn sie verdienten einstweilen gut an diesem Modell.

Ähnlich pragmatisch verhielt sich Peking. Allein im Jahr 2007 liehen die Chinesen den Amerikanern mindestens 460 Milliarden US-Dollar. Und das, obwohl schon im Frühjahr 2007 die Zahlungsausfälle bei den Hausbesitzern den höchsten Stand der vergangenen Dekade erreichten. Peking warnte – und spielte weiter mit. Plötzlich gab es sogar die Chance, sich mit einem der großen Player des Weltfinanzsystems zusammenzutun und zu lernen, wie die Wall Street wirklich funktioniert. Inzwischen war nämlich nicht nur der amerikanische Staat klamm, sondern auch die Investmentbank Morgan Stanley. Sie hatte zum ersten Mal in ihrer Geschichte einen Quartalsbericht mit Milliardenverlusten vorgelegt und brauchte dringend frisches Geld. Niemand, auch die Chinesen nicht, glaubte, dass dies bereits der Anfang vom Ende war. Sonst hätten sie nicht Ende 2007 für 5,5 Milliarden US-Dollar einen Anteil von knapp zehn Prozent an der Bank erworben.[7] Der zweite Fehler Pekings bestand darin, dass man die Fähigkeiten der Amerikaner überschätzte. Die Chinesen schlossen von sich auf andere, was die Steuerbarkeit von Entwicklungen betrifft. Sie gingen davon aus, dass es der amerikanischen Regierung gelingen würde, eine Krise zumindest bis nach den Wahlen im November 2008 hinauszuschieben – vorausgesetzt, Wall Street und Washington zögen am gleichen Strang. Wie die *New York Times* herausfand, hatten die beiden Hypothekenbanken Fannie Mae und Freddie Mac tatsächlich versucht, im Einvernehmen mit der Regierung die Verluste in ihren Bilanzen so in die Zukunft zu verschieben, dass sie erst Anfang 2009 hätten bekanntwerden können. Doch die Strategie ging nicht auf.

Bis zum 30. Juni 2008 hatten die Chinesen allein Fannie Mae und Freddie Mac 376 Milliarden US-Dollar geliehen. Also immerhin 20 Prozent ihrer damaligen Devisenreserven von gut 1,8 Billionen US-Dollar. Im Juli allerdings wurde auch den Pekinger Gläubigern klar, dass die amerikanischen Schuldner kurz vor der Pleite standen. Im Windschatten der Olympischen Spiele im eigenen Land erhöhten die chinesischen Zentralbanker daraufhin den Druck. Sie kauften deutlich weniger amerikanische Staatsanleihen. Die Japaner, die zweitgrößten internationalen Schuldner der beiden Hypothekenbanken, schlossen sich der Aktion an. Darüber, wie eng man damals zusammengearbeitet hat, schweigen sich beide Seiten höflich aus. Dass die beiden mächtigsten Gläubiger in der amerikanischen Finanzmarktkrise gemeinsam agierten, ist indes offensichtlich.[8]

Im August 2008 machten sie den Amerikanern unmissverständlich klar: Das Maß ist voll. Als der damalige US-Präsident Georg W. Bush zur Eröffnung der Olympischen Spiele in Peking die chinesische Führung traf, waren die Gespräche hart und offen: Die Milliardenverbindlichkeiten der halbstaatlichen Institutionen Fannie Mae und Freddie Mac sollten verstaatlicht werden, lautete Pekings Forderung. Man wollte sichergehen, dass über die Forderungen von Staat zu Staat verhandelt werden konnte. Bush dürfte bei der Eröffnungsfeier der Olympischen Spiele nicht nur wegen der Hitze geschwitzt haben. Die Chinesen saßen nun am längeren Hebel: Wenn ihr nicht einlenkt, müssen wir leider noch mehr US-Dollar unserer Devisenreserven in Euro tauschen. Damit würde der Dollar an Wert verlieren. Das K. o.-Argument lautete jedoch: Wer soll euch denn in Zukunft noch Geld leihen, wenn alle Welt mitbekommt, dass uns die Lust vergangen ist?

So hatte noch kein Land mit den USA verhandelt, seit die Amerikaner zur führenden Weltmacht aufgestiegen waren. Und die USA waren noch nie in ihrer Geschichte so abhängig von einer anderen Nation gewesen. Die US-Regierung brauchte 2008 einen zweistelligen Milliardenbetrag im Monat, um ihren Betrieb am Laufen zu halten und den schönen Schein zu wahren.

Als die Amerikaner nicht gleich handelten, wurden die Chinesen noch deutlicher. Am 22. August 2008 meldete

sich Yu Yongding per Mail bei der Finanznachrichten-
agentur Bloomberg. Der Direktor des Instituts für Weltwirtschaft und Politik an der chinesischen Akademie für
Sozialwissenschaften drohte: »Wenn die US-Regierung
Fannie Mae und Freddie Mac zusammenbrechen lässt und
die internationalen Investoren nicht adäquat kompensiert
werden, wird das katastrophale Konsequenzen haben. Es
wird nicht das Ende der Welt sein, aber das Ende des
gegenwärtigen internationalen Finanzsystems.«[9] Es war
nicht das erste Mal, dass Professor Yu als eine Art infor-
meller Regierungssprecher fungierte, bei Themen, die
die chinesische Führung nicht offiziell ansprechen wollte.
»Die Folgen einer solchen Pleite könnten außerhalb der
menschlichen Vorstellungskraft liegen«, fügte er hinzu.

Wie recht er damit haben sollte, konnte damals niemand ahnen. Die Tragweite einer solchen Pleite dürfte
auch der chinesischen Regierung nicht klar gewesen sein.
Aber sie fühlte sich wenigstens unwohl und handelte. Peking entschloss sich, die Daumenschrauben weiter anzu-
ziehen, wenn auch nur ein wenig. Mal sehen, was dann
passiert, mag man sich wohl gedacht haben.

Am 27. August, also kurz nach dem Ende der Olympischen Spiele, verkündete der Chef der Bank of China,
Xiao Gang, auf der Quartalskonferenz, dass die Bank ihr
Engagement bei Fannie und Freddie um 25 Prozent zu-
rückgefahren habe. »Bank of China flüchtet aus Fannie-
Freddie«, stand anderentags in der britischen *Financial
Times*.[10] Nun würde die amerikanische Regierung verstehen, dass Peking es ernst meinte. Nun würde sie bereit
sein, sich an einen Tisch zu setzten. Doch zunächst einmal reagierte nicht die Regierung, sondern die Börse.
Die Aktien der beiden Unternehmen sackten um jeweils
14 Prozent in den Keller. Es war der bis dato größte Sturz
an einem Stück, den die taumelnden Immobilienfinanzierer verkraften mussten. Er kam einem freien Fall gleich.

Die Unternehmen, deren Kurse in den vergangenen zwölf Monaten jeweils um 80 Prozent nachgegeben hatten, wurden von den Chinesen nun endgültig in die Knie gezwungen. Dabei war das gar nicht die Absicht Pekings gewesen. Man hatte lediglich klarmachen wollen, mit China sei nicht zu spaßen. Die Drohung, den USA kein Geld mehr zu leihen, mochte ein Bluff gewesen sein, denn es gab gute Gründe dafür, die Amerikaner nicht im Stich zu lassen. Aber sie hatte die Spannung so erhöht, dass wie bei einem Erdbeben am Ende eine minimale Verschiebung der tektonischen Platten ausreichte, um die Welt durchzurütteln.

Die Chinesen ahnten genauso wenig wie die Amerikaner, was sie ausgelöst hatten. Und der Rest der Welt hatte keine Vorstellung darüber, was dadurch in Gang gesetzt worden war.

Washington analysierte die Lage wie folgt: Die amerikanische Finanzindustrie ist in großen Schwierigkeiten. In wenigen Monaten sind Präsidentschaftswahlen. Wir geben unseren mächtigsten Gläubigern, was sie wollen. Das kostet politisch erst einmal wenig. Und dann sehen wir weiter. Am 6. September 2008 stellte der amerikanische Staat die beiden angeschlagenen Investmenthäuser unter »vorläufige Aufsicht«. Zunächst sollten sie mit jeweils 100 Milliarden US-Dollar unterstützt werden.[11] Die Taktik der Chinesen, an deren Erfolg selbst in Peking viele gezweifelt hatten, ging auf. »Unterschiedliche Personen mögen darauf unterschiedliche Antworten geben«, sagte Zentralbankchef Zhou Xiaochuan schon fast im Duktus seines berühmten amerikanischen Kollegen Alan Greenspan, »aber aus meiner Perspektive betrachtet ist das positiv.«[12] Das war es auch aus der Perspektive der amerikanischen Regierung. Denn der Druck war erst einmal raus, alle waren erleichtert. Dabei hatte Peking gerade den gravierendsten Eingriff des amerikanischen Staates in die

Wirtschaft seit der Großen Depression in den 1930er Jahren erzwungen. Erst im Nachhinein sollte deutlich werden, welch eine Niederlage von historischer Dimension dies für den Westen war. Die führende Industrienation, die etwa 400 Milliarden US-Dollar Verlust im Jahr macht, wurde von einem aufstrebenden großen Entwicklungsland, das rund 300 Milliarden Gewinn im Jahr erwirtschaftet, gezwungen, für Schulden und Verbindlichkeiten im Wert von rund 5,4 Billionen US-Dollar geradezustehen. Das war etwa die Hälfte aller Immobilienkredite der USA. Wenn man vorsichtig nur ein Drittel dieser Verbindlichkeiten als Totalverlust abschreiben würde, rechneten die Zentralbankbeamten in Peking nüchtern vor, käme man auf Belastungen von 1,8 Billionen US-Dollar. Das sind viereinhalb Jahre Neuverschuldung der bereits bis über beide Ohren verschuldeten Amerikaner. Neun Billionen US-Dollar Defizit hatten die USA bereits angehäuft und hätten im kommenden Haushaltsjahr die Zehn-Billionen-Marke überschritten. Die Verluste der Chinesen waren hingegen überschaubar. Selbst wenn sie nach harten Verhandlungen auf Regierungsebene die Hälfte des geliehenen Geldes abschreiben müssten, waren das nur die Einnahmen Chinas eines halben Jahres. Die asiatischen Zentralbanken, darunter die chinesische als die unabhängigste und mächtigste, »gehen als Gewinner aus der Krise hervor«, räumte selbst die amerikanische *Businessweek* ein.

Mit einem kleinen Schmunzeln nahm man in Peking zur Kenntnis, dass die amerikanische Regierung eine Auffanggesellschaft zum Management von faulen Krediten ins Leben rufen wolle. Als die Chinesen solche Schuldengesellschaften einige Jahre zuvor gegründet hatten, um ihre verschuldeten Banken zu entlasten, wurden sie aus den USA dafür kritisiert. Sie würden ihre Schulden nur von der einen in die andere Tasche stecken, so der Vorwurf. Jahrelang hatten amerikanische Politiker auf die faulen Kredite der Chinesen hingewiesen und dabei betont, Chinas Wirtschaft stünde auf tönernen Füßen. Nun bekam US-Präsident Bush im September 2008 die Zustimmung vom Kongress für ein Hilfspaket von 700 Milliarden US-Dollar. »Es ist ein großes Paket«, sagte er, »weil es ein großes Problem ist.«

Doch dann ging es Schlag auf Schlag. Der von den Chinesen ausgelöste Kurssturz von Fannie und Freddie brachte die 1850 gegründete Investmentbank Lehman Brothers in so große Schwierigkeiten, dass sie am 15. September 2008 Insolvenz anmelden musste. Die amerikanische Regierung weigerte sich, für die Bank geradezustehen. Daraufhin traute sich keine Bank mehr, einer anderen etwas zu leihen. Die Kurse fielen weiter, das Finanzsystem brach zusammen. Der Einbruch des Konsums folgte. Die Arbeitslosigkeit stieg. Die meisten Industrienationen stürzten in eine tiefe Rezession. Volkswirtschaften kleinerer europäischer Länder wurden zahlungsunfähig. Die Gesamtsumme der Verluste, die durch diese Kettenreaktion aufliefen, schätzt der IWF auf fast 12 Billionen US-Dollar.[13]

In Peking fragte man sich, ob man das eigene Finanzsystem vor den Folgen dieser dramatischen Entwicklung genug abgeschottet hatte. So wie die Kaiser der Han-Dynastie vor über 2000 Jahren die Große Mauer zum Schutz gegen die Mongolen bauen ließen, hatte die chinesische Führung in den 1990er Jahren einen modernen Schutzwall gegen die globalen Finanzströme errichtet. Die chinesische Währung ist nicht frei handelbar, sondern fest an einen Währungskorb gekoppelt. Dessen Zusammensetzung wird der Weltöffentlichkeit nicht verraten. Auch die chinesischen Börsen, die Bankenindustrie und der Immobilienmarkt sind trotz WTO-Mitgliedschaft so geschützt. Ausländische Banken können keine

Erdrutsche auslösen, indem sie plötzlich in China kaufen oder verkaufen. Zudem dürfen sich weder der chinesische Staat noch Privathaushalte in größerem Maße im Ausland verschulden. Es ist nur sehr schwierig möglich, ohne triftigen Grund Geld aus oder nach China zu überweisen. Diese Barrieren hatte die chinesische Führung mit aller Härte durchgesetzt, nachdem China 1997/98 während der Asienkrise fast mit in die Tiefe gerissen worden wäre. In der boomenden Südprovinz Kanton, die damals schon über die Wirtschaftskraft von Thailand verfügte, hatten sich lokale Banken im Westen viele Milliarden US-Dollar geliehen – hinter dem Rücken der Zentrale in Peking. Auch von deutschen Banken floss Geld nach Kanton. Als die Asienkrise ausbrach, wollten die Gläubiger ihr Geld zurück. Doch die Lokalbanken konnten nicht mehr zahlen. Sie hatten das Geld investiert, und nun fehlten die Renditen. Der damalige Vizepremierminister Zhu Rongji griff rechtzeitig ein und konnte – anders als die USA heute – dem internationalen Druck gerade noch standhalten. Die meisten westlichen Banken bekamen zwar nur zehn Prozent ihres Einsatzes wieder, dennoch war China nicht gezwungen, seine Währung abzuwerten. Peking ging erstmals als asiatischer Stabilitätsgarant aus einer großen internationalen Krise hervor.[14]

Den chinesischen Banken nützte aber auch eine Art Gnade der späten Geburt. Das chinesische Bankensystem hatte sich erst in den 1990er Jahren ausgeprägt und ist deshalb sehr vorsichtig. Die Banken machen bis heute ihr Geschäft nicht hauptsächlich mit Derivaten, Hedge-Fonds oder riskanten Immobiliengeschäften. Sie wetten nicht auf bestimmte Preise zu einem bestimmten Zeitpunkt. In China sind die meisten Banken Staatsunternehmen, über 70 Prozent ihrer Einnahmen sind Zinsen. Westliche Banken kommen maximal auf Zinseinnahmen von um die 50 Prozent. Das Zinsgeschäft klingt harmlos, doch in einem Land mit vielen Menschen und wenig Alternativen, Geld anzulegen, lohnt sich das. Im ersten Quartal 2008 wurde die ICBC auf diese Weise die profitabelste Bank der Welt. Und ist es seitdem geblieben. Erstaunt stellten die amerikanischen Politiker fest, dass zwar Europa vom Sog der amerikanischen Krise mit nach unten gezogen wurde. Die chinesische Bankenwelt litt jedoch kaum unter der Krise. Selbst bei der Bank of China, die am stärksten in die amerikanische Krise involviert war, machen die wackligen Securities nur ein gutes Prozent des Geschäftes aus. Bei der ICBC errechnete man, dass das von der amerikanischen Hypothekenkrise betroffene Engagement im schlimmsten Fall mit 1,23 Milliarden US-Dollar Verlust zu Buche schlagen würde. Das ist angesichts eines Quartalsgewinns von über sieben Milliarden US-Dollar nicht dramatisch.[15]

Die Pekinger Zentralbanker konnten der chinesischen Regierung allerdings nur kurz Entwarnung geben. Denn trotz der rigiden finanzpolitischen Schutzmaßnahmen erfassten die Auswirkungen der Finanzkrise China an einer sehr empfindlichen Stelle. Nun sollte sich zeigen, dass es auch Nachteile haben kann, die Werkbank der Welt zu sein.

Die Experten entwarfen zwei gegenläufige Szenarien: Weil die westlichen Kunden nicht wissen, was noch auf sie zukommt, geben sie nur das Nötigste aus. Millionen Menschen in den USA können ohnehin kaum noch etwas ausgeben, weil sie ihren Job verloren oder sich mit ihrem neuen Haus so verschuldet haben, dass sie fast das gesamte Gehalt zur Tilgung der Zinsen brauchen. Weil weniger gekauft wird, können die Chinesen weniger exportieren und geraten wirtschaftlich in eine Schieflage. Gleichzeitig wird der Wettbewerb um die restlichen Käufer härter: Die Preise sinken. Und wo kann man weltweit am billigsten einkaufen? In China. Die Krise im Westen könnte also auch dazu führen, dass noch mehr Produkte in China hergestellt werden müssen und noch mehr westliche Firmen ihre Produktion nach Asien verlagern würden.

Würde der eine Effekt den anderen kompensieren?, fragten sich die Pekinger Wirtschaftsplaner. Es war eher eine Hoffnung als eine Frage.

Die chinesische Führung war in großer Sorge. Peking konsultierte verschiedene Spezialisten des Landes, selbst Ausländer wurden eingeflogen, um die chinesische Regierung zu beraten. Über eines waren sich alle einig: Wenn auch Chinas Wirtschaft einbricht, wäre das eine schlechte Nachricht für die westliche Wirtschaft. Denn wenn China der Welt weniger Konsumartikel verkauft, hat es auch weniger Geld, um Autos und Maschinen im Westen zu bestellen. Das wiederum wäre schlecht für die ohnehin schon gebeutelte westliche Wirtschaft. Zur Immobilien- und Finanzkrise käme noch eine Exportkrise dazu.

In den Monaten nach der Finanzkrise ging der Konsum in den USA zum ersten Mal seit 17 Jahren zurück. Die Folgen waren in China deutlich spürbar. 2008 hatte der Export immerhin 2,3 Prozent des chinesischen Wachstums ausgemacht. Jetzt mussten die Arbeiter der Exportfabriken woanders unterkommen. Doch wo? Das war auch für die chinesische Regierung Neuland. Kann man Millionen Menschen innerhalb von Monaten aus den Fabriken in die Bauwirtschaft verlagern?

Die ersten Spielzeughersteller im Süden Chinas gingen pleite, weil die Bestellungen aus den USA schrumpften. Hinzu kam, dass die chinesische Regierung in den Jahren zuvor die Mindestlöhne in den boomenden Küstenprovinzen jährlich um über 15 Prozent angehoben hatte. Damit hatte man zwei Fliegen mit einer Klappe schlagen wollen: mehr Industrie in den armen Zentral- und Westprovinzen anzusiedeln und gleichzeitig Raum zu schaffen für neue Hightech-Industrien in Kanton. Nun gerieten die Unternehmen von zwei Seiten unter Druck. Die Regierung hatte ihre Margen schrumpfen lassen, und die Nachfrage aus dem Westen brach ein. Täglich verloren mehr Fabrikarbeiter ihre Jobs. China steuerte auf die größte Wirtschaftskrise seit dem Ende der achtziger Jahre zu. Damals hatte die Krise zu wochenlangen Massendemonstrationen geführt, die am 4. Juni 1989 blutig niedergeschlagen worden waren.

Nun würde sich zeigen müssen, wie stabil Chinas Wirtschaft tatsächlich war. Die Welt, vor allem aber die Wall Street und die amerikanische Regierung blickten besorgt nach China. Das Reich der Mitte allein steuert ein knappes Drittel zum Wachstum der Weltwirtschaft bei. Wie würde sich Peking verhalten?

Als Barack Obama am 4. November 2008 das Rennen um das Weiße Haus für sich entschieden hatte, hofften weite Teile der Welt, dass der »Yes we can!«-Präsident die Wirtschaft aus der Krise führen würde. Bis er im Amt und handlungsfähig wäre, würden allerdings noch Wochen vergehen. Denn anders als in Deutschland wechselt mit dem Präsidenten die Verwaltung in den Ministerien bis in den Mittelbau. Peking neigt nicht dazu, als Erstes seine Trümpfe zu spielen. Doch in dieser Situation konnte man nicht auf die Amerikaner warten, zumal gut eine Woche nach dem Wahlsieg Obamas in Washington der erste G20-Gipfel auf Regierungsebene stattfinden sollte. Die große Runde war 1999 auf dem Kölner G7/G8-Gipfel ins Leben gerufen worden. Im Dezember des gleichen Jahres fand das erste G20-Finanzministertreffen statt. Doch fast zehn Jahre zögerten die Industrienationen, G20 auf der Ebene der Staats- und Regierungschefs zu etablieren. Nun, mitten in der Krise, ging es nicht mehr anders. Weil sich schon abzeichnete, dass China eine zentrale Rolle in dem neuen Club spielen würde, wollte Staatspräsident

Hu Jintao nicht ohne einen Plan nach Washington reisen. Am 9. November 2008, einem Sonntag, also nur wenige Tage vor dem Gipfel, kündigte die Pekinger Führung ein 460 Milliarden Euro umfassendes Konjunkturpaket an.[16] Es war nicht weniger als das größte Konjunkturpaket in der Geschichte der Weltwirtschaft. Und es war das Konjunkturpaket eines Entwicklungslandes, das gleichzeitig die viertgrößte Volkswirtschaft der Welt ist – nach den USA, Japan und Deutschland. Die chinesische Regierung plante, die Mehrwertsteuer zu senken, um Firmen zu entlasten. Die Provinz Sichuan, die im Mai 2008 von einem Erdbeben mit fast 70 000 Toten erschüttert worden war, sollte Geld für den Wiederaufbau der Infrastruktur bekommen. In ganz China sollten Bahnhöfe, Straßen und Flughäfen gebaut werden. Und vor allem sollten die Wanderarbeiter, die den größten Teil der stark von der Krise getroffenen Fabrikarbeiter ausmachen, unterstützt werden. Bis 2010 sollte die enorme Summe investiert sein. Gleichzeitig reduzierte der Zentralbankchef Zhou zum ersten Mal seit 1999 die Mindestreservesätze der Banken. Nun war es leichter für Investoren, Kredite zu bekommen.

Die internationalen Börsen honorierten das Vorpreschen der Chinesen mehr als den Wahlsieg Obamas. Denn auch den Bankern war klar, dass »Change« nur mit Geld möglich ist. China hatte Geld. Der neue US-Präsident musste es erst drucken lassen. Das bedeutete neue Risiken für Amerika und die Welt. Risiken, die noch weit größeren Schaden anrichten könnten. Sollten die euphorisierten Menschen in Amerika plötzlich feststellen, dass mögliche finanzielle Entlastungen von einer galoppierenden Inflation aufgefressen würden, könnte die Stimmung sehr schnell gegen Obama umschlagen – mit der gleichen Emotionalität und Heftigkeit, die ihn bis dahin stützte. Denn wenn es dem Präsidenten nicht gelingen würde, das nationale und internationale Vertrauen in den US-Dollar wiederzugewinnen, würden die Einahmen der Menschen sinken, während die Preise wegen der Inflation gleichzeitig steigen. Stagflation nennen Fachleute dieses unangenehme Szenario. Die Wähler würden wenig Nachsicht mit ihm haben, vom Rest der Welt ganz zu schweigen. Auch das Charisma Obamas ist eine Art Kredit, der irgendwann eingelöst werden muss.

Vom chinesischen Investitionspaket hingegen konnte die Welt nur profitieren. Die Frage war nur, ob die Summe auch reichen würde, um nicht nur China, sondern der Welt nachhaltig aus der Krise zu helfen. Niemand wusste das zu diesem Zeitpunkt. Die amerikanische Regierung nicht, die Wall Street nicht und die chinesische Regierung schon gar nicht. Die konnte sich lediglich sicher sein, mit dem Konjunkturprogramm nicht zu viel zu riskieren. Zwei Prozent des Bruttoinlandsproduktes wollte Peking investieren. Sogar die Deutschen haben in Relation gesetzt schon mehr ausgegeben. 1967 hatte die Große Koalition mit Wirtschaftsminister Karl Schiller (SPD) und Finanzminister Franz Josef Strauß (CSU) 3,1 Prozent des Bruttoinlandsproduktes investiert, nachdem Ludwig Erhard, der Vater des Wirtschaftswunders, wegen der Rezession die vorangegangene Wahl verloren hatte. Allerdings investierten die beiden damals nur 7,5 Milliarden D-Mark.[17] Es war der erste Großversuch, die deutsche Marktwirtschaft durch staatliches Eingreifen zu steuern – und er glückte. Das Wachstum erreichte anschließend mit sieben bis acht Prozent fast die Werte Chinas vierzig Jahre später. Wie der chinesische Yuan heute war damals die Deutsche Mark nicht frei handelbar. Chinas wirtschaftliche Ausgangslage für ein Konjunkturprogramm war 2008 ähnlich gut wie einst die deutsche. Peking hatte sich im Ausland kaum verschuldet und mit fast zwei Billionen US-Dollar sehr hohe Devisenreserven.

Immobilienkredite machten nur knapp 20 Prozent des Bankensystems aus, nicht über 50 Prozent wie in den USA, und der Anteil der faulen Kredite war sehr viel geringer. Das Riesenland würde trotz des enormen Konjunkturprogramms die Verschuldungsquote von einem Prozent nicht überschreiten müssen. Damit lag China deutlich unter den im EU-Stabilitätspakt festgelegten drei Prozent. Gleichzeitig rechnete die amerikanische Zentralbank mit einer Neuverschuldung der USA von über fünf Prozent für das Jahr 2009.

Trotz dieser günstigen Ausgangslage machte sich Peking keine Illusionen über die Wirkung des Konjunkturpakets. Dessen Erfolg würde entscheidend davon abhängen, wie sehr der Export in den Westen und vor allem in die USA noch einbrechen würde.

Eine der wichtigsten Fragen lautete daher: Ist es günstiger für China, den amerikanischen Schuldenkapitalismus weiter mit Krediten zu stützen, oder ist es sicherer, das Geld im eigenen Land zu investieren? Am Ende dieser Überlegungen stand ein Kompromiss. Man wollte versuchen, einerseits unabhängiger von den USA zu werden, dem Land andererseits aber nicht den Rücken kehren: Man würde Amerika weiter Geld leihen, doch gleichzeitig alles daransetzen, den Binnenkonsum in China zu stärken. Sollte das verabschiedete Paket dennoch nicht zünden, stünde der Regierung das Wasser trotzdem nicht bis zum Hals. China könnte sich noch weiter in dreistelliger Milliardenhöhe verschulden. Außerdem gäbe es noch eine allerletzte Reißleine, die man ziehen könnte. China könnte das tun, was Entwicklungsländer in Krisen gerne tun: die eigene Währung abwerten. Peking hatte den Renminbi jedoch, wie der Yuan offiziell heißt, seit Juli 2005 um 20 Prozent aufgewertet.[18] Damit hatte man vor allem einem Wunsch der Amerikaner entsprochen. Denn je teurer Produkte aus China sind, desto eher können amerikanische Produkte im Wettbewerb bestehen. Niemand könnte es der chinesischen Regierung verdenken, nun einen Teil der Aufwertung wieder zurückzunehmen. Produkte »Made in China« würden für den Rest der Welt billiger werden, was auch die amerikanischen Konsumenten freuen, die US-Industrie jedoch in noch größere Schwierigkeiten bringen würde. Die Regierung Obama wäre gezwungen, zu reagieren – der Spielraum indes wäre gering. Die Chinesen müssten bei einer Abwertung ihrer Währung mit einer harschen Reaktion der Amerikaner rechnen. Der US-Präsident wäre unter Umständen sogar gezwungen, Zölle einzuführen, um seine angeschlagene Wirtschaft vor den preiswerten chinesischen Produkten zu schützen. Dagegen wiederum würden womöglich die amerikanischen Kunden protestieren.

Eine vertrackte Situation, in der China eine zentrale Rolle spielte. Kein Wunder also, dass Hu Jintao auf dem ersten G20-Treffen so viel Aufmerksamkeit auf sich zog. Hu sprach – und die Welt hörte zu. Er sandte ein klares Signal aus: China hat als erstes Land ein massives Konjunkturprogramm auf den Weg gebracht. Auch China ist sich in der Not selbst der Nächste. Es hat nicht vor, seine Strategien mit dem Rest der Welt lange zu diskutieren. Wenn das, was die chinesische Regierung für ihr Land tut, nebenbei noch der Welt hilft, dann umso besser. Gleichzeitig wird China den USA weiterhin Geld leihen und die Stabilität der Weltwirtschaft dadurch erhöhen, dass man den Yuan weder in großen Schritten aufwerten noch abwerten wird. Hu forderte zudem eine Reform der globalen Institutionen wie des IWF und der Weltbank. Und er verlangte von den Industrienationen, endlich ihre Hausaufgaben zu machen. Sie sollten eine Wirtschaftspolitik verfolgen, die die eigenen Probleme nicht mehr in die Welt exportiert. Hu sagte dies nicht auftrumpfend, aber mit der Selbstsicherheit des Oberhauptes einer Nation, deren Vertreter schon vor Jahren vor den nun eingetroffenen Entwicklungen gewarnt hatten und dessen Wirtschaft noch zu den stabilsten der Welt gehört.[19]

Zum Zeitpunkt des Gipfels war das chinesische Konjunkturprogramm allerdings nicht mehr als ein Stück Papier. Wie lange würde es dauern, bis das Programm anspringt? Wo würde es sich zuerst zeigen, dass das Geld angekommen ist?

Die erste Gelegenheit, eine Antwort auf diese Fragen zu finden, sollte es schon Ende November 2008 in Shanghai auf der Baumaschinenmesse »Bauma« geben. Sie wird alle zwei Jahre von der Messe München veranstaltet. Kaum jemand der internationalen Aussteller glaubte zunächst, dass die chinesische Regierung in der Lage sein würde, so kurzfristig ein Zeichen zu setzen. Das Konjunkturprogramm war nicht einmal vier Wochen vor Beginn der Messe verkündet worden. Am wenigsten glaubten die deutschen Baumaschinenhersteller an einen Erfolg. Während der Olympischen Spiele hatte die chinesische Regierung ein Bauverbot verhängt. Kein Staub, keine schweren Laster und keine hässlichen Baustellen hatten für die Besucher das Bild des neuen, schönen Chinas trüben sollen. Danach war das Geschäft nicht mehr angesprungen, auf den Höfen der Produktionshallen stapelten sich die Maschinen. Die Shanghaier Baumaschinenmesse würde nun zum Seismographen der wirtschaftlichen Lage Chinas und damit zu einem wichtigen Indikator für die taumelnde Weltwirtschaft werden.

Die China-Chefs der deutschen Hersteller fuhren mit einem flauen Gefühl im Magen nach Shanghai. Wie groß würden die Folgen für die deutsche Wirtschaft sein? Sie befürchteten, die Flaute im Baugeschäft würde sich mindestens noch ein Jahr hinziehen. Einer der Messebesucher ist Ulrich Reichert, Asien-Chef des deutschen Straßenbaumaschinenherstellers Wirtgen-Group: »Heute ist der letzte Tag. Wir sind müde. Aber wir werden nicht nachlassen.« Reichert macht eine Pause. Die Übersetzerin wiederholt seine Worte auf Chinesisch. »Wir werden weiterkämpfen.«

Reicherts Mitarbeiter stehen im Halbkreis auf dem Messestand. Morgenappell. Hinter ihnen eine Art bayrisches Lokal. Es ist Teil des Messeauftritts. Die Kunden sollen sich wohlfühlen. Die chinesischen Kellnerinnen tragen Dirndl. Heute gibt es Nürnberger Würstchen oder Gulasch, Spätzle und Rotkraut zum Weißbier. Ein Akkordeonspieler wird gleich Volkslieder anstimmen. »Jeder von euch versucht, den Kunden so lange wie möglich am Stand zu halten«, sagt Reichert. Es ist 8.30 Uhr und noch kühl in Halle E2.

Reichert trägt das graugrüne Wirtgen-Hemd und die dazugehörige Krawatte. Passend dazu einen cremefarbenen Anzug. Seine Stimme klingt heiser. Gestern hat er vor 300 Kunden Karaoke gesungen. Seine Frau Miranda, eine chinesischstämmige Brasilianerin, hat zu »Bailar La Bamba« getanzt. Sie ist die Organisationschefin des Messeauftritts. Beide haben alles gegeben in der Krise, um ihre Maschinen zu verkaufen: Die grünen Straßenfertiger von Vögele, die orangefarbenen Walzen von Hamm und die weißen Straßenrecycler von Wirtgen. Die teuersten Maschinen kosten rund 800 000 Euro. Die Wirtgen-Group macht 1,42 Milliarden Euro Umsatz weltweit, sie hat einen der größten deutschen Stände auf der Messe: 1500 Quadratmeter. In schlechten Zeiten muss man sich etwas einfallen lassen.

Seit zwanzig Jahren kümmert sich Reichert bei Wirtgen um den chinesischen Markt. Eine Krise wie diese hat er noch nicht erlebt. »Nach Olympia sind die Aufträge eingebrochen«, erzählt er, »es war wie ein Filmriss.« Es hat alle in der Branche getroffen. In den Jahren zuvor hat er jeweils zwischen 15 und 30 Prozent mehr verkauft als im Vorjahr. Dieses Jahr: »Nullkommanull.«

Langsam füllt sich die Halle mit Tüten- und Fähnchensammlern. Sie sollen die Besucherstatistik aufbessern. Baumaschinenmessen gehören nicht gerade zu den weltbewegenden Veranstaltungen. Hochragende Kräne, dröhnende Lader und sperrige Asphaltfertiger. Dazwischen Go-go-Girls auf Trampolinen. Doch in Krisenzeiten werden solche Messen zum Gradmesser für zukünftige Entwicklungen. Viele interessieren sich nun für Baumaschinen. Politiker, Journalisten, Analysten der Banken. Führt der Einbruch der Exporte auch zu einer Immobilien- und Baukrise in dem boomenden Land? Bricht dann das Wachstum vollends zusammen? Oder spürt man erste Anzeichen einer Wende? Trauen die chinesischen Bauunternehmer den Versprechungen ihrer Regierung? Oder warten sie lieber ab, bis das Geld tatsächlich eingetroffen ist?

Das sind die Fragen, die Reichert und seine Kollegen umtreiben – und die Strategen der Weltwirtschaft. Noch nie zuvor haben sie so gebannt nach China geschaut. »Amerika hat allein nicht die Kraft, den Schaden zu beseitigen, den es angerichtet hat«, sagt der amerikanische Unternehmer und Milliardär George Soros ernüchtert. Und neue Impulse seien aus den USA derzeit ohnehin nicht zu erwarten.

Reichert hat sich eine Strategie überlegt. Er bietet eine Null-Prozent-Finanzierung auf der Messe an. »Wenn die Kunden dann nicht kaufen, wissen wir, es liegt nicht an den Banken«, sagt er, »sondern daran, dass die chinesischen Bauunternehmen erwarten, dass es in den Keller geht.«

Auf dem Außengelände der Messe stehen die Maschinen, die zu groß für die Hallen sind. Es sieht aus wie in einem Dinosaurierpark. Lange Hälse und dicke Körper in bunten Baustellenfarben. In diesen Zeiten schmerzt es besonders, wenn Reichert Kopien seiner Maschinen entdeckt, manche sogar im Wirtgen-Grün. Von außen sehen sie gleich aus, technisch sind sie jedoch rückständig. Die Chinesen kennen noch nicht alle Tricks. Reichert klagt nicht gegen die Plagiatoren. »Wir müssen einfach besser sein, vor allem jetzt.« Es ist kalt in Shanghai. Fünf bis sechs Grad noch am Vormittag. Aus dem Westen weht ein eisiger Wind. Aus dem Westen kommt auch die Weltwirtschaftskrise. Reichert hofft, dass wenigstens der ein oder andere chinesische Hersteller die Krise nicht überlebt. Doch womöglich werden die Staatsbetriebe jetzt erst recht unterstützt. »Das ist ein ernstzunehmender Konkurrent«, sagt Reichert. Er zeigt zum Stand des chinesischen Herstellers Sany. »Die liegen dann aber auch fast schon auf dem gleichen Preisniveau wie wir.« Drei Jahre später, 2011, würde Sany in Bedburg bei Köln 100 Millionen Euro investieren, um eine eigene Fabrik zu bauen.[20]

Der Vormittag läuft überraschend gut für Wirtgen. Die Kunden bestellen. Reichert hat das zweite Nürnberger Würstchen noch nicht aufgegessen, als ihm ein Mitarbeiter etwas ins Ohr flüstert: drei weitere Aufträge. Reichert hat wider Erwarten Maschinen im Wert von acht Millionen Euro verkauft. Manche chinesischen Bauunternehmer stehen so unter Druck, dass sie nicht auf eine Lieferung warten wollen, sondern gleich die Ausstellungsmaschinen nach dem Ende der Messe abholen lassen.

Normalerweise werden Aufträge über Monate gesammelt und dann auf der Messe offiziell unterschrieben. »Doch diesmal sind es über 80 Prozent neue«, meint Reichert, »keine Absichtserklärungen, sondern definitiv unterschrieben.« Auch die Besucherzahlen bestätigen den Trend. 40 Prozent mehr als noch vor zwei Jahren. Über 110 000 Menschen haben die Messe besucht. Reicherts Kollegen sind ebenfalls erleichtert. Die Maschinen der Deutschen gehören zum Besten und Teuersten, was es auf der Messe zu kaufen gab. Und wenn bei den Deutschen das Geschäft läuft, läuft es auch bei den anderen.

China hatte die erste Hürde genommen, über den Berg war die Wirtschaft des Landes damit jedoch nicht. Niemand wusste, wie sehr die Exporte noch einbrechen würden. Und niemand konnte einschätzen, wie China diese Belastung aushalten würde. Ende des Jahres 2008 schrumpfte die Wirtschaftsleistung der zehn größten Volkswirtschaften der Welt außer China, das immer noch mit knapp neun Prozent Wachstum abschloss. Die deutschen Exporte sanken, vor allem die Autoindustrie geriet immer tiefer in die Krise. Export und Produktion brachen um zwanzig Prozent ein. Die US-Autokonzerne kämpften bereits um ihre Existenz. Die amerikanische Regierung musste sie retten – und dafür neue Schulden machen. Die Arbeitslosenzahlen kletterten auf die höchsten Werte seit fünfzehn Jahren. Allein die Bank of America kündigte an, bis zu 35 000 Stellen streichen zu wollen.[21]

Die Krise ließ China und die USA in einen noch stärkeren Wettbewerb treten. An der Frage, ob China seine Währung aufwerten soll, wurde der Machtkampf offensichtlich. Obamas neuer Finanzminister Timothy Geithner war im Januar 2009 noch nicht einmal vereidigt, da schlug er schon harte Töne gegen China an. Die chinesische Führung war damals so nervös wie zu keinem anderen Zeitpunkt in der Krise. Das Konjunkturpaket war zwar auf den Weg gebracht, doch es war nicht abzusehen, wie gut es greifen würde. Auch Geithner stand mit dem Rücken zur Wand. Um die US-Wirtschaft wieder in Schwung zu bringen, war ihm jedes Mittel recht, auch ein diplomatischer Streit mit China.

Seine Forderung war ebenso einfach wie unrealistisch.

China sollte seine Währung abermals aufwerten. Damit würden die chinesischen Produkte teurer – und die amerikanischen günstiger. Er verlangte von China nicht weniger, als dass es seine Wirtschaft schwächen sollte, um die amerikanische Wirtschaft zu stärken.

Selbst wenn er nicht an einen Erfolg seiner Forderungen glaubte, würde dieser Vorstoß zumindest bei den Wählern im eigenen Land gut ankommen. Deshalb trat Geithner, einer der engsten Vertrauten von Obama, in dieser Sache besonders forsch auf. Der amerikanische Präsident gehe davon aus, formulierte er im Januar 2009 gegenüber dem Senat, dass China seine Währung »manipuliere«. Dies könne für »starke Spannungen« zwischen den beiden führenden Weltwirtschaften sorgen. Geithner drohte unverhohlen: »Länder wie China dürfen keinen Freifahrtschein bekommen, die Prinzipien des fairen Handels zu unterlaufen.«[22]

Peking war verstimmt. Zumal Geithners Vorhaltungen insofern widerlegt waren, als China zwischen 2005 und 2008 seine Währung bereits um über 20 Prozent angehoben hatte – ohne positive Folgen für die amerikanische Wirtschaft.

In den Wochen nach dem Jahreswechsel brachen die chinesischen Exporte viel dramatischer ein als erwartet. Nachdem sie im November und Dezember 2008 um gut zwei bzw. knapp drei Prozent geschrumpft war, rutschte die Exportwirtschaft im ersten Quartal 2009 so tief in die Krise wie seit 1989 nicht mehr: minus 17 Prozent.[23] Noch nie war die Lage so ernst. Auch nicht in den USA. Und Europa war sich uneinig wie nie.

Im Januar 2009 pumpte die US-Notenbank 500 Milliarden US-Dollar in den zusammengebrochenen Immobilienmarkt. In Deutschland gingen derweil Zehntausende Arbeiter der Autoindustrie in Kurzarbeit. Die Bundesregierung führte die Abwrackprämie ein, die ein paar Wochen später von China kopiert werden sollte. Denn erst jetzt schlug die Krise in China voll durch. Immer mehr Wanderarbeiter wurden von einem Tag auf den anderen arbeitslos. Und nicht etwa drei bis vier Millionen, sondern 20 bis 30 Millionen.[24] Sozialer Sprengstoff. Selbst diejenigen chinesischen Wanderarbeiter, die noch einen Job hatten, rechneten täglich damit, auch nach Hause geschickt zu werden, niemand wusste, wie lange das Nachfragetief aus dem Westen anhalten würde.

Liu Yaping ist eine von ihnen. Die Fließbandarbeiterin ist 19 Jahre alt. Sie arbeitet ganz unten in der Fabrik der Welt. Am Fließband neben Liu Yaping steckt niemand mehr Teile zusammen. Die kleinen türkisfarbenen Arbeitstische neben ihr sind längst leer. Vor einigen Monaten schon haben die Kolleginnen ihren Job verloren. Seitdem verharrt die Krise in der Reihe neben Liu. Nahe genug, dass Liu sich weiterhin unwohl fühlt, wenn sie kurz hinüberblickt, während sie elektrische Hundekrallenschneider in Kartons packt. Ihre Fabrik produziert wie die meisten im Süden Chinas für den Export. Manchmal liegen auch Heckenscheren und Rasentrimmer auf dem Fließband. Alles, was ankommt, stopft Liu in die jeweiligen Kartons, die neben ihr aufgestapelt sind. Eine kniende blonde Frau ist darauf abgebildet. Mal vor ihrem Hund, mal auf ihrem Rasen.

Die Welt der Hundekrallenschneider und Rasentrimmer ist Liu fremd. Da, wo sie herkommt, haben die wenigen Hunde kurze Krallen und das Gras wird mit der Sense gemäht. Sie stammt aus einem kleinen Städtchen in Hunan, einer armen Provinz am Mittellauf des Jangtse, einst die Heimat von Mao Zedong. Vor acht Monaten ist sie mit dem Zug in die südliche Nachbarprovinz Guangdong gereist. Die Arbeiter, Manager und Unternehmer in Guangdong erwirtschafteten allein 2008 zwölf Prozent der Wirtschaftsleistung Chinas.

Liu sitzt im dritten Stock der Fabrik, Platz 212. Trotz der Entlassungswelle der vergangenen Monate ist sie optimistisch. Hin und wieder huscht gar leiser Stolz über ihr schönes, rundes Gesicht. Immerhin noch Arbeit. Wie lange das noch so sein wird, kann sie nicht sagen. Die Amerikaner und die Europäer konsumieren zu wenig, daran wird sich so schnell auch nichts ändern: Während in China der Binnenkonsum angekurbelt werden soll, sind die chinesischen Exportzahlen weiterhin alarmierend. Kein Wachstum wie sonst, sondern ein Einbruch um inzwischen über zwanzig Prozent. Die Fabrik der Welt ist nicht ausgelastet. Liu kennt die Zahlen nicht, aber sie hat ein Gespür für die Lage entwickelt: Sie weiß, dass die chinesische Regierung nichts für die Krise kann. Eine Krise, die am anderen Ende der Welt ausgelöst wurde. In Amerika, einem Land, von dessen Glamour sie träumt, das sie jedoch wahrscheinlich nie in ihrem Leben sehen wird. Im Internet hat Liu gelesen, dass die Krise wegen fauler Immobilienkredite ausgebrochen ist. »Die Amerikaner haben zu viele Schulden gemacht«, erklärt sie.

Wenn sich Liu mit ihren Freunden über diese Themen unterhält, wird es ihr etwas mulmig zumute, aber sie ist nicht verzweifelt. Es geht nur um den Job, nicht um ihre Existenz oder gar ihre Zukunft. »Ich kann jederzeit nach Hause fahren«, sagt sie, »meine Eltern und die ganze Familie unterstützen mich.« Ihr Vater ist Elektriker, ihre Mutter Hausfrau.

35 Millionen Menschen hätten ihre Arbeit inzwischen verloren, sagt die Pekinger Regierung. Das klingt nach viel, dennoch ist die Lage in Südchina ruhig. Die meisten Arbeitslosen sind nach der chinesischen Neujahrsfeier im Februar 2009 aus ihren Heimatprovinzen einfach nicht mehr in die Fabriken im Süden zurückgekehrt. »Sie werden bald wiederkommen«, glaubt Liu.

Kurz darauf wird sie in das Büro des Fabrikbesitzers gerufen. Eine Kollegin übernimmt in der Zwischenzeit ihren Part in der Produktionslinie. Liu ist nicht aufgeregt. Zu weit sind die beiden auseinander, der Fabrikbesitzer und sie. Sie ist vielleicht ein wenig stiller als sonst, ihre Bewegungen sind ein wenig sparsamer. KK Wong heißt der Fabrikbesitzer, er kommt aus Hongkong. Wong ist ihr sympathisch. Ein kleiner, drahtiger Mann mit vorstehenden Zähnen, die Haare stachelig nach oben gegelt. Zu dunkelblau kariertem Anzug, blauem Hemd und Krawatte trägt er eine Männerhandtasche von Louis Vuitton. Wong hat einige Mitarbeiter zu sich gebeten, weil er sich einen Eindruck über die Lage verschaffen wollte. Er ist selten da, ein paar Stichproben müssen genügen. Was kann man besser machen? Wie ist die Stimmung? Liu antwortet kurz. Bei ihr gibt es wenig zu verbessern. Und sie weiß, es sind nicht die Zeiten für Wünsche.

Fabrikbesitzer Wong redet gern und viel, und das, was er sagt, ist interessant. Die Krise mache ihm nicht allzu viele Sorgen. »Wir sind klein und wendig.« 15 Prozent Einbruch habe er zu verzeichnen. Doch das nach vielen fetten Jahren. Wong hätte vor einigen Jahren seine Produktionskapazitäten leicht verdoppeln können. Doch er ließ das Grundstück hinter seiner Fabrik brachliegen. »Jetzt weiß ich, dass es eine gute Entscheidung war. Vor zwei Jahren war ich mir da nicht so sicher.« Vor allem seine Kollegen in anderen Fabriken hätten damals den Hals nicht voll gekriegt und haltlos expandiert. »Manche mussten jetzt ganz schließen.« Andere werden sich gesundschrumpfen. »Das ist das Gute an der Krise: Der Markt trennt sich von den Unvernünftigen.«

Niemand weiß genau, wie es weitergeht, auch Wong nicht. Und natürlich würde sich Wong freuen, wenn China – anders als von Geithner gefordert – den Yuan abwerten würde. Dann wären seine Produkte im Ausland billiger und damit noch konkurrenzfähiger.

Auch Zhou Hubiao, der 19-jährige Arbeiter am Packtisch hinter Liu, macht sich keine großen Sorgen. »Im schlimmsten Fall kann ich nach Hause fahren und meinen Acker bewirtschaften, den ich meinen Verwandten verpachtet habe.« Das sei der Unterschied zwischen Westlern und Chinesen, erklärt Fabrikbesitzer Wong. »Westler sind auf sich gestellt. Wenn sie ihren Job verlieren, glauben sie, dies sei das Ende der Welt. Wenn ein Chinese seinen Job verliert, geht er nach Hause zurück.«

Genauer gesagt ist es der Unterschied zwischen der chinesischen Industrialisierung und der industriellen Revolution in Europa. Als die Menschen im Westen vom Land in die Städte gingen, war das meist für immer, sie gaben ihr altes Leben auf – und tun das noch heute. Wegen des strikten Meldesystems war und ist das in China nicht möglich. Der sogenannte Hukou verbietet es Menschen, einfach so vom Land in die Stadt ziehen. Das bringt viele Probleme mit sich – aber auch einen Vorteil: Die arbeitslosen Menschen in der Stadt verelenden nicht. Wer keine Arbeit mehr hat, geht zurück in seine Heimat auf dem Land. Die Menschen warten geduldig ab. Sie wissen, dass sie in den letzten Jahren sehr vom Aufschwung profitiert haben.

Der Anteil Chinas am Welthandel wuchs in den vergangenen 25 Jahren um das Achtfache. Das ist das Zwei- bis Dreifache dessen, was den asiatischen Tigern Taiwan, Südkorea, Hongkong und Singapur in einem vergleichbaren Entwicklungsstadium in ihrer Hochphase gelungen war.

Auch Lao Jiang hat von diesem Boom profitiert. Sein alter Kahn könnte einen neuen Anstrich vertragen, doch dafür reichen Jiangs Einnahmen derzeit nicht aus. Jiang kreuzt auf dem Jangtse, dem längsten Fluss Asiens, knapp 200 Kilometer nördlich von dessen Mündung bei Shanghai. Er verkauft Rasierklingen, Harbin-Bier und chinesische Snacks an die Besatzungen der großen Schiffe, die den Fluss befahren. Jiang versteht nichts von Volkswirtschaft, aber er sieht, was er sieht. »Die großen Containerschiffe mit den Produkten für Amerika sind nach wie vor selten«, stellt er fest. Seit Wochen schon liegt das chinesische Containerschiff »Feinsinniger Freund« am Ufer des Jangtse etwa 150 Kilometer flussaufwärts der breiten Mündung in der Nähe seines Dorfes auf Reede. Auch einige Tanker sind dort geparkt. Die kleinen, bis zum Rand beladenen Lastkähne schieben sich hingegen dicht gedrängt wie eh und je den Fluss hinauf, der an dieser Stelle fast einen Kilometer breit ist. Sie haben Kohle geladen, Motorräder oder Kühlschränke für die Landbevölkerung. Die Binnenschiffer kaufen allerdings wenig von Jiang. Es sind die Besatzungen der großen Kähne, mit denen er seine Marge macht. Immerhin: Die zahlreichen Werften in der Region kennen keine Kurzarbeit. Am 30 Kilometer entfernten Kohlekraftwerk wird Tag und Nacht gebaut, weiß Jiang: »Mein Schwager arbeitet dort als Kranführer.« Neue Straßen würden entstehen, überhaupt würde es mit der ganzen Infrastruktur besser. Das alles nützt Jiang mit seinem schwimmenden Laden nichts. Er jammert zwar, ist aber nicht wirklich besorgt: »Jeder Fluss hat einmal Niedrigwasser.«

Die Situation von Liu und Jiang zeigt, dass die Exporte im Frühjahr 2009 noch nicht wieder angesprungen sind. Für Peking gibt es daher nur einen einzigen Weg: Die Chinesen selbst müssen mehr konsumieren. Bisher machte der private Konsum nur 37 Prozent des chinesischen BIP aus. Das muss sich ändern, der Binnenhandel muss angekurbelt werden. Tatsächlich wird vom Radiowecker über die Waschmaschine bis zum Auto in den ärmeren Provinzen alles deutlich billiger. Sogar McDonald's senkt die Preise für seine Menüs um 40 Prozent. Rund 4,9 Millionen Flachbildfernseher wurden im ersten Quartal 2009 verkauft. Mehr als doppelt so viel wie im Quartal zuvor. Die Regierung gibt Rabatte für die daheimgebliebenen Wanderarbeiter und ihre Familien im Westen des Landes.

Für Flussschiffer Jiang haben die vielen Zahlen keine Bedeutung. Er wartet nur darauf, dass die großen Schiffe wiederkommen. Erst stromaufwärts mit Zulieferteilen. Dann stromabwärts mit den Produkten für die Welt. Dass sein Bierumsatz in der gleichen Kurve verläuft wie das Exportwachstum, ist ihm nicht wichtig. Er hat dem größten weltwirtschaftlichen Einbruch seit 1929 schon einen Namen gegeben: die »Schiffe-kaufen-kein-Bier-Krise«.

Mitte Februar 2009. Endlich verabschiedet der US-Kongress das umfangreichste staatliche Konjunkturpaket in der Geschichte der USA. 790 Milliarden Dollar will der amerikanische Staat investieren. Ein Konjunkturpaket, in das auch China große Erwartungen setzt. Peking hofft, dass die Amerikaner wieder mehr in China einkaufen. Also mehr Bierkonsum für Schiffer Jiang. Gleichzeitig rechnet Peking damit, dass die Implementierung dieses Investitionspakets in den USA viel länger dauern wird als in China. Dort greift derweil das Konjunkturprogramm. Schon im März gewinnt die chinesische Regierung den Eindruck, die Lage in China werde sich nicht so schlimm zuspitzen wie befürchtet.

Barack Obama hingegen warnt sein Land vor den tiefgreifenden Folgen der Krise. »Wenn nichts geschieht, kann diese Rezession noch Jahre weitergehen. Die Arbeitslosenrate könnte zweistellig werden. Wir könnten eine ganze Generation verlieren, weil mehr junge Amerikaner gezwungen werden, ihren Traum von der Uni oder von Jobs zu begraben. Unser Land könnte seinen Wettbewerbsvorteil verlieren. Kurz: Eine schlechte Situation könnte dramatisch schlimmer werden.«

Ganz andere Töne hört man da schon vom chinesischen Premierminister Wen Jiabao: »Wir werden dafür sorgen, dass die Einkommen mit dem Wirtschaftswachstum Schritt halten und die Gehälter mit der erhöhten Produktivität steigen.« Die Regierung werde die Gehälter für einkommensschwache Gruppen und deren Zulagen zur Sicherung des Existenzminimums erhöhen, die Gehälter in Branchen mit höheren Einkommen beibehalten. »China soll ein Land der Gleichheit und Gerechtigkeit werden, in dem jeder Bürger ein Sicherheitsnetz hat«, so Wen. Er versprach weiterhin, die Renten derjenigen zu erhöhen, deren Einkommen niedriger sind als die der Angestellten von staatlichen Ministerien und Institutionen: »Ich sage immer, wir sollten nicht nur den Kuchen des gesellschaftlichen Reichtums so groß wie möglich gestalten, sondern ihn auch fair verteilen und jeden die Früchte der Reform- und Öffnungspolitik genießen lassen.« So etwas sagt man nicht, wenn man mit dem Rücken zur Wand steht.

Nur vier Wochen später ist Chinas Regierung wieder so selbstsicher, dass sie es sich leisten kann, als größter Gläubiger der Amerikaner den Druck auf die USA weiter zu erhöhen. Wen forderte die amerikanische Regierung zu einer »glaubwürdigen Wirtschaftspolitik« auf. Es gehe China dabei um die Sicherheit der chinesischen Investitionen in US-Staatsanleihen. »Natürlich sind wir besorgt über die Sicherheit unserer Anlagen«, sagte Wen Jiabao. »Um ehrlich zu sein, ich bin etwas beunruhigt.« Seine deutliche Kritik hätte Wen nicht prominenter platzieren können: Er kritisierte die USA auf der Pressekonferenz zum Abschluss der Jahrestagung des Volkskongresses, dem chinesischen Äquivalent eines Parlaments. Es ist die einzige Pressekonferenz, in der sich der Premierminister allein den Fragen der nationalen und internationalen Presse stellt. Während das chinesische Ultimatum und die zurückgefahrene Unterstützung für Fannie Mae und Freddie Mac, die den Kollaps ausgelöst hatte, nur von Spezialisten bemerkt worden waren, ging diese Nachricht nun um die Welt. Was China sagt, hatte auf einmal Gewicht.

Im April 2009 trifft der chinesische Staats- und Parteichef Hu Jintao beim nächsten G20-Gipfel in London zum ersten Mal den neuen amerikanischen Präsidenten Barack Obama. Wenige Tage vor dem Gipfel hat Hu die Tonlage für dieses Gespräch setzen lassen. Sonst haben das stets die Amerikaner gemacht. Zentralbankchef Zhou Xiaochuan griff den US-Dollar an. Es sprach sich dafür aus, eine supranationale Reservewährung zu schaffen, also ein Zahlungsmittel, das nicht direkt von einzelnen nationalen Währungen abhängig ist. Es sollte zukünftig nicht mehr möglich sein, dass einzelne Länder das gesamte Weltfinanzsystem destabilisieren. Zhou hatte auch bereits sehr konkrete Vorschläge, wie eine solche Währung aussehen sollte – mit dem IWF als Hüter der Reservewährung.[25]

Eine solche Art der Währung gibt es heute schon: Sie hat den umständlichen Namen »Sonderziehungsrechte«, kurz SZR. Es ist eine Art Kreditwährung, die Länder benutzen können, die in Schwierigkeiten geraten sind, um sich Devisen zu kaufen. Diese Währung können nur Länder und politische Institutionen nutzen. Der Wert des SZR berechnet sich aus einem Währungskorb, in dem sich Euro, Yen, Dollar und Pfund befinden. Je nachdem, wie diese Währungen schwanken, schwankt auch der Wert des SZR. Aber er schwankt eben viel weniger als eine einzelne Währung wie etwa der US-Dollar. Der US-Dollar wird seit Jahrzehnten als internationale Verrechnungseinheit benutzt. Mit dem SZR wäre das Risiko für Länder, die Kredit brauchen, geringer.

Zentralbankchef Zhou schlug deshalb vor, die Währung auch als Verrechnungseinheit für den Welthandel heranzuziehen, um dessen Abhängigkeit vom US-Dollar zu verringern. Außerdem sollten die Staaten einen Teil ihrer Devisenreserven dem IWF unterstellen. Der wäre dann in der Lage, bei großen Finanzkrisen einzugreifen, ohne dass sich die internationale Gemeinschaft erst aufwendig beraten müsste. Dazu sollte der IWF auch Suprastaatsanleihen ausgeben, damit die Welt weniger auf amerikanische Staatsanleihen angewiesen wäre.

Noch nie sorgte ein Vorschlag eines chinesischen Zentralbankchefs für so viele Schlagzeilen. »Ende des US-Dollars?«, fragten viele Kommentatoren. Zhous Formulierungen waren allerdings so vorsichtig gewählt, dass sie die Geldmärkte nicht erschütterten. Zudem wussten alle Beteiligten, dass China kein Interesse daran haben konnte, den US-Dollar plötzlich zu schwächen. Langfristig mag das anders aussehen. »China wird noch viel stärker wachsen, als viele jetzt glauben«, sagt der amerikanische Investor George Soros.[26] Denn das Land ist noch immer in der Lage, weltweit die beste Mischung aus Qualität und Preis anzubieten. Hinzu kommt, dass die chinesischen Unternehmer einen Blitzstart hinlegen können. Binnen ein bis zwei Wochen können sie wieder Arbeitskräfte einstellen. Öffnet sich der Arbeitsmarkt, verlassen die Wanderarbeiter ihre Familien und kehren zurück zu den Fabriken im Osten des Landes.

Die chinesische Zentralbank fühlte sich im Juni 2009 jedenfalls schon so sicher, dass sie die Banken anwies, wieder weniger Kredite zu vergeben. Sie wollte testen, ob die Erholung auch mit einem normalen Kreditvolumen anhält. Und das in Zeiten, in denen die Weltwirtschaft zum ersten Mal seit dem Zweiten Weltkrieg schrumpfte, nachdem sie jahrzehntelang im Schnitt um 3,7 Prozent gewachsen war. Der Chef der chinesischen Zentralbank verkündete selbstbewusst: »China hat mit prompten, entschlossenen und effizienten politischen Maßnahmen gezeigt, dass es über das bessere System verfügt, wenn es darum geht, wichtige Entscheidungen zu treffen.«[27]

Diejenigen, die sich im Herbst 2008 sicher gewesen waren, dass China sich der Krise nicht würde entziehen können, sind ein Jahr später deutlich stiller geworden. In jeder der entscheidenden Phasen der Krise hatte China eine entscheidende Rolle gespielt. Peking hatte vor der Blase gewarnt. Die Blase durch den Kauf von Staatsanleihen mitgeschaffen. Sie hatte sie durch den Ausstieg bei Fannie Mae und Freddie Mac letztlich zum Platzen gebracht. Und Peking war es schließlich gelungen, sich gegen die Folgen der Krise zu stemmen und die Weltwirtschaft vor Schlimmerem zu bewahren.

Als Barack Obama im November 2009 im Rahmen seiner ersten Asienreise China seinen Antrittsbesuch abstattete, bekam er den Machtverlust der USA zu spüren wie kein anderer Präsident vor ihm. Die Reise, die ihn neben China auch nach Japan, Singapur und Südkorea führte, zeigte ihm sehr deutlich, dass er zu einem äußerst ungünstigen Zeitpunkt Präsident geworden war. Gegen die ungeheuren Zwänge, die Amerikas wirtschaftliche Schwäche und Chinas neue Stärke ihm auferlegten, wirkte selbst sein außerordentliches Charisma wie das morgens aufgetragene Rasierwasser am späten Nachmittag. Immer wieder wurde Obama auf dieser Reise brüskiert oder musste sich so in Zurückhaltung üben, dass er sein freiheitliches Charisma nicht recht ausspielen konnte.

Spätestens auf dieser Reise hat Obama verstanden: Verlässliche Werte bestimmen zweifellos den Erfolg von wirtschaftlichem Handeln. Aber es ist eben auch umgekehrt: Wer die wirtschaftliche Kraft hat, bestimmt auch, welche Werte zum Zuge kommen. Und die Wirtschaftskraft, musste Obama feststellen, haben die anderen. Traditionell ist das Treffen der Asia-Pacific Economic Cooperation (APEC) eine Veranstaltung, auf der die Amerikaner

wie selbstverständlich ihre Rolle als militärische Schutzmacht, Motor der Weltwirtschaft und Hüter der freiheit-
lichen Werte spielen. Doch in jenem Herbst 2009 trug
nicht einmal mehr das Motto des Gipfels die Handschrift
der Amerikaner. Es lautete: »Nachhaltiges Wachstum
und eine enger verbundene Region.« Im Verlauf der
Veranstaltung stellte sich bald heraus, was damit gemeint
war: Das amerikanische Wachstumsmodell ist gescheitert. Während die USA jetzt erst einmal ihre Hausaufgaben machen sollen, verlassen wir Asiaten uns derweil
mehr auf uns selbst. Hu Jintao betonte sogar, man könne
die Probleme der Weltwirtschaft nur lösen, wenn man sie
»an ihren Wurzeln packt« – und meinte damit die USA.
Und der Gastgeber, Singapurs Ministerpräsident Lee
Hsien Loong, konstatierte, die Welt könne sich nicht
darauf verlassen, dass »die Mischung aus amerikanischem
Konsum, hohen Schulden und chinesischem Export
noch der Motor der Weltwirtschaft sein kann«. Das seien
»alte Formeln, die Zukunft sieht anders aus«.

Obama blieb wenig anderes übrig, als offenherzig einzuräumen, dass »Wachstum auf Pump langfristig den
Wohlstand Amerikas nicht erhalten kann«. »Yes we can!«,
wäre in dieser Weltregion der falsche Text gewesen. Obamas Mitarbeitern gelang es nicht einmal mehr, die wichtigste diplomatische Spitze der Amerikaner gegen die
Chinesen im APEC-Abschlusskommuniqué durchzusetzen. Das Ziel, »marktwirtschaftlich orientierte Wechselkurse« anzustreben, wurde von der Agenda gestrichen.
Peking lässt sich in sein Wechselkursregime nicht mehr
hineinreden. Ähnlich erging es Obama, als er im Hinblick
auf den Klimagipfel im Dezember in Kopenhagen auf
eine Einigung im Vorfeld drängte. Die Asiaten bügelten
das Thema ab mit der Begründung, dies sei »nicht der
richtige Ort dafür«.

In Shanghai, Obamas erster Station in China, wurde es

nicht besser. Als der amerikanische Präsident 500 Studenten in einer Halle Rede und Antwort stand, tänzelte er verbal herum, wie ein Boxer, der auf seine Chance wartet, einen Punkt zu machen. Die heiklen Themen wie Tibet, Xinjiang und Taiwan, bei denen China und die USA eine grundsätzlich andere Auffassung haben, sprach er nicht direkt an, obwohl das chinesische Fernsehen die Fragestunde nicht live übertrug. Als er beispielsweise gefragt wurde, warum die USA Waffen nach Taiwan liefern, wich er gar aus, bekräftigte die Richtigkeit der Ein-China-Politik und sagte, er freue sich, dass Taiwan und »der Rest, äh die Volksrepublik« nun enger zusammenarbeiten. Statt Kritik zu üben – und sei sie noch so leise –, hielt es Obama schließlich für angemessen, in China seine »Hausaufgaben« zu formulieren: Amerika müsse »sparen, weniger ausgeben und seine langfristigen Schulden abbauen«. Was die Liste der chinesischen Hausaufgaben angeht, ist diese kürzer und deutlich unbestimmter: »China müsse in vielen Bereichen seine Politik verändern«, um die »Wirtschaft auszubalancieren und den Binnenkonsum anzukurbeln.«

Am Ende brachte Obama Amerikas neue Selbsterkenntnis auf den Punkt: Es sei sehr wichtig für Amerika, nicht anzunehmen, »dass das, was für uns gut ist, auch für andere gut ist«. Die Amerikaner müssten »ein wenig bescheidener werden« in ihrer Haltung gegenüber anderen Ländern. »Aber«, sagte Obama, »wir glauben, dass bestimmte Grundprinzipien für alle Menschen gelten, egal welcher Kultur sie angehören.« Mehr Spielraum gab es nicht für einen Präsidenten, der beim größten Gläubiger seines Landes zu Besuch war.

Dennoch konnte sich Hu Jintao nicht als Sieger fühlen. Die aufsteigende und die absteigende Weltmacht befanden sich in einer Pattsituation. Keine war stärker als der andere, beide waren gleichermaßen voneinander abhängig. Die Präsidenten der USA und Chinas standen sich in Peking gegenüber wie zwei Ringer, die sich umklammern und nicht vor- und zurückkommen. Obamas Berater murmelten am Ende, dass sich der Präsident trotz der widrigen Umstände ganz gut geschlagen habe. Und die chinesischen Diplomaten wiederholten ihr Mantra: »Auf Augenhöhe.« Es war ein wenig so, als ob sie es nicht glauben konnten, dass es dann doch so schnell gegangen war mit dem Machtgewinn Chinas.

Selbst in Südkorea, der nächsten Station seiner Asienreise, musste Obama feststellen: Nichts ist mehr, wie es war, auch in Seoul wird Pekings Rolle immer bedeutender. Die harte Haltung der Amerikaner gegenüber Nordkorea gilt in Südkorea nicht mehr als die einzige mögliche Option. Peking will Nordkorea nicht isolieren, sondern einbinden. Während die Amerikaner das Regime stürzen wollen, scheint das chinesische Modell – erst Wirtschaftsreformen, dann politische Reformen – der südkoreanischen Regierung immer interessanter. Im Mai 2011 luden die Chinesen den nordkoreanischen Führer Kim Jong-il wieder einmal nach Peking ein, um ihn für eine wirtschaftliche Öffnung zu begeistern. Im Juli 2011 trafen sich nordkoreanische und südkoreanische Vertreter erstmals wieder seit zweieinhalb Jahren, um über das Atomprogramm des kommunistischen Landes zu sprechen. Die Gespräche waren auf Vermittlung von China zustande gekommen. Die USA spielten dabei keine Rolle.

In Japan, der letzten Station seiner Reise, machte Obama ähnliche Erfahrungen, der Nimbus der Weltmacht bröckelt. Amerika ist mit der größten Armee der Welt zwar noch eine unangefochtene Schutzmacht, für die Japaner sind jedoch inzwischen andere Dinge wichtiger, als von den USA beschützt zu werden. Auch Japan haben die Chinesen schon die Frage gestellt: Wir oder die Amerikaner? Japan, als immer noch zweitgrößte Wirtschaft der Welt, ist dabei in der größten Zwickmühle. Wollen sie eine Sicherheits- und Wertepartnerschaft mit den USA oder eine Wirtschaftspartnerschaft mit den Chinesen? China ist für Japan der attraktivste Markt und Produktionsstandort, deswegen haben die Chinesen starke Argumente auf ihrer Seite. Die Japaner werden so lange wie möglich auf beide Kooperationspartner setzen. Doch wenn China den Druck allmählich erhöht, wird sich die Regierung im Zweifel für reale Arbeitsplätze und gegen fiktive Sicherheitsgarantien entscheiden – auch wenn das Wertesystem der USA viel attraktiver ist.

Die Ablehnung, die Obama erfahren musste, ist weit weniger bedenklich, als es sich anhört. In einer Welt, die immer enger zusammenrückt, kann es sogar von Vorteil sein, wenn es klare Interessenfronten zwischen den Weltregionen gibt. Die Amerikaner vertreten dann amerikanische Interessen, die Europäer europäische, die Asiaten asiatische. Das ist besser als schwache, überdehnte Gruppierungen mit zu unterschiedlichen Mitgliedern, die von faulen Kompromissen leben. Die Reise von Obama mag als einer der historischen Wendepunkte des Abstiegs der Weltmacht USA und des Aufstiegs der Weltmacht China in die Geschichte eingehen. In Singapur wurde Amerikas Wirtschaftsführerschaft infrage gestellt, in Peking die moralische Lufthoheit, in Südkorea das strategische Geschick der Amerikaner und in Japan die Rolle als militärische Schutzmacht.

Wenige Wochen später wurde auf dem Klimagipfel in Kopenhagen dann deutlich, dass die USA selbst als Moderator bei globalen Fragen nicht mehr so ernst genommen werden wie früher. Ein Tonmitschnitt eines Spitzentreffens am Rande des Gipfels gibt einzigartige Einblicke in die neuen Machtverhältnisse: In einem Tagungsraum treffen sich Bundeskanzlerin Angela Merkel, der französische Präsident Nicolas Sarkozy, der indische Premierminister Manmohan Singh sowie Barack Obama. Der chinesische Premierminister Wen Jiabao, der ebenfalls nach Kopenhagen gereist war, fehlt. Er ließ sich von Unterhändler He Yafei vertreten. Das Gespräch führen zunächst die Chinesen, die Franzosen und die Deutschen. Merkel belehrt China, selbst wenn man eine CO_2-Reduktion auf null in den Industrieländern anstrebe, müssten die Schwellenländer »ihren eigenen CO_2-Ausstoß reduzieren«, um die Erderwärmung wie gewünscht auf zwei Grad zu begrenzen. Der chinesische Unterhändler weist ihre Argumentation zurück. China ist der Ansicht, die Entwicklungsländer sollten größeren Spielraum beim CO_2-Ausstoß haben, weil die Industrieländer pro Kopf viel mehr ausstoßen würden und dies schon viel länger täten. Sarkozy wirft daraufhin China mangelnden Willen beim Thema Klimaschutz vor: »In aller Freundschaft« und »bei allem Respekt gegenüber China«, der Westen habe sich verpflichtet, 80 Prozent Treibhausgase einzusparen. Im Gegenzug sage China, das bald die größte Wirtschaftsnation der Welt sein werde: »Engagements gelten für euch, aber nicht für uns.« Dann poltert Sarkozy: »Das ist nicht hinnehmbar!« Es gehe um das Wesentliche. »Man muss auf diese Scheinheiligkeit reagieren.«

Nun endlich greift Obama ein und versucht, die Moderation an sich zu ziehen. Ihm geht es jedoch zuerst um Statusfragen. Er ärgert sich, dass er mit einem chinesischen Unterhändler verhandeln muss. »Ich weiß, dass hier ein chinesischer Premier ist, der wichtige Entscheidungen fällt.« Dem Unterhändler hält Obama vor: »Er gibt Ihnen in dieser Phase Instruktionen.« He Yafei zeigt sich unbeeindruckt: »Ich spreche hier nicht für mich selbst. Ich spreche im Namen Chinas.« Als Obama in diesem Punkt nicht weiterkommt, ändert er seine Taktik abrupt und macht sich, um ins Spiel zu kommen, zum Anwalt der Chinesen gegen die Europäer. Ein ungewöhnlicher Augenblick in der Geschichte der Vereinigten Staaten. »Ich hörte Präsident Sarkozy über Scheinheiligkeit reden. Ich vermeide solche Begriffe.« Die Industrieländer hätten binnen eines Jahrhunderts 80 Prozent aller Treibhausgase verursacht und seien verantwortlich: »Laufen Sie davor nicht weg.« Die Chinesen danken ihm diese Parteinahme indes nicht. Mehrere Stunden wartet Obama auf ein Gespräch mit dem chinesischen Premier Wen. Delegationskreise berichten, Obama drängte gegen 21 Uhr immer ungeduldiger auf ein Gespräch, doch er muss warten. Wen, der Gerüchten zufolge sein Hotelzimmer während des gesamten Kongresses kaum verlassen hat, ist lange Zeit unauffindbar. Ein chinesisches Delegationsmitglied hat den Amerikanern sogar mitgeteilt, der chinesische Premier sei bereits abgereist. Schließlich gelingt es der US-Delegation, den chinesischen Premier in einem Verhandlungszimmer zu lokalisieren. Ein offenbar zornentbrannter Obama soll daraufhin in das Zimmer gestürmt sein. »Sind Sie jetzt bereit? Herr Premier, sind Sie bereit, mit mir zu reden?« Er musste irritiert feststellen, dass Wen nicht allein war. Er beriet sich mit Partnern, die ihm wichtiger waren: mit Indiens Staatschef Singh und dem südafrikanischen Präsidenten Jacob Zuma.[28] Die BRICS-Staaten verständigten sich noch einmal über ihre Position: Sie wollen auch ihren Beitrag leisten. Es geht ihnen um gerechte Lastenteilung, wobei der Westen und China unterschiedliche Auffassungen haben, was gerecht ist.

Der Gipfel ging ohne wirkliche Einigung zu Ende. Die Industrieländer kündigten verpflichtende Emissionssenkungen an. Die Entwicklungsländer, darunter China, der größte CO_2-Verursacher der Welt, versprachen »freiwillige Entlastungsmaßnahmen«. Präsident Obama hat durch sein Handeln verloren, Wen durch seine Zurückhaltung gewonnen. Auch wenn das, was Chinas englischsprachiges Staats- und Parteiorgan, die *China Daily*, nach dem Gipfel schrieb, maßlos übertrieben ist: »Die Geschichte wird sich an den wichtigen Beitrag der Chinesen zum Erfolg der Konferenz in Kopenhagen erinnern.« Wenn sich die Geschichte einst an den Klimagipfel erinnert, dann eher als eine Konferenz, auf der sich die alte und die neue Welt gegenseitig Schachmatt gesetzt haben – zum Schaden des Planeten. Der Denkfehler der älteren Generation vor allem europäischer Politiker liegt letztlich in der Frage, ob sich hier wirklich »der Westen« und China gegenüberstehen. Oder geht es am Ende um die drei Hauptspieler der multipolaren Weltordnung USA, China und Europa mit ihren jeweils unterschiedlichen Zielen? »Manchmal denke ich, wir sind in diesen Fragen Peking näher als Washington«, sagt ein europäischer Spitzendiplomat nach dem Klimagipfel nachdenklich. Es wird Zeit brauchen, bis seine Sicht zum Mainstream wird. Den Europäern jedenfalls fällt es schwerer, in Kategorien einer multipolaren Weltordnung zu denken, als den Chinesen. Sie müssen sich nicht erst aus so einer starken Bindung lösen, wie sie zwischen den Europäern zu den USA besteht. China setzt in seiner strategischen Ausrichtung nicht auf einen neuen bipolaren Konflikt, den es auf Jahre militärisch nur als Junior bestreiten würde, sondern auf ein wirtschaftlich vernetztes multipolares System, in dem es mit Abstand die größte Spinne ist.

Gleichzeitig geht der Machtkampf zwischen China und den USA geht weiter. Vor allem in der Frage des Wechselkurses der chinesischen Währung machten die Amerikaner weiter Druck. Im März 2010 kündigte US-Finanzminister Timothy Geithner an, China in einem Bericht an den Senat als »Währungsmanipulator« zu brandmarken. Das letzte Mal hat Washington das 1994 gemacht. Wenn diese Einstufung vom Senat gebilligt würde, versetzte dies die amerikanische Regierung in die Lage, Strafzölle gegen chinesische Produkte zu verhängen. Der chinesische Premierminister Wen Jiabao hielt dagegen. »Ich glaube nicht, dass der Renminbi unterbewertet ist«, sagte er Mitte März in Peking und wurde anschließend sehr deutlich: »Wir wenden uns entschieden gegen Länder, die mit dem Finger auf andere Länder zeigen und diese gar unter Druck setzen, ihre Währung aufzuwerten.«

Geithner konterte, wenn auch nicht so scharf, wie noch ein Jahr zuvor: »Ich bin überzeugt, dass sie einsehen, dass es in ihrem Interesse ist, sich zu bewegen.« Und: »Wir werden versuchen, die Wahrscheinlichkeit zu maximieren, dass sie sich schnell entscheiden.« Doch Peking zeigte Geithner die kalte Schulter, und nur einen Tag später knickte er ein. Der Senatsbericht mit der Manipulationsformulierung wurde verschoben. Geithner setzte ein neues Ultimatum. In den »nächsten drei Monaten« gebe es eine Reihe von wichtigen Treffen, die »von entscheidender Bedeutung sein werden, eine stärkere, nachhaltigere und ausbalanciertere Weltwirtschaft zu schaffen«, formulierte er verklausuliert. Er glaube, dass diese Treffen »der beste Weg sind, die amerikanischen Interessen voranzubringen«.[29] Im Klartext: Bis zum nächsten G20-Gipfel im südkoreanischen Busan im Juni 2010 sollen die Chinesen aufwerten. Bis dahin würden von Geithner nur leise, verständnisvolle Töne kommen, damit die Chinesen ihr Gesicht wahren können und es nicht so aussieht, als würden sie sich von den USA gängeln lassen. Doch Peking blieb von den Drohungen unbeeindruckt. Beim G20-Treffen in Busan sprach der chinesische Finanzminister Xie Xuren die Währungsfrage nur sehr schwammig an: »China wird kontinuierlich die Reformen des Renminbi-Wechselkurses selbstbestimmt, kontrolliert und schrittweise vorantreiben.« Die Chinesen und nicht die Amerikaner setzten damit erstmalig den finanzpolitischen Ton für das Treffen. Im Abschlusskommuniqué geht es um alles Mögliche, um Rettungsschirme, Finanztransaktionssteuern und Eigenkapitalvorschriften. Das Thema Wechselkurse, das bei vergangenen Treffen stets ganz oben auf der Liste gestanden hatte, wird diesmal nicht einmal mehr erwähnt.[30] Nur in Interviews nach der Veranstaltung bemüht sich Geithner gegenüber Journalisten, das Thema im Gespräch zu halten, wenn auch mit butterweichen Formulierungen. »Wir begrüßen es, dass die chinesische Führung anerkannt hat, dass die Reform des Wechselkurses ein zentraler Bestandteil ihrer Reformagenda ist«, sagt er. Das klingt nach einem Fortschritt. Ein Fortschritt nur, den kein chinesischer Politiker je öffentlich so formuliert hat. Zu erlauben, dass der chinesische Wechselkurs »die Kräfte des Marktes reflektiert«, lockt Geithner, gebe China die nötige »Flexibilität, hohes Wachstum bei niedriger Inflation zu halten«. Auch Geithner hat inzwischen gemerkt, dass es wenig Sinn macht, China unter Druck zu setzen.

Erst zwei Monate später bewegt sich Peking. Der Yuan kann wieder innerhalb eines festen Rahmens gehandelt werden. Seitdem bewegt sich die Währung nur in homöopathischen Dosen, die keine Auswirkung auf die Weltwirtschaft haben. Gut fünf Prozent Aufwertung zwischen Juni 2010 und Juli 2011. Sehr ärgerlich für Geithner. Wer schon einmal versucht hat, ein Kind zu zwingen, seinen Spinat aufzuessen, weiß, dass langsame Bewegungen provozierender sein können als gar keine.

Gleichzeitig verärgerten die Amerikaner die Chinesen weiter durch ihre Finanzpolitik. »Quantitative Lockerung« heißt der schönfärberische Begriff, mit dem Washington die verzweifelten Maßnahmen seiner Geldpolitik beschreibt. Um das Finanzsystem stabil zu halten, kauft die US-Notenbank Schulden auf. Während des Crashs im Jahr 2008 hatte die Fed, so der Kurzname für die amerikanische Zentralbank, für rund zwei Billionen Dollar faule Kredite aufgekauft. Um die Schulden kaufen zu können, druckt sie Geld. Das befeuert natürlich die Inflation. Wenn es plötzlich mehr US-Dollar gibt als vorher, sinkt der Wert des Geldes. Im November 2010 startete die Fed die nächste Gelddruckwelle, »Quantitative Lockerung 2«, im Banker-Jargon kurz QE2. Bis zum 30. Juni kaufte sie für insgesamt 600 Milliarden US-Dollar Schulden auf. Diesmal floss das Geld allerdings nicht in faule Immobilienkredite, sondern direkt in die amerikanischen Staatsschulden. Der amerikanische Staat schenkte sich selbst 600 Milliarden Dollar und erhöhte damit weiter das Risiko, dass der Dollar an Wert verliert und die Inflation steigt. In China zeigten sich viele Experten besorgt über diese Entwicklung. Wenn der Dollar an Wert verliert, verlieren auch die riesigen chinesischen Dollar-Vorräte. Doch Washington hielt an seiner Politik fest. Die Politiker sahen für die USA keinen anderen Weg aus der Krise. Im Sommer 2011 diskutierten die USA bereits über eine weitere Stufe der »Quantitativen Lockerung«.

Weil der direkte Machtkampf um die Finanz- und Geldpolitik mit den USA nur wenig Veränderung bringt, agiert Peking inzwischen in drei andere Richtungen, um seinen globalen Einfluss auszubauen. Die Chinesen versuchen erstens, Devisenreserven in Richtung Europa umzuschichten, zweitens, ihrer eigenen Währung größeres internationales Gewicht zu verleihen, und drittens, hinter den Kulissen ihren Einfluss in den globalen Institutionen auszubauen, vor allem im Internationalen Währungsfonds.

Bei seinem Besuch Ende Juni 2011 in Ungarn, Deutschland und England vermittelte Chinas Premier Wen Jiabao eine wichtige Botschaft: China will Europa auch in schwierigen Zeiten helfen. Sein Land sehe sich als »langfristiger Investor in Staatsschulden« europäischer Staaten.

»Wir unterstützen konsequent Europa und den Euro«, fügte der Premier hinzu und kündigte an, im großen Stil Staatsanleihen zu kaufen. Der ungarische Premierminister Victor Orbán sprach daraufhin von »Hilfe in historischer Größenordnung« und einem »Meilenstein« in der Geschichte Ungarns. Schon Anfang 2011 hatte China spanische Anleihen im Wert von mindestens sechs Milliarden Euro gekauft. Im Herbst zuvor griechische. Die staatliche Nachrichtenagentur Xinhua lobte China bereits als »Europas Freund in Regenzeiten«. In Europa ist die Dankbarkeit gedämpfter. Denn die Absichten Chinas gelten als undurchschaubar. Die EU sei Chinas wichtigster Geschäftspartner, erläutert derweil Song Zhe, der chinesische EU-Botschafter: »Dies ist erst der Beginn unseres Engagements.«[31]

Das war im April 2011, nachdem die Ratingagentur Standard & Poor's erstmals gedroht hatte, die Kreditbewertung der USA herabzusetzen. Song ließ auch keinen Zweifel darüber aufkommen, was für China eigentlich der wichtigste Grund ist, in den Euro zu investieren: »Wir diversifizieren, um die Sicherheit unserer Devisenreserven zu gewährleisten.« 3,2 Billionen US-Dollar hat China inzwischen angesammelt. In welchem Umfang China bei seinen Deviseneinkäufen Europa unterstützt, lässt sich allerdings nur schwer ermitteln. Die Chinesen halten sich in solchen Fragen traditionell bedeckt. Sie nutzen die Möglichkeit, Euro-Anleihen auch über Treuhänder zu kaufen. Peking veröffentlicht nahezu keine Daten zu den Anlageströmen des Landes. Die Gesamtsumme von 1,7 Billionen Dollar in US-Anleihen als Anteil der chinesischen Devisenreserven Mitte 2011 ist nur deshalb im Detail bekannt, weil die Amerikaner die Zahlen veröffentlicht haben. In den Jahren 2005 bis 2008 stieg der chinesische Besitz von US-Anleihen im Parallelschwung mit den Devisenreserven des Landes. Je mehr Devisenreserven die Chinesen anhäuften, desto mehr US-Anleihen kauften sie auch.

Das änderte sich mit der Finanzkrise. Die Chinesen kauften nun weniger amerikanische Papiere, obwohl ihre Devisenreserven insgesamt weiter stark anstiegen. Während die meisten westlichen Industrienationen verzweifelt versuchten, das Wachstum ihrer Schulden in den Griff zu kriegen, stiegen in China die Devisenreserven allein in den zwölf Monaten bis April 2011 um 620 Milliarden US-Dollar an. Davon gingen aber nur 176 Milliarden US-Dollar in langfristige US-Staatsanleihen. Im ersten Quartal 2012 fiel denn auch der Anteil an US-Dollar an den weltweiten Devisenreserven auf den niedrigsten Stand seit zwölf Jahren. Allerdings sind es immer noch 60 Prozent, während der Euro erst bei 26 Prozent liegt.[32] Weil die Chinesen viel weniger in US-Dollar anlegen, haben sie fast 500 Milliarden an Handelsüberschüssen und damit Devisenreserven übrig, die sie in andere Währungen stecken können. Einen Teil davon hat China zwar noch in kurzfristigen US-Anleihen geparkt. Und einen anderen, beträchtlichen Teil in Rohstoffen angelegt. US-Dollar gegen Bodenschätze einzutauschen ist ein noch besseres Geschäft, als sie in Euro anzulegen. Dennoch ist es sehr wahrscheinlich, dass ein Teil des Geldes tatsächlich benutzt wurde und wird, um den Euroraum zu stabilisieren. Europa ist aber weit mehr als nur ein Gegengewicht zum US-Dollar für die Chinesen. Europa ist für sie eine wichtige Säule einer multipolaren Weltordnung, nicht nur politisch, sondern auch wirtschaftlich. Und in Europa ist vor allem Deutschland für China ein unersetzbarer Lieferant von Know-how und Technologie, auf die das Land in den nächsten Jahren weiter angewiesen sein wird. Deshalb ist China nicht nur sehr wahrscheinlich in der Lage, Europa mit 200 Milliarden US-Dollar unter die Arme zu greifen, ohne selbst in

Schwierigkeiten zu kommen. Es ist auch gewillt, Europa weiter zu unterstützen.

Zum Vergleich: Die Bareinlagen der EU-Länder für den zweiten Rettungsschirm im Juni 2011 lagen dagegen nur bei rund 80 Milliarden Euro, der Anteil Deutschlands beträgt dabei gut 20 Milliarden. Das sind leider keine Reserven. Dafür muss Deutschland sich neu verschulden. Das Geld wird etwa 650 Millionen Euro an Zinsen verschlingen. Es ist also sehr wahrscheinlich, dass die Schere zwischen chinesischen Einnahmen und europäischen Schulden sich auch weiterhin vergrößert. Selbst Deutschland, das wirtschaftlich erfolgreichste Land Europas, hat 2010 noch 88 Milliarden Euro neue Schulden gemacht. 2012 werden es mehr.

In China ist die Lage trotz einer beachtlichen Inflation von gut sechs Prozent einigermaßen stabil. Russland, Indien und Brasilien haben eine deutlich höhere Inflation. Und die chinesische Immobilienblase erweist sich nicht als so schlimm wie zunächst vermutet. China ist mit 17 Prozent des Bruttoinlandsproduktes verschuldet. Das ist ein Anstieg von nur acht Prozent seit 2008, trotz Weltfinanzkrise. In jedem Fall ist das moderat im Vergleich zu Ländern wie Deutschland und Frankreich mit 80 Prozent, die USA mit 100 Prozent oder Griechenland mit knapp 130 Prozent.[33] Die Schulden der öffentlichen Hand in den Provinzen fallen um rund 370 Milliarden Euro höher aus als offiziell geschätzt. Das ist allerdings angesichts Einnahmen der Banken und der chinesischen Regierung kein großes Problem. Allein die innerhalb von nur einem Jahr angehäuften Devisenreserven sind knapp doppelt so hoch. Aber vielleicht kommt das böse Erwachen ja noch. Moody's rechnet nicht damit. Während des Konjunkturprogramms wurden in China Darlehen im Gesamtvolumen von 1,9 Billionen Euro vergeben. Den Anteil der faulen Kredite, also derjenigen, die nicht mehr zurückgezahlt werden, stuft Moody's bei einem Prozent ein und rechnet in den nächsten Jahren mit einem Anstieg auf bis zu fünf Prozent. Aber wie sieht es mit dem Immobilienmarkt aus? Es wurde zu viel gebaut, und die Preise sind zu stark gestiegen. Aber kann man von einer Blase sprechen, die bald platzen könnte wie in den USA? Nein. Peking hat im Juli einen Stresstest bei seinen Banken durchführen lassen. Das Ergebnis: Die Immobilienpreise können bis zu fünfzig Prozent sinken, ohne dass die Banken Probleme bekommen. Die Preise sinken jedoch kaum. Die internationalen Ratingagenturen akzeptieren das Ergebnis. Sie stufen China nicht herab.

Was ist denn eigentlich eine Immobilienblase? Eine Blase entsteht, wenn erstens mehr Wohnungen gebaut als gebraucht werden; wenn zweitens diese Wohnungen mit riskanten Krediten gebaut oder gekauft werden; und wenn drittens die Preise dramatisch ansteigen, weil die Käufer eine noch höhere Wertsteigerung erwarten. Eine Blase platzt, wenn keiner mehr die gebauten Wohnungen kaufen will, wenn die Bauunternehmen und die Wohnungsbesitzer ihre Schulden nicht mehr bezahlen können und keine neuen Kredite mehr kriegen und die Preise deswegen plötzlich fallen. Eine solche Entwicklung ist in China in den nächsten Jahren sehr unwahrscheinlich. Die meisten Wohnungen sind gar nicht auf Kredit gekauft. Die Immobilienentwickler haben sehr hohe Margen. Diejenigen, die sofort Bankrott gehen, wenn sie ihre Wohnungen nicht unverzüglich verkaufen, bleiben eine Ausnahme und sind dann selbst schuld. Die Banken und der Staat sind höchst solvent und können Kreditausfälle locker abfangen. Und vor allem: In einem Land wie China mit noch 700 Millionen armen Bauern wird jede Wohnung und jedes Haus das 2011, 2012 und 2013 fertiggestellt wird, eher früher als später dringend gebraucht. Es ist zudem sehr wahrscheinlich, dass die

Preise noch dramatisch ansteigen werden. Warum soll eine Wohnung in Peking eines Tages nicht genauso viel oder sogar mehr kosten als eine Wohnung in New York oder London? Die Regierung in Peking muss vor allem dafür sorgen, dass es zunächst genug preiswerte Wohnungen gibt. Deshalb werden in China bis 2015 rund 36 Millionen Sozialwohnungen gebaut. Aber auch das ist kein Alarmsignal, sondern normal für ein aufstrebendes Land. Deutschland hat in den Siebzigern eine ähnliche Entwicklung im sozialen Wohnungsbau hinter sich gebracht. Währenddessen ist im Sommer 2011 die Lage in den USA weiter kritisch. Und erst kurz vor Erreichen der gesetzlich festgelegten Schuldengrenze einigten sich Republikaner und Demokraten auf einen wackligen Kompromiss. Erreicht der Schuldenberg 14,3 Billionen US-Dollar, sind die USA partiell zahlungsunfähig. Die Arbeitslosigkeit liegt immer noch bei 9,2 Prozent. Das ist nicht einmal ein Prozent weniger als während des Tiefstpunkts der Krise. Und Washington muss seine Wachstumszahlen sogar nach unten korrigieren. Im ersten Quartal 2011 gab es nicht wie angenommen ein Wachstum von 1,9 Prozent, sondern nur eines von 0,4 Prozent. Notenbankchef Ben Bernanke räumt gegenüber dem Kongress ein, dass die Konjunktur auf kurze Sicht »ziemlich schwach bleiben werde«. Gleichzeitig baut China inzwischen nicht nur in Afrika Infrastruktur auf, sondern auch in den USA. Chinesische Bauunternehmen zogen dort im Jahr 2010 Aufträge im Wert von über einer Milliarde US-Dollar an Land. Sie bauen an der Manhattan Subway mit, errichten ein Stadion in South Carolina oder einen Kasino-Hotelkomplex in New Jersey. Im Jahr zuvor haben die Chinesen sogar den bisher größten Auftrag bekommen, den das Straßenverkehrsamt des Staates New York zu vergeben hat. Im Rahmen des Konjunkturprogrammes renovieren sie die Alexander-Hamilton-Brücke. Sie verbindet die Bronx mit Harlem. Das Volumen des Auftrags beträgt über 400 Millionen Euro. Die chinesischen Bauunternehmen beschäftigen in der Regel nur 40 Prozent amerikanische Arbeiter. Dennoch haben sie den Auftrag bekommen. Das Angebot der Chinesen war einfach nicht zu toppen. Währenddessen streiten sich Demokraten und Republikaner im Juli 2011 wochenlang darüber, unter welchen Bedingungen man die aktuelle Schuldengrenze von 14,29 Billionen US-Dollar wieder einmal anheben darf. Erst kurz bevor das Ultimatum am 2. August abläuft, einigen sich beide Parteien. Die Börsen reagieren verhalten. Und wenige Tage später am 5. August stuft die Ratingagentur Standard & Poor's (S&P) das Rating der USA von AAA auf AA+ herab. Sie hält die Maßnahmen der Amerikaner nicht für ausreichend. Zum ersten Mal in 70 Jahren gehört die größte Volkswirtschaft der Welt nicht mehr zu den Spitzen-Schuldnern. S&P hält zudem die langfristigen Aussichten der USA für negativ. Gleichzeitig häufen sich die schlechten Nachrichten in den Industrienationen. Das amerikanische Wirtschaftswachstum ist viel geringer als erwartet, und auch Frankreichs Wirtschaft stagniert. Die Börsenkurse der Welt brechen daraufhin um 15 Prozent ein. Dabei werden mehr als vier Billionen US-Dollar vernichtet. Die Banken brechen sogar um dreißig Prozent ein. Zwei Drittel der europäischen Banken sind damit weniger wert, als das Vermögen, das sie in den Bilanzen ausweisen. Jean-Claude Trichet, der Chef der Europäischen Zentralbank, spricht von der »größten Krise seit dem Zweiten Weltkrieg.« Die Ausgangslage ist bei dieser Schockwelle insofern schlechter als 2008, als die westlichen Regierungen noch größeren finanziellen Spielraum hatten. Inzwischen liegt die am BIP gemessene Verschuldung, in Deutschland und Frankreich bei über 80 Prozent, in den USA bei über 100 Prozent, in Griechenland bei knapp über 130 Prozent und in

Japan sogar bei knapp 230 Prozent. China hingegen ist nur mit 17 Prozent verschuldet. Peking kritisiert die amerikanische Politik scharf, während man mit Europa rücksichtsvoller ist: »Die Vereinigten Staaten müssen damit klarkommen, dass die guten alten Tage vorüber sind, in denen sie durch noch mehr Schulden, aus dem selbst verschuldeten Schlamassel herausfinden können«, schreibt die staatliche Nachrichtenagentur Xinhua. Noch deutlicher wird der russische Präsident Wladimir Putin. Er spricht von den USA als den Parasiten der Weltwirtschaft. Diese Formulierung hätte Peking nie gewählt. Sie kommt aber dennoch gut an.

Wie man es auch dreht und wendet, es bleibt dabei: China wird immer reicher. Die USA und Europa werden immer ärmer. Damit steigt die Wahrscheinlichkeit, dass China in Europa massiv investiert. Selbst wenn Peking sich nicht um den US-Dollar und die amerikanische Haushaltslage sorgen würde und es der chinesischen Regierung egal wäre, wie stabil der Euro ist – sie würde dennoch viel investieren. Allein die Renditen, die im Euromarkt angeboten werden, sind attraktiv genug. Allerdings muss China schon aus eigenem Interesse sehr vorsichtig sein, welche Signale es setzt. Jede ruckartige Bewegung in Richtung Euro drückt zwangsläufig den US-Dollar. Damit würden Chinas Dollar-Bonds an Wert verlieren. Peking wird sich also hüten, zu viel Eurothermik zu erzeugen. Mindestens genauso vorsichtig sind die Zentralbanker in Hinblick auf die skeptische Einstellung der Europäer zu chinesischen Investitionen. Langsam und möglichst unsichtbar will Peking sich engagieren.

Die chinesische Hilfe mag zwar in den Ohren mancher Europäer beruhigend klingen, sie hat allerdings auch einen Haken: Chinesische Politiker werden sich das ein oder andere politische Zugeständnis für die Gefälligkeit wünschen. Die Europäer sollten also das Kleingedruckte der chinesischen Hilfe genau lesen. Zusammenfassend kann man feststellen, dass Deutschland dabei ist, eine gleich vierfache Abhängigkeit zu China zu entwickeln. Erstens durch unsere wachsenden Exporte. Sie bedeuten heute gute Einnahmen. Doch wenn China irgendwann immer mehr Produkte selbst herstellt, werden die Exporte zurückgehen. Zweitens durch unsere steigenden Importe. »Made in China« steht heute für preisewerte Produkte bei Tchibo oder Media Markt. Doch wenn Chinas Produktionskapazitäten einmal so ausgelastet sind, dass China erst mal für sich selbst produziert, werden wir das Nachsehen haben. Unsere Produkte werden teurer. Denn nur wenn wir mehr zahlen, werden Chinas Fabrikanten weiter für das Ausland produzieren. Wir können uns dann für dasselbe Gehalt weniger kaufen. Ist das Zukunftsmusik? Nein, wie man dem Kapitel 7 *Die weltreisende Sozialprüferin* anschaulich sieht. Drittens: Durch die Tatsache, dass Deutschland zu den größten Investoren in China gehört. Deutsche Konzerne bauen Fabriken und schließen Partnerschaften mit chinesischen Firmen. Das schafft aber nicht nur Chancen, sondern auch Abhängigkeiten. Wenn China plötzlich die Spielregeln ändert, können wir das Land nicht einfach verlassen. Und viertens: die Staatsanleihen. Europäische Staatsanleihen kann Peking sehr einfach verkaufen. Zwar sind die Chinesen an einem stabilen Euro interessiert. Aber das kann sich ändern. Sie sind zu nichts verpflichtet. Denn noch mehr sind sie an einem stabilen Dollar interessiert, weil sie wesentlich mehr US-Anleihen in ihren Beständen haben.

Aber auch das kann sich ändern: Am Ende wollen sie, dass ihre eigene Währung die wichtigste der Welt wird. Es ist naiv zu glauben, China hätte ein Herz für den Euro. Je dringender Europa das Geld braucht, desto wacher werden die Politiker in Peking. Während die Zentralbanker vor allem ihr währungspolitisches Risiko minimieren wollen, hoffen Pekings Führungskader auf politische Gegenleistungen. Alles hat eben seinen Preis. Die Amerikaner kennen das schon. Und leiden still. Sollte dieser Fall in Europa eintreten, wünscht man sich standfeste europäische Politiker, die Peking ungerührt daran erinnern, dass sie letzten Endes ja nur ihre eigenen Probleme lösen. Doch solche Politiker sind gegenwärtig selten – oder haben gerade Wahlkampf.

Die Diversifizierung der Devisenreserven weg vom Dollar ist indes nur ein Teil der chinesischen Strategie. Das Interesse, dem Euro zu helfen, wird sich relativieren, wenn es Peking gelungen ist, seine eigene Währung ebenfalls zu einer internationalen Leitwährung aufzubauen. Das wird sicherlich noch zwanzig Jahre dauern. Doch die Schwächen der Volkswirtschaften Europas und der USA lassen das weltweite Interesse an Chinas Währung steigen.

Soll der Yuan Leitwährung werden, muss er allerdings handelbar werden. Die Pekinger Führung hat jedoch zwei wichtige Gründe, warum sie ihre Währung jetzt noch nicht zum Handel freigeben will. Sie will erstens ihre Währung vor internationalen Spekulationen schützen. Wenn sich ein chinesisches Unternehmen in New York Geld leiht, muss es die Schulden in US-Dollar zurückzahlen. Doch es stellt Produkte für den lokalen Markt her. Er muss also seine Yuan-Gewinne in US-Dollar umtauschen. Wenn jetzt die internationalen Märkte auf einen schwachen niedrigen Yuan wetten und der Kurs sinkt, braucht der Hersteller plötzlich viel mehr Yuan, um seine US-Dollarschulden abzubezahlen. Im schlechtesten Fall mehr, als er verdient hat. Und schon ist der chinesische Hersteller zahlungsunfähig. Die Schwankungen an den Währungsmärkten könnten also dazu führen, dass zahlreiche chinesische Unternehmen oder Banken Pleite gehen.

Vor genau dieser Dummheit aus Maßlosigkeit möchte China seine Unternehmen bewahren. Vor allem sind Institute wie die chinesische ICBC oder die China Construction Bank mittlerweile viermal so groß wie die Deutsche Bank. Und sie sind noch solider aufgestellt als die Deutsche Bank, die unter westlichen Banken schon als sehr stabil gilt. Zweitens will Peking seinen Exporteuren einen stabilen Wechselkurs in die USA garantieren. Und zwar so niedrig, wie es geht, damit die chinesischen Produkte schön billig bleiben. Vor allem wegen dieser Politik ist Chinas Anteil an den Exporten der Welt von gut einem Prozent auf inzwischen über zehn Prozent gestiegen.

China versucht also, die Nachteile einer frei handelbaren Währung so gering wie möglich zu halten und dennoch so viele Vorteile wie möglich zu nutzen – und diese schrittweise auszubauen. Wenn China im Ausland Geschäfte abschließt, wenn es zum Beispiel Rohstoffe einkauft, benutzt es dafür inzwischen manchmal nicht mehr US-Dollar, sondern seine eigene Währung. Den Yuan verkauft China seinen Handelspartnern dann zu einem festen Kurs. Allerdings knüpfen sie daran eine Bedingung. Die Handelspartner müssen die erhaltenen Yuan wieder in China investieren, indem sie dort Produkte kaufen. Ein Deal, von dem beide Seiten profitieren: Es fallen keine Umtauschgebühren an, das Geschäft wird billiger. Vor allem aber können die Käufer nun viel besser kalkulieren. Länder, die zum Beispiel Rohstoffe exportieren, importieren in der Regel auch viele Fertigprodukte aus China: Fernseher, Haushaltsgeräte, Textilien oder Baumaschinen. Durch die Yuan-Geschäfte sinkt das Risiko dieser Einkäufe, da sie nicht mehr von den Schwankungen des US-Dollars abhängig sind. Die Käufer wissen genau, wie viel sie beispielsweise in sechs Monaten für dreißig Container Fernsehgeräte bezahlen müssen. Mit Ländern wie Brasilien, Russland und Indien haben die Chinesen solche

Vereinbarungen über Yuan-Geschäfte abgeschlossen.[34] Internationale Banken schätzen, dass im Jahr 2015 die Hälfte des Handelsgeschäfts der Chinesen in ihrer eigenen Währung abgewickelt werden könnte. Dabei ginge es jährlich um einen Betrag von über zwei Billionen US-Dollar. Eine Summe, auf die Dollar- und Euro-dominierte Länder keinen Einfluss mehr haben.

Auch die nächsten Schritte, um den Yuan international hoffähig zu machen, ist Peking bereits gegangen. Man kann in Hongkong inzwischen Konten in Yuan eröffnen. Seit August 2010 kann man Aktienfonds in Yuan kaufen, und im April 2011 wurde in Hongkong der erste Börsengang erlaubt. In der zweiten Jahreshälfte 2011 wird dann schrittweise erlaubt, dass Ausländer in China in Yuan investieren. Es wäre zum Beispiel dann möglich, seine Euro in einen Yuan-Aktienfonds umzutauschen. Die Gewinne kann man anschließend nach China transferieren, um dort ein Unternehmen zu kaufen. Nächstes Beispiel: Wenn eine Firma Maschinen an die Chinesen verkauft, bekommt sie dafür Yuan, mit denen sie wiederum Zulieferteile erwerben kann. Es ist auch möglich, dass die Chinesen in einem Land wie Nigeria Bodenschätze gegen Yuan kaufen und die Nigerianer im Gegenzug dafür Produkte »Made in China«. All diese Geschäfte basieren auf einer Grundregel: Das Geld soll realen wirtschaftlichen Kreisläufen dienen und nicht, wie an der Wall Street, ein von der realen Wirtschaft abgekoppeltes, spekulatives Eigenleben entwickeln.

Noch nicht genau geregelt ist, wie lange und wo man im Ausland größere Summen »parken« kann. Bisher gilt für den Yuan noch ein »eingeschränktes Parkverbot«. Das alles sind noch tastende Versuche, Vor- und Nachteile einer zukünftigen Leitwährung auszubalancieren. Durchgesetzt hat sich der Yuan als Leitwährung allerdings erst, wenn irgendwann in der Zeitung steht: »Die USA haben deutsche Autos aus China im Wert von 100 Milliarden Yuan importiert.« Wenn die deutschen Leser dann auch noch ein Gefühl dafür haben, ohne groß nachrechnen zu müssen, wie viel das in Euro ist, dann ist der Yuan auf Augenhöhe mit dem Euro und dem US-Dollar.

Einstweilen gewinnt der Internationale Währungsfonds stark an Bedeutung und entwickelt sich seit Jahren nach den Vorstellungen Chinas. In der Weltfinanzkrise mussten Griechenland, Irland, Island, Portugal, Ungarn, Lettland und Rumänien den IWF um Hilfe bitten. Die Reserven des Fonds reichten nicht aus. Mit seiner großen Überzeugungskraft und viel diplomatischem Geschick gelang es dem damaligen IWF-Chef Dominique Strauss-Kahn, die Reserven aufzustocken. Im April 2009 hatten die Staats- und Regierungschefs der zwanzig führenden Industrie- und Schwellenländer beschlossen, die freien Finanzmittel von 250 auf 750 Milliarden US-Dollar zu verdreifachen. Die Chinesen hatten diesen Vorschlag unterstützt, jedoch weitere Reformen gefordert. Strauss-Kahn kam dies damals sehr gelegen. Der französische Sozialist hatte mit umfassenden Reformen zu Lasten der USA in die Geschichte eingehen wollen. Dazu brauchte er die Hilfe der Chinesen. Überraschend verkündete er im Februar 2010, dass er den Vize-Gouverneur der chinesischen Zentralbank zu seinem Sonderberater machen wolle. Zhu Min hatte in den USA promoviert, über zehn Jahre für die Bank of China gearbeitet und war einige Jahre bei der Weltbank gewesen. Wenige Tage später erfuhr die Öffentlichkeit den Grund für diese Entscheidung. Strauss-Kahn stellte 2010 seine Vision eines »IWF für das 21. Jahrhundert« der Öffentlichkeit vor. Darin findet sich ein Großteil der Ideen wieder, die Peking seit Jahren propagiert und 2003 von Zentralbankchef Zhou im Detail dargelegt wurden.[35]

An erster Stelle fordert der – inzwischen ehemalige –

IWF-Direktor, Finanzmärkte und ihre Regulierungsmechanismen rigoroser zu überwachen, um Krisen früher zu erkennen. Dazu brauche man eine Institution, die von einzelnen nationalen Interessen weitgehend unberührt ist. Eine Forderung, die sich vor allem gegen die Vorstellungen der Amerikaner richtete. Auf Druck der Wall Street hatte sich Washington stets dagegen gewehrt, dem Währungsfonds stärkere Regulierungsbefugnisse zu geben. Zudem wollte Strauss-Kahn die Reaktionsfähigkeit des Fonds steigern. Der Fonds müsse in einer Krise schneller Geld leihen und über noch größere Summen verfügen können. Der IWF müsse früher und schneller reagieren als die nationalen Zentralbanken. Es wäre sogar denkbar, dass der IWF auch als eine Art Versicherung fungiert, bei der sich kleinere Länder gegen globale Turbulenzen des Weltwirtschaftssystems versichern könnten. Alles Forderungen, die denen des Zentralbankchefs Zhou aus dem Jahr 2003 sehr ähneln. Strauss-Kahn übernahm selbst jene, mit der Zhou im April 2009 in London Aufsehen erregt hatte: eine neue unabhängige, internationale Reservewährung. Sie solle »das Risiko vermindern, dass das internationale Währungssystem von dem Zustand und der Politik eines einzelnen dominierenden Landes abhängig ist«, sagte Strauss-Kahn dazu.[36] Er äußerte sich nicht etwa so, weil China ihn dazu gezwungen hätte, sondern weil er die seit Jahren von Peking vorgetragenen Vorschläge für sinnvoll hielt. In dieser Frage bilden Europa und China eine Koalition der globalen Vernunft gegen die Finanzinteressen der USA. Die globale Vernunft verlangt nach Institutionen, die von einem oder mehreren Ländern unabhängig sind. So wie es einst sinnvoll für Herzogtümer war, Macht abzugeben und sich zu einer Nation zusammenzuschließen, um mächtiger zu werden, so ist es für die einzelnen europäischen Nationen sinnvoll, ihre nationale Macht an eine Europäische Union abzugeben. Und ebenso sinnvoll ist es für die Länder dieser Welt, Macht an internationale Institutionen zu übertragen. Damit es in der Welt gerechter zugeht.

Natürlich spielen bei der Entwicklung übernationaler Institutionen nationale Einzelinteressen eine große Rolle. Jedes Land versucht, in diesen Organisationen einen möglichst großen Einfluss zu bekommen. Und nur, wenn möglichst viele Nationen an diesem Prozess beteiligt sind, balancieren sich die Interessen aus. Dabei relativiert sich die Macht von Ländern, die bisher – gemessen an ihrer wirtschaftlichen Größe, Landesfläche und Bevölkerungszahl – eine zu große Bedeutung hatten. Dazu gehören mit Sicherheit die USA und Deutschland. Länder wie China, Indien oder Brasilien profitieren davon, dass sich die Macht international gerechter verteilt.

Auch im Internationalen Währungsfonds. Der Machtkampf hinter den Kulissen um mehr Einfluss der Schwellenländer zog sich den gesamten Sommer des Jahres 2010 über hin. Die Chinesen wollten zumindest mehr Stimmen als die Deutschen. Auf dem G20-Finanzministertreffen im südkoreanischen Gyeongju im Oktober 2010 kam es dann zu einem Durchbruch. Die Finanzminister und Notenbankchefs machten China zum größten Gewinner dieser Reformen. Und Deutschland zum größten Verlierer. Deutschland gehört nun nicht mehr zu den drei wichtigsten Ländern des IWF. China löste Deutschland als Nummer drei nach den USA und Japan ab. Zum ersten Mal sind nun zwei asiatische Länder in der Spitzengruppe. Stimmgewichte von gut sechs Prozent verschoben sich in Richtung der dynamischen Schwellenländer. Das ist nicht viel. Aber ein wichtiger Schritt für eine Institution, in der sich seit Jahren nichts mehr bewegt hat. Die zehn größten Anteilseigner sind nun die Vereinigten Staaten, Japan, China, Deutschland, Großbritannien, Frankreich, Italien, Russland, Indien und Brasilien. Das Gewicht von

China, dessen Stimmanteil derzeit vier Prozent beträgt, wurde deutlich über die Sechs-Prozent-Marke angehoben. Die Vereinigten Staaten behalten bei wichtigen Entscheidungen des Fonds allerdings ihr Vetorecht. Sie müssen jedoch faktisch in diesem Gremium immer kleinere Brötchen backen, weil die zweit- und drittgrößten Stimmberechtigten Japan und China Amerikas größte Gläubiger sind. Währenddessen beginnt China den Westen zu entzweien: Im April 2011 sprechen sich Frankreichs Finanzministerin Lagarde und ihr deutscher Amtskollege Wolfgang Schäuble bei einem Treffen in der chinesischen Stadt Nanjing dafür aus, den Yuan in den IWF-Währungskorb aufzunehmen, auch wenn er nicht handelbar ist. Denn beide sehen es als unrealistisch an, dass Peking den Yuan in absehbarer Zeit freigibt. Auch die USA sind dafür, die Währungen großer Länder aufzunehmen. US-Finanzminister Timothy Geithner hält jedoch dagegen: »Dafür müssen sie aber flexible Wechselkurse und unabhängige Zentralbanken haben und freien Kapitalfluss erlauben.«

Mit dem Rücktritt von IWF-Chef Strauss-Kahn am 19. Mai 2011 tat sich eine neue Chance für die Chinesen auf, ihre Interessen noch besser durchzusetzen. »Ein Chinese muss den Vorsitz des Internationalen Währungsfonds bekommen«, forderte ein Kommentator der chinesischen Tageszeitung *Global Times* prompt, »die Weltfinanzkrise hat die alten Spielregeln außer Kraft gesetzt.« Doch anders als der Kommentar vermuten lässt, zögerte Peking, einen eigenen Kandidaten zu präsentieren. Gerade weil China nach Höherem strebt, möchte Peking jetzt nicht die Führung im Internationalen Währungsfonds übernehmen. Die chinesischen Spitzenkader halten sich nach wie vor an das, was ihnen der Reformer Deng Xiaoping mit auf den Weg gegeben hat: »Haltet unsere Stärken verborgen. Versteckt unsere Schwächen. Wartet auf die günstige Gelegenheit eines Comebacks. Beansprucht nie die Führerschaft.« Genauso agierte Peking in der Frage der Nachfolge von Strauss-Kahn. Bei der Nominierung des neuen IWF-Chefs sollen »Gerechtigkeit, Transparenz und Leistung« zählen, sagte Jiang Yu, die Sprecherin des Außenministeriums, unbestimmt.[37] Und Zentralbankchef Zhou Xiaochuan fügte hinzu, die neue IWF-Führung müsse »die Veränderung der Weltwirtschaftsordnung berücksichtigen« und dabei vor allem »die aufstrebenden Entwicklungsländer stärker repräsentieren«.[38] Peking entschied salomonisch, den europäischen Kandidaten nicht zu unterstützen und dennoch keinen eigenen zu nominieren. Das war äußerst klug. Denn ein chinesischer IWF-Chef müsste zukünftig auch die Interessen der Industrieländer vertreten, die ja nach wie vor die Mehrheit im Fonds haben. Dies aber würde Chinas Rolle als Sprecher der Entwicklungsländer schaden. Peking hat kein Interesse an Schlagzeilen über einen chinesischen IWF-Chef, der afrikanische oder südamerikanische Länder zu schmerzhaften Sparmaßnahmen zwingt, wenn wieder einmal eine Regierung über ihre Verhältnisse gewirtschaftet hat. Ein chinesischer IWF-Chef säße zwischen den Stühlen. Und dies könnte allenfalls im Interesse der Amerikaner sein. Sie würden erst den Europäern eins auswischen, die ihre angestammte Position im IWF verlieren würden. Gleichzeitig könnten die USA die Chinesen dann in die Zange nehmen, indem sie ihren IWF-Kandidaten gegen Entwicklungsländer in Stellung brächten. Die Entwicklungsländer, als deren Fürsprecher China heute gerne auftritt, wären am Ende enttäuscht. Den Gefallen wollten die Chinesen den Amerikanern nicht tun. Deswegen bleibt China als Neuling auf internationalem Parkett einstweilen in der Opposition – und tut, was es am besten kann: Peking unterwandert den IWF und höhlt seine althergebrachte Funktion als Machtinstrument der Industrienationen langsam, aber stetig aus. Dabei werden die Chinesen ihr eigentliches Ziel nicht aus den Augen verlieren: die Position der Entwicklungsländer stärken und China als deren Anwalt weiter etablieren.

Konträr zu den chinesischen Überlegungen schickten die Mexikaner einen eigenen Kandidaten ins Rennen. Gegen die Favoritin aus Frankreich, Finanzministerin Christine Lagarde, hatte er allerdings keine Chance. Doch auch für Lagarde waren die Wochen bis zu ihrer Ernennung eine Zitterpartie. Sie musste international um Zustimmung werben. Gerade in China jedoch lief diese »Wahlkampftournee« nicht rund. Peking blieb neutral. Außenminister Yang Jiechi sagte, das Rennen um den IWF-Chefposten sei »offen«. »Natürlich macht sich China ernsthafte Gedanken über diese sehr wichtige Frage«, fügte er hinzu.[39] Was für Gedanken das waren, behielt der Außenminister allerdings für sich. Während der Gespräche warb Lagarde für sich, mit dem Argument, in diesen schwierigen Zeiten für Europa sei es wichtig für die Welt, dass ein Europäer dem IWF vorstehe. Ihre Gesprächspartner antworteten prompt: Hat irgendjemand während der Asienkrise gefordert, der Chef des IWF solle nun ein Asiate sein?

Ähnlich erging es Lagarde in Indien. Wie sehr die etablierten Industrienationen inzwischen vor allem auf China Rücksicht nehmen müssen, zeigte sich dann Ende Mai 2011 beim G8-Gipfel im französischen Deauville. Auch die acht größten Industrienationen unterstützten Lagarde nicht offiziell. »Das ist hier nicht der Ort dafür, da andere wichtige Partner fehlen«, erklärte Bundeskanzlerin Angela Merkel. Länder wie Brasilien und China hätten ein offenes Votum für Lagarde als Provokation empfinden können. So viel Rücksichtnahme wäre vor zehn Jahren noch unvorstellbar gewesen.

Trotz der fehlenden offenen Unterstützung im Vorfeld

wurde Christine Lagarde wie erwartet am 5. Juli 2011 zur neuen Generalsekretärin des Internationalen Währungsfonds gewählt. Obwohl China sie nicht offiziell unterstützt hat, fühlte sich Lagarde verpflichtet, dem Land eine noch größere Rolle im IWF einzuräumen. Sie machte den Sonderberater Strauss-Kahns, Zhu Min, zu ihrem ersten Stellvertreter. Der Posten war neu geschaffen worden. Er ist nach Justin Yifu Lin, dem Vizepräsidenten und Chefvolkswirt der Weltbank, der zweite hochrangige chinesische Mitarbeiter in einer globalen Finanzorganisation. Lin wurde bereits 2008 ernannt.

Langsam, aber stetig bauen die Chinesen ihren Einfluss in den globalen Institutionen aus. Die Fehler des Westens, die zur Weltfinanzkrise führten, haben ihnen dabei sehr geholfen. Der Aufstieg kam schneller als gedacht.

KAPITEL 9

Die prinzipientreuen Pragmatiker

Über unteilbare Werte, die
von China nicht geteilt werden

Manchmal verfängt sich der Dissens zweier Nationen in einem einzigen Wort. Ein Wort zudem, das allein noch keinen Grund böte, sich aufzuregen. Nach der Festnahme des bekannten chinesischen Künstlers Ai Weiwei wurde »verschleppen« zu einem solchen Wort, zumindest für eine Gruppe von chinesischen und deutschen Chefredakteuren und Herausgebern.

Sie trafen sich im Frühsommer 2011 auf Einladung der Bosch-Stiftung und der chinesischen Zeitungsgruppe *Global Times* schon zum zweiten Mal, um hinter verschlossenen Türen miteinander zu reden. Das Auftaktabendessen fand im Berliner Hotel Adlon statt, mit Blick auf das Brandenburger Tor. Ich habe an jenem Abend eine Tischrede gehalten, in der ich unter anderem sagte: »Menschen zu verschleppen und wegzusperren, nur weil man ihre Meinung nicht teilt, wird nie ein Modell für die Welt sein. So mächtig kann China gar nicht werden.«

Daraufhin trat einer der chinesischen Kollegen spontan ans Rednerpult. Er sprach frei, klug, vielleicht ein wenig emotional. Dass dies kein Modell für die Welt sei, stellte er erstaunlicherweise gar nicht in Frage. Aber eine Formulierung habe ihn verärgert: »In China wird niemand mehr verschleppt«, entgegnete er. Ai Weiwei sei zwar von der Polizei festgenommen und in einem Hotel interniert worden. Später während dieser Haft habe er sogar seine Frau besuchen dürfen. Von »Verschleppung« könne keine Rede sein, so etwas mochte während der Zeit der Kulturrevolution passiert sein, »aber das ist zum Glück lange her«.

Es ging ihm nicht um Ideologie oder um Verteidigung eines Systems. Vielmehr empfand er meine Äußerung als Angriff auf sein Land und auf seine Person. Während wir China von unserem Entwicklungsstand her beurteilen, sehen viele Chinesen die großen Fortschritte, die sie in den vergangenen Jahrzehnten gemacht haben. Dieser Erfolg ist Balsam für ihr angeschlagenes nationales Selbstbewusstsein. Vor 250 Jahren verlor das Land, das zuvor stets an der Spitze der Weltentwicklung gestanden hatte, den Anschluss an den boomenden Westen. Es musste sich von den Kolonialmächten demütigen lassen, so geschwächt war es damals. Noch vor fünfzig Jahren hätte das große Reich angesichts immenser interner Spannungen zerfallen können. Dann allmählich begann die Phase der Stabilisierung. Erst seit zehn Jahren ist es wahrscheinlich geworden, dass China an die Weltspitze zurückkehrt, womöglich schneller als erwartet.

Jenseits dieser kollektiven Erfahrungen muss man auch den persönlichen Werdegang des Redakteurs berücksichtigen. Später am Abend erzählte er mir, dass er sich 1989 als junger Mann unter den Demonstranten am Platz des himmlischen Friedens eingefunden habe. Natürlich sei er nicht Journalist geworden, um die Pressefreiheit einzuschränken. Die Pressefreiheit sei zudem in seinem Berufsleben immer größer geworden.

Dies alles schwang mit, als er auf das Wort »verschleppen« reagierte. Während ich damit lediglich auf rechtsstaatliche Defizite in einem Land verweisen wollte, das manchmal seine eigenen Gesetze nicht einhält, hatte er sich sofort zurückversetzt gefühlt in die Zeit der totalen rechtsfreien Willkür der Kulturrevolution. Er wollte sich die Deutungshoheit über seine eigene Biographie und die seines Landes von einem Ausländer nicht streitig machen lassen. So selbstbewusst sind die Chinesen inzwischen.

Aber auch ein deutscher Kollege fühlte sich durch meine Rede brüskiert. So sehr sogar, dass ihm der Appetit verging. Dafür gab es ebenfalls nachvollziehbare Gründe. Ich hatte auch die Berichterstattung der westlichen Kollegen gerügt. Sie helfen manchmal der Wahrheit ein wenig nach, damit Gut und Böse besser auseinandergehalten werden können, hatte ich kritisiert. Der Kollege mahnte jedoch, unsere Selbstkritik dürfe nicht der »Zuckerguss auf dem chinesischen Gulag« werden. Seine berechtigte Sorge war, wir Deutschen könnten einer klugen Propaganda auf den Leim gehen, die China als viel offener und freier darstelle, als es in Wirklichkeit sei. Er wollte nicht, dass wir das »unfertige chinesische System« aufwerten, indem wir trotz der viel gescholtenen Menschenrechtslage mit den chinesischen Kollegen auf Augenhöhe diskutierten.

Auch diesem Mann sollte man genau zuhören. Er spricht vielen aus der Seele, denn er sorgt sich um die Freiheit von Menschen. Diese Sorge setzt bei uns früher ein als etwa bei Franzosen oder Engländern. Wir haben – wie die Chinesen – ein gespaltenes Verhältnis zu unserem nationalen Selbstbewusstsein. Wir stammen aus einem Land, das erst sehr spät zu einem eigenen Nationalstaat zusammengewachsen ist. Auch um unseren Nachzüglerstatus loszuwerden, wurden wir als Nation so aggressiv und brutal, dass wir von unseren Nachbarn niedergerungen werden mussten. Wir wurden sogar geteilt, damit wir kein Unheil mehr anrichten können. Erst seit gut zwanzig Jahren, für eine Nation ein sehr kurzer Zeitraum, sind wir ein einigermaßen gewöhnliches Land. Ein sehr erfolgreiches Land zudem, dem es guttut, in ein selbstbewusstes Europa eingebettet zu sein, auch wenn es schneller und mehr darin aufgeht, als manchem Deutschen lieb ist.

Die Spannung zwischen Chinesen und Deutschen ist deutlich spürbar, das ist mir an diesem Abend in Berlin mehr denn je aufgefallen. Deshalb würde ich inzwischen einräumen, dass der Begriff »verschleppen« ungeschickt gewählt ist, wenn man ein Interesse daran hat, aufeinander zuzugehen. Genau das müssen wir aber. Denn die großen zukünftigen Herausforderungen können wir nur noch gemeinsam lösen. Unser Schicksal ist inzwischen mit dem der Chinesen eng verschränkt. Zusammenarbeiten können wir aber nur, wenn wir uns gegenseitig vertrauen, sonst werden die Kompromisse nicht halten, auf die wir uns einigen. Vertrauen können wir indes nur, wenn wir Worte wählen, die dazu geeignet sind, den Konsens zwischen uns zu vergrößern. Einen Konsens, der vertrauensvolle Kritik erst möglich macht. »Verschleppen« ist ein Wort, das Differenzen zementiert, wenn nicht sogar neue hervorbringt. Ich hätte also ein Wort finden sollen, das meinen Standpunkt deutlich macht, ohne die chinesischen Kollegen vor den Kopf zu stoßen.

Dieser kleine Disput steht für eine interkulturelle Auseinandersetzung, die sich um eine wichtige Frage dreht: Wie sollen Menschen ihr Zusammenleben organisieren? Und vor allem: Wie lassen sich die unterschiedlichen Vorstellungen davon in einer Welt zusammenbringen, die immer enger zusammenwächst. In der öffentlichen Diskussion zwischen China und Deutschland wird der Ton eher rauer, wenn es um die Beantwortung dieser Frage geht. Vor allem, weil sich neben den westlichen Grundsätzen alternative chinesische Vorstellungen entwickeln, die gleichberechtigt wahrgenommen werden wollen. Manche Teile der chinesischen Eliten verlangen inzwischen, dass nunmehr ihre Haltungen zum Maß aller Dinge werden. Beide Seiten reden daher noch zu sehr aneinander vorbei, Politiker, Manager, aber auch Journalisten schielen zu sehr auf den Applaus aus den eigenen Reihen, statt Verständigung und Übereinstimmungen zu suchen. »Wehrt euch! Empört euch! Mischt euch ein! Gegen die Ungerechtigkeit der Welt!«, rufen die Agitatoren beider Seiten.

»Haltet euch an die Spielregeln«, fordern die einen.

»Ihr habt uns lange genug diktieren können, was richtig und was falsch ist«, fordern die anderen.

Dass China eine wirtschaftlich erfolgreiche Diktatur ist, während der Westen aus tief verschuldeten abgewirtschafteten Demokratien besteht, heizt die Stimmung zusätzlich an. Der eigene Blickwinkel ist dabei der Maßstab: Wann haben die Menschen in China genug von den Zumutungen ihrer Führung? Wann verjagen sie ihre Diktatoren? Wann werden sie so wie wir? Diese Fragen stellen sich viele im Westen. Je erfolgreicher China wird, desto ungeduldiger werden sie. Doch was wäre, wenn die Diktatur tatsächlich zusammenbräche? Könnten sie dann erleichtert feststellen, dass die Angst vor China unbegründet war? Wäre die Welt, die alte Welt, dann gewissermaßen wieder in Ordnung? Oder wäre nicht das weltweite Chaos noch größer, als es jetzt schon ist.

Die Chinesen wiederum blicken mit Sorge auf die Entwicklungen im Westen, besonders seit der Finanzkrise. Sie finden, die westlichen Länder setzen mit ihren maßlosen Schulden den Wohlstand und das Wachstum der ganzen Welt aufs Spiel. Deshalb fragen sie: Wie lange wollt ihr noch mehr Geld ausgeben, als ihr einnehmt? Wie lange wollt ihr noch auf unsere Kosten Geld drucken? Warum bekommt ihr keine Reformen zustande?

Außerdem beobachten sie mit wachsendem Ärger, wie der Westen unter dem Deckmantel des Kampfes für demokratische Werte seine Machtinteressen vertritt. Sie fragen: Warum beschießen Nato-Kampfflieger Gaddafi, während die saudischen Herrscher und die Länder ihrer Freunde unbehelligt bleiben? Warum verkaufen die Deutschen 200 Panzer dorthin?[1] Wieso marschieren die USA in den Irak ein, während Kim Jong-il. in Nordkorea weiter an seiner Atombombe basteln darf? Warum wird nicht auch der amerikanische Präsident George W. Bush in Den Haag angeklagt, nachdem sich herausgestellt hat, dass er die Welt über die angeblichen irakischen Massenvernichtungswaffen getäuscht und den Irak überfallen hat? Warum wird Indien geschont, während China kritisiert wird, obwohl die Armut der Menschen in Indien viel größer ist? Bei vielen jungen Chinesen hat der Westen seine Glaubwürdigkeit verspielt.

Bei beiden Haltungen, die mit großer Wucht aufeinanderprallen, spielen Wünsche eine große Rolle. Wünsche, wie die Welt aussehen soll. Wünsche sind wichtig für gesellschaftliche Veränderungen. Aber sie bergen auch Gefahren. Wenn die Hoffnungen so groß werden, dass man die Wirklichkeit ausblendet, beginnen riskante Zeiten. Wir Deutschen haben zwei Kriege begonnen, überwältigt von der Hoffnung, genauso mächtig zu werden wie die altehrwürdigen Nationen Frankreich, England und Russland.

Ersetzt man also die Frage »Was wünsche ich mir?« durch die Frage »Was ist machbar?«, kommt man zu überraschenden Ergebnissen. Es lohnt sich, einige Ereignisse in den deutsch-chinesischen Beziehungen unter diesem Gesichtspunkt genauer zu betrachten.

Mit ein wenig Abstand wird offensichtlich: Die Verleihung des Friedensnobelpreises an den chinesischen Dissidenten Liu Xiaobo im Jahr 2010 war zwar gut gemeint, aber nicht sonderlich geschickt. Der Westen hat genau das Gegenteil dessen erreicht, was er wollte. Liu Xiaobo ist der größte Verlierer eines Osloer Machtspiels zwischen Marketing und Menschenrechten; die Gruppe der Reformer in der inzwischen sehr heterogenen und umfangreichen chinesischen Führung ist die zweitgrößte. Das Nobelpreiskomitee hat die Folgen seines Handelns offenbar nicht bedacht. Lius vorzeitige Freilassung ist unwahrscheinlicher denn je geworden. Die chinesische Regierung kann nun gar nicht mehr anders, als zu demonstrieren, dass sie sich vom Westen nicht unter Druck setzen lässt.

Der Spielraum für Chinas partielle Demokratie-Experimente ist einstweilen ebenfalls geschrumpft. Denn seitdem müssen selbst die liberaleren Kräfte in der chinesischen Führung ihre Unnachgiebigkeit zeigen. Sie müssen sich gegen den Eindruck der Hardliner stemmen, die sie für zu weich oder gar erpressbar halten und damit die Stabilität Chinas riskieren. Die Falken, wie man die Hardliner in der Regierung auch gern nennt, müssten dem Nobelpreiskomitee fast dankbar sein. Es hat ihnen Rückenwind verschafft.

Thorbjörn Jagland, der Präsident des Friedensnobelpreiskomitees, verstand Ende 2010, als der Rollback des Frühjahrs 2011 zu erwarten, aber noch nicht abzusehen war, diese Argumente noch nicht. Er hielt sie für »unlogisch«, würden sie doch bedeuten, dass »stillzuhalten der beste Weg ist, um für die Menschenrechte zu kämpfen«.

Natürlich nicht. Selbstverständlich müssen wir im Westen jederzeit sagen dürfen, dass es nicht unseren Vorstellungen entspricht, Menschen ins Gefängnis zu stecken, weil sie Meinungsfreiheit und Demokratie fordern. Selbstverständlich dürfen wir im Westen Preise verleihen, an wen immer wir wollen, ohne uns vorwerfen lassen zu müssen, wir würden uns in die inneren Angelegenheiten eines Landes einmischen. Allerdings entbindet uns das nicht von der Verantwortung, dies in einer Form und zu einer Zeit zu tun, die den Entwicklungen, die wir eigentlich fördern wollen, nicht entgegenläuft. Wir sollten uns nicht wie ein Elefant im Porzellanladen verhalten, der mit einer kühnen Bewegung seines Rüssels eine fallende Vase retten will und dabei mit seinem Hinterteil ein 48-teiliges Service zerstört.

Klug gehandelt hätte das Nobelpreiskomitee, wenn es zum Beispiel zuvor schon einem chinesischen Politiker den Preis verliehen hätte. Ministerpräsident Wen Jiabao etwa stand 1989 als Assistent des damaligen Parteichefs Zhao Ziyang auf Seiten der Studenten und hat seitdem maßgeblich zur größeren persönlichen Freiheit von Hunderten Millionen Chinesen beigetragen. Durch sein mutiges und besonnenes Handeln in der Finanzkrise hat er Schlimmeres für China und die Welt verhindert. Immer wieder hat er sich für mehr Demokratie ausgesprochen und sich dafür eingesetzt, am Aufschwung nicht nur die reicheren Küstenprovinzen, sondern auch das ärmere chinesische Hinterland teilhaben zu lassen. Sicher, auch er ist mitverantwortlich für Menschenrechtsverletzungen. Doch das gilt ebenso für den Friedensnobelpreisträger Michail Sergejewitsch Gorbatschow. Er war nicht etwa ein Oppositioneller, als er seine Reformen einleitete, sondern saß seit Oktober 1980 im Politbüro. Seine Macht basierte auf der Unterstützung eines Mannes, der als nicht zimperlich bekannt war: Juri Andropow, der Chef des KGB. Sie stammen aus der gleichen Stadt. Als Friedensnobelpreisträger ließ Gorbatschow noch 1991 die litauische Freiheitsbewegung mit russischen Panzern blutig niederwalzen. Seinem Ruf hat dies nur kurz geschadet. Sein Land in eine unnötig tiefe Krise gestürzt zu haben, indem er, anders als China, Wirtschaftsreformen und politische Reformen gleichzeitig angeschoben hat, kreiden ihm heute nur Spezialisten an. Dass der russische Friedensnobelpreisträger, Kernphysiker und Dissident Andrei Dmitrijewitsch Sacharow die größte je gezündete Wasserstoffbombe maßgeblich mitentwickelt hat, haben wir ebenfalls bereits vergessen.

Der chinesische Premier Wen Jiabao kann derlei Groß-
zügigkeit im Umgang mit »Verfehlungen« in Deutschland
nicht erwarten. Dabei basiert das Entwicklungsmodell,
für das er steht, nicht auf Hunderten von Atomraketen,
die gegen den Westen gerichtet sind, und einer Mauer,
die die eigenen Menschen einsperrt.

Nur eine Woche vor der Osloer Entscheidung hatte
Premier Wen einen neuen Öffnungsvorstoß gewagt: »Dem
Wunsch und dem Verlangen des chinesischen Volkes
nach Demokratie und Freiheit darf man sich nicht entge-
genstellen«, sagte er in einem Interview mit dem *Time Magazine*. Gleichzeitig forderten seine alten Weggefährten
mehr Meinungs- und Pressefreiheit, darunter ein ehemaliger Büroleiter von Mao Zedong, ein Ex-Chefredakteur
des Parteiorgans *Volkszeitung* und ein ehemaliger Spitzen-
funktionär aus der zentralen Propagandaabteilung.

Auch 2011 hat Wen nicht nachgelassen, sich in dieser
Richtung zu äußern, trotz aller politischen Schwierigkeiten, die ihm das einbringt. Im Juni sagte er in London: »Das
China von morgen wird eine ausgereifte Demokratie sein,
mit Rechtsstaatlichkeit und Fairness und Gerechtigkeit.
Ohne Freiheit kann es keine richtige Demokratie geben.
Ohne garantierte politische und ökonomische Rechte gibt
es keine richtige Demokratie.« Und er wurde sogar noch
deutlicher: »Wir müssen Bedingungen schaffen, unter denen die Menschen die Regierung kontrollieren und kritisieren können.« Diese Worte sagte er übrigens anlässlich
der Verleihung der King-Charles-II.-Medaille der London Royal Society an ihn. Im Jahr zuvor hatte Angela
Merkel den Preis bekommen. In Deutschland wäre eine
solche Preisverleihung an Wen Jiabao undenkbar.

Man kann die Äußerungen von Wen als geschickte
Propaganda abtun. Man kann behaupten, dass diejenigen,
die solche Vorschläge machen, gar nicht die Macht haben,
sie zu verwirklichen. Man kann diese Menschen aber auch

beim Wort nehmen. So hat es der damalige Außenminister Hans-Dietrich Genscher Anfang 1987 beim Weltwirtschaftsgipfel in Davos in einer Rede gegenüber der Sowjetunion formuliert. Man solle Gorbatschow »beim Wort nehmen und eine historische Chance nicht versäumen«. Diese Einschätzung wurde als blauäugig, als illusionär angesehen. Genschers Kritiker sollten sich irren.

China ist heute in einer völlig anderen Entwicklungsphase. Es ist ungleich offener, liberaler, internationaler und moderner als die Sowjetunion damals. Doch wieder zeigen viele im Westen denjenigen die kalte Schulter, die innerhalb der Führung für eine offenere Gesellschaft stehen, statt sie zu unterstützen. Mehr noch: Die Nobelpreisentscheidung ist ihnen sogar in die Parade gefahren. Man sollte die Enttäuschung der Reformer darüber nicht unterschätzen. »Nun gewinnen diejenigen im Apparat an Einfluss, die eine harte Linie bevorzugen«, stellte ich im November 2010 in einem Kommentar fest. »Das weltfremde Nobelpreiskomitee hat ihnen die Steilvorlage dazu geliefert.« So ist es dann leider auch gekommen.

Das Nobelpreiskomitee hat Liu Xiaobo zu einer tragischen Figur werden lassen und die Reformer stranguliert. Liu mag sich über die Auszeichnung gefreut haben. Dennoch hängt sie ihm nun wie ein Mühlstein am Hals. Schlimmer noch: Der Preis hat Liu auch bloßgestellt. Denn es ist trotz des großen internationalen Aufsehens deutlich geworden, dass die Mehrheit der Chinesen sich nicht für ihn, seine Ideen und seinen Kampf interessiert, ja nicht einmal seinen Namen kennt. Er spielt als Hoffnungsträger in China fast keine Rolle.

Nüchtern betrachtet müsste sich das Nobelpreiskomitee ein Jahr später eingestehen, dass es ihm nicht gelungen ist, Liu zu dem zu machen, der er gerne sein will: ein Sacharow oder Mandela Chinas. Beide, Andrei Sacharow und der südafrikanische Freiheitskämpfer Nelson Mandela, waren in ihrer Zeit im Gefängnis Hoffnungsträger für eine Mehrheit. Liu ist es nur für eine verschwindend kleine Minderheit. Der ein oder andere chinesische Intellektuelle mag sich für ihn interessieren. Der normale Angestellte nicht, der Wanderarbeiter schon gar nicht. Man hätte sich ein wenig mehr Klugheit und Weitsicht in Oslo wünschen können bei dem sinnvollen, wichtigen Versuch, in einer turbulenten Welt die westlichen Werte attraktiv zu halten. Aber Oslo ist nur ein Beispiel für einen bedenklichen Trend der westlichen Welt: Es ist eine der großen Stärken des Westens, diese Werte entwickelt zu haben. Doch nun ist das zunehmende Ungeschick, mit dem wir diese Werte verteidigen, eine große Schwäche. Das sollte im Verlauf des Jahres 2011 besonders deutlich werden.

Anfang April 2011 wollte ich mich mit Ai Weiwei treffen, um mit ihm über das schwierige Verhältnis zwischen dem Westen und China zu sprechen. Doch eine knappe Woche zuvor, am 3. April, wurde er verhaftet. Wenige Tage vorher hatte der 43 Jahre alte Dissident Liu Xiaobo seine zehnjährige Haftstrafe angetreten. Er hat bereits über zehn Jahre in chinesischen Gefängnissen verbracht. Das sind nur zwei Beispiele aus einer Gruppe von mehreren Dutzend Künstlern, Autoren, Professoren, Anwälten und Journalisten, die unter Hausarrest gestellt oder ins Gefängnis gesteckt wurden. Diese Fälle der vergangenen Monate wurden im Westen mit Sorge zur Kenntnis genommen.

Seit jedoch Ai Weiwei verhaftet wurde, ist das Verhältnis zwischen China und besonders auch Deutschland wieder angespannter geworden. Die Empörung ist viel größer als bei Liu Xiaobo. Dies hat mit der nationalen Rolle und internationalen Reputation von Ai Weiwei zu tun. Ai ist der mit Abstand international bekannteste kritische Künstler Chinas. Er ist ein Teil der internationalen

Konzeptkunstszene, ja sogar ein Teil der globalen Pop-kultur. Das ist sein Verdienst. Bisher hatte keine Figur des öffentlichen Lebens in China größeren Spielraum für Kritik als er. Er konnte sich vieles allerdings nur allein deshalb erlauben, weil ihn Reformer in der Führung geschützt haben. Ai war das lebende Versprechen, dass Querdenker in China nicht unter allen Umständen mund-tot gemacht werden. Mit Ai verband sich die Hoffnung, China würde den nächsten Schritt in Richtung größerer intellektueller Freiheit wagen, so wie es Premier Wen Ende April 2011 nach der Verhaftung Ais noch einmal bekräftigt hat, als er »mehr unabhängiges Denken« in China forderte.

Wir sollten im Westen Ai Weiwei nicht überschätzen, schon gar nicht ihn überhöhen. Manchem chinesischen Intellektuellen bedeutet er viel. In der Kunstszene ist er umstritten. Aber Ai Weiwei ist wichtig für die Entwick-lung der Pluralität in China, gerade weil er auch in der chinesischen Kunstszene umstritten war. Daran hat sich nach seiner Verhaftung nur wenig geändert, auch nicht, nachdem er Ende Juni wieder auf freien Fuß kam. Einer-seits ist er ein Vorreiter: »Er hat seine Kraft dazu genutzt, einen Freiraum zu schaffen, wie ihn China noch nie er-lebt hat«, sagt sein Freund und Kollege Yang Licai, ein Klangkünstler.[2] Andererseits üben seine Künstlerkollegen auch Kritik an seiner Person. Sie halten ihn für einen Kunstclown, einen Meister der Mischung von Staatskri-tik und Eigen-PR. »Er ist ein Spieler, der mit den Mäch-tigen gepokert und verloren hat«, sagt ein Kollege, der sein Atelier im selben Viertel wie Ai Weiwei hat.

Da mag ein wenig Neid im Spiel sein. Die Beschrei-bung jedoch passt insofern zu Ai, als dieser Anfang der Achtziger in der Lower East Side von Manhattan lebte und ein Blackjack-Profi war. Er setzte so viel um, dass er in vielen Casinos von Atlantic City kostenlos Suiten, Essen,

Drinks und eine Limousine mit Chauffeur zur Verfügung gestellt bekam. Das jedenfalls berichten ehemalige Spielerfreunde. Die Website »Blackjack Champ« bezeichnet Ai Weiwei gar als »Blackjack-Guru«.[3] Möglicherweise hat seine Lust, viel zu riskieren, es ihm schwerer gemacht zu merken, wann er klugerweise hätte zeitweise schweigen können, ohne dass dies sein kritisches Gesamtwerk relativiert hätte.

Das soll nicht heißen, er sei an seiner Verhaftung selbst schuld. Der chinesische Machtapparat reagiert weiterhin sehr willkürlich. Man kann nur schwer einschätzen, ob und wann man die rote Linie überschritten hat. Ai Weiwei zum Beispiel wird Steuerhinterziehung vorgeworfen. Vielleicht hat er tatsächlich seine Steuern nicht korrekt bezahlt, wie die chinesischen Staatsmedien berichten. Dann spricht auch nichts dagegen, dies zu ahnden. Aber der Zeitpunkt und die Umstände seiner Verhaftung sowie seine Freilassung gegen Zahlung einer Kaution am 22. Juni kurz vor der Reise des chinesischen Premierministers Wen Jiabao zu den ersten deutsch-chinesischen Regierungskonsultationen nach Berlin deuten auf mehr als ein bloßes Wirtschaftsverbrechen hin. Eine kleine Gruppe konservativer Politiker in der Führung benutzt Ai Weiwei, den gemeinsamen Hoffnungsträger chinesischer und westlicher Intellektueller, offensichtlich, um die Reformer in der Regierung zu ersticken: Die chinesische Führung wird unbequeme öffentliche Querdenker als Teil ihrer vielfältigen Gesellschaft weiterhin nicht akzeptieren. Unter den zahllosen chinesischen Sprichwörtern oder Weisheiten, erklärt der Schriftsteller und Sinologe Tilman Spengler besorgt, fände man oft ein kleines Tier, das geschlachtet werde, um ein größeres Tier an die Endlichkeit des Lebens zu erinnern: »Besorgnis erregt, dass Ai, um im Bild zu bleiben, schon ein ziemlich großes Tier ist.«[4] Mit Ai Weiwei ist auch das 17 Tonnen schwere

Konfuzius-Denkmal am Rande des Platzes des Himmlischen Friedens in einen versteckten Hof des Nationalmuseums verschwunden. Das Denkmal war erst im Januar 2011 aufgestellt worden. Wenn das Licht günstig stand, blickte Konfuzius verschmitzt zu Mao hinüber, dessen berühmtes Porträt über dem Eingang der Verbotenen Stadt hängt. Seitdem hatten hunderttausende Touristen aus allen Teilen Chinas die Wahl, ob sie sich statt mit dem KP-Führer nicht lieber an der Seite des traditionellen Denkers fotografieren lassen wollen. In einem Land, in dem Symbole viel zählen, sahen viele darin ein Zeichen für einen weiteren Schritt zu mehr Pluralität. Nun muss Konfuzius, wie Mark Siemens in der *FAZ* geschrieben hat, »zum Denken in den Hinterhof«.

Die Hardliner in der chinesischen Führung haben derweil Oberwasser. Unter ihrem Druck zeigt die Pekinger Führung unverhohlen ihr hässliches Gesicht. Auch sie muss sich die Frage gefallen lassen: Wie sinnvoll ist ihr Handeln? Nützt es wenigstens ihren eigenen Zielen? Oder nicht einmal das? Ist dies günstig für die Balance im Land oder für die internationale Zusammenarbeit? Wieso greift die Regierung zu Maßnahmen, von denen sie weiß, dass sie ihr Image beschädigen? Dabei hat die Regierung doch in den vergangenen Jahrzehnten viel mehr erreicht, als die Menschen in China und der Welt ihr zugetraut hätten. In einer bisher nie gekannten Geschwindigkeit hat sie Hunderten Millionen von Menschen zu einem besseren Leben in größerem Wohlstand verholfen.

Sorgt sie sich also um die Stabilität des Landes? Keine Frage: Diese Sorge sollte man ernstnehmen. Zumal China von einem kollektiven Trauma geprägt ist, einer Angst, fast so alt wie das Reich der Mitte selbst: die Sorge vor Unruhe, vor unbeherrschbarem Chaos. Die Angst vor einem Bürgerkriegszustand wie nach dem Zerfall des Kaiserreiches oder chaotischen Kampagnen während der Kul-

turrevolution, die die Generation der heute Fünfzigjährigen noch miterlebt hat. Aber bringt dieses Durchgreifen
der Hardliner tatsächlich mehr Stabilität?

Ich bezweifle das. Immer wieder hört man, hinter diesem Rollback des Frühjahrs 2011 stünden vor allem der
Volkskongresspräsident Wu Bangguo und Chinas Sicherheitschef Zhou Yongkang. Sie kündigen bereits sicher
geglaubte Freiheiten und Errungenschaften wieder auf.
Ihr Durchgreifen würde von Staats- und Parteichef Hu
Jintao zumindest geduldet, wenn nicht sogar gefordert.
Hu nennt die Bewegung der straffen Zügel »Sozialma-
nagement«. Um die Stabilität des Landes zu garantieren
und Angriffe des Westens abzuwehren, müsse man wieder härter vorgehen.

Gleichzeitig liest man auch von den Reformern Er-
staunliches. Im Editorial der *Century Weekly*, einem führenden Wirtschaftsmagazin, das es in den chinesischen
Metropolen an jedem Kiosk gibt, stellten sie zu den Protesten in Nordafrika im Frühjahr 2011 fest: »Die Entscheidungsgewalt liegt beim ägyptischen Volk. Despotis-
mus produziert Umstürze. Demokratie schafft Frieden.
Autokratien zu unterstützen bedeutet in Wirklichkeit,
langfristige Kosten gegen kurzfristige Profite zu tauschen.
Nur mit dem Aufbau demokratischer Systeme kann eine
Basis für die langfristige Stabilität des Mittleren Ostens
gelegt werden.«[5] Und immerhin zitiert die staatliche
Nachrichtenagentur Xinhua UN-Generalsekretär Ban
Ki-moon mit den Worten, jeder Angriff auf die »friedlichen Demonstranten« in Libyen sei »unakzeptabel und
aufs Schärfste zu verurteilen«.

Dass die Reformer trotz der Verhaftungen und des Ab-
baus der Konfuzius-Statue noch nicht mit dem Rücken
zur Wand stehen, zeigt ein Meinungsbeitrag im Staats-
und Parteiorgan *Volkszeitung* vom 28. April 2011, den man
als Warnung an die Hardliner verstehen kann: »Manche

werden mit Kritik und unterschiedlichen Meinungen nur fertig, indem sie Offenheit verhindern, den anderen diffamieren und ihre ganze Macht dazu benutzen, die verschiedenen Stimmen zu unterdrücken.« Was für China das Ziel sein soll, beschreibt der Kommentator mit einem Zitat des Aufklärers Voltaire: »Ich teile Ihre Meinung nicht, ich werde aber bis zu meinem letzten Atemzug kämpfen, dass Sie Ihre Meinung frei äußern können.« Der Artikel ist Teil einer Serie von liberalen Texten. Es ist sehr schwer, verlässlich einzuschätzen, wer hinter diesen Strömungen steckt. »Kreml-Astrologie« hieß das früher in der Sowjetunion. Aus kleinen Andeutungen und Kommentaren versuchen die westlichen Beobachter zu erschließen, was hinter den Kulissen des Machtapparats vorgeht. Zwar ist Chinas Politik viel transparenter geworden, aber es ist dennoch schwierig. Immerhin sind die Reformer leichter zu erkennen. Sie suchen eher den Kontakt zum Westen. Die Hardliner dagegen halten sich bedeckt. Doch nicht alle, die sich bedeckt halten, sind auch Hardliner. Die Lage ist also unübersichtlich.

Im Mai 2011 jedenfalls ließ Sicherheitschef Zhou eine neue Behörde zur Kontrolle des Internets gründen. Im Juli wurden die Kontrollen der Internetcafés weiter verschärft. Das »System von Informanten in der Gesellschaft« müsse neu aktiviert werden, hieß es. Die Vielfalt von Meinungen dürfe nicht überhandnehmen. Man dürfe »auf keinen Fall alles, was es früher gab, negieren, alles Frühere abreißen oder völlig anders aufbauen«, sagt Zhou.[6] Doch was heißt das? So etwas wie »Unsere Stasi darf nicht sterben«? Als Chef der Sicherheitsbehörden gehört es jedenfalls zu Zhous Job, öffentlich Kommentare dieser Art zu machen.

Das Ziel der Hardliner ist ein starkes, reiches China unter fester Kontrolle der Partei. Gerade angesichts dieser Zielvorgabe aber müssen sich die Hardliner die Frage gefallen lassen, ob es klug ist, mit Dissidenten kurzen Prozess zu machen. Kaum jemand, auch nicht in China, glaubt heute noch ernsthaft, das Land würde sofort im Chaos versinken, wenn chinesische Bürger Kritisches von Dissidenten in der Zeitung lesen könnten oder im Fernsehen darüber diskutiert würde. Die Forderungen der Andersdenkenden werden von vielen chinesischen Städtern durchaus zur Kenntnis genommen, haben aber keinen weiteren Einfluss. Auch die von Ai Weiwei nicht. Das liegt nicht allein an der Zensur, die schon lange weniger strikt ist, als man in Deutschland oft annimmt. Vielmehr haben die Menschen gegenwärtig anderes zu tun: Sie bauen sich erst einmal ihren Wohlstand auf.

Gleichzeitig wächst das Unverständnis für harte Strafen gegenüber Dissidenten – sogar bei den eher unpolitischen Menschen in den Metropolen. »Warum Intellektuelle einsperren wie einen Mörder?«, fragen sie. Insofern kann die harte Hand auch gefährlich werden für die vielbeschworene Harmonie in der Gesellschaft. Die Chinesen müssen diese Frage unter sich ausmachen. Aber für die Stabilität des Landes ist es in jedem Fall klüger, die kritischen Stimmen von Liu und Ai, die ja stellvertretend für andere stehen, in den Kanon vieler Meinungen zu integrieren, als sie vor allem im Westen aufzuwerten, indem man sie einsperrt. Immerhin sind nicht mehr alle in der Führung der Überzeugung, dass kritische Köpfe ins Gefängnis gehören. Einige Reformer unter den Spitzenpolitikern kämpfen schon länger dafür, Dissidenten statt mit Verhaftung »nur« noch mit Hausarrest oder einer Ausweisung zu bestrafen.

Waren die Unruhen und Volksaufstände in Nordafrika Wasser auf die Mühlen der chinesischen Hardliner? Offenbar sahen einige darin einen Grund, hart durchzugreifen und jede rebellische Regung im Keim zu ersticken, um die eigene Macht zu halten. Doch dass in China die Gefahr einer umfassenden Volkserhebung besteht, war wohl eher eine unrealistische Einschätzung im Westen als eine ernsthafte Sorge in China. Als die Menschen erst in Tunesien, dann in Ägypten und Libyen spontan auf die Straße gingen, um sich ihrer despotischen Führer zu entledigen, kam im Westen sehr schnell die Frage auf: Und China?

Wieder einmal waren die Wünsche stärker als die Vernunft. Viele im Westen wünschen den Spitzenkadern der aufstrebenden Weltmacht schon lange, dass sie endlich einmal den Denkzettel einer Freiheitsbewegung bekommt. Das harte Vorgehen der chinesischen Regierung gegen Andersdenkende wie Liu Xiaobo hat diese Wünsche noch weiter geschürt. Manche machten den Eindruck, als ob sie angesichts dieses unverschämt erfolgreichen Landes China auf eine Krise mit einem wohligen Schaudern reagieren würden. Ein Reflex der China-Angst. Doch kann man sich, wenn man nur einen Moment überlegt, eine solche Entwicklung wünschen? Eine Entwicklung, die möglicherweise jahrelanges Chaos mit nur geringem Wirtschaftswachstum nach sich zieht? Wenn wir die fernen Revolutionäre in Nordafrika und im Mittleren Osten ein wenig dafür beneiden, dass sie den Mut haben, auf die Straße zu gehen, ohne zu wissen, was danach kommt, vergessen wir manchmal, was für diese Länder auf dem Spiel steht. Uns erfüllen die Proteste und Umstürze mit einem Wonnegefühl der Gerechtigkeit. Endlich sagen die Menschen, jetzt ist Schluss, und bieten ihren Gewaltherrschern die Stirn. Schon fast hätten wir nicht mehr damit gerechnet, dass sich die Demokratie doch noch durchsetzt. Aber allzu leicht driftet die Euphorie in Wunschdenken ab. Selbst wenn man China eine Volksbewegung wie in Nordafrika wünscht, sollte man realistisch bleiben. Diesen Satz sollten sich auch die Falken in der chinesischen Führung hinter die Ohren schreiben. Seltsamerweise träumen sie den gleichen Traum wie manche westlichen China-Kritiker – allerdings mit unterschiedlichem Ausgang. Hinter verschlossenen Türen verweisen die Falken in der Staats- und Parteiführung drohend auf die Fernsehbilder der arabischen Proteste. Mit dem Schreckensszenario von Aufständen in China wollen sie ihre Macht ausbauen. Beide, die westlichen Kritiker eines vermeintlichen Kuschelkurses gegenüber China und die chinesischen Hardliner, hoffen, dass ihnen die Revolutionen in Nordafrika dabei helfen, ihre Interessen durchzusetzen.

Doch beide werden wohl enttäuscht werden. Die Wirklichkeit ist stärker als ihre Wünsche. Denn die Reformer und die China-Realisten im Westen wissen, die Staaten in Nordafrika stehen auf viel brüchigeren wirtschaftlichen und sozialen Fundamenten als China. Zwar werden die Probleme im Reich der Mitte größer: Der arme Westen und die reichen Küstenregionen entwickeln sich immer weiter auseinander. Die maßlose Korruption ärgert die Menschen. Der Widerspruch zwischen wirtschaftlicher und alltäglicher Freiheit und politischer Repression ist groß. Die Inflation steigt, die Lebensmittel werden teuer und die Wohnungspreise sind hoch. Dennoch ist China kein Pulverfass. China hat nicht einmal annähernd den Krisenpunkt erreicht, der die Menschen von Tunesien über Ägypten bis Syrien erzürnt hat.

Es lohnt sich, diese Krisen genauer zu betrachten. Denn sie entwickeln sich oft nach ähnlichen Mustern, wo immer sie in der Welt auch stattfinden. Wenn man die Muster durchschaut hat, wird die Welt ein wenig übersichtlicher. Wenn die Mehrheit eines Landes plötzlich freie Wahlen oder den Sturz eines Despoten fordert, stehen dahinter meist wirtschaftliche Probleme. Missstände, die den Spielraum der Menschen empfindlich eingeschränkt haben. Zunächst sieht die Abwärtsspirale noch harmlos aus. Politiker – aber auch die Bevölkerung – neigen dazu, sie zu unterschätzen. Doch bald werden die Kurven der Spirale enger. Das Geld wird weniger. Die Kosten für die Importe eines Landes lassen sich nicht mehr mit den Einnahmen aus Exporten decken. Die Regierung kauft mehr ein, als sie verkauft. Sie versucht so, den Wohlstand zu sichern, den die Bevölkerung erwartet. Weil sie mehr ausgibt, als sie einnimmt, muss sie sich Geld leihen. Am liebsten im Ausland. Sie verspricht den ausländischen Investoren eine größere Rendite als zu Hause, wenn sie sich am Aufschwung des Landes beteiligen. Zögert das Ausland, muss die Regierung die Steuern erhöhen, um die Löcher im Haushalt zu stopfen. Wenn die Menschen aber nichts mehr kaufen, weil sie kaum Geld für Konsum übrig haben, muss die Regierung sich etwas einfallen lassen. Sie leiht ihren Bürgern Geld für geringe Zinsen. Die Regierung zahlt indes einen hohen Preis für diese Art der Politik. Da ihr niemand mehr Geld leiht, muss sie das Geld drucken, das sie anschließend an die Bürger verleiht. Damit geht der Ärger richtig los. Die Fliehkräfte in der Abwärtsspirale nehmen zu. Der Trick beim Geld ist ja, dass es mit einem Versprechen verbunden ist. Das Versprechen lautet zum Beispiel, dass man sich jederzeit für 1,50 Euro einen Liter Benzin kaufen kann. Wenn die Regierung Geld druckt, wird dieses Versprechen gebrochen. Sie sagt zwar: »Du bekommst von mir billig Geld, damit du deinen Lebensstandard halten kannst.« Sie verschweigt aber, dass das Geld weniger wert wird, je mehr davon im Umlauf ist.

Man könnte sich nun die Frage stellen, warum eine Regierung sich überhaupt in eine solche Spirale hineinbegibt. Nun, sie kauft sich Zeit. Die Inflation schlägt erst mit einer gewissen Verzögerung zu. Dann sind die nächsten Wahlen schon vorbei oder die Krise ist überwunden. Oder andere Probleme haben sie inzwischen in den Hintergrund gedrängt.

Politik und Roulette sind sich an diesem Punkt sehr ähnlich. Auch der amerikanische Präsident Barack Obama versucht derzeit sein Glück mit dem Drucken von Geld. Das funktioniert nicht immer. Schlimmstenfalls verrinnt die Zeit, ohne dass die Lage sich verbessert. Dann sind die Probleme noch viel größer. »Die Inflation ist wie ein Tiger«, sagte der chinesische Premierminister Wen Jiabao, »wenn er einmal aus dem Käfig ist, kriegt man ihn nur sehr schwer wieder dahin zurück«. Irgendwann nämlich sind die Menschen überzeugt, dass die Regierung nicht mehr in der Lage ist, die Situation zu kontrollieren und die Wirtschaft wieder in Gang zu bringen. Sie haben nichts mehr zu verlieren und gehen auf die Straße. Es geht dann weniger um Freiheit, Gleichheit und Brüderlichkeit, es geht auch weniger um die Systemfrage, sondern vor allem um Arbeit, um angemessene Bezahlung, um Ausbildung für die Kinder. Es geht nicht nur ums Geld, sondern um ein würdiges Leben. Das ist in China so, in Nordafrika, aber auch in Deutschland. In Demokratien also ebenso wie in Diktaturen.

Nun wird offensichtlich, dass sich China und die nordafrikanischen Länder in einer unterschiedlichen Phase der Spirale befinden. Die heimlichen Hoffnungen mancher Chinakritiker und der Falken in Peking, die beide ein Bedrohungsszenario für ihre Interessen nutzen wollen, werden sich nicht erfüllen. In Ägypten zum Beispiel war die Inflation mit gut zehn Prozent im Jahr 2010 doppelt so hoch wie das Wachstum. In China ist es genau umgekehrt. Ägypten ist mit über 80 Prozent seiner jährlichen Wirtschaftsleistung verschuldet, China mit unter 20 Prozent. Chinas Devisenreserven betragen über drei Billionen US-Dollar, die der Ägypter bei Ausbruch der Krise nur rund 35 Milliarden, bis zum Sommer 2011 waren es schon acht Milliarden weniger. Im Juli 2011 waren die Demonstranten schon wieder auf der Straße. Diesmal demonstrierten Tausende Menschen gegen die ägyptische Militärführung, die wirtschaftliche Situation hat sich weiter verschlechtert.

Wenn es um die Beantwortung der Frage geht, wie Menschen ihr Zusammenleben organisieren sollen, spielen also wirtschaftliche Fragen und Wertefragen Hand in Hand. Denn Werte sind in der Regel teuer. Auf der Basis unserer Werte in Deutschland werden Kindertagesstätten, Schulen und Universitäten gebaut, es gibt Urlaub, Sozial- und Krankenversicherungen. Werte haben die öffentlich-rechtlichen Sender entstehen lassen, die eine Berichterstattung gewährleisten sollen, die sich nicht nur am Massengeschmack orientiert und an den Interessen der Mächtigen. Und Werte haben dazu geführt, dass demokratische Parteien staatliche Zuschüsse bekommen. Viele Deutsche neigen allerdings dazu, die Werte vom Geld zu trennen und sie zu verabsolutieren. Das ist zwar theoretisch ein ehrenhafter Standpunkt, aber in der Praxis wird es mit den Werten ohne Geld schwierig. Auch China musste seit seiner Öffnung nach außen schon zwei Mal erleben, wie fehlendes Geld den Werten des Zusammenlebens die Luft abschnürte, ähnlich wie in den nordafrikanischen Ländern heute. Das erste Mal kriselte es 1988. Die Inflation war damals mit rund 30 Prozent sogar drei Mal so hoch wie das Wachstum. Massenproteste waren die Folge. Sie eskalierten und wurden am 4. Juni 1989 blutig niedergeschlagen. Es gab mehrere Hundert Tote. Mitte der 1990er Jahre stieg die Inflation noch einmal auf über 20 Prozent. Um nach 1989 die Wirtschaft wieder anzukurbeln, hatte die Regierung Kredite mit niedrigen Zinsen ausgegeben. Das Geld dafür hatte sie zusätzlich drucken lassen. Dieses Mal jedoch gelang es dem damaligen Premierminister Zhu Rongji, die überhitzte Wirtschaft behutsam abzukühlen, bevor die Menschen auf die Straße gingen. Insofern sind die rund sechs Prozent Inflation des

Jahres 2011 ein ernstes, aber kein dramatisches Problem. Die Hardliner hoffen also vergebens auf eine Krise, in der sie das Land wieder dauerhaft mit ihren Gängelungen und Kontrollen überziehen können. Und die hämischen unter den westlichen Beobachtern werden vergeblich darauf warten, dass die chinesische Bevölkerung gegen ihre Regierung aufbegehrt.

Beide Seiten aber trommeln lautstark für ihre Position. Die Reformer werden dabei gleich von zwei Seiten in die Zange genommen: von den Falken in ihrer eigenen Partei und von manchen der westlichen Beobachter. Dass sie sich über Letztere mehr ärgern als über die Störer in den eigenen Reihen, ist nicht verwunderlich. Von den Falken hatten sie nichts anderes erwartet.

Die chinesische Regierung wird die Inflation wahrscheinlich in den Griff kriegen. Damit wird sie verhindern, dass aus den wirtschaftlichen Problemen eine Wertekrise folgt. Denn in einem Punkt machen sich die Hardliner, Reformer und die westlichen Beobachter keine Illusionen: Sollte es der Regierung über einen längeren Zeitraum nicht gelingen, die Inflation zu kontrollieren, würden auch in China wieder Millionen Menschen aller Schichten auf die Straße gehen. Die Chinesen haben eine Art ungeschriebenen Gesellschaftsvertrag mit ihrer Führung geschlossen: Die Regierung sorgt für wirtschaftlichen Aufschwung, dafür lassen die Bürger die Führung in Ruhe. Wenn die Regierung Wohlstand allerdings vernichtet, werden die Bürger ihre Führung verjagen. Dann ist es vorbei mit der von der Partei überall beschworenen »harmonischen Gesellschaft«. Wie in Nordafrika wäre es dann zwar auch in China nicht möglich vorherzusagen, wann und wie die Unruhen ausbrechen. Man könnte lediglich im Vorfeld ausmachen, wann sich die Lage verschlechtert. Ein untrügliches Zeichen dafür wäre es, wenn die Devisenreserven, also die Rücklagen auf dem Sparbuch Chinas, dramatisch sinken würden. Das könnte zum Beispiel passieren, weil die Regierung Geld braucht, um soziale Krisen zu bekämpfen. Das war etwa 2010 und 2011 in Vietnam so. Die Devisenreserven sanken von 2008 bis 2010 um fast 60 Prozent auf nur noch 13 Milliarden US-Dollar.[7] Und 2011 fielen sie weiter. In China wuchsen die Reserven jedoch um knapp 25 Prozent an.[8] Bis Ende 2011 werden sie voraussichtlich in ähnlicher Höhe steigen. Die Bedeutung der steigenden Lebensmittelpreise hingegen sollte man nicht überschätzen. Wenn die Regierung hohe Rücklagen hat, kann sie durch Subventionen oder Steuererleichterungen die Kostenlast ihrer Bürger dämpfen und so soziale Spannungen mildern.

Bleibt immer noch die Frage, warum sich die Hardliner dann gegenwärtig durchsetzen? Möglicherweise ist es nicht Nervosität bei diesem Flügel der chinesischen Führung, sondern im Gegenteil ein neues nationalistisches Selbstbewusstsein vor dem anstehenden Machtwechsel im nächsten Jahr. Nach dem Motto: Wir lassen uns nicht mehr von Künstlern und Intellektuellen vorführen. Wir lassen uns vom Westen nicht mehr vorschreiben, was für China richtig und was falsch ist. Aber es ist zu einem großen Teil auch innenpolitische Rhetorik. Mit forschen Tönen will man zum Beispiel demotivierte junge Akademiker einbinden. Akademiker, die nicht den Platz im System bekommen, der ihnen als qualifizierten Hochschulabgängern eigentlich zusteht, weil korrupte Kader ihn weniger begabten zugeschanzt haben. Aber auch die Fraktionskämpfe innerhalb der Partei könnten eine Rolle spielen. Sie werden immer offener und unter immer größeren Gruppen ausgetragen. Dass Chinas Falken versuchen, die Lage in Nordafrika zu ihren Gunsten auszunutzen, bedeutet nicht zwangsläufig, dass die chinesische Regierung deswegen wirklich nervös ist. Nervosität nimmt gewöhnlich mit zunehmender Erfahrung ab. Erst vor zwei Jahren hat die Regierung eine Krise durchmachen müssen, die weitaus schwieriger war als die Revolutionen im fernen Nordafrika. Ende des Jahres 2008 wurden in China innerhalb weniger Wochen zwischen 20 und 30 Millionen Wanderarbeiter arbeitslos. Doch sie gingen nicht auf die Straße. Die meisten trösteten sich nach dem Motto: Es hat zehn gute Jahre gegeben, da werden wir ein oder zwei schlechte auch überstehen. Chinas Führung spendierte außerdem schnell und unbürokratisch eine Runde Rabatte für Autos und Konsumgüter und versüßte so die Wartezeit. Die war am Ende tatsächlich kürzer als gedacht. Dass China die Krise so schnell wieder abschütteln konnte, das haben die Menschen ihrer Führung nicht vergessen. Warum also jetzt auf die Straße gehen, mögen viele denken. Nur, weil das gerade in Afrika passiert?

Deshalb war es von vornherein relativ unwahrscheinlich, dass die Internetaufrufe zu einer »Jasmin-Revolution« in Peking und anderen Städten auf Resonanz stoßen würden. Zum angekündigten Termin kamen denn auch mehr Schaulustige, Journalisten und Polizisten als Demonstranten. Die Revolution sollte vor dem McDonald's in der Pekinger Wangfujing-Einkaufsstraße beginnen. Wie immer am Sonntag war es dort voll, vielleicht etwas gedrängter als üblich. Vor allem standen dort mehr Polizisten, die hatten den Aufruf wohl auch gelesen. Die meisten Passanten und Schaulustigen dagegen hatten keine Ahnung, warum das Schnellrestaurant plötzlich so streng bewacht wurde. Wegen des Menschenauflaufs ging zwischenzeitlich sogar das Gerücht um, drinnen verzehre ein Hongkonger Popstar einen Big Mac. In den anderen Städten war ebenfalls nicht viel los.

Dennoch gilt ohne Zweifel auch für China: Wenn die Menschen die Nase voll haben, wird keine Staatssicherheit, keine Polizei und keine Zensur sie daran hindern können, zu Hunderttausenden oder gar Millionen auf die Straße zu gehen. Das hat schon 1989 nicht funktioniert, als das Land noch viel übersichtlicher und geschlossener war und das Internet noch keine Rolle spielte. Eine so große Protestbewegung blutig niederzuschlagen würde heute viel schwieriger werden. Doch im Augenblick sieht es danach nicht aus. Deshalb blieben die »Jasmin-Proteste« in China Demonstrationen ohne Demonstranten: höchstens berichtenswert wegen mangelnder Teilnehmer und einiger weniger Festnahmen.

Trotzdem schaffte es das belagerte Schnellrestaurant prominent in die Tagesschau. Einige westliche Beobachter, die sich mit den größeren Zusammenhängen nicht beschäftigt hatten, meinten plötzlich, von einem Wendepunkt der chinesischen Geschichte zu berichten. Natürlich ist es der Wunsch eines jeden Journalisten, bei einer solchen historischen Wende dabei zu sein. Doch Hoffnung allein macht noch kein Ereignis. Als die Proteste sich als Blindgänger erwiesen, war die Enttäuschung bei manchen Berichterstattern groß. So groß, dass einige anfingen, sich selbst ins Zentrum der Berichterstattung zu stellen. Dies gipfelte zum Beispiel in dem Glauben, sie hätten das Recht, das von der Polizei abgesperrte Gebiet zu betreten. Das ist jedoch nicht einmal in Deutschland so. Nur wenige Wochen zuvor war in Berlin-Friedrichshain ein besetztes Haus geräumt worden. Dabei wurden mehrere Straßenzüge abgesperrt. Jeder Journalist, der versucht hätte, die Absperrung zu durchbrechen, wäre festgenommen worden.

Nicht nur die westlichen Journalisten, auch die Vorgesetzten der chinesischen Polizisten haben Wünsche oder besser: Ordnungsphantasien, die sich mit der Wirklichkeit nur schwer in Einklang bringen lassen. Sie träumen von einer Ordnung, die sich im China des 21. Jahrhunderts nicht mehr herstellen lässt. Einer Ordnung, in der sie

entscheiden, wer wie über was in China berichtet. Aus
Ärger darüber, dass sich ihre Vorstellungen nicht mehr
durchsetzen lassen, haben sie manche Journalisten stun-
denlang festgehalten und in Debatten verwickelt, die an
absurdes Theater erinnern. Andere wurden von Beamten
in Zivil bedroht, gestoßen und abgedrängt. Einige Journalisten wurden dabei verletzt. Die Behörden suchten
zahlreiche Berichterstatter in ihren Büros auf und ver-
warnten sie. Chinesische Mitarbeiter wurden unter Druck
gesetzt. Manchen drohten sie mit dem Entzug der Ar-
beitserlaubnis. Die Polizei forderte sie auf, zukünftig alle
Interviews bei den zuständigen Behörden anzumelden.
Das sind Vorstellungen von Ordnung, die nicht nur nicht
mehr ins China des 21. Jahrhunderts passen, sie lassen sich
im Alltag des dynamischen Landes auch dauerhaft nicht
durchsetzen und schaden seiner Stabilität mehr, als sie ihr
nutzen.

Die Falken mögen vorübergehend die Zügel straff in
der Hand halten. Doch auch sie werden einsehen, dass es
schlicht nicht möglich ist, China in die Weltgemeinschaft
zu integrieren, ohne eine einigermaßen freie Berichterstattung zuzulassen. Das eine ist auch mit großem Polizei-
einsatz auf Dauer ohne das andere nicht zu haben. Nur
wer bereit ist, die erfolgreiche wirtschaftliche Zusammenarbeit zu opfern, der kann auch die Berichterstattung reduzieren. Dazu ist selbst in China niemand mehr mächtig
genug, und wahrscheinlich verdienen die Hardliner oder
ihre Freunde zu gut an Chinas Aufschwung, um ihn für
ihre veralteten Ordnungsphantasien aufs Spiel zu setzen.
Was sich als Offensive gegen die Pressefreiheit gebärt und
im Westen so wahrgenommen wird, ist also wahrscheinlich ein Rückzugsgefecht.

Insofern ist es ein wenig voreilig, wenn westliche Politiker und Berichterstatter laut darüber nachzudenken beginnen, ob es nicht geschickter sei, angesichts der Repres-

sionen die Zusammenarbeit mit China einzuschränken. Oft schließt sich dieser Überlegung folgende Frage an: Hat die deutsche Wirtschaft mit ihren Investitionen das repressive System Chinas gar noch gestärkt?

Die Antwort ist nein. Wenn es ein Land gibt, in dem der »Wandel durch Annäherung« funktioniert, dann ist das China – trotz der jüngsten Verhaftungen und dem vorübergehenden Machtzuwachs der Hardliner.

Auch diese jüngsten Menschenrechtsverletzungen sind nur ein kleiner Ausschnitt aus einem ansonsten komplexen chinesischen Alltag, der viel Freiheit bietet. Beschränkungen bestehen in vielen Bereichen, aber sie nehmen ab. Millionen chinesischer Christen feiern inzwischen innerhalb der Staatskirchen Ostern, Pfingsten und Weihnachten. Künstler persiflieren in ihren Bildern heute Mao und feiste Kader. Ihre Ateliers in alten Fabriken werden als Touristenattraktionen geschützt und gefördert. Selbst die chinesischen Künstler, die den Staat offensichtlich und scharf kritisieren, sind im Beiprogramm der Biennale 2011 in Venedig zu sehen, ohne dass es deswegen einen politischen Skandal gegeben hätte. Immer mehr kritische Artikel erscheinen in der chinesischen Presse und im Netz. Leitartikler kritisieren inzwischen ungestraft die Wirtschaftspolitik der Regierung oder debattieren über die Vor- und Nachteile der Ein-Kind-Politik. Diskussionen über den Sozialstaat werden genauso differenziert geführt wie in Deutschland. Selbst Vor- und Nachteile von Wahlen auf kommunaler Ebene, die China jetzt nach Dorfwahlen einführt, sind ein Thema nicht nur für Journalisten, sondern auch für kritische Schriftsteller wie Li Er. Der Autor hat dem Thema ein ganzes Buch gewidmet. Es ist in Deutschland unter dem Titel »Der Granatapfelbaum trägt Kirschen« erschienen. Über Korruption berichten die modernen chinesischen Medien ebenso ausführlich wie über Umweltskandale oder die Ausbeutung von Fabrikarbeitern. Das alles in einem Maße, wie es vor zehn oder fünfzehn Jahren noch unvorstellbar war. Gleichzeitig durfte und darf an einigen Tabus bisher nicht gerüttelt werden: Dazu gehört die Kritik am Einparteiensystem und an der Korruption in der Spitze der politischen Führung oder die Forderung nach der freien Wählbarkeit der nationalen Regierung. Nach wie vor werden manche kritischen Debatten in den Medien von der Führung beendet. Vor allem, wenn die Hardliner darin eine Gefahr für den sozialen Frieden sehen. Oder wenn sie gar eine Bedrohung ihrer eigenen Macht fürchten. Sie zensieren das chinesische Internet und blockieren viele ausländische oder kritische Seiten. Gleichzeitig jedoch lässt es die Regierung zu, dass ihre Bürger mit einfachen Programmen die Firewalls der Zensur umgehen und sich trotzdem Zugang zu internationalen Informationen verschaffen können. Chinesische Internetnutzer schreiben begeistert Blogs und Mikroblogs, wo sie über fast alles diskutieren. Die meisten Chinesen können arbeiten, wo sie wollen. Fast jeder, der will und dazu das Geld hat, kann das Land beliebig oft verlassen. Sie können reich werden und müssen dazu nicht einmal Mitglied der kommunistischen Partei sein. Sie können sich Wohnungen oder Häuser kaufen und erhalten in der Regel eine Entschädigung, falls die Gebäude einer Autobahn weichen müssen. Das alles ist neu in China. Die heute Fünfzigjährigen kannten noch ein anderes China. Das China der Kulturrevolution. Deshalb sind sie mit dem neuen China halbwegs zufrieden. Ihr Land hat sich mit einer Geschwindigkeit gewandelt wie kaum ein anderes in der Weltgeschichte.

Selbstverständlich lassen sich diese neuen Freiheiten nicht gegen die Einzelschicksale von Liu Xiaobo, Ai Weiwei oder all derjenigen Inhaftierten aufrechnen, deren Namen uns nicht geläufig sind. Es ist ein wichtiger

Teil unserer Kultur, dass wir das Leid des Einzelnen niemals aus den Augen verlieren, selbst wenn es der Mehrheit immer besser geht. Diese Intoleranz mancher Kräfte in der chinesischen Führung kann nicht mit Toleranz von unserer Seite beantwortet werden. Aber umgekehrt gilt auch: Wer das Einzelschicksal anprangert, sollte dabei nicht ausblenden, wie sich die gesamte Gesellschaft entwickelt. Das heutige China ist ebensowenig eine totalitäre Diktatur, wie Deutschland ein Land des Raubtierkapitalismus ist. China ist eine autoritär regierte, aber immer offenere, globalisierte Gesellschaft, die von Wellen zum Teil schwerer staatlicher Repressionen gegen Einzelne oder Gruppen von Minderheiten durchzogen wird.

Dennoch glauben manche im Westen noch immer, die Drohung, die wirtschaftliche Zusammenarbeit einzuschränken, könnte Chinas Führung dazu bringen, schneller mehr Mitbestimmung einzuführen. Die chinesische Regierung wird sich auf diesen Kuhhandel nicht einlassen. Sie muss es auch nicht, denn der Westen handelt in dieser Frage nicht geschlossen. Nicht einmal Europa. Einzelne Länder wie die USA mit ihrer Verschuldung in China und Deutschland mit seiner Exportabhängigkeit sind ohnehin längst nicht mehr in der Lage, China zu etwas zu zwingen. Selbst wenn sie dazu in der Lage wären, wäre das nicht wünschenswert. Die Veränderungen in China müssen von innen heraus kommen, in dem Umfang, den die Chinesen bestimmen, in dem Tempo, das die Chinesen festlegen. Der Westen ist nicht der Erziehungsberechtigte Chinas. Bei uns vergisst man zuweilen, dass sich bei kaum einer Nation die Entwicklung zu mehr Mitbestimmung und Pluralität ohne Rückfälle und ohne Machtkämpfe vollzogen hat. Auch die westlichen Freiheitsbewegungen haben grauenvolle Einbrüche durchleben müssen. Selbst die Französische Revolution vor gut 200 Jahren erstickte in einem Bürgerkrieg, an dessen

Ende sich ein Mann namens Napoleon wieder zum Kaiser krönte. Und es ist erst gut achtzig Jahre her, dass die Deutschen in der Weimarer Zeit sich angesichts einer Demokratie mit großen Schwächen einen starken Mann herbeisehnten. Der Wunsch war so groß, dass es Adolf Hitler gelang, eine der grausamsten Diktaturen des zwanzigsten Jahrhunderts aufzubauen. Die Entwicklung in Europa zeigt uns: Trotz Irrungen und Wirrungen können am Ende stabile, vorbildliche Demokratien herauskommen. Es macht also durchaus Sinn, den Dialog mit China auch in schwierigen Zeiten aufrechtzuerhalten und sich etwas in Geduld zu üben.

Dass China heute vergleichsweise pluralistisch ist, daran hat die westliche Wirtschaft entscheidend mitgewirkt. Zwar investieren die Firmen wegen der niedrigen Löhne und des riesigen Marktes in China, aber gleichzeitig bringen sie ihre westlichen Werte und Standards mit. Sei es aus Überzeugung oder aus Sorge vor kritischen Stimmen seitens der NGOs oder der Journalisten, die genau hinschauen, ob die Manager mit zweierlei Maß messen. Wenn BASF einen neuen Chemiekomplex baut, ist diese Anlage sicherer und umweltfreundlicher als alles, was bisher in China errichtet wurde. Schon allein deswegen, weil die lokalen Behörden das Neuste und Beste von den Deutschen wollen.[9] Wenn die Otto-Gruppe oder C&A in China Textilien herstellen lassen, dann sind die Arbeitsbedingungen zwar nicht so gut, wie sie in Deutschland wären. Aber, und das ist entscheidend, sie liegen landesweit im Spitzenbereich. Sie sind ein Modell für das Land, von dem man lernen kann, aber nicht lernen muss. Das macht ihre Überzeugungskraft aus.

Die wirtschaftliche Zusammenarbeit mit China hat im Übrigen auch Millionen Chinesen ermöglicht, zu ihren Geschäftspartnern in den Westen zu reisen. Dort haben sie eine Alternative zum System ihres Landes gesehen. Sie haben erlebt, wie ein Rechtsstaat funktionieren kann und wie es sich mit weniger Luftverschmutzung leben lässt. Das alles hat China vorangebracht.

Noch deutlicher wird, warum dieser Weg der sinnvollere ist, wenn man die Alternativen betrachtet. Sie lauten: drohen, ausgrenzen und isolieren. Die Erfahrung zeigt jedoch, dass solche Ausgrenzungen – meist in Form von Sanktionen – nur sehr selten zum Erfolg führen. Es ist schon auffällig, dass sich 2011 ausgerechnet in jenen Staaten die Menschen gegen ihre Regime auf die Straßen getraut haben, mit denen der Westen enge wirtschaftliche Kontakte pflegt. Ägypten, Tunesien und Libyen sind im Umbruch. Länder wie der Iran, Nordkorea, Weißrussland oder Simbabwe, die wir seit Jahren wirtschaftlich isolieren, sind stabil wie eh und je. Das ist eigentlich nicht verwunderlich: Wenn es nichts anderes gibt als zum Beispiel die Ideologie der Mullahs, verfallen viele Menschen einem fanatischen Glauben. Das gilt besonders für die Armen. Es muss nicht immer Religion sein, die dann attraktiv wird, es können auch Ideologien sein, so wie im China der Kulturrevolution, als die Regierung sich vom Rest der Welt isoliert hatte und selbst die ideologischen Brüder in Moskau nichts mehr mit China zu tun haben wollten. Die Menschen in dieser Zeit hatten nur die Wahl zwischen nichts und der Mao-Bibel. Deshalb haben sich viele Menschen für die Mao-Bibel entschieden und mussten nicht einmal dazu gezwungen werden, sie zu lesen. Nachdem der Reformer Deng Xiaoping das Land geöffnet hatte, hatten die Menschen plötzlich die Wahl zwischen einer Mao-Bibel und einem importierten Kühlschrank. Natürlich haben sich die meisten Menschen dann für den Kühlschrank entschieden. Die Menschen, die sich gegen Ideologie und Kühlschrank und stattdessen für ihre Ideale entscheiden, sind leider selten. Und je mehr Konsumgüter auf den Markt kamen, desto mehr verblasste die radikale Ideologie, desto offener wurde China.

Inzwischen ist das Problem ein anderes. Konsum und materieller Wohlstand sind so wichtig geworden, dass die Menschen nichts mehr haben, an das sie glauben können. Das Glaubensvakuum ist längst nicht so gefährlich wie die totale Abhängigkeit von einer Ideologie oder Religion. Dennoch macht sich die chinesische Regierung darüber zu Recht Gedanken. Sie hofft, ein wiederbelebter Konfuzianismus werde den Menschen Halt geben. Auch in Deutschland ist die Frage, an was wir noch oder wieder glauben, schwer zu beantworten. Und das in einem Land, das sich kaum noch verändert. Wie viel größer muss der Wunsch nach Halt in China sein, das sich in einem ständigen Umbruch befindet.

Angesichts all dieser Herausforderungen in China können wir im Westen nicht mehr tun, als den Dialog aufrechtzuerhalten. Aber wir sollten auch nicht weniger tun. Unsere Aufgabe ist es, zunächst einmal zu begreifen, warum unsere Partner so handeln, wie sie nun mal handeln. Wir sollten lernen, ihre vielfältigen Überzeugungen zu verstehen. Dabei ist es erst einmal zweitrangig, ob wir die Ansichten teilen. Erst wenn wir einschätzen können, woher die Sorgen und Ängste, aber auch der Stolz und das Selbstbewusstsein der Menschen eines anderen Landes kommen, können wir Übereinstimmungen finden, die stabil sind, und Gemeinsamkeiten entwickeln, die uns weiterbringen.

»Wandel durch Annäherung« hat schon unter viel ungünstigeren Umständen gut funktioniert. Egon Bahr hat diesen Begriff bereits 1963 als Pressesprecher von Willy Brandt geprägt, als dieser Regierender Bürgermeister von Berlin war. Als Brandt 1969 Bundeskanzler wurde, machte er Bahr zum Staatssekretär im Bundeskanzleramt. Bahr wurde sein einflussreichster außenpolitischer Berater und der Architekt einer neuen Ostpolitik, die auf eben diesem »Wandel durch Annäherung« basierte. Allerdings hat der Slogan gegenüber der Sowjetunion einen anderen Drall gehabt als die gleichen Worte heute gegenüber China. China wandelt sich nicht, weil wir dem Land zeigen, wo es langgeht, sondern weil die Menschen es so wollen. Die Chinesen machen die Entwicklung unter sich aus und nicht mit dem Westen. Gerade deshalb wird »Wandel durch Annäherung« nicht zu den gleichen demokratischen Strukturen führen, wie wir sie in unseren Gesellschaften entwickelt haben. Wenn Premierminister Wen Jiabao über Demokratie und Freiheit spricht, dann meint er eben nicht genau das Gleiche wie wir im Westen. Das ist zum Beispiel während der Salons zur Pekinger Aufklärungsausstellung sehr deutlich geworden. Die chinesische Demokratie wird keine verkappte Diktatur sein, aber sie wird anders aussehen als westliche Demokratien. Wie genau, das wird sich erst noch herausbilden müssen.

Trotz der Unterschiede zwischen der Entwicklung Chinas und der Sowjetunion sind Egon Bahr die Fragen, die wir uns heute in Bezug auf China stellen, nicht neu. Einst hat die Sowjetunion unter anderem den Nobelpreisträger Alexander Solschenizyn nicht ausreisen lassen. Nicht durch öffentlichen Druck, sondern nach geschickten Verhandlungen ohne Öffentlichkeit, war es Bahr im Februar 1974 gelungen, eine Ausreisegenehmigung für den Dissidenten zu erwirken. Etwas schwieriger gestaltete sich dies bei Lew Kopelew. Doch auch er durfte 1980 ausreisen. Im Falle des Dissidenten Andrei Sacharow entschied sich der damals neue US-Präsident Jimmy Carter für eine andere Strategie. Er erklärte 1977 öffentlich, dass er den Fall Sacharow zu seiner persönlichen Angelegenheit gemacht habe. Das kam gut an in der amerikanischen Öffentlichkeit. »Meine russischen Gesprächspartner kamen danach zu mir und erklärten mir, es sei ihnen verboten worden, über Sacharow zu reden«, erzählt Bahr. Und sie hätten hinzugefügt: »Wir werden mal sehen, wie weit Carter kommt.« Erst der dritte Nachfolger Breschnews, Michail Gorbatschow, hat Sacharow 1986 schließlich aus der Verbannung entlassen. »Große Mächte haben nun einmal die Eigenschaft, sich nicht öffentlich provozieren lassen zu wollen«, sagt Bahr. »Wenn ich damals mit den Sowjets über unser Menschenbild hätte reden sollen, wäre das de facto dem ideologischen Versuch gleichgekommen, dass die Gesprächspartner ihr Menschenbild aufgeben sollen.« Das könne man von einer Großmacht nicht verlangen. Das sei einfach töricht. »Das gilt heute für China genauso.«[10]

Das bedeutet nicht, dass man mit seinen Überzeugungen hinter dem Berg halten muss. Wer wie China einen Rechtsstaatsdialog mit Deutschland führt, muss sich auch die eine oder andere heikle Frage gefallen lassen. Allerdings besser hinter verschlossenen Türen. Ist das schon Anbiederung? Nein. Es ist eine Frage des vernünftigen Umgangs miteinander, der nicht nur auf politischer und bilateraler Ebene Grundregel sein sollte. Wenn Sie etwas an Ihrem Partner stört, ist es dann sinnvoll, ihn oder sie in aller Öffentlichkeit lauthals zu kritisieren und zu hoffen, dass er oder sie dadurch einsichtig wird und sich bessert? Wohl kaum. Der Ärger wird eher größer. Ihr Partner fühlt sich bloßgestellt und verraten. Sie erreichen mehr, wenn Sie eine ruhige Minute abwarten und unter vier Augen darüber sprechen. Das ist in den Beziehungen zwischen zwei Ländern nicht viel anders und eine wichtige Voraussetzung dafür, dass »Wandel durch Annäherung« funktionieren kann.

Egal ob im Westen oder in China: Jeder, der versucht, den Partner zu stigmatisieren oder gar Druck auf diejenigen in den eigenen Reihen auszuüben, die auf Dialog setzen, muss sich den Vorwurf gefallen lassen, aus Eigennutz die Verständigung der Völker zu sabotieren. Das Jahr 2011 ist in dieser Hinsicht für die deutsch-chinesische Verständigung kein vorbildliches Jahr gewesen.

Die Phase der Konfrontation begann mit einem Zufall. Ein Zufall, der in Deutschland mit einer gewissen Berechtigung nicht als solcher wahrgenommen wurde und deshalb besonders heftige Reaktionen auslöste. Als Ai Weiwei am 3. April 2011 am Pekinger Flughafen von Sicherheitskräften, wie man erst viel später erfahren konnte, wegen des Verdachtes auf Steuerhinterziehung festgenommen und in einem Hotel interniert wurde, hatte Außenminister Westerwelle nur zwei Tage zuvor in Peking die Ausstellung »Die Kunst der Aufklärung« eröffnet. Es ist die größte Kulturaktion im Ausland, die Deutschland jemals organisiert hat. Gleichzeitig ist es das bisher größte kulturelle Einzelereignis eines fremden Landes in China. Eine Kooperation mit einem Land, das Ausländer die längste Zeit seiner Geschichte nur als Barbaren, Vasallen oder Kolonialbesatzer kannte.

Diese Ausstellung in China wirbt auf unaufdringliche Weise für die Werte der europäischen Aufklärung, die für uns bis heute bestimmend sind. Ein spannender und sinnvoller Schritt im interkulturellen Dialog also. Die Festnahme Ai Weiweis wirkte auf viele deutsche Beobachter wie ein höhnischer Kommentar der chinesischen Führung zur Ausstellung. Zumal Deutschland für die Schau viel Aufwand betrieben hat. Insgesamt wurden von April 2010 bis April 2011 über 600 Werke aus den drei großen Museen in Dresden, Berlin und München ausgestellt. Das Projekt kostete zehn Millionen Euro. Das meiste hat das Auswärtige Amt bezahlt, ein Teil kam vom Sponsor BMW. Die Stiftung Mercator, gegründet von den Mitbesitzern der Metro AG, hat das Rahmenprogramm organisiert. Die Ausstellung, die im Sommer 2011 im Schnitt 1500 Besucher pro Tag und 4000 am Wochenende hat, wird im Pekinger Nationalmuseum gezeigt, dem größten Museumsgebäude der Welt. Es gehört zu den repräsentativsten Bauten Chinas, direkt am Platz des Himmlischen Friedens. Gegenüber, auf der Westseite des Platzes, steht die Große Halle des Volkes, in der alle ausländischen Staatsgäste empfangen werden und wo einmal im Jahr der knapp 3000 Mitglieder starke Volkskongress tagt. Im Süden liegt das Mausoleum von Mao Zedong, im Norden die Verbotene Stadt, der alte Kaiserpalast. Nirgendwo prallen die Widersprüche des alten, neuen und ganz neuen China mit ähnlicher Wucht aufeinander. Mao eröffnete das Nationalmuseum 1959 als sozialistischen Prunkbau anlässlich des zehnten Gründungsjubiläums der Volksrepublik. Heute wollen Chinas Führer weg von der Sowjet-Architektur. Sie holten den Hamburger Stararchitekten Meinhard von Gerkan nach Peking, der entkernte den Bau und entwarf das Innenleben neu, als Aushängeschild eines modernen, offeneren Chinas, das im Zeitalter der Globalisierung angekommen ist. Doch für viele im Westen steht der Tian'anmen-Platz noch immer für ein anderes Ereignis, das nun schon über 20 Jahre zurückliegt. Vor den Museumstoren und in den umliegenden Straßen wurde 1989 die Freiheitsbewegung blutig niedergeschlagen. Es ist also eine komplexe Situation, die große Herausforderungen an die Dialogfähigkeit beider Seiten stellt. Stattdessen bahnte sich zumindest Fahrlässigkeit ihren Weg.

Der kurze Zeitabstand zwischen der Festnahme Ai Weiweis und der Eröffnung der deutschen Ausstellung war sehr wahrscheinlich ein Zufall. Trotzdem hätte den chinesischen Politikern klar sein müssen, wie ihr Handeln im Westen ankommt. Sie hätten zumindest unverzüglich kommunizieren müssen, dass die Festnahme wegen des Verdachtes der Steuerhinterziehung erfolgt war. Dass man ihn in einem Hotel interniert habe, weil man eine Flucht verhindern und unterbinden wolle, dass er sich mit seinen Mitarbeitern absprechen und Beweismaterial verschwinden lassen kann. Wenn man an einem internationalen Dialog interessiert ist, macht es wenig Sinn, einen solchen Vorfall als innere Angelegenheit abzutun und Informationen über die Hintergründe zeitlich deutlich verzögert und nur scheibchenweise nach außen zu geben. Dialog bedeutet auch, die Pflicht zu haben, den Dialogpartner offen über die Entwicklungen zu informieren. Im Laufe der folgenden Wochen konnte man in Hintergrundgesprächen den Eindruck gewinnen, dass selbst hohe chinesische Politiker und Parteifunktionäre keinen Überblick über das Verfahren haben. Die Festnahme Ais schien also doch mehr ein rein juristischer Akt zu sein. Sie wurde entweder geplant oder, was wahrscheinlicher ist, hinterher von einer kleinen Gruppe Falken genutzt, um die Reformer schlecht dastehen zu lassen. Die Reformer in der Politik, die Ai Weiwei bisher geschützt hatten, sollten national, aber auch international ihr Gesicht verlieren.

Ärgerlich ist, dass dies funktionieren konnte und einige westliche Berichterstatter der Finte der Falken auf den Leim gingen und nun mit denjenigen Seite an Seite standen, die den Dialog zwischen China und Deutschland torpedieren wollen. Die Fragen, die gestellt wurden, waren ja durchaus sinnvoll: Dürfen wir uns von Diktatoren so benutzen lassen? Darf man an diesem Ort, an dem die Freiheit mit Füßen getreten wurde, deutsche Kunst der Aufklärung zeigen, in einer Zeit, in der Freiheiten für Andersdenkende eingeschränkt werden? Leider waren dies meist nur rhetorische Fragen. Vor- und Nachteile wurden nicht gegeneinander abgewogen. Die Antworten standen bei der Formulierung der Frage schon fest. Manche forderten sogar, die Ausstellung zu schließen. Die Falken in der Führung müssen über diese Reaktion gefeixt haben.

Genau das haben sie gewollt. Und die Reformer standen unter Druck.

Dabei wären auch andere Antworten möglich gewesen. Jeder Dialog, sei er wirtschaftlich oder kulturell, sollte sich nicht von der Gefahr abschrecken lassen, von dem einen oder anderen als Feigenblatt benutzt zu werden. Kein Ort kann historisch zu belastet sein, um dort einen Dialog über unsere Werte weiterzuführen. Das gilt auch für das chinesische Nationalmuseum am Platz des Himmlischen Friedens. Wo, wenn nicht dort, ist es gerechtfertigt, über den Geist der Aufklärung zu reden? Kaum eine politische Situation ist so verfahren, dass es sich nicht mehr lohnen würde, miteinander zu reden. Es gab auch ein paar Stimmen in Deutschland, die diese Ansicht vertreten haben, Egon Bahr fand es »gelinde gesagt, provinziell, wenn man überlegt, ob man die Ausstellung zurückziehen soll. Im schlimmsten Fall ist es kontraproduktiv.« Ein Blick in die Ausstellung bestätigt den Ansatz. Es ist bei vielen Bildern einfach, den Bogen zur Gegenwart zu schlagen. Schon das erste Bild der Schau aus dem Jahre 1760 ist dazu geeignet. Das Selbstporträt George Desmarées' zeigt den Künstler als Individuum, das vor allem seiner Genialität vertraut. Desmarées malte sich und seine Tochter in einer Größe und Pose, die bis dahin der Aristokratie vorbehalten waren. Damals ein offener Affront gegen die Herrschenden. Die Aussichten sind nicht schlecht, dass der eine oder andere junge Chinese sich an Ai Weiwei erinnert fühlt, wenn er das Bild betrachtet. Ai hat auf seinen Fotos eine ähnlich faszinierende Präsenz wie Desmarées auf dem Ölbild. Manche Fotos von Ai erinnern in der Pose an die von Mao Zedong. Die Schweizer Kulturzeitschrift *Du* druckte in ihrer Juni-Ausgabe 2011 eine Fotomontage von Ai Weiwei, die gut zu dem Thema passt. Nachdem Ai entdeckt hatte, dass Lu Jun, der Vizeminister für Stadtplanung von Zhengzhou, in einer Biographie sein eigenes Gesicht auf ein Porträt des Präsidenten Hu Jintao montiert hatte, postete Ai auf seinem Blog ebenfalls ein manipuliertes Porträt. Die Fotomontage hat den Titel »Alle Chinesen kommen aus derselben Quelle«.

Schon unter viel ungünstigeren Bedingungen sind sich Menschen über Ausstellungen näher gekommen. In den Spätzeiten der Sowjetunion gelang es Deutschland 1988, die bis dahin mit über 800 Werken größte Retrospektive des Nagelbildkünstlers Günther Uecker in Moskau zu zeigen. »Seine Nagelbilder waren ja sogar in Deutschland umstritten«, erinnert sich Bahr. »Die Sowjets haben sie trotzdem zugelassen. Sie haben zwar den Kopf geschüttelt, aber zugelassen, dass Interessierte dort hingegangen sind und sich ihre eigene Meinung gebildet haben.«

Lutz Engelke hat ähnliche Erfahrungen in China gemacht. Sein 120-Mitarbeiter-Unternehmen TRIAD gestaltet ungewöhnliche Museen, Ausstellungen, Themenwelten und Konferenzen. Sein interdisziplinäres Team hat seinen Hauptsitz in Berlin. Engelkes China-Engagement begann im Jahr 2007. Damals gewann er die Ausschreibung für einen 12 000-Quadratmeter-Pavillon auf der Expo 2010 in Shanghai gegen Konkurrenten wie Walt Disney und Ralph Appelbaum, der das Holocaust-Museum in Washington entworfen hat. Und das, obwohl Engelke ein für China brisantes Thema vorgeschlagen hatte: die Umweltverschmutzung durch die Modernisierung der Welt und die Folgen unseres Konsums. Engelke hatte einen schwierigen Auftraggeber, die Shanghaier Stadtregierung. »Sie waren an fast jeder Stelle skeptisch«, sagt er über das chinesische Expo-Organisationskomitee. Aber er hat immer wieder betont, dass es nicht darum gehe, China bloßzustellen, sondern um globale Probleme, die unter anderem auch China betreffen. Die Stadtregierung ließ sein Team gewähren. »Das war mutig«, sagt Engelke heute, auch wenn er damals Kompromisse machen musste. Er durfte zum Beispiel den Drei-Schluchten-Staudamm nicht mit in die Ausstellung nehmen. Der Damm gilt in China als politisch sehr umstritten. Für Engelke dennoch kein Grund, das Projekt abzusagen, denn er findet, man müsse immer Kompromisse eingehen, nicht nur in China, sondern auch bei westlichen Auftraggebern.

Doch selbst in seinem Unternehmen regte sich Widerstand gegen die Vorstellung, für die chinesischen Kommunisten einen Pavillon zu planen. Als er wenige Wochen später eine Assistentin bat, beim Zentralkomitee der kommunistischen Partei anzurufen, bekam er zur Antwort: »Ich spreche nicht mit den chinesischen Diktatoren.« Da Kritik und Diskussionen unter seinen Mitarbeitern anhielten, veranstaltete Engelke ein kleines Diskussionsforum unter dem Titel »Kreativarbeit in einer Wirtschaftsdiktatur«. Es gelang ihm, viele seiner Mitarbeiter von seiner Position zu überzeugen. Engelke ließ jemand anderen anrufen. Damit seine Mitarbeiter begriffen, worum es ihm ging, ließ er nach der Eröffnung des Pavillons seine 120 Mitarbeiter auf Firmenkosten nach China einfliegen. Danach waren auch die letzten Skeptiker überzeugt.

Die Ausstellung setzte Maßstäbe in China, trotz der Kompromisse. Noch nie wurden die Umweltsünden des urbanen Lebens in einer großen Ausstellung in China so drastisch dargestellt. Eine Riesenleinwand mit dem kristallklaren Wasser, das sich plötzlich in eine so schwarze Kloake verwandelt, dass der Raum sich verdunkelt, gehörte ebenso dazu wie in Kunstharz gegossener Wohlstandsmüll. Der Ausstellungsbesucher blickte auf eine gigantische Weltkugel von 32 Metern Durchmesser, blau strahlend mit blütenweißen Wolken, die sich plötzlich in eine brüchige Dürrelandschaft verwandelte. Die Erde erzählt ihre Geschichte, unterlegt von eigens dafür komponierter Musik, gesungen vom Hanns-Eisler-Chor der Berliner Musikakademie. Zum Schluss schauten die Besucher hinauf in eine riesige Filmkuppel. 5000 Jahre Zivilisation rauschten vorbei. Vom Urwald in den Konsumrausch der Hochindustrialisierung, von dort über den drohenden Kollaps in eine ökologisch lebenswerte Zukunft. Acht Millionen Menschen besuchten den Pavillon. Ist Engelke damit die Leni Riefenstahl der chinesischen Umweltschutzpropaganda? »Ich habe mich nie hinter die Netzhaut der chinesischen Regierung gestellt und versucht, aus ihrer Perspektive heraus zu inszenieren. Ich bin ein Europäer, der mit internationalen Kritikmustern inszeniert. Davon wird mich auch niemand abbringen.« Engelke machte weiter in China. Bereits im Frühjahr 2011 eröffnete er das Besucherzentrum im Qinhu Wetland Nationalpark, wo er den ökologischen Wert von Feuchtgebieten erklärt. Weitere Projekte folgen.

Der Sinologe und Schriftsteller Tilman Spengler teilt diesen Ansatz. Dabei hätte er allen Grund, über die chinesische Führung verstimmt zu sein. Nachdem er in Deutschland eine Laudatio auf Chinas inhaftierten Friedensnobelpreisträger Liu Xiaobo gehalten hatte, bekam er kein Visum, um die Eröffnungsfeier der Aufklärungsausstellung zu besuchen. Wegen der Menschenrechtsverletzungen jetzt die Schließung der Ausstellung zu fordern, scheint ihm »so geistreich, wie es im 19. Jahrhundert ein Exportverbot für Bibeln gewesen wäre, hätte ein Mitglied der Basler Mission ein böses Schicksal erlitten«.[11] Heute exportieren wir statt Bibeln Ausstellungen. Wie kleinlich, ungeschickt und nachtragend haben sich die Hardliner in den chinesischen Behörden gezeigt, die ihm die Einreise verweigerten. Wie klug und großzügig dagegen Spengler.

Die meisten deutschen Leitmedien und der Kulturbetrieb hatten jedoch eine andere Einschätzung. Sie wollten den Dialog stören, genau wie die Falken in Peking. Dabei griffen manche zu sehr eigenartigen Mitteln. Die erste Welle der Empörung richtete sich erstaunlicherweise weniger gegen die Hardliner in der chinesischen Führung, die hinter der Verhaftung Ai Weiweis stehen, als gegen diejenigen in den eigenen deutschen Reihen, die weiterhin auf Dialog setzen. Vor allem die Organisatoren und Wegbereiter der deutschen Aufklärungsausstellung gerieten unter Beschuss. Ihnen wurde vorgeworfen, es sei »systemstützend«, eine solche Ausstellung in China zu organisieren. In den deutschen Medien wurde mit harten Bandagen gegen diese »Abweichler« gekämpft. Martin Roth ist einer der drei Museumsdirektoren, die über vier Jahre hinweg die Ausstellung vorbereitet und entwickelt haben. Er wurde immer wieder offensichtlich verknappt zitiert, um ihm angebliche Gleichgültigkeit gegenüber dem Schicksal Ai Weiweis nachzuweisen: »Der ist ja bei den Medien vor allem nicht zuletzt deshalb so beliebt, weil er ständig draufhaut. Furchtbar natürlich, dass er verhaftet wurde. Aber warum sind alle so auf ihn fixiert? Es gibt hunderte Künstler wie ihn, über die spricht aber keiner, weil sie keine Popstars sind.« Selbst dieses verkürzt gedruckte Zitat verdient es nicht, von einem deutschen Museumsdirektor als »menschenverachtend« bezeichnet zu werden.

Der deutsche Botschafter in Peking, Michael Schaefer, der sich sehr für die Schau eingesetzt hatte, wurde mit übler Nachrede überzogen, indem ihm Kotau-Mentalität gegenüber der chinesischen Führung unterstellt wurde. Der Text ist derart unter der Gürtellinie, dass die große deutsche Tageszeitung, die ihn veröffentlichte, sich entschieden hat, ihn zurückzuziehen. Er ist auf der Internetseite der Tageszeitung nicht mehr zu finden. Der Architekt Meinhard von Gerkan, der das Nationalmuseum umgebaut hat und noch viel in China bauen will, wurde in einer großen deutschen Wochenzeitung diffamiert.

Obwohl er sich ausdrücklich »erschrocken« über die Verhaftung des Künstlers Ai Weiwei äußerte, den er »sehr schätzt«, und sich sogar »vorstellen kann, mit ihm zusammenzuarbeiten«, wurde er als jemand bezichtigt, »der viel Respekt vor seinen Auftraggebern hat und wenig vor den von ihnen drangsalierten Künstlern«.[12] Berichterstatter behaupten, *die ganze* deutsche Wirtschaft habe einen Fernsehjournalisten ausgebuht, der in einer Veranstaltung zur Aufklärungsausstellung eine kritische Nachfrage gestellt hat. In Wirklichkeit hat auf dieser Veranstaltung ein einziger, seit Jahren pensionierter deutscher Manager einmal »Buh« gerufen. Da wird einer Bundestagsdelegation der Grünen, die im Sommer 2010 in China war, vorgeworfen, sie sei von Chinas Dynamik geblendet, weil sie es versäumt habe, die blutige Niederschlagung der Protestbewegung am Tian'anmen anzusprechen, ausgerechnet an ihrem Jahrestag; zugleich wird aber verschwiegen, dass sich diese Delegation bei ihren chinesischen Gesprächspartnern für das Menschenrecht auf eine saubere Umwelt eingesetzt hat.[13] All das ist zu lesen in führenden deutschen Medien. Darauf baute dann der Kulturstaatsminister Bernd Neumann eine Rede auf, die erschrocken mahnt, das chinesische Unrecht nicht zu verharmlosen.

Der Journalist als Regisseur und Dramaturg, der Zitate und Ereignisse selbst herstellt, um seine Thesen zu untermauern. Das wird meist ein schlechtes Stück. In diesem Fall lautet der Titel der Operette: Die westlichen Ausstellungsmacher und Politiker – Verräter unserer Werte. Dieses Bild bedient das ein oder andere beliebte Vorurteil, dennoch bleibt es falsch. Manche Journalisten lassen sich offensichtlich dazu hinreißen, im Namen der Meinungsfreiheit die Tatsachen zurechtzubiegen. Damit verraten sie jedoch genau die Werte, die sie von China einfordern. Mit großer Verwunderung stellen dem Dialog aufgeschlossene Chinesen auch fest, wie manche westliche Journalisten chinesische Reformer und Hardliner in einen Diktatorentopf werfen. Sie sind damit willige Vollstrecker in einem Spiel der Hardliner. So helfen sie, die Reformer, die sie eigentlich unterstützen wollen, zu schwächen.

So geschehen auch bei den ersten deutsch-chinesischen Regierungskonsultationen in Berlin, zu denen Ende Juni 2011 Premierminister Wen Jiabao mit einem guten Dutzend Minister nach Deutschland gereist war. In einer der wichtigsten Nachrichtensendungen des deutschen Fernsehens sprach ein Kommentator von einem »autoritären Regime, das jedweden Widerspruch brutal unterdrückt und sein Volk in staatlicher Willkür ohnmächtig hält und dessen Führung sich de facto die Formel ›Fortschritt ohne Freiheit‹ auf die Fahnen schreibt«. Kein Wort über die zunehmende und unaufhaltsame Pluralität in China.

Genauso wollen die Hardliner den Westen haben als Rechtfertigung für ihr aggressives Spiel. Um keine Missverständnisse aufkommen zu lassen: Es ist die Stärke Deutschlands, dass fast jede Meinung auch zur Primetime im Fernsehen vertreten werden darf. Das entbindet aber die Autoren nicht von der Verantwortung für das, was sie gesagt haben.

Es war erstaunlich, dass die aufgeheizte Stimmung der Öffentlichkeit kaum bis an die Verhandlungstische durchdrang. Nicht etwa, weil den Teilnehmern die Probleme zwischen den Ländern egal gewesen wären. Vielmehr spürten sie in dieser großen Runde von über zwei Dutzend chinesischen und deutschen Ministern, wie notwendig es ist, enger zusammenzuarbeiten. »Sich an dieses Gefühl zu erinnern war viel wichtiger als die konkreten Beschlüsse«, sagt ein chinesischer Diplomat. Ein Deutscher fügt hinzu: »Wir konnten sachlich vorgetragene Kritik üben, ohne dass dies die Beziehungen, auch nicht die

Wirtschaftsbeziehungen, aus dem Gleichgewicht wirft.« Was ist am Ende nachhaltiger für die deutsch-chinesischen Beziehungen, der kooperative Stil der Verhandlungen oder der konfrontative, zuspitzende Stil in der Öffentlichkeit? Die vernünftige Atmosphäre der Verhandlungen ist in jedem Fall labil. Schnell ist den Politikern das innenpolitische Hemd näher als die außenpolitische Jacke – nicht nur in Deutschland.

Die undifferenzierte, brüskierende öffentliche Haltung ist wiederum mehr als eine Laune. Sie ist nicht erst mit den Machtverschiebungen der Weltfinanzkrise entstanden. Noch aufgekratzter war die Stimmung 2008 im Jahr der Olympischen Spiele in Peking. Eine Studie der den Grünen nahestehenden Heinrich-Böll-Stiftung über die deutsche Berichterstattung während der Olympischen Spiele kommt zu folgendem Ergebnis: Bei über der Hälfte der knapp 4000 untersuchten Artikel würden »Klischees über China unreflektiert kolportiert«. Dazu gehören Begriffe wie »Unterstützer von Schurkenstaaten« oder »Klimasünder«. Diese Positionen seien durch eine »Angst vor der eigenen Abwertung« bestimmt. Sie würden einem Land entgegengesetzt, das immer mächtiger wird. Die offizielle Sicht der chinesischen Regierung würde überwiegend als »Propaganda« abgetan. Es bestünde die Gefahr, so die Studie, dass sich durch die Berichterstattung die Klischees über China noch verfestigen. Eigentlich sei es die Aufgabe des Journalismus, den Klischees eine differenziertere Betrachtungsweise entgegenzusetzen.[14]

Unter den vielen Beispielen des Umgangs mit dem Thema China im Umfeld der Olympischen Spiele will ich das eigenartigste herausgreifen: Eine Kollegin hatte es in einigen Beiträgen des deutschen Auslandssenders Deutsche Welle gewagt, auch die positiven Entwicklungen Chinas zu beschreiben. Zhang Danhong ist Deutsche chinesischer Herkunft. Sie hatte nichts gesagt, was nicht auch andere Kollegen ohne Migrationshintergrund in den führenden deutschen Medien gesagt hatten. Doch sie wurde dafür in mehreren deutschen Zeitungen als potentielle »Agentin der Kommunistischen Partei« diffamiert. Auch diesmal verdrehten die Berichterstattungsdramaturgen Zitate und dichteten welche hinzu, um den Ruf einer Person systematisch zu beschädigen. Am Ergebnis sollte es keine Zweifel geben: Diese Frau ist auf Seiten des Bösen. Es macht wenig Sinn, die einzelnen »Argumente« dieser Schmutzkampagne zu wiederholen. Ein Beispiel nur: Als Beleg für ihre Demokratiefeindlichkeit wurde ihr vorgeworfen, in einer ZDF-Talkshow Angela Merkel kritisiert zu haben, weil die Kanzlerin durch ihren Empfang des Dalai Lama im Kanzleramt die guten Beziehungen zu China riskiert habe. Das war jedoch auch die Position des damaligen SPD-Außenministers und Vizekanzlers Frank-Walter Steinmeier. Der Schmutz gegen Frau Zhang fiel auf fruchtbaren Boden. Politiker stimmten in den vermeintlich berechtigten kritischen Chor gegen die Kollegin ein, Bundestagsausschüsse tagten. Der damalige innenpolitische Sprecher der SPD-Bundestagsfraktion, Dieter Wiefelspütz, urteilte: »Die Dame hat die Zensurversuche der chinesischen Regierung bereits im Kopf.« Ihre Kommentare seien eine »einzige Katastrophe«.[15] Die Leistungen dieser Journalistin würden »den Aufgaben der Deutschen Welle nicht gerecht«. Ein »Autorenkreis der Bundesrepublik« mit prominenten Schriftstellern warnte in einem offenen Brief an den Bundestag vor einer »politisch verwirrten Journalistin«. Sie machten sich Sorgen um das Ansehen Deutschlands in der Welt. Daraufhin forderte Bundestagspräsident Norbert Lammert (CDU), der zweite Mann im Staat: Das Anliegen sei »unabhängig vom Ansehen der Persönlichkeiten, die ihre Besorgnis vorgetragen haben, von so hoher Bedeutung, dass es einer sorgfältigen Klärung bedarf«. Nicht nur der Sender, sondern auch »Deutschland als Demokratie« habe »einen guten Ruf zu verteidigen«, meinte Lammert.[16] Man darf nicht vergessen: Alle hetzten gegen einen einzelnen Menschen, noch dazu eine Immigrantin, die vor Jahren die deutsche Staatsbürgerschaft angenommen hat. Es hat wenig gebracht, ihr zu sagen, sie sei eigentlich gar nicht gemeint, sondern es ginge um die Angst vor China. Nicht einfacher wurde es für sie, als die Verteidigungsreaktionen in den chinesischen Medien ebenfalls hart und überzogen waren. »Deutschland: Chinesische Journalistin wurde mundtot gemacht«, lautete eine Überschrift. Und es sei nicht ratsam, »die Spucke auf dem Gesicht trocknen zu lassen. Man muss den Spuckenden gegenüber sofort Farbe bekennen«. Ein chinesischer Journalist behauptete sogar, in Deutschland tauche das »Nazi-Gespenst« wieder auf.[17] Dieser Schlagabtausch hat das Wort Dialog nicht mehr verdient.

Die Deutsche Welle beugte sich dem öffentlichen Druck. Zhang wurde einstweilen suspendiert. Sie gab eine Untersuchung in Auftrag, die von dem ehemaligen »Tagesthemen«-Moderator Ulrich Wickert geleitet wurde. Dessen Vater Erwin war in den 1970er Jahren der erste deutsche Botschafter in Peking gewesen. Wickert studierte Zhangs Texte und hatte den Mut, sich gegen den Mainstream zu stellen. Er bestätigte die Haltlosigkeit der Vorwürfe und kritisierte die Berichterstattung scharf. Die Vorwürfe entbehrten jeder Grundlage. Zhang sei »zu Unrecht angegangen worden«, der deutsche Medienbetrieb habe einen »niederschmetternden Eindruck« hinterlassen. Deutsche-Welle-Intendant Erik Bettermann habe »voreilig und nicht gerechtfertigt eine Personalentscheidung getroffen«. Es sei ganz nach dem Motto gehandelt worden: »Was ein Deutscher sagt, darf eine Chinesin noch lange nicht sagen.« Selbst, wenn sie einen deutschen Pass hat. Die Deutsche Welle wollte den Bericht Ulrich

Wickerts nicht veröffentlichen, angeblich um die »China-Debatte nicht neu aufleben zu lassen«. Glücklicherweise druckte dann die *Süddeutsche Zeitung* Wickerts Stellungnahme ab.[18] Doch das war Monate später und die Karawane längst weitergezogen.

Zhang, die zuvor stellvertretende Leiterin der China-Redaktion gewesen war, arbeitet heute als einfache Redakteurin in der Wirtschaftsabteilung der Deutschen Welle. Im Frühjahr 2011 wurden vier ihrer Kollegen auf ähnliche Weise abgewickelt, darunter Wang Fengbo, der 1989 auf dem Platz des Himmlischen Friedens demonstriert hat und die Bilder der Leichen, die er an jenem 4. Juni gesehen hat, nie mehr vergessen wird. Seit 1991 lebt er in Deutschland. Zehn Jahre hat er für die Deutsche Welle gearbeitet. Seit Ende 2010 ist er ohne Vertrag. Es habe Differenzen über die Frage gegeben, sagt er, ob die China-Redaktion noch ausgewogen und journalistisch professionell berichtet. Gleichzeitig jedoch beschweren sich die deutschen Korrespondenten in China in einem Schreiben an die Bundeskanzlerin zu Recht über die Einschränkungen ihrer täglichen Arbeit. »Wir fordern Arbeitsbedingungen, wie sie für chinesische Journalisten in Deutschland selbstverständlich sind«, schreiben sie. Für chinesische Journalisten mögen die Bedingungen gut sein, für deutsche Journalisten chinesischer Abstammung ist es bei uns offensichtlich auch nicht so einfach.

Warum kommt es zu diesen heftigen Reaktionen, wenn es um China geht? Warum sind manche der politischen Beobachter so erzürnt, dass sie die Wahrheit nach ihren Vorstellungen zurechtbiegen? Im Journalismus hat sicherlich auch vieles mit dem Konkurrenzkampf der Medien zu tun. Die sensationsgierige Berichterstattung wie beispielsweise zum Kachelmann-Prozess lassen diesen Schluss zu. Aber auch jenseits des täglichen Wettlaufs um die Auflage entwickelt sich China in Deutschland zum Reizthema. Kaum jemand würde so heftig reagieren, wenn die Hardliner in Indonesien mit gleichen Mitteln versuchen würden, ihre Weltsicht durchzusetzen. Dabei ist der Inselstaat gemessen an der Bevölkerung immerhin das viertgrößte Land der Welt mit den meisten Muslimen. Bei China ist das anders. China kann uns etwas wegnehmen. China macht uns Konkurrenz. China mischt überall mit. China ist mächtig und undurchschaubar, die vielbeschworene »Gelbe Gefahr« hat Tradition. Deshalb reagieren Deutsche auf Menschenrechtsverletzungen in China empörter als auf Menschenrechtsverletzungen in vielen anderen Ländern. Ganz deutlich wird dies im Vergleich mit Indien.

Niemand würde den Kaschmir-Konflikt mit den Problemen in Tibet vergleichen. Zwar haben die Tibeter die sichtbarere Galionsfigur, aber davon abgesehen gibt es viele Parallelen. Es ist nicht die Demokratie Indiens, die uns Sicherheit gibt und uns den Subkontinent als harmlos und sympathisch wahrnehmen lässt. Wir haben schlicht nicht das Gefühl, Indien könne uns gefährlich werden. Deshalb sehen wir über die Menschrechtsprobleme im Land großzügig hinweg. Dabei ist dort die Armut viel größer, und anders als in China kann jede zweite Frau nicht lesen und schreiben.

Erstaunlich ist, dass Deutschland in seiner Nervosität gegenüber China eine herausragende Rolle in Europa spielt. Warum fallen die Deutschen übereinander her, wenn es um China geht, anstatt eine vernünftige, aufgeklärte Debatte zu führen? Die Antwort auf diese Frage ist nicht leicht. Aber womöglich spielt dabei das bereits genannte schwankende nationale Selbstbewusstsein der Deutschen eine Rolle. Deshalb neigen wir zu wenig abwägenden moralischen Positionen. Nicht nur bei China, aber schon in einem besonderen Maße. Wer viel falsch gemacht hat wie die Deutschen und die Verantwortung für seine Fehler noch spürt, der will jetzt eben alles zu 100 Prozent richtig machen. Und macht dann alles falsch, wie im Fall der Kollegin von der Deutschen Welle. Viele Menschen empfinden den Aufstieg Chinas auch als Angriff auf ihre moralische Lufthoheit und als Angriff auf den sozialen Status in ihrem Land. Ein Land, das so verschuldet ist, dass es sich immer weniger leisten kann, während China immer wohlhabender wird.

Dem Dialog zwischen diesen beiden Ländern schadet dies. Allerdings sollte man sich nicht allzu große Sorgen machen, gerade in Bezug auf China. Langfristig werden weder die Falken in der chinesischen Regierung die Oberhand behalten noch diejenigen im Westen, die auf Konfrontation setzen. Die Dramaturgen unter den Berichterstattern, gezähmt durch eine Entwicklung, die sie jetzt schon spüren und die sie gewaltig ärgert, mögen noch den einen oder anderen Unsinn anzetteln und den Dialog stören. Die immer engere Verzahnung zwischen Deutschland und China wird sie jedoch zu mehr Rücksicht und Kompromissen zwingen. Diese mäßigende Kraft der Globalisierung spüren auch die Pekinger Hardliner. Vorübergehend kann es sich die chinesische Führung leisten, der Welt die kalte Schulter zu zeigen. Je mehr sich China in die Welt integriert, je mehr es an der Lösung der globalen Probleme beteiligt ist, desto mehr Kompromisse wird auch die neue Weltmacht eingehen müssen.

Insofern ist es gar nicht so verwunderlich, dass Ai Weiwei Anfang August 2011 ein Interview in der englischen Ausgabe der chinesischen Zeitung *Global Times* gab. Die Zeitung ist ein Tochterunternehmen des obersten Parteiorgans *Volkszeitung*. »Ich werde niemals aufhören, Ungerechtigkeit zu bekämpfen«, sagt Ai Weiwei dort, obwohl es ihm offiziell verboten ist, Interviews zu geben. »Ich werde der Politik niemals ausweichen, niemand von uns

kann das«, fügt er hinzu. »Natürlich mag man leichter leben, wenn man auf bestimmte Rechte verzichtet. Aber es
gibt so viele Ungerechtigkeiten und begrenzte Bildungs-
möglichkeiten. Das alles verringert das Glück.« In diesem
Artikel sagt er aber auch: »Das Regime durch eine radikale Revolution zu stürzen ist nicht der Weg, Chinas
Probleme zu lösen.« Und er widerspricht der in den
Staatsmedien kolportierten Ansicht, er habe ein »Schuld-
eingeständnis« verfasst. Er habe vielmehr nur eine Erklärung unterschrieben, dass er im Fall erwiesener Schuld
die Strafe akzeptiere.

Auch über seine Haftzeit spricht er erstmals offen: »Ich
fühlte mich so, als wäre ich in eine tiefe Grube gefallen.«
Am Ende des zweiseitigen Interviews bleibt – wahrscheinlich sogar bewusst – offen, wer hier wen benutzt
hat. Das war womöglich der Preis derjenigen, die gewonnen haben, gegenüber denjenigen, die verloren haben.
Oder war es am Ende sogar der Anstand der Gewinner?
Alle Gesichter jedenfalls bleiben gewahrt.

Sehr westlich wäre es nun, den Schluss zu ziehen, die
Guten hätten gewonnen: Nie wird der chinesische Umgang mit Andersdenkenden zum Modell für die Welt
werden. So mächtig kann selbst das riesige China nicht
sein. Das stimmt natürlich. Diese Position hat jedoch nur
Berechtigung, wenn man gleichzeitig überzeugt ist, dass
sich auch die westlichen Forderungen und Standards
nicht vollständig durchsetzen werden. Man wird angesichts der Überbevölkerung und der weltweiten Umweltprobleme darüber reden müssen, ob sich das westliche Verhältnis zwischen Individuum und Gemeinschaft
so zugunsten des Individuums halten lässt. Interessanter
ist jedoch ein anderer Gedanke: Womöglich ist China auf
dem Weg, ein Land zu werden, in dem die vielen Menschen zunehmend gezwungen sind, Widersprüchliches
nicht auszublenden, sondern bestehen zu lassen, ja es ge-

radezu mitzudenken. Sie lassen die Nuancen ihrer Ansichten schillern.

Im Westen hingegen neigen die vielen verschiedenen Menschen jeweils eher zu eindimensionalen Weltbildern. Und je mehr der Westen wirtschaftlich unter Druck gerät, desto enger wird der Blickwinkel. In China könnte sich dazu eine ernstzunehmende Alternative entwickeln. Da trifft dann das Entweder-Oder auf das Sowohl-als-Auch. In dieser Hinsicht könnte China sogar zum Modell für den Westen werden. Ein Modell, vor dem wir keine Angst haben müssen.

DANK

Dieses Buch ist an sehr unterschiedlichen Orten geschrieben worden: In unserem über hundert Jahre alten Pekinger Hofhaus in der Nanluoguxiang, in meinem Büro im Ritan-Park, einst die Umkleidekabine des chinesischen Kaisers, in St. Cyprien-Plage, einem französischen Badeort, der mir ans Herz gewachsen ist, in einem Wohnmobil tief in der Inneren Mongolei, im Airbus 380 auf der Strecke zwischen Frankfurt und Peking und bei guten Freunden in Nierstein am Rhein, wo sich inzwischen schon chinesische Investoren nach den besten Weinbergslagen erkundigen.

Wichtig waren während der Entstehung des Buches all die Menschen, denen ich in dieser Zeit begegnet bin, auch wenn ich sie leider nicht alle namentlich erwähnen kann. Vielen von ihnen bin ich dankbar, weil sie meine Thesen und Überlegungen leidenschaftlich diskutiert haben. Einige von ihnen haben dabei eine entscheidende Rolle gespielt. Allen voran möchte ich dem Sinologen Martin Gronemeyer danken, der als Kollege in meinem Büro nicht nur stets den Überblick behielt, sondern vor allem durch klugen Widerspruch und professionelle Skepsis für die Austarierung des Inhaltes gesorgt hat – angefangen bei großen Thesen bis hin zu kleinen Formulierungen. Er hat, das können Sie mir glauben, in den vergangenen Monaten viel durchmachen müssen und nie die Geduld mit mir verloren.

Zhang Wei, mit dem ich nun schon ein halbes Dutzend Bücher auf den Weg gebracht habe, danke ich für die wie immer akribische Recherche zahlloser Fakten und seine gute Laune, vor allem aber dafür, dass er mir manchen chinesischen Blickwinkel erklären konnte.

Florian Metzler vom Massachusetts Institute of Technology (MIT) danke ich für die unermüdliche Unterstützung beim ersten Kapitel. Seine guten Kontakte zur chinesischen und deutschen Industrie und Forschungsgemeinschaft waren sehr hilfreich. Ohne seine akribischen Recherchen und geduldigen Erklärungen wäre dieses Kapitel in dieser Form nicht zustande gekommen.

Ich danke auch Dennis Abel und Katharina Dahmen sehr für die Recherchen und die Zusammenfassung unübersichtlicher Themenkomplexe. Sie entwickelten während der Arbeit immer größere journalistische Leidenschaft. Ebenso Björn Koßmann, der ganz zum Schluss mit frischem Blick noch einmal einige Kapitel gegengelesen hat.

Dr. Katharina Ahr und Dr. Michael Schaefer, die trotz ihrer großen Arbeitsbelastung Teile des Manuskripts gegengelesen haben, bin ich für ihre wertvollen und zum Teil entscheidenden Hinweise dankbar. Darüber hinaus danke ich auch all den westlichen Diplomaten, vor allem aber chinesischen Freunden und Mitarbeitern in Behörden und Ministerien, die mir entscheidende Hinweise und Hintergrundinformationen gaben sowie die eine oder andere Einschätzung korrigierten. Leider kann ich ihre Namen an dieser Stelle nicht nennen, denn dies könnte sie in Schwierigkeiten bringen.

Dr. Siv Bublitz, meiner beeindruckenden Verlegerin, danke ich und freue mich auf weitere lange Gespräche mit ihr. Und ich danke wie immer natürlich auch Bettina Eltner, die nicht nur Lektorin, sondern vor allem auch eine gute Freundin ist. Vielen Dank Heike Gronemeier, die trotz des engen Zeitfensters den Text gründlich geschliffen hat.

Ganz besonders aber möchte ich Anke Redl danken, die wie stets eine kluge und weitsichtige Beraterin war und die China noch viel besser kennt als ich – nicht zuletzt, weil ihre Familie schon in der dritten Generation in diesem Land lebt.

Frank Sieren

ANHANG

ANMERKUNGEN

Vorwort

1 Die »chinesische Lösung« dürfen wir nicht hinnehmen. *Welt am Sonntag*, 10. 4. 2011

2 Deutschland 59 Prozent, gefolgt von Frankreich mit 49. In England hingegen sehen 59 Prozent China positiv. In den USA immerhin noch 51 Prozent. In Japan sind 61 Prozent negativ gegenüber China eingestellt. Der Spitzenreiter ist die Türkei mit 66 Prozent negativ. Pew. Researchcenter http://pewglobal.org/2011/07/13/china-seen-overtaking-us-as-global-superpower/5/#chapter-4-views-of-china

3 Zahl der Aufstocker wieder gestiegen. Tagesschau.de, 13. 5. 2011, http://www.tagesschau.de/wirtschaft/aufstocker 106.html

4 »Die traurige Wahrheit hinter dem Jobwunder«. *Handelsblatt*, 8. 2. 2011

5 Der Anteil der wichtigsten Schwellenländer an der weltweiten Wirtschaftsleistung ist von 10 auf 24 Prozent gestiegen.

Kapitel 1

1 Nuclear Power in China. World Nuclear Association, Juli 2011, http://www.world-nuclear.org/info/inf63.html

2 »Gibt es den katastrophenfreien Kernreaktor?« K. Kugeler, *Physikalische Blätter*, Nr. 11, 2011

3 *DER SPIEGEL*, 14. 3. 2011

4 »Nuclear power in developing countries: An analysis of decision making.« J. E. Katz und O. S. Marwah, Lexington Books, 1982

5 »From Manhattan Project To Electricity Production.« *Oak Ridge National Laboratory Review*, Vol. 36, No. 1, 2003

6   »Siemens und Kernenergie.« H. Krug, Druckhaus Duis-
    burg, 1998

7   »Kernenergie: Der Kanzler geht aufs Ganze.« *DER SPIE-
    GEL*, 18. 6. 1979

8   »The Politics of Nuclear Energy in China.« Y. Xu. Pal-
    grave Macmillan, 2010

9   »Technical design features and essential safety-related pro-
    perties of the HTR-module.« G. H. Lohnert, *Nuclear En-
    gineering and Design*, Juli 1990

10 »Die sozialen Bewegungen in Deutschland seit 1945.« D.
    Rucht und R. Roth, Campus, 2008

11 »Der Atomstaat: Vom Fortschritt in die Unmenschlich-
    keit.« Robert Jungk, Kindler, 1977

12 »Mein Freund Joschka.« Thomas Scheuer, *FOCUS-Maga-
    zin*, 4. 12. 2000

13 »Heiße Kugeln.« *DER SPIEGEL*, 26. 1. 1981

14 »Verstehen Sie das, Herr Schmidt?« *Zeit-Magazin*, 28. 7.
    2011

15 »Schmerzlicher Schlag.« *DER SPIEGEL*, 10. 3. 1986

16 Ebenda

17 »The Politics of Nuclear Energy in China.« Y. Xu. Pal-
    grave Macmillan, 2010

18 »Funkelnde Augen.« *DER SPIEGEL*, 9. 6. 1986

19 »Hamm – sicherste Reaktorlinie?« *DER SPIEGEL*, 9. 6.
    1986

20 »The status of HTGR Research and Development in
    China.« Wang D. et al., *Nuclear Engineering and Design*, De-
    zember 1991

21 »Ein billiges Ende für den HTR.« *DER SPIEGEL*, 24. 4.
    1989

22 Siebentes Gesetz zur Änderung des Atomgesetzes. Bun-
    desgesetzblatt 1994, Teil I, Seite 1622, Artikel 4

23 World's Best Universities. US News and World Report,
    2009, http://www.usnews.com/education/worlds-best-
    universities/articles/2009/10/20/worlds-best-universi-
    ties-top-200

24 »Qiuchuang mokuaishi gaowen qilengdui jinshui shigu

yanjiu«, Zheng Y. et al., *Atomic Energy Science and Technology*, 2009

25 »Atomkraft? Ja, bitte!« R. Klose und S. Reiss, *Facts-Magazin*, 21. 10. 2004

26 »Economic potential of modular reactor nuclear power plants based on the Chinese HTR-PM project.« Zhang Z. and Sun Y., *Nuclear Engineering and Design*, Dezember 2007

27 »Westinghouse wins China nuclear reactor bid.« *New York Times*, 17. 12. 2006

28 »Nuclear Power made in China.« A. C. Kadak, MIT, 2007

29 »Siemens sucht im Streit mit AREVA Hilfe bei der EU-Kommission.« C. Schiltz und J. Hildebrand, *Die Welt*, 2. 6. 2010

30 »Eine sicherheitstechnische Neubewertung des Betriebs des AVR-Kugelhaufenreaktors und Schlussfolgerungen für zukünftige Reaktoren.« R. Moormann, Berichte des Forschungszentrums Jülich, 2008

31 Übersetzt in: china.org.cn, 17. 3. 2011

32 »Eine Herkulesaufgabe – Regierungserklärung zur Energiewende.« *FAZ*, 9. 6. 2011

33 »China umwirbt deutsche Atomfachleute.« *FAZ*, 27. 5. 2011

34 »China seeks German nuclear know-how.« *Deutsche Welle*, 6. 6. 2011, http://www.dw-world.de/dw/article/0,6542389,00.html

35 »Nuclear Power in China.« *World Nuclear Association*, Juli 2011, http://www.world-nuclear.org/info/inf63.html

36 »Current status and technical description of Chinese 2 x 250 MWth HTR-PM demonstration plant.« Zhang Z. et al., *Nuclear Engineering and Design*, Juli 2009

37 »High-level radioactive waste disposal in China: update 2010.« Wang J., *Journal of Rock Mechanics and Geotechnical Engineering*, Februar 2010

38 »Nuclear Power in South Korea.« *World Nuclear Association*, Juli 2011, http://www.world-nuclear.org/info/inf81.html

39 Cohn-Bendit über einseitigen Atomausstieg: »China kann alles bauen.« *TAZ,* 16. 5. 2011

40 »Gesammelte Aufsätze zur Wissenschaftslehre.« Max Weber, UTB, 1968

41 »China tops global clean energy table.« M. Kinver, *BBC News*, 29. 3. 2011

42 »China is winning the Green Economy Race, UN-Climate-Chief says.« *Bloomberg*, 28. 1. 2011

43 »Neuer Weltrekord für serienproduzierte konventionelle Silizium-Solarzellen.« energie.de, 26. 4. 2011. http://www.energie.de/news/energie/technik-und-innovation/neuer-weltrekord-fuer-serienproduzierte-konventionelle-silizium-solarzellen_3871.html

44 »Mainstream in 1.5 bn Euro deal for Irish wind farm project.« *The Irish Times*, 1. 7. 2011

45 »Sinovel to unveil China's first 6MW wind turbine.« *China Daily*, 14. 2. 2011

46 »Asia leading the way in wind energy.« *Deutsche Welle*, 3. 3. 2010

47 »Chinas Solarkonzerne verdrängen deutsche Firmen.« *Berliner Morgenpost*, 13. 7. 2011

48 »China Set on Nuclear path.« *The Sydney Morning Herald*, 12. 7. 2011

Kapitel 3

1 »Militäreinsatz für deutsche Wirtschaftsinteressen?«. *Die Zeit*, 25. 5. 2010

2 »Consumptionomics. Asia's Role in Reshaping Capitalism and Saving the Planet.« Nair Shandran, Infinite Ideas 2011, S. 49

3 »Pakistan angry at US Bin Laden raid.« *Global Times*, 7. 5. 2011

4 »China's Naval Outpost on the Indian Ocean.« China Brief, 28. 2. 2005, The Jamestown Foundation

5 »China's crude oil import dependence exceeds 50 %, raises security concerns.« *Global Times*, 29. 3. 2010

6 »After a 15-year delay, China opens an oil field in Iraq.« *New York Times*, 29. 6. 2011

7 »Schumer, Kerry, McCaskill want Rice to intervene in Iraq oil deals.« *The New York Observer*, 24. 6. 2008

8 »China cancels 80 % of Iraq debt.« *AFP*, 2. 2. 2010

9 »Afghanistan has China in mind.« *Global Times*, 24. 6. 2010

10 CNPC: PetroChina and BP Group won the joint bid of Rumaila Oilfield Project in Iraq. http://www.cnpc.com. cn/dq/eng/qynbdt/PetroChina_and_BP_Group_Won_ the_Joint_Bid_of_Rumaila_Oilfield_Project_in_Iraq.htm

11 »The Elephant of All Elephants.« *American Association of Petroleum Geologists Explorer*, Januar 2005, http://www. aapg.org/explorer/2005/01jan/ghawar.cfm

12 »Iraq: Oil and Economy.« About.com US Government Info, http://usgovinfo.about.com/library/weekly/aairaqi oil.htm

13 Quarterly Report and Semiannual Report to the United States Congress, Special Inspector General for Iraq Reconstruction, 30. 6. 2011, http://www.sigir.mil/publications/quarterlyreports/index.html

14 »Copper mining will crush ancient Afghan site.« *Los Angeles Times*, 12. 7. 2011

15 »Time for a NATO-China Council.« *New Atlanticist*, 25. 5. 2011, http://www.acus.org/new_atlanticist/time-nato-china-council

16 »Air Conditioning the Military Costs More Than NASA's Entire Budget.« *Wall Street Journal*, 18. 6. 2011

17 »Pakistan–China Friendship Year launched in Islamabad.« *Xinhua*, 2. 1. 2011, http://news.xinhuanet.com/english 2010/china/2011-01/02/c_13673654.htm

18 »U. S. Is Deferring Millions in Pakistani Military Aid.« *New York Times*, 10. 7. 2011

19 »Billions of aid dollars buy U. S. little goodwill in Pakistan.« *Washington Post*, 24. 8. 2010

20 »Pakistan turns to China for naval base.« *Financial Times*, 22. 5. 2011

21 « China needs overseas bases for global role.« *Global Times*, 25. 5. 2011

22 »China asks US to respect Pak's sovereignty, indepen-

dence.« *Economic Times*, 20. 5. 2011, http://articles.econo-mictimes.indiatimes.com/2011-05-20/news/29565072_1_pakistan-s-ambassador-pakistan-china-pakistan-media

23 »Prime ministers' meeting of SCO member states opens in Beijing.« *Xinhua*, 14. 10. 2009, http://news.xinhuanet.com/english/2009-10/14/content_12228405.htm

24 »Interview: Pakistan to continue, encourage exchanges between Pakistani political parties, CPC.« *Xinhua*, 30. 7. 2011, http://news.xinhuanet.com/english2010/world/2011-07/30/c_13957346.htm

25 »Pakistan saved China from embarrassment on Xinjiang violence.« *Daily Times*, 5. 9. 2009, http://www.dailytimes.com.pk/default.asp?page=2009/09/05/story_5-9-2009_pg7_15

26 »China Renews Its Opposition to Tougher Sanctions on Iran.« *New York Times*, 5. 2. 2010

27 »Iran firm signs $13bn rail deal with China.« *Daily Times*, 9. 2. 2011, http://www.dailytimes.com.pk/default.asp?page=2011/02/09/story_9-2-2011_pg5_31

28 »Clinton asks Saudi for China oil assurance.« *Arabian Oil and Gas*, 15. 2. 2010, http://www.arabianoilandgas.com/article-6934-clinton-asks-saudi-for-china-oil-assurance

29 »How American folly could destroy Pakistan.« *Financial Times*, 24. 5. 2011

Kapitel 4

1 »Boeing And Airbus Disagree On China, Too.« *Aviation Week*, 29. 4. 2011

2 Ebenda

3 Ebenda

4 Sieren, Frank: Die Konkubinenwirtschaft, München 2008, S. 163

5 »AVIC sets sights on the global jetliner business.« *China Daily*, 12. 4. 2011

6 »G. E. to Share Jet Technology With China in New Joint Venture.« *The New York Times*, 18. 1. 2011

7   Ebenda

8   »Immelt hits out at China and Obama.« *Financial Times*, 1. 7. 2010

9   »GE CEO says equal access in China crucial.« *Reuters*, 19. 1. 2011, http://www.reuters.com/article/2011/01/19/us-ge-immelt-idUSTRE70I6OC20110119

10 »Immelt hits out at China and Obama.« *Financial Times*, 1. 7. 2010

11 »China to replace U. S. as top economic power says GE CEO.« Reuters, 20. 1. 2011, http://www.reuters.com/article/2011/01/20/businesspro-us-column-china-ge-idUSTRE70J5JZ20110120

12 Ebenda

13 »G. E. to Share Jet Technology With China in New Joint Venture.« *New York Times*, 18. 1. 2011

14 Sieren, Frank: Die Konkubinenwirtschaft, München 2008, S. 172

15 Ebdena, S. 173

16 »P&W pushes PW1000G as C919 second engine.« Flightglobal.com, 12. 4. 2011, http://www.flightglobal.com/articles/2011/04/12/355468/pw-pushes-pw 1000g-as-c-919-second-engine.html

17 »Boeing And Airbus Disagree On China, Too.« *Aviation Week*, 29. 4. 2011

18 Ebenda

19 »G. E. to Share Jet Technology With China in New Joint Venture.« *New York Times*, 18. 1. 2011

20 »China sucht Anschluss an globale Flugzeugindustrie.« *Wirtschaftswoche*, 12. 10. 2006.

Kapitel 5

1   Commentary: »Reincarnation of Tibetan living Buddha must follow the rule of law.« China.com, 25. 12. 2007. http://english.china.com/zh_cn/news/china/11020307/20071225/14576630.html

2   »Terrorist poised to rule Tibetan government in-exile.«

english.peopledaily.com.cn, 22. 3. 2011. http://english.
peopledaily.com.cn/90002/96417/7326988.html

3   »China detains 300 Tibetan monks after self-immolation
     incident.« *Guardian*, 23. 5. 2011

4   »Tibetans in China Protest Proposed Curbs on Their Lan-
     guage.« *New York Times*, 22. 10. 2010

5   »Das ist eine Ehre für mich.« *Focus-Magazin*, 2. 5. 2011

6   »Privater Austausch im Kanzleramt.« *FAZ*, 24. 9. 2007

Kapitel 6

1   Sternfeld, Eva: Wasserwirtschaft. In: Brunhild Staiger et
     al.: Das große China Lexikon, Darmstadt 2003

2   Xie, Jian et al.: Addressing China's Water Scarcity – Re-
     commendations for Selected Water Resource Manage-
     ment Issues. World Bank, 2009

3   »Beijing troubled by severe water shortage.« *Beijing News*,
     2. 4. 2011, http://www.bjd.com.cn/10beijingnews/20-
     1004/t20100408_597353.html; »Schwacher Strahl.« *DER
     SPIEGEL*, 27. 9. 2010

4   »China warns of ›urgent problems‹ facing Three Gorges
     dam.« *The Guardian*, 20. 5. 2011

5   »Investment on south-to-north water diversion hit 115b
     yuan.« *China Daily*, 25. 1. 2011

6   »Fast-Growing Algae Smothers Chinese Lake.« *The Asso-
     ciated Press*, 1. 6. 2007

7   »East China city to spend 4.5 bln yuan tackling lake pol-
     lution.« *People's Daily Online*, 3. 3. 2011, http://english.
     peopledaily.com.cn/90001/90776/90882/7306450.
     html

8   »Chinese goldminer Zijin fined $4.6 mln for toxic spill.«
     AFP, 31. 1. 2011

Kapitel 8

1   Statement by Mr. Zhou Xiaochuan, Governor of the
     People's Bank of China. International Monetary and Fi-

nancial Committee, 21. 9. 2003. http://www.imf.org/external/am/2003/imfc/state/chn.htm

2   Communiqué of the International Monetary and Financial Committee of the Board of Governors of the International Monetary Fund. Dubai, 21. 9. 2003. http://www.imf.org/external/np/cm/2003/092103a.htm

3   Address by the Premier of the State Council of the People's Republic of China, Li Peng. IMF Boards of Governors Meeting 1997, Press Release No. 1, 23. 9. 1997. http://www.imf.org/external/am/speeches/pdf/pr01e.pdf

4   »Premier Zhu Rongji urges Americans not to fear trade deficit with China.« *MIT-News*, 14. 4. 1999. http://web.mit.edu/newsoffice/1999/zhuspeech.html

5   »Fannie Mae Eases Credit To Aid Mortgage Lending.« *New York Times*, 30. 9. 1999

6   »Premier Wen arrives in Kuala Lumpur.« *China Daily*, 11. 12. 2005

7   »Morgan Stanley taps China for $5bn.« *Financial Times*, 19. 12. 2007

8   »Trouble at Fannie and Freddie Stirs Concern Abroad.« *New York Times*, 21. 7. 2008

9   »Freddie, Fannie Failure Could Be World ›Catastrophe‹, Yu Says.« Bloomberg, 22. 8. 2008. http://www.bloomberg.com/apps/news?pid=newsarchive&sid=aslo2E01QVFI

10 »Bank of China flees Fannie-Freddie.« *Financial Times*, 28. 8. 2008

11 »In Rescue to Stabilize Lending, U. S. Takes Over Mortgage Finance Titans.« *New York Times*, 7. 9. 2008

12 »What the Freddie-Fannie Bailout Means for Asia.« *Businessweek*, 10. 9. 2008

13 »IMF puts total cost of crisis at £7.1 trillion.« *The Telegraph*, 8. 8. 2009

14 »The Perils of Red Capitalism.« *Businessweek*, 26. 10. 1998; »Bankruptcy the Chinese Way – Foreign Bankers Are Shown to the End of the Line.« *New York Times*, 22. 1. 1999.

15 »ICBC is world's most profitable bank.« *China Daily On-*

line, 4. 7. 2011. http://www.chinadaily.com.cn/bizchina/
2011-07/04/content_12830891.htm

16 »What the Chinese stimulus package means.« *New York Times*, 23. 11. 2008

17 Historie: Konjunkturprogramm anno 1967. Wiwo.de, 17. 11. 2008. http://www.wiwo.de/politik-weltwirtschaft/ historie-konjunkturprogramm-anno-1967-377 907/

18 »Speculators hold key to Renminbi-Riddle.« FTChinese.com, 23. 6. 2010. http://www.ftchinese.com/story/ 001033219/en

19 »Hu Jintao Addresses the G20 Summit on Financial Markets and the World Economy in Washington.« Ministry of Foreign Affairs of the People's Republic of China, 16. 11. 2008. http://www.fmprc.gov.cn/eng/wjdt/zyjh/t522600.htm

20 »Herr Liang startet Made-in-Bedburg-Mission.« *Spiegel Online*, 20. 6. 2011. http://www.spiegel.de/wirtschaft/un ternehmen/0,1518,769474,00.html

21 »Bank of America plans up to 35 000 job cuts.« *Associated Press*, 12. 12. 2008. http://www.msnbc.msn.com/id/28 181980/ns/business-us_business/t/bank-america-plans-job-cuts/

22 »Geithner Says China Manipulates Its Currency.« *Washington Post*, 23. 1. 2009

23 »Spending on Core Sector up.« *China Daily Online*, 13. 5. 2009. http://tianjin.chinadaily.com.cn/language_tips/ cdaudio/2009-05/13/content_7772883.htm

24 »China Puts Joblessness for Migrants at 20 Million.« *New York Times*, 2. 2. 2009

25 »China presses G20 reform plans.« *BBC*, 24. 3. 2009. http://news.bbc.co.uk/2/hi/business/7961106.stm

26 »China influence to grow faster than most expect, says Soros.« *Reuters*, 7. 6. 2009. http://www.reuters.com/article/ 2009/06/07/us-china-soros-idUSTRE5560M120090607

27 »Little leaps forward?« *Financial Times*, 28. 5. 2009

28 »Das Kopenhagen-Protokoll.« *DER SPIEGEL*, 3. 5. 2010

29 »U. S. to Delay Chinese Currency Report.« *New York Times*, 4. 4. 2010

30   Communiqué Meeting of Finance Ministers and Central Bank Governors, Busan, Republic of Korea June 5, 2010. http://www.g20.org/Documents/201006_Communique_Busan.pdf

31   »China signals ready to invest more in euro zone.« *China Daily*, 22. 4. 2011

32   »IMF: 1-quarter share of global foreign reserves fell to 12-year low of $.« *Forex News*, 1. 7. 2011. http://www.forexnews.co/imf-1-quarter-share-of-global-foreign-reserves-fell-to-12-year-low-of.html

33   »Scale of problem loans to Chinese local governments greater than anticipated.« Moody's, 5. 7. 2011. http://www.moodys.com/research/Moodys-Scale-of-problem-loans-to-Chinese-local-governments-greater? lang=en&cy=global&docid=PR_222068

34   »Future of the Renminbi as an International Currency.« *Bottelier*, 29. 4. 2011. http://www.chinausfocus.com/finance-economy/future-of-the-renminbi-as-an-international-currency/

35   »An IMF for the 21st Century.« Strauss-Kahn, 26. 2. 2010. http://www.imf.org/external/np/speeches/2010/022610.htm

36   Ebenda

37   »China calls for democratic selection of IMF leader.« *Global Times*, 27. 5. 2011

38   »China says new IMF chief should better represent emerging economies.« *MercoPress*, 20. 5. 2011. http://en.mercopress.com/2011/05/20/china-says-new-imf-chief-should-better-represent-emerging-economies

39   »No clear China backing for Lagarde in IMF.« *Global Times*, 10. 6. 2011

Kapitel 9

1   »Der tödliche Exportschlager.« *DER SPIEGEL*, 4. 7. 2011

2   »Ich bin nicht erschüttert!« *DIE ZEIT*, 15. 4. 2011

3   »Arrested Chinese Blackjack Guru Ai WeiWei also an Artist

and Activist.« *Blackjack Champ,* 12. 4. 2011. http://www.
blackjackchamp.com/casino-news/10520-arrested-chi-
nese-blackjack-guru-ai-weiwei-also-an-artist-and-activist/

4   »Von Künstlern und Intellektuellen droht diesem Regime
     keine Gefahr.« *Du-Magazin,* Juni 2011

5   »Die Entscheidungsgewalt liegt beim ägyptischen Volk
     (Juedingquan shuyu aiji renmin).« *Century Weekly,* Nr. 6,
     2011, S. 8

6   »Pekings Rolle Rückwärts.« *Die Welt,* 5. 5. 2011

7   »Krisenzeichen.« *FAZ,* 23. 12. 2010

8   »Chinas Devisenreserven bei drei Billionen Dollar.« *Han-
     delsblatt,* 14. 4. 2011

9   »Kontroverse um BASF-Pläne in Chongqing.« *Beijing
     Rundschau,* 15. 12. 2009. http://german.beijingreview.
     com.cn/german2010/Bildergeschichte/2009-12/15/
     content_271109.htm

10   »Es schweigt doch niemand.« Interview mit Egon Bahr,
     TAZ, 27. 4. 2011

11   »Von Künstlern und Intellektuellen droht diesem Regime
     keine Gefahr.« *Du-Magazin,* Juni 2011

12   »Pokern in Peking«, *Die Zeit,* 14. 4. 2011

13   »Kriecherei in Fernost.«, *FAZ,* 16. 4. 2011

14   Heinrich Böll Stiftung: Die China-Berichterstattung in den
     deutschen Medien. http://www.boell.de/publikationen/
     publikationen-china-berichterstattung-medien-9409.html

15   »Deutsche Welle: Expertin lobt Chinas KP.« *Focus,* 11. 8.
     2008

16   »Chinas zuverlässigste Plattform in Übersee.« *FAZ,* 26. 9.
     2008

17   »Kampagne gegen deutsche Medien: Der Nazi-Geist
     kehrt zurück.« *DER SPIEGEL,* 19. 9. 2008

18   »Zwieback für den Tiger.« *Süddeutsche Zeitung,* 24. 3. 2009

LITERATURVERZEICHNIS

Chang, Leslie: Factory Girls: From Village to City in a Changing China, 2008

Chang, Jung und Halliday, Jon: Mao: The Unknown Story, 2005

Friedman, Thomas: The World Is Flat: A Brief History of the Twenty-first Century, 2005

Hessler, Peter: Country Driving: A Chinese Road Trip, 2011

Jacques, Martin: When China Rules the World: The End of the Western World and the Birth of a New Global Order, 2009

Johnson, Ian: Wild Grass: Three Portraits of Change in Modern China, 2005

Kaplan, Robert: Monsoon: The Indian Ocean and the Future of American Power, 2010

Keay, John: China: A History, 2008

Kissinger, Henry: On China, 2011

Krugman, Paul: Die neue Weltwirtschaftskrise, 2009

Kynge, James: China Shakes the World: A Titan's Rise and Troubled Future – and the Challenge for America, 2006

Leonard, Mark: What Does China Think?, 2008

Lieberthal, Kenneth: Governing China: From Revolution Through Reform, 1995

McGregor, Richard: The Party. The Secret World of China's Communist Rulers, 2008

Meredith, Robyn: The Elephant and the Dragon: The Rise of India and China and What It Means for All of Us, 2007

Midler, Paul: Poorly made in China: an insider's account of the tactics behind China's production game, 2009

Nair, Chandran: Consumptionomics: Asia's Role in Reshaping Capitalism and Saving the Planet, 2008

Naughton, Barry: The Chinese Economy: Transitions and Growth, 2007

Scholl-Latour, Peter: Koloss auf tönernen Füßen – Amerikas Spagat zwischen Nahem und Fernem Osten, 2005

Scholl-Latour, Peter: Die Angst des weißen Mannes: Eine Welt im Umbruch, 2009

Shih, Victor C.: Factions and Finance in China: Elite Conflict and Inflation, 2007

Shirk, Susan: China: Fragile Superpower: How China's Internal Politics Could Derail Its Peaceful Rise, 2007

Sieren, Frank: Der China Code: Wie das boomende Reich der Mitte Deutschland verändert, 2005

Sieren, Frank: Nachbar China: Helmut Schmidt im Gespräch mit Frank Sieren, 2006

Sieren, Frank: Der China Schock: Wie Peking sich die Welt gefügig macht, 2008

Spence, Jonathan D.: Chinas Weg in die Moderne, 2001

Walter, Carl E. und Howie, Fraser J. T.: Red Capitalism: The Fragile Financial Foundation of China's Extraordinary Rise, 2011

Watts, John: When a Billion Chinese Jump, 2010

Zakaria, Fareed: The Future of Freedom: Illiberal Democracy at Home and Abroad, 2003

Zakaria, Fareed: The Post-American World: Release 2.0, 2011

PERSONEN-, FIRMEN- UND
INSTITUTIONEN-REGISTER

441

445